Interkulturelle Handlungskompetenz

Schriften des Instituts für

Unternehmensführung

der Georg-August-Universität Göttingen

Herausgegeben von Günther Schanz

Band 5

PETER LANG

Frankfurt am Main · Berlin · Bern · Bruxelles · New York · Oxford · Wien

Janka Loiselle

Interkulturelle Handlungskompetenz

Eine Determinante für den Erfolg
von Joint Ventures

PETER LANG
Europäischer Verlag der Wissenschaften

Die Deutsche Bibliothek - CIP-Einheitsaufnahme

Loiselle, Janka:

Interkulturelle Handlungskompetenz : eine Determinante für den
Erfolg von Joint Ventures / Janka Loiselle. - Frankfurt am Main ;
Berlin ; Bern ; Bruxelles ; New York ; Oxford ; Wien : Lang, 2000
    (Schriften des Instituts für Unternehmensführung der Georg-
    August-Universität Göttingen ; Bd. 5)
    Zugl.: Göttingen, Univ., Diss., 2000
    ISBN 3-631-36416-4

Gedruckt auf alterungsbeständigem,
säurefreiem Papier.

ISBN 3-631-36416-4

© Peter Lang GmbH
Europäischer Verlag der Wissenschaften
Frankfurt am Main 2000
Alle Rechte vorbehalten.

Printed in Germany 1 2 4 5 6 7

GELEITWORT DES HERAUSGEBERS

Unternehmenskooperationen in Gestalt von Joint Ventures sind in mancherlei Hinsicht dem Risiko des Scheiterns ausgesetzt. Das gilt in besonderem Maße dann, wenn es sich um internationale Joint Ventures handelt. In ihnen ist nicht nur damit zu rechnen, daß unternehmenskulturelle Eigenheiten der beteiligten Partner zu Mißverständnissen und Unstimmigkeiten führen. Internationale Joint Ventures haben darüber hinaus mit Problemen zu kämpfen, die sich aus dem Zusammentreffen nationaler Kulturen ergeben.

Aus dem modernen Wirtschaftsgeschehen sind (internationale) Joint Ventures nicht mehr wegzudenken. In Zukunft wird sich ihr Stellenwert noch weiter erhöhen. Um so dringlicher stellt sich daher die Frage, mit Hilfe welcher Maßnahmen ihr Erfolg sichergestellt werden kann. Daß sie in der vorliegenden Studie von Janka Loiselle nicht umfassend beantwortet werden kann, versteht sich von selbst. Aber es wird ein zentraler Bestimmungsfaktor angesprochen und tiefgründig analysiert: Es bedarf interkultureller Handlungskompetenz und – da nicht ohne weiteres verfügbar – ihrer aktiven Förderung.

Der Verfasserin gelingt es, zwischen theoretischer Analyse und praktisch verwertbaren Hinweisen ein gutes Gleichgewicht zu halten. Sie bedient sich dabei auch dort, wo psycho-soziale Aspekte hineinspielen, stets einer verständlichen Sprache. Ich hoffe, daß auch dies der Verbreitung der Studie förderlich ist.

„Interkulturelle Handlungskompetenz" erscheint als Band 5 der „Schriften des Instituts für Unternehmensführung der Georg-August-Universität Göttingen". Der Ausrichtung des Instituts entsprechend bilden Beiträge zu Personalwirtschaft, Organisation und Unternehmensführung, zur betriebswirtschaftlichen Ostasienforschung sowie zu Grundproblemen der Betriebswirtschaftslehre Schwerpunkte der Reihe.

Göttingen-Esebeck, im Mai 2000   *Günther Schanz*

VORWORT

Im Zeitalter zunehmender Internationalisierung und Multikulturalität erhält interkulturelle Handlungskompetenz eine immer größere Bedeutung. Sie hilft, kulturbedingte Mißverständnisse und Konflikte zu lösen bzw. diesen vorzubeugen. Darüber hinaus ermöglicht sie den angstfreien und konstruktiven Umgang mit Fremdem und Neuem, mit andersartigen Denk- und Handlungsmustern sowie Positionen. Insofern ist sie nicht nur eine Grundvoraussetzung für erfolgreiches Agieren im Rahmen kultureller Vielfalt, sondern sie dient auch der Bereicherung ökonomischer, gesellschaftlicher und sozialer Prozesse.

Die vorliegende Arbeit wurde von der wirtschaftswissenschaftlichen Fakultät der Georg-August-Universität Göttingen als Dissertation angenommen. Auch Dissertationen leben vom Austausch mit anderen Personen, von Ideen- und Meinungsvielfalt und von der inhaltlichen Auseinandersetzung mit Andersdenkenden. Insofern möchte ich all denjenigen danken, die an dieser Auseinandersetzung beteiligt waren und zum Gelingen der Arbeit beigetragen haben:

Zunächst sei meinem wissenschaftlicher Betreuer, Herrn Prof. Dr. Günther Schanz gedankt. Durch meine Tätigkeit als wissenschaftliche Mitarbeiterin an seinem Institut für Unternehmensführung gab er mir die Möglichkeit, in einen solchen wissenschaftlichen Diskurs zu gelangen. Herrn Prof. Dr. Peter Faßheber danke ich für die unkomplizierte und wohlwollende Übernahme des Zweitgutachtens.

Gedankt sei auch meinen KollegInnen sowie Frau Dagmar Schulz und den studentischen Hilfskräften am Institut für Unternehmensführung für das kooperative Arbeitsklima und ihre Unterstützung. Besonders hervorheben möchte ich an dieser Stelle meine KollegInnen Herrn Dr. Hilmar Döring, Herrn Matthias Fechner, Frau Dr. Carla Godersky sowie Frau Dr. Angelika Justus, die mir nicht nur als fachlich kompetente Ansprechpartner, sondern auch als Freunde wichtige Bezugspersonen waren.

Schließlich geht ein ganz spezieller Dank an meine Mutter, Dr. Ingrid Brakemeier-Lisop, an meinen Ehemann und Partner, Peter Loiselle sowie an Frau Natalja Dudek. Sie zeigten ein besonderes Interesse an meiner Arbeit, berieten mich fachlich und sprachlich und unterstützten mich emotional uneingeschränkt. Ihre jeweilige interkulturelle Handlungskompetenz gab und gibt mir wichtige Impulse.

Frankfurt/Main, im Mai 2000   *Janka Loiselle*

INHALTSVERZEICHNIS

ABBILDUNGSVERZEICHNIS

EINLEITUNG

Ein typisches Merkmal moderner Gesellschaften ist die zunehmende Internationalisierung immer weiterer gesellschaftlicher Bereiche. Es entstehen transnationale Kultur- und Wirtschaftsräume, die globales Denken und Handeln erfordern.[1]

Im ökonomischen Kontext resultiert die zunehmende Internationalisierung aus einem stetigen Anstieg der Verflechtung von Volkswirtschaften und grenzüberschreitenden Aktivitäten von Unternehmen.[2] Dem steigenden Wettbewerbsdruck auf allen Märkten wird mit der Ausweitung der Geschäftstätigkeit auf internationale Gebiete Rechnung getragen. Darüber hinaus wird diese Entwicklung verstärkt durch die Öffnung von Grenzen, durch verbesserte Transport- und Kommunikationsmöglichkeiten und durch die Dynamik der technischen Entwicklung, die zu einer Verkürzung von Produktlebenszyklen und erschwerten Amortisationen des eingesetzten Kapitals führen.[3] Folgen hieraus, wie auch aus zunehmenden Migrationsbewegungen, sind, daß Menschen verschiedener Kulturen miteinander in Kontakt treten und Verbindungen eingehen. Die Begegnung mit Fremden ist nicht mehr die Ausnahme, sondern wird Teil des persönlichen Alltags sowohl am Arbeitsplatz als auch in der Freizeit.[4]

Ein Kennzeichen der Internationalisierung unternehmerischer Aktivitäten ist die vermehrte Gründung von Gemeinschaftsunternehmen, d.h. von Joint Ventures.[5] Diese stellen zwar keine grundsätzlich neue Form ökonomischer Organisation dar. So gibt es Hinweise, daß Joint Ventures bereits in Form von gemeinschaftlichen Handels- und Seefahrtsunternehmen im alten Ägypten, in Babylon, Syrien und bei den Phöniziern genutzt wurden, um Handel über weite Entfernungen hinweg treiben zu können.[6] In neuerer Zeit entstand jedoch während der 80er Jahre als Folge der zunehmenden Internationalisierung eine explosionsartige Zunahme von Joint Venture-Aktivitäten.[7] Sie werden gegründet, um Risiken

---

[1] Vgl. THOMAS 1996a, S. 15

[2] Vgl. MACHARZINA 1993, S. 687

[3] Vgl. hierzu BRONDER 1993, S. 1 sowie NEDDEN 1994, S. 10 f.

[4] Vgl. o.V. 1997, S. 9

[5] Vgl. RATH 1990, S. 66

[6] Vgl. HARRIGAN 1986, S. 5

[7] Vgl. HEGERT, MORRIS 1988, S. 101. Übersichten über die quantitative Zunahme von Joint Ventures finden sich z.B. bei DOZ 1992, S. 50 ff. sowie bei MÜLLER-STEWENS; HILLIG 1992, S. 69 ff.

von Investitionen z.B. durch Wechselkursschwankungen auf die verschiedenen Joint Venture-Parteien zu verteilen, Kosten zu senken, Markteintrittsbarrieren zu überwinden und vom Know-how anderer Unternehmen zu profitieren. Letzteres ist besonders dann wichtig, wenn kaum Kenntnisse lokaler Gegebenheiten und Marktstrukuren im Ausland vorhanden sind. Joint Ventures sollen es einem Unternehmen ermöglichen, sich dennoch in einem fremden Land wie ein 'Insider' verhalten zu können.[8]

Die Beliebtheit von Joint Ventures als Organisationsform bei internationalen wirtschaftlichen Engagements darf jedoch nicht darüber hinwegtäuschen, daß sie sehr labile Unternehmensformen darstellen, die einer Reihe von Gefährdungen ausgesetzt sind. Durch die mehrfache Unternehmenszugehörigkeit entstehen leicht Zielkonflikte zwischen den Parteien. Häufig gründen sogar Konkurrenten ein gemeinsames Joint Venture. Dies ist insbesondere in der High-Tech-Industrie der Fall, wo die sehr hohen Forschungs- und Entwicklungskosten sowie große Risiken bei Investitionen Konkurrenten zur Kooperation zwingen.[9] Die Aktivitäten im Joint Venture erhalten dadurch eine belastende Ambivalenz: Durch den jeweiligen Partner soll die eigene Wettbewerbsposition gestärkt werden; umgekehrt besteht jedoch die Gefahr, den eigenen Konkurrenten zu unterstützen und ihn für die Zukunft sogar zu einem gefährlicheren Gegner zu machen.

Der Umgang mit solchen Ambivalenzen und den darin liegenden Gefährdungen stellt an Joint Venture-Mitarbeiter[10] hohe Anforderungen in fachlicher und sozialer Hinsicht. Hinzu kommt die Notwendigkeit, kulturelle Unterschiede zu meistern. Die Begegnung mit Fremden ist nämlich trotz aller Internationalisierung nicht immer problemlos. In interkulturellen Begegnungssituationen wird dem Einzelnen die Relativität seiner kulturellen Orientierungsmuster bewußt, und es können Verunsicherungen entstehen. Darüber hinaus kann es durch die Konfrontation mit kulturell anders geprägten Menschen zu Mißverständnissen und Konflikten kommen. Grund hierfür sind die jeweils unterschiedlichen Normen, Werte, Denk- und Verhaltensmuster. Viele Autoren weisen deshalb

---

[8]   Vgl. OHMAE 1985, S. 146, wobei sich OHMAE vor allem auf den Triadebereich Nord-Amerika, West-Europa und Japan bezieht.

[9]   Beispielhaft kann auf die Kooperation zwischen Hitachi und Texas Instruments verwiesen werden. Vgl. LEI; SLOCUM 1998, S. 14

[10]   Im weiteren Verlauf dieser Arbeit wird durchgängig die männliche Form verwendet. Dies geschieht ausschließlich aus Gründen der Vereinfachung.

darauf hin, daß die hohe Mißerfolgsrate von Joint Ventures oft auf die kulturellen Probleme zurückzuführen sei.[11]

Die Erkenntnis der Bedeutung von Kultur und der Problematik von Konflikten in Joint Ventures existiert in der Literatur schon länger. Umso mehr erstaunt es, daß es meist bei Beschreibungen von Kultur- und Zielkonflikten bleibt.[12] Zwar wird pauschal gefordert, daß diese Differenzen beim Eingehen von Joint Ventures beachtet werden müssen, allerdings erfolgt in der Regel keine differenzierte Analyse von Kooperations- und Interaktionsprozessen aus der Perspektive derjenigen, die das Joint Venture-Vorhaben umsetzen müssen. Damit bleibt unklar, wie die vorhandenen Probleme überwunden werden können. Auch bleiben Gestaltungsvorschläge zwangsläufig auf die abstrakt-organisationale Ebene beschränkt und Fähigkeiten und Kompetenzen einzelner Joint Venture-Mitglieder werden nicht in den Blick genommen.[13] Beispielhaft kann hier auf FEDOR/WERTHER verwiesen werden, die zwar die mangelnde Berücksichtigung des Kulturfaktors anprangern, selbst jedoch keine tiefergehende Analyse oder mögliche Wege hierzu anbieten. Entsprechend beziehen sich ihre Lösungsvorschläge nur darauf zu empfehlen, auf kompatible Unternehmenskulturen und Zielstellungen, einen geeigneten Joint Venture-Aufbau und die gemeinsame Auswahl von Mitarbeitern zu achten.[14] Derartige Faktoren sind unbestreitbar wichtig, aber sie sind unvollständig, weil sie die Rolle einzelner Joint Venture-Mitarbeiter und ihrer Fähigkeiten verkennen und übersehen, daß trotz Einigung über die Zielstellung, den Aufbau von Joint Ventures und trotz (vermeintlich) kompatibler Unternehmenskulturen die operationale Umsetzung in der Regel konfliktbeladen ist.

Im Rahmen der deutschsprachigen betriebswirtschaftlichen Literatur hängt diese Forschungslücke sicherlich auch damit zusammen, daß nicht nur die Joint Venture-, sondern ebenso die interkulturelle Forschung Lücken aufweist.[15] Dabei

---

[11] Vgl. z.B. FEDOR; WERTHER 1996, S. 39, ROBINSON 1994, S. 1096, WEBER; FESTING; DOWLING; SCHULER 1989, S. 11 sowie insgesamt auch STÜDLEIN 1997

[12] Dies kritisieren z.B. auch BUKHARI; WUCHE 1991, S. 1

[13] SHENKAR/ZEIRA weisen schon 1987 auf diese Forschungslücke hin, ohne sie selbst zu schließen und ohne daß bis heute versucht worden wäre, die Joint Venture-Forschung in dieser Hinsicht zu ergänzen.Vgl. SHENKAR; ZEIRA 1987, S. 546 sowie ZEIRA; SHENKAR 1990, S. 8. Ähnliches kritisiert auch MÜLLER-STEWENS 1995, S. 2066. Eine Ausnahme bilden diesbezüglich RING/VAN DE VEN, die explizit auch sozialpsychologische Ansätze in bezug auf strategische Allianzen berücksichtigen. Vgl. RING; VAN DE VEN 1994

[14] Vgl. FEDOR; WERTHER 1996, S. 48 ff.

[15] Vgl. hierzu z.B. HOLZMÜLLER 1995, S. 1

ist durchaus ein zunehmendes Bewußtsein des Kulturproblems im wirtschaftswissenschaftlichen Kontext vorhanden. Dies ist vor allem HOFSTEDE zu verdanken, der durch seine kulturvergleichenden Untersuchungen auf kulturelle Unterschiede und ihre Auswirkungen insbesondere auf Führungsstile und Organisationsstrukturen hinweist.[16] Trotz zunehmender Globalisierung, so betont er, bleiben bei der täglichen Geschäftsabwicklung die kulturellen Unterschiede in ihrer Bedeutung bestehen:

"[...] businesses are and will remain less global than management authors think they are and their leaders would like them to be."[17]

Ähnlich wie bei der Joint Venture-Forschung ergibt sich die Lücke in der managementrelevanten Kulturforschung aus der fehlenden Berücksichtigung von interkulturellen Interaktionsprozessen. Dies bedeutet, daß die Erkenntnisse der kulturvergleichenden Forschung, z.B. der von HOFSTEDE, nicht ausreichend genutzt werden, um diejenigen Prozesse zu analysieren, die entstehen, wenn Mitglieder verschiedener Kulturen aufeinandertreffen und kooperieren müssen.[18]

Im betrieblichen Alltag spiegelt sich diese Problematik darin wider, daß dem Kulturproblem vergleichsweise wenig Beachtung zukommt und Mitarbeiter als interkulturell qualifiziert gelten, wenn sie Fachkompetenz und Fremdsprachenkenntnisse besitzen.[19] So weist z.B. WARTHUN darauf hin, daß bei der THYSSEN AG Sprachkurse die Vorbereitung auf Auslandseinsätze dominieren, die Mehrzahl der Teilnehmer sich jedoch ergänzende interkulturelle Trainings wünscht.[20] So kann es nicht erstaunen, daß die Mißerfolgsrate bei Auslandseinsätzen, d.h. die Anzahl derjenigen, die den Auslandsaufenthalt vorzeitig aufgrund mangelnder kultureller Anpassung abbrechen, hoch ist.[21]

---

[16] Vgl. insbesondere HOFSTEDE 1984 sowie HOFSTEDE 1991

[17] HOFSTEDE 1999, S. 43

[18] Vgl. hierzu auch BREUER; BARMEYER 1998, S. 187

[19] Vgl. z.B. THOMAS 1990, S. 49 sowie den Aufsatz 'Hauptsache er spricht Englisch', O.V. 1996

[20] Vgl. WARTHUN 1998, S. 129 f. Ähnlich weist auch Nazarkievicz darauf hin, daß bei der LUFTHANSA AG interkulturelles Training für Flugbegleiter noch 1993 nur auf freiwilliger Basis während der Freizeit und auch nur aufgrund der Forderung der Flugbegleiter selbst angeboten wurde. Vgl. NAZARKIEWICZ 1996, S. 62

[21] DÜLFER weist auf verschiedene Untersuchungen hin, bei denen die Prozentsätze derjenigen Mitarbeiter, die ihren Auslandseinsatz abbrechen, auf zwischen 10 % und 30 % beziffert werden. Vgl. DÜLFER 1999, S. 453

Die Probleme der betrieblichen Praxis in bezug auf internationale Joint Ventures und der diesbezügliche Stand der wissenschaftlichen Forschung läßt sich somit wie folgt zusammenfassen:

Internationale Joint Ventures sind vor allem seit den 80er Jahren eine wichtige Organisationsform des ökonomischen Agierens im Ausland. Aufgrund ihrer mehrfachen Unternehmenszugehörigkeit und aufgrund der schwierigen inter-kulturellen Situation sind sie jedoch labile Gebilde. Dies ist in der betriebswirt-schaftlichen Literatur durchaus berücksichtigt und beschrieben worden. Gleiches gilt für die Darstellung von landeskulturellen und unternehmenskulturellen Unterschieden, die zu Mißverständnissen und Konflikten führen können. Eine Forschungslücke in den Wirtschaftswissenschaften besteht jedoch in der Ana-lyse von Interaktionsprozessen im interkulturellen Kontext und in Joint Ventures sowie in der entsprechenden Forschung zur interkulturellen Handlungskom-petenz von Auslandsmitarbeitern.

Diese Lücke versucht die vorliegende Arbeit zu schließen. Sie befaßt sich damit, wie interkulturelle Interaktionsprozesse in Joint Ventures ablaufen und welche Konsequenzen hieraus für die Kompetenzen von Joint Venture-Mitarbeitern abgeleitet werden können. Dabei stellt sich die Frage, wie die Entwicklung transkultureller Strukturen und Prozesse möglich wird bzw. wie letztere initiiert und konstruktiv gestaltet werden können, so daß die Kooperation von Mitglie-dern verschiedener Kulturen verbessert wird.[22] Interkulturelle Kooperationen gelingen nämlich dann, wenn die einzelnen Personen trotz ihrer unterschied-lichen kulturellen Prägung es schaffen, gemeinsam neue Orientierungsschemata zu entwickeln, die ihnen für die weitere Verständigung zur Verfügung stehen. Sind Individuen hierzu in der Lage, besitzen sie interkulturelle Handlungs-kompetenz.

Gelungene Umsetzung interkultureller Handlungskompetenz durch den Aufbau gemeinsamer Orientierungsmuster kann am Beispiel des deutsch-französischen Gemeinschaftsunternehmens ARTE beschrieben werden. Gemeinsame Orien-tierungsschemata zeigen sich z.B. in den sprachlichen Ausdrucksformen derje-nigen Mitarbeiter, die nicht nur beide Sprachen beherrschen, sondern auch sprachübergreifende Kommunikationsstrukturen herausbilden:

---

[22] ADLER bezeichnet solche Forschungsansätze, die sich mit interkulturellen Interaktionsbe-ziehungen beschäftigen und die versuchen, das Verhalten von Menschen in multinationa-len oder transnationalen Organisationen zu analysieren, als synergistisch. Vgl. Adler 1983, S. 41. Im Gegensatz hierzu steht z.B. bei kulturvergleichenden Ansätzen eher die Identifizierung von kulturellen Ähnlichkeiten und Differenzen im Vordergrund. Vgl. ADLER 1983, S. 33

"Bei diesen Mitarbeitern entwickelt sich schnell eine neue lingua franca, das *'Frallemand'*, das nur von 'Insidern' verstanden werden kann. Die Gesprächspartner wechseln laufend die Sprache, teilweise sogar innerhalb ein und desselben Satzes, wohlwissend, daß der andere diesen geistigen Wechselbädern mühelos folgen kann."[23]

In bezug auf die methodische Vorgehensweise zur Analyse interkultureller Handlungskompetenz als Determinante des Erfolges von Joint Ventures ist darauf hinzuweisen, daß Probleme der Kooperation in Joint Ventures in der einschlägigen Literatur bereits recht umfangreich beschrieben worden sind und auch empirische Studien hierzu existieren.[24] Insofern wird in dieser Arbeit auf eine erneute empirische Untersuchung verzichtet. Hingegen werden die in der einschlägigen Literatur beschriebenen Probleme und Konflikte aufgegriffen, und es wird versucht, sie mit Hilfe sozialpsychologischer und erziehungswissenschaftlicher Ansätze in einem verhaltenstheoretisch fundierten Licht zu betrachten.

Die vorliegende Arbeit orientiert sich damit an der verhaltenstheoretischen Betriebswirtschaftslehre,[25] die den wirtschaftenden Menschen in den Mittelpunkt der Betrachtung stellt.[26] Zur Erklärung disziplinspezifischer Tatbestände (z.B. der Joint Venture-Problematik) bedient sie sich vor allem auch (sozial-) psychologischer Erkenntnisse.[27] Hauptanliegen der verhaltenstheoretischen Betriebswirtschaftslehre ist dabei die Erklärung der Realität durch logische Deduktionen aus theoretischen Gesetzmäßigkeiten und gewissen Rand- oder Anfangsbedingungen des zu erklärenden Sachverhaltes.[28] In diesem Sinne soll hier die Relevanz interkultureller Handlungskompetenz für den Erfolg von Joint Ventures aus den sozialpsychologischen Erkenntnissen zur Interaktion von Individuen im interkulturellen Kontext unter besonderer Berücksichtigung typischer Joint Venture-Situationen und -Konflikte erklärt werden. Auf der Basis des so gewonnenen vertieften Verständnisses derjenigen Kompetenzanforderungen, die für die Kooperation zwischen Menschen unterschiedlicher kultureller Herkunft von Bedeutung sind, können dann Gestaltungsvorschläge zur Verbesserung interkultureller Handlungskompetenz herausgearbeitet werden.

---

[23] SCHRÖDER 1998, S. 53 f., Hervorhebung im Original

[24] Vgl. z.B. RATH 1990, EISELE 1995, CONTRACTOR; LORANGE 1988, sowie KOGUT 1988b

[25] Vgl. SCHANZ 1977

[26] Vgl. SCHANZ 1988b, S. 94

[27] Vgl. SCHANZ 1988a, S. 30

[28] Vgl. SCHANZ 1977, S. 179

18

Der Aufbau der Arbeit ergibt sich damit wie folgt: Im ersten Kapitel geht es darum, die Joint Venture-Situation zu beschreiben. Abschnitt 1.1 liefert diesbezüglich eine begriffliche Klärung von Joint Ventures, zeigt verschiedene Typen auf und erläutert grundsätzliche formale Gestaltungsmöglichkeiten. Abschnitt 1.2 verdeutlicht die verschiedenen Ziele von Joint Ventures unter Berücksichtigung strategischer und transaktionskostentheoretischer Ansätze sowie unter Berücksichtigung des Modells der Ressourcenabhängigkeit. Aus diesen Ausführungen kann dasjenige Gefährdungspotential von Joint Ventures abgeleitet werden, das sich aus der ökonomischen Interessendiversität ergibt. Das spezielle Gefährdungspotential resultiert jedoch aus dem Zusammenwirken von ökonomischer Interessendiversität und kulturellen Unterschieden. Diese Gefährdungen von Joint Ventures sind Betrachtungsgegenstand von Abschnitt 1.3.

Bei der Betrachtung von interkulturellen Unternehmenskooperationen muß auf kulturvergleichende Erkenntnisse zurückgegriffen werden, um das Wesen von Kultur im Blick zu haben. Kulturphänomene werden deshalb im zweiten Kapitel dargestellt. Abschnitt 2.1 liefert einerseits begriffliche und konzeptionelle Grundlagen, andererseits werden Ausprägungen kultureller Orientierungen dargestellt. Darüber hinaus sind auch Unternehmenskulturen zu beachten, da sie in direkter Weise Joint Ventures beeinflussen. Abschnitt 2.2 weist insofern auf die Besonderheit von Unternehmenskulturen, ihre Funktionen und Ausprägungsmöglichkeiten hin. Für die Bestimmung interkultureller Handlungskompetenz reicht es jedoch nicht aus, bei Vergleichen stehen zu bleiben. Vielmehr müssen interkulturelle Interaktionsprozesse analysiert werden. Dies ist Gegenstand von Abschnitt 2.3. Dabei geht es sowohl um die Analyse von allgemeinen Mustern der interkulturellen Interaktion und von Akkulturationsprozessen als auch um die speziellen gruppenbezogenen Interaktionsprozesse, die für Joint Ventures typisch sind.

Aus der Analyse von Kulturphänomenen in Joint Ventures wird dann in Kapitel drei abgeleitet, was interkulturelle Handlungskompetenz ausmacht und wie sie bei einem Individuum entwickelt wird. Abschnitt 3.1 beschäftigt sich mit dem Begriff der Handlungskompetenz, mit einzelnen Elementen interkultureller Handlungskompetenz sowie mit ihrer Relevanz für Joint Ventures. In Abschnitt 3.2 wird thematisiert, daß wesentliche Elemente interkultureller Handlungskompetenz bereits in frühen Sozialisationsprozessen herausgebildet werden und die Förderung interkultureller Handlungskompetenz von Erwachsenen bzw. bei Joint Venture-Mitarbeitern nur noch eingeschränkt und nur durch Berücksichtigung typischer Merkmale des Lernens von Erwachsenen möglich ist. Die Analyse der Herausbildung interkultureller Handlungskompetenz in der Kindheit und im Erwachsenenalter ist wichtig, um hieraus Schlußfolgerungen für

Maßnahmen der Förderung interkultureller Handlungskompetenz von Joint Venture-Mitarbeitern zu ziehen.

Dies wird im vierten Kapitel geschehen. Aufgrund der beschränkten Trainierbarkeit interkultureller Handlungskompetenz bei Erwachsenen ist folglich zunächst die Personalselektion als vorausgehende Maßnahme von Relevanz (Abschnitt 4.1). Sodann ist es wichtig, das vorhandene Potential von Joint Venture-Mitarbeitern für interkulturelle Belange zu entfalten und sie auf das spezielle Land sowie ihre Joint Venture-Tätigkeit vorzubereiten. Darüber hinaus kann interkulturelle Handlungskompetenz auch durch begleitende strukturelle Maßnahmen in den jeweiligen Partnerunternehmen und im Joint Venture selbst wie auch durch die Unternehmenskultur der Partnerunternehmen unterstützt werden. Dies sowie vorbereitende Trainingsmaßnahmen werden in Abschnitt 4.2 beschrieben. In der Schlußbetrachtung werden die Ergebnisse der Arbeit reflektiert.

1 KENNZEICHEN, ZIELE UND GEFÄHRDUNG VON JOINT VENTURES

Um die interkulturelle Handlungskompetenz von Joint Venture-Mitarbeitern beschreiben zu können, ist es zunächst notwendig, Joint Ventures selbst zu charakterisieren und die Probleme, die sie für das Verhalten von einzelnen Personen bereitstellen, zu erläutern. Entsprechend werden in diesem Kapitel zunächst Kennzeichen und Ziele von Joint Ventures dargestellt (Abschnitt 1.1 und 1.2). Anschließend wird auf diejenigen Gefahren in Joint Ventures eingegangen, welche die Umsetzung des Joint Venture-Vorhabens für die Mitarbeiter so besonders schwierig machen (Abschnitt 1.3).

1.1 Kennzeichen von Joint Ventures

1.1.1 Definitionsmerkmale

Unter Joint Ventures wird einerseits die ausschließliche Gründung eines Gemeinschaftsunternehmens ('Equity' Joint Ventures) verstanden.[1] Andererseits werden partiell auch jegliche Formen der Zusammenarbeit zwischen Organisationen unter Joint Ventures subsummiert. Von Gemeinschaftsunternehmen unterscheiden entsprechende Autoren sie nur durch die Bezeichnung 'Contractual' Joint Ventures, was der Begrifflichkeit in der anglo-amerikanischen Literatur entspricht.[2] Allerdings hat sich im deutschen Sprachgebrauch weitestgehend die Verwendung des Joint Venture-Begriffes im Sinne eines 'Equity Joint Ventures' durchgesetzt.[3]

Einigkeit besteht darüber, daß Joint Ventures eine Form der Unternehmenskooperation darstellen, bei der ein eigenständiges Unternehmen durch zwei oder mehrere voneinander rechtlich und wirtschaftlich unabhängige Partner gegründet wird.[4] Dagegen bleibt strittig, ob sich Joint Ventures auch dem Begriff der strategischen Allianz unterordnen lassen oder ob sie als eigenständige Kategorie gelten sollen. Allianzen sind dabei genau wie Unternehmenskooperationen durch rechtliche und wirtschaftliche Selbständigkeit bzw. Autonomie, bei

---

[1] Vgl. z.B. WEDER 1989, S. 34 oder ENGELHARDT; SEIBERT 1981, S. 429

[2] Vgl. EISELE 1995, S. 10 sowie HENNART 1988, S. 362

[3] Vgl. z.B. EISELE 1995, S. 9

[4] Vgl. EISELE 1995, S. 10 sowie KAUFMANN 1993, S. 27. Zur genaueren Beschreibung von Unternehmenskooperationen vgl. z.B. O.V. 1993, S. 1923 f., TRÖNDLE 1987, BOEHME 1986 sowie BENISCH 1973

gleichzeitiger Interdependenz der Partner in bezug auf den Aufgabenbereich der Zusammenarbeit gekennzeichnet.[5] Während die meisten Autoren Allianzen als Oberbegriff sehen,[6] subsumieren z.b. BLEICHER/HERMANN Joint Ventures nicht unter strategische Allianzen, sondern sehen sie als selbständige Variante unternehmerischer Zukunftsgestaltung.[7] Beiden Formen gemeinsam sei das Kennzeichen der Kooperation zur Erreichung gemeinsamer Ziele, allerdings könnten diese bei Joint Ventures sowohl strategischer als auch operativer Natur sein, während sich strategische Allianzen allein auf die Erreichung strategischer Erfolgspositionen beschränkten.[8] Im Rahmen der vorliegenden Arbeit wird jedoch eine andere Auffassung vertreten, da die Beschränkung auf allein horizontale Beziehungen bzw. auf Beziehungen zwischen Konkurrenten dem Begriff 'strategisch' kaum gerecht wird.

Strategien bezeichnen Maßnahmen zur Sicherung des langfristigen Erfolges eines Unternehmens unter Berücksichtigung von Anforderungen der Umwelt und der Potentiale des Unternehmens.[9] Die Nutzung der eigenen Potentiale zur Verbesserung der Wettbewerbsfähigkeit kann dabei sowohl darauf abzielen, neue Märkte bzw. Branchen zu erschließen[10] als auch Kosten- oder Differenzie-

---

[5]   Entsprechende Definitionen von strategischen Allianzen lassen sich z.B. bei GAHL 1991, S. 9 oder auch BACKHAUS; PILTZ 1990, S. 2 finden. Ähnliches gilt für den Begriff Unternehmensnetzwerk. Nach SYDOW stellt ein Unternehmensnetzwerk eine auf die Realisierung von Wettbewerbsvorteilen zielende Organisationsform ökonomischer Aktivitäten dar, die sich durch komplex-reziproke, eher kooperative denn kompetitive und relativ stabile Beziehungen zwischen Unternehmen auszeichnet. Vgl. SYDOW 1992, S. 79. Jedoch läßt der Begriff 'Netzwerk' darauf schließen, daß es sich in der Regel um eine größere Anzahl beteiligter Unternehmen handelt. Dies stellt eine besondere Form der Kooperation dar, die jedoch im weiteren nicht näher betrachtet wird.

[6]   Vgl. z.B. LORANGE; ROOS 1993, S. 3 f.

[7]   Vgl. BLEICHER; HERMANN 1991, S. 11

[8]   Vgl. BLEICHER; HERMANN 1991, S. 11. In ähnlicher Weise wird die Diskussion um die Geschäftsfeldbezogenheit strategischer Allianzen geführt. So wird diesbezüglich argumentiert, daß Allianzen nur zwischen potentiellen Konkurrenten, also nur geschäftsfeldbezogen, bzw. horizontal zwischen direkten Konkurrenten existieren könnten. Insbesondere Kooperationen zwischen Lieferanten und Abnehmern seien dementsprechend niemals strategische Allianzen. Vgl. GAHL 1991, S. 11, BACKHAUS; PILTZ 1990, S. 3 sowie PERLMUTTER; HEENAN 1986, S. 137

[9]   Vgl. BEA; HAAS 1995, S. 46

[10] Vgl. SCHREYÖGG 1984, S. 5

rungsvorteile für ein bereits existierendes Produkt zu erlangen.[11] Gerade letzteres, die Kosten- und Differenzierungsvorteile, lassen sich häufig durch das Eingehen vertikaler Kooperationen erreichen, da die

> "Art und Weise, wie ein Zulieferer seine betrieblichen Funktionen steuert, durchaus auch Einfluß auf die Kostenstruktur oder die Durchschlagkraft der Aktivitäten eines Unternehmens [hat]."[12]

Aber auch in bezug auf die internationale Markterschließung sind vertikale, strategische Kooperationen denkbar, wenn z.B. ein ortsansässiger Partner nützliche Vertriebskanäle bereitstellen kann, unabhängig davon, ob er vorher als Konkurrent agiert hat oder nicht. Die strategische Orientierung ist dabei durch die Intention der Markterschließung gegeben.

Ein Joint Venture ließe sich demnach als spezifische Organisationsform beschreiben, die der Unterstützung bzw. Umsetzung der unternehmerischen Strategie dient.[13] Somit erweist sich das Merkmal 'Strategie' als Abgrenzungskriterium zwischen Allianzen und Joint Ventures als nicht sinnvoll. Der Begriff Allianz dient in dieser Arbeit deshalb zur Umschreibung **aller** kooperativen Beziehungen zwischen Unternehmen innerhalb der horizontalen und vertikalen Wertschöpfungskette und umfaßt also auch Joint Ven-tures.[14]

Unterschiede zwischen den verschiedenen Allianzformen, also z.B. zwischen Joint Ventures, Konsortien, Franchise-Unternehmen etc., lassen sich vor allem an der Intensität der Zusammenarbeit und dem Grad der formalen Regelung, die

---

[11] Vgl. PORTER 1989, S. 22. Differenzierungsvorteile beinhalten Vorteile, die einen Käufer ein Produkt wegen seiner speziellen Merkmale trotz gleicher oder sogar höherer Kosten im Vergleich zu anderen Produkten vorziehen lassen.

[12] PORTER 1989, S. 24

[13] Zur Unterstützung der Strategie durch organisationale Strukturen vgl. BEA; HAAS 1995, S. 354 f. Auch wenn sich hier die Argumentation CHANDLERS 'Structure follows Strategy' abzeichnet, so heißt dies nicht, daß die Existenz einer bestimmten Struktur nicht doch auch die Wahrnehmung bestimmter Strategien überhaupt erst ermöglichen. Vgl. hierzu SCHANZ 1994, S. 63 f.

[14] Strategische Allianzen sind damit identisch mit Unternehmenskooperationen. Eine solche Definition findet sich z.B. bei LORANGE; ROOS 1993, S. 3, KILLING 1988, S. 56, TRÖNDLE 1987, S. 35. Diese Begriffsverwendung entspricht auch der begrifflichen Herkunft von Allianzen. In der englischen Sprache ist nämlich der Begriff 'cooperation' weniger gebräuchlich, es wird dort eher von 'alliances' gesprochen, vgl. RUPPRECHT-DÄULLARY 1994, S. 11. Der Begriff Allianz ist erst in jüngerer Zeit in die deutschsprachige Literatur übernommen worden, während sich in früheren Werken ausschließlich der Begriff Unternehmenskooperation finden läßt.

die Zusammenarbeit steuert, festmachen. Durch die Existenz einer rechtlich selbständigen Einheit, bei gleichzeitiger Zugehörigkeit zu zwei oder mehr Muttergesellschaften, reicht der Koordinationsbedarf bei Joint Ventures und dadurch die Notwendigkeit formaler Regelungen zur Einigung auf eine gemeinsame Vorgehensweise weit über die Abstimmungsnotwendigkeiten anderer Allianzformen hinaus.[15] Dies zeigt sich u.a. darin, daß die Joint Venture-Partner nicht nur das finanzielle Risiko, sondern auch die Führungsverantwortung gemeinsam tragen müssen. Läge nur das gemeinsame finanzielle Risiko vor, könnte es sich um jegliche Form einer Portfolio-Investition handeln. Eine ausschließlich führungsmäßige Verantwortung könnte durch einen Managementvertrag abgedeckt sein. Beide Aspekte gemeinsam sind dagegen das spezielle Merkmal von Joint Ventures.[16]

Weitere Aspekte, die zur Definition von Joint Ventures herangezogen werden und die deshalb klärend zu behandeln sind, betreffen die zeitliche Ausrichtung und die internationale Dimension. Auch hier ist festzustellen, daß sich kein einheitliches Bild in der Joint Venture-Forschung abzeichnet.

In bezug auf die zeitliche Ausrichtung ist die Auffassung zu finden, daß es sich bei Joint Ventures um 'Ehen auf Zeit'[17] handelt, andererseits wird aber auch die Langfristigkeit von Joint Ventures betont und als Unterscheidungsmerkmal zu anderen, kurzfristigeren Kooperationsformen herangezogen.[18] Schließlich existieren auch Definitionen, die eine zeitliche Begrenzung überhaupt nicht als konstitutives Merkmal von Joint Ventures betrachten und von daher auch unbegrenzte Joint Ventures als Möglichkeit in den Blick nehmen.[19] Dem folgend wird in dieser Arbeit der zeitliche Aspekt ebenfalls nicht als Abgrenzungskriterium verwendet. Zwar läßt eine bestimmte Zielsetzung beim Gründen eines Joint Ventures (z.B. das Kennenlernen eines Marktes oder einer Produktionsweise) eine zeitliche Beschränkung voraussehen, da nämlich spätestens bei Zielerreichung ein Ende der Partnerschaft wahrscheinlich ist. Grundsätzlich sind jedoch auch Joint Ventures denkbar, die unbefristet sind und deren Ende nicht absehbar ist.

Auch die internationale Dimension wird von einigen Autoren als konstitutives Merkmal von Joint Ventures gesehen. In der deutschsprachigen Literatur bezieht

---

[15] Vgl. KAUFMANN 1993, S. 32

[16] Vgl. EISELE 1995, S. 9

[17] Vgl. BLEEKE; ERNST 1994, S. 48

[18] Vgl. z.B. LUTZ 1993, S. 55

[19] Vgl. BLEICHER; HERMANN 1991, S. 11

24

man sich dabei vor allem auf SEIBERT, der Internationalität als ein Merkmal von Joint Ventures herausstellt.[20] Entsprechend argumentieren z.b. SCHULZ/KROHN dahingehend, daß Joint Ventures überwiegend im internationalen Kontext genutzt werden, so daß das Attribut 'Internationalität' in die Reihe konstitutiver Merkmale von Joint Ventures aufgenommen werden könne.[21] Darüber hinaus wird teilweise auch gefordert, daß mindestens eines der beteiligten Unternehmen seinen Hauptsitz im Gründungsland des Joint Ventures haben sollte.[22]

Im Rahmen dieser Arbeit wird eine andere Vorgehensweise gewählt. Zwar geht es bei der zu behandelnden Thematik um internationale Joint Ventures, jedoch wird der Aspekt der Internationalität als grundsätzliches Definitionsmerkmal abgelehnt, da auch nationale Joint Ventures durchaus möglich sind und sich entsprechende Beispiele in der Praxis finden lassen.[23] Die Internationalität ist also nur Kennzeichen einer besonderen Form von Joint Ventures, bei denen die Partnerunternehmen aus unterschiedlichen Ländern kommen.

Zusammenfassend lassen sich folgende Definitionsmerkmale von Joint Ventures auflisten:[24]

1. Ein Joint Venture stellt eine mögliche Form strategischer Allianzen dar.

2. Es wird von mindestens zwei rechtlich und wirtschaftlich voneinander unabhängigen Unternehmen gegründet.

3. Ein Joint Venture ist eine rechtlich selbständige und mit eigenem Kapital ausgestattete Tochtergesellschaft der Partnerunternehmen.

4. Die Partner tragen gemeinsam das finanzielle Risiko und die Führungsverantwortung des Joint Ventures und teilen sich die erwirtschafteten Ergebnisse.

Die Gründung von Joint Ventures kann dabei auf mehrere Arten erfolgen, nämlich sowohl durch eine komplette Neugründung als auch durch eine Fusion von Teilen der Partnerunternehmen zu einem separaten, neuen Unternehmen. Auch der gemeinsame Aufkauf einer dritten Unternehmung durch die jeweiligen Part-

---

[20]   Vgl. SEIBERT 1981, S.12 f. sowie ENGELHARDT; SEIBERT 1981, S. 429

[21]   Vgl. SCHULZ; KROHN 1994, S. 26

[22]   Vgl. SEIBERT 1981, S. 22 sowie TRÖNDLE 1987, S. 36

[23]   Als Beispiel für ein nationales Joint Venture kann z.B. auf den Telekommunikationsanbieter O.TEL.O verwiesen werden, der 1997 als gemeinsame Tochtergesellschaft der RWE AG und der VEBA AG gegründet wurde.

[24]   Vgl. BUKHARI; WUCHE 1991, S. 3

ner ist denkbar.[25] Die Vorgehensweise bei der Gründung hängt dabei von den bereits zur Verfügung stehenden Ressourcen der Partner ab, wie auch von deren Zielsetzung. So ist das Einbringen eigener Teile zumindest dann notwendig, wenn sie den besonderen Beitrag eines Partners zum Joint Venture darstellen. Dies kann z.b. ein spezielles Know-how sein, das nur dann der Partnerschaft zur Verfügung steht, wenn die entsprechenden Mitarbeiter, die diese Kenntnisse besitzen, im Joint Venture eingesetzt werden.

Nachdem nun beschrieben wurde, wodurch Joint Ventures grundsätzlich gekennzeichnet sind, soll im nächsten Abschnitt darauf eingegangen werden, welche Typen von Joint Ventures diese Definition im einzelnen beinhaltet.

1.1.2 Typisierung von Joint Ventures

Die Klassifizierung von Joint Ventures in unterschiedliche Typen kann anhand verschiedener Kriterien erfolgen. Angesprochen wurde im letzten Abschnitt bereits die Unterscheidung von **nationalen** und **internationalen** Joint Ventures. Besonders offensichtlich ist auch die Einteilung von Joint Ventures nach ihren **Funktionsbereichen**. In Abhängigkeit der Zielsetzung kann es sich dabei um Joint Ventures im Bereich Forschung und Entwicklung, Beschaffung, Produktion, Marketing, Vertrieb oder um Joint Ventures im Dienstleistungssektor handeln.[26] Die Einteilung von Joint Ventures nach Funktionsbereichen orientiert sich dabei an der Wertekette eines Unternehmens im Sinne PORTERS,[27] d.h., daß auf jeder Stufe dieser Wertekette Ansatzpunkte zur Kooperation gegeben sind.

BLEICHER/HERMANN unterscheiden dementsprechend sechs verschiedene Typen. Sie gehen dabei vom klassischen Fall aus, daß nur zwei Partner am Joint Venture beteiligt sind.[28] Bei ihrer Typisierung nehmen sie zunächst die grund-

---

[25] Vgl. LEWIS 1991, S. 180 ff. sowie BUKHARI; WUCHE 1990, S. 3

[26] Vgl. EISELE 1995, S. 18

[27] Die Wertekette umfaßt alle Funktionen, die zur Herstellung und zum Verkauf eines Produktes notwendig sind. Dabei unterscheidet PORTER solche Aktivitäten, die direkt und unmittelbar mit der Leistungserstellung verbunden sind (Primäraktivitäten) und solche, die als flankierende Maßnahmen erforderliche Inputfaktoren bereitstellen oder entsprechende infrastrukturelle Bedingungen schaffen, um die reibungslose Abwicklung der Primäraktivitäten zu ermöglichen. Vgl. PORTER 1989, S. 22 f.

[28] Dies ist meistens der Fall, da mehr als zwei Partner den Abstimmungs- und Koordinationsbedarf zusätzlich erschweren würden. Im weiteren wird in dieser Arbeit vom Regelfall zweier Partner ausgegangen, wenngleich grundsätzlich auch mehr Partner möglich sind.

sätzliche Zielsetzung der Joint Venture-Partner in den Blick und ordnen den beteiligten Unternehmen entsprechende Rollen im Joint Venture zu:[29]

Beim **Markt-Technologie-Typ** verfügt ein Partner im Joint Venture über besonders wichtige und zentrale Absatzpotentiale auf einem Zielmarkt, während der andere Partner das geeignete Know-how für die Produktion des zu vertreibenden Produktes besitzt und gegebenenfalls auch die entsprechenden Managementkompetenzen für die Leitung des Joint Ventures beisteuern kann.

Beim **Forschungs- und Entwicklungstyp** geht es um Risikoreduktion und Kostensenkung bei Forschung und Entwicklung. Durch den Austausch von Knowhow oder sogar von Patenten und Lizenzen erhoffen sich beide Seiten besondere Synergieeffekte und dadurch kostengünstigere und kürzere Produktentwicklungszeiten.

Im Gegensatz hierzu dient der **komplementäre Technologie-Typ** weniger zur Innovationssteigerung und Kostensenkung bei der Produktentwicklung. Er soll vielmehr helfen, bereits existierende Produkte oder Teilprodukte in sinnvoller Weise zu kombinieren.

Beim Vertriebstyp steuert ein Partner die Güter bei, die der andere Partner vertreibt. Der Unterschied zum Markt-Technologie-Typ besteht darin, daß die Produkte nicht im Joint Venture selbst hergestellt, sondern von einem Partner allein in das Joint Venture eingebracht werden.

Der **Konzentrationstyp** bietet stark diversifizierten Unternehmen die Möglichkeit, diejenigen Unternehmensteile aus der eigenen Unternehmung aus- und in ein Joint Venture einzulagern, die sich nur schwach rentieren. Das Joint Venture wird deshalb mit einem Wettbewerber eingegangen, um Kosten bei diesem Unternehmenszweig einzusparen.

Schließlich stellt der Versorgungstyp ein Beschaffungs-Joint Venture dar, bei dem Preis-Mengen-Effekte beim Einkauf von Rohstoffen und Vorprodukten erzielt werden sollen. BLEICHER/HERMANN weisen allerdings darauf hin, daß die Erzielung von besseren Preisen durch den Versorgungstyp in der Regel mit einer verringerten Bezugsflexibilität einhergeht, da die Zulieferbedingungen nun mit einem weiteren Abnehmer abgestimmt werden müssen.[30]

---

[29] Vgl. BLEICHER; HERMANN 1991, S. 14 f.

[30] Vgl. BLEICHER; HERMANN 1991, S. 15

Nicht alle Joint Ventures müssen grundsätzlich reine, d.h. nur einem Funktionsbereich entsprechende Kooperationsformen darstellen. Dies zeigt das Beispiel des Markt-Technologie-Typs, bei dem die Funktionsbereiche Marketing und Vertrieb mit dem Bereich Produktion im Joint Venture kombiniert werden. Zwar stellen alle anderen von BLEICHER/HERMANN beschriebenen Typisierungen keine funktionsübergreifenden Joint Ventures dar, jedoch ist grundsätzlich jede mögliche Kombinationsart in Abhängigkeit der jeweiligen Zielsetzung der Partner möglich. Entsprechend lassen sich Joint Ventures nach der Dimension der wirtschaftlichen Beziehungen untereinander unterscheiden, nämlich in **horizontale, vertikale** und **konglomerate** Joint Ventures. Bei horizontalen Joint Ventures stehen die Partner auf einer Stufe im Wertschöpfungsprozeß, es handelt sich damit um funktionseinheitliche Joint Ventures. Bei vertikalen Joint Ventures sind die Partner dagegen in aufeinanderfolgenden Wirtschaftsstufen tätig. Bei konglomeraten Joint Ventures stammen die Partner sogar aus unterschiedlichen Branchen.[31]

Die funktionalen Charakteristika der unterschiedlichen Typen von Joint Ventures haben einen großen Einfluß auf deren formale Gestaltung, aber auch auf die Art und das Ausmaß möglicher Konflikte zwischen den Partnern. Die Typisierung gibt Aufschluß über grundsätzlich mögliche Zielsetzungen der Parteien, auf deren Grundlage dann der geeignete formale Aufbau des Joint Ventures entwickelt werden sollte. Dieser dient neben der Verwirklichung der angestrebten Ziele auch dazu, die Kooperation der Parteien zu strukturieren und somit vorbeugend bezüglich möglicher Konflikte zu wirken. Die Darstellung von formalen Gestaltungsmöglichkeiten ist Inhalt des nächsten Abschnittes.

1.1.3 Merkmale formaler Gestaltung

Die formale Gestaltung von Joint Ventures betrifft verschiedene Aspekte. Neben der Frage von kapitalmäßigen Beteiligungsverhältnissen der Partner am Joint Venture ist zu klären, welche weiteren Produktionsfaktoren oder Beiträge die Partner zur Verfügung stellen. Diese können sowohl materieller Art (spezielle Anlagen oder Gründstücke) als auch immaterieller Art sein (z.B. ein bestimmtes Know-how). Ferner sind die Fragen nach Aufgabenverteilung und Führung des

---

[31] Vgl. EISELE 1995, S. 20. HENNART vereinfacht noch weiter, indem er lediglich 'Scale' und 'Link' Joint Ventures unterscheidet. 'Scale'-Joint Ventures sind dabei durch eine ähnliche strategische Zielrichtung der Partner gekennzeichnet, während 'Link'-Joint Ventures sich durch unterschiedliche, asymmetrische Positionen der Partner in bezug auf das Gemeinschaftsunternehmen auszeichnen. Vgl. HENNART 1988, S. 362

Joint Ventures zu klären. Schließlich muß festgelegt werden, nach welchen Kriterien die Ergebnisse des Joint Ventures auf die Partner verteilt werden.[32]

Relativ einfach ist die Verteilung der Ergebnisse festzulegen. In der Regel erhalten die Partner in Abhängigkeit ihres Anteils am Kapital des Joint Ventures Dividenden oder Tantieme. Ferner sind gegebenenfalls Gebühren für die Nutzung spezieller Technologien, Patente oder Lizenzen vom Joint Venture an die Partner zu entrichten. Erhält ein Partner einen Managementvertrag zur Leitung des Joint Ventures, kann er eine entsprechende Aufwandsentschädigung verlangen.[33] Geht das Ergebnis eines Joint Ventures aus einer Forschungs- und Entwicklungsaktivität hervor, müssen sich die Parteien über die Verwendungsrechte der Forschungsergebnisse einigen. Zu erwartende Einnahmen aus Lizenz- und Patentnutzungen können auf die Parteien aufgeteilt werden. In bezug auf die eigene Nutzung der Forschungsergebnisse ist es in der Regel schwierig zu bestimmen, wer einen größeren Beitrag zur Entwicklung neuer Produkte, Verfahren etc. geleistet hat. Insofern kommen die Ergebnisse meist beiden Parteien zu gleichen Teilen zu Gute. Die Festlegung der Verteilung der Ergebnisse ist Gegenstand vertraglicher Vereinbarungen, die im Normalfall während der Verhandlungsphase bei der Gründung des Joint Ventures getroffen werden.

Sehr viel komplexer ist die Regelung der Leitungsprozesse eines Joint Ventures, die in der Literatur oft im Zusammenhang mit der Kapitalverteilung diskutiert wird. Dabei sind gerade in bezug auf letzteres gegebenenfalls die rechtlichen Bestimmungen der Länder zu berücksichtigen, in denen sich das Joint Venture befindet.[34] Werden die Kapitalverhältnisse nicht durch die jeweiligen rechtlichen Rahmenbedingungen geregelt, sind grundsätzlich alle Beteiligungsverhältnisse möglich. Mehrheits- bzw. Minderheitsbeteiligungen sind genauso denkbar wie Pari-Beteiligungen.

Der Anteil einer Firma an einem Joint Venture ergibt sich aus den Produktionsfaktoren, die insgesamt beigesteuert werden. Dabei geschieht die Bewertung physischer Vermögenswerte oder eines laufenden Geschäfts nach der Standardpraxis. Die Höhe der Beteiligung wird dann nach dem Wert der Investition jeder

---

[32] Vgl. BACKHAUS; PILTZ 1990, S. 40

[33] Vgl. LEWIS 1991, S. 174

[34] WEDER weist darauf hin, daß ausländischen Investoren oftmals lediglich ein Kapitalanteil von maximal 49 % des Eigenkapitals gestattet wird, um die inländischen Anteile höher als die ausländischen zu halten und insbesondere in Entwicklungsländern die wirtschaftliche Unabhängigkeit von den Industrienationen zu fördern. Vgl. WEDER 1989, S. 37

Gründungsfirma festgesetzt, zuzüglich flüssiger Mittel oder andere Ressourcen.[35]

Hierbei müssen sich die Partner über die Modalitäten einigen, nach denen die nicht-monetären Anteile bewertet werden sollen. Während dies bei Sachgegenständen relativ einfach zu bewältigen ist, stellt sich z.b. die Bewertung von Know-how als äußerst schwierig dar. Dies kann, ähnlich wie bei der Festlegung von Lizenzgebühren, nur über Schätzungen erfolgen und ist abhängig von der strategischen Bedeutung, die ein derartiger immaterieller Input für das Joint Venture besitzt.

Werden auch immaterielle Werte in bezug auf den Anteil an einem Joint Venture berücksichtigt, dann muß geklärt werden, inwieweit diese mit der Erfüllung gewisser Aufgaben und Verpflichtungen verbunden sind. So können bestimmte Kenntnisse und Fähigkeiten nur dann wirklich als Beitrag zum Wert eines Joint Ventures verstanden werden, wenn der jeweilige Partner sich auch selbst im Joint Venture an den entsprechenden Stellen engagiert und so seine Kenntnisse und Fähigkeiten zur Wirkung kommen läßt.[36]

Trotz dieses offensichtlich komplexen Gefüges zwischen Beitrag und Engagement im Joint Venture gehen einige Autoren von einer linearen Beziehung zwischen monetären Beteiligungen und dem Führungsverhältnis der Partner untereinander aus, ohne die anderen Faktoren in den Blick zu nehmen. Dabei werden partiell recht pauschale und auch widersprüchliche Aussagen darüber gemacht, ob sich eine Pari-Beteiligung anbietet oder nicht. So wird einerseits grundsätzlich ein Pari-Aufbau empfohlen, weil nur so eine dominierende Position eines Mehrheitspartners im Entscheidungsprozeß verhindert werden könne.[37] Anderer-

---

[35] Vgl. Lewis 1991, S. 171

[36] Strebt der weniger erfahrene Partner jedoch an, durch das Joint Venture zu lernen, sollte er ebenfalls in diesem Bereich vertreten sein, wenngleich ihm dann eine eher passive Rolle zukommt. Der Markt-Technologie-Typ könnte hierfür ein Beispiel sein, bei dem unter Umständen der Partner, der für die Produktion verantwortlich ist, die Erfahrungen des anderen Partners nutzt, um den Markt im Zielland kennenzulernen und dort gegebenenfalls in Zukunft auch selbständig agieren zu können. Umgekehrt hatte im Falle des Joint Ventures NUMMI (New United Motors Manufacturing) zwischen den Automobilherstellern GENERAL MOTORS und TOYOTA, GENERAL MOTORS ein Interesse daran, die Produktionsweise von TOYOTA kennenzulernen. Entsprechend überließen sie TOYOTA den Aufbau und die Kontrolle des Produktionssystems und die Implementierung der grundsätzlichen Managementphilosophie, ohne sich jedoch komplett aus dem Tagesgeschäft und der Leitung des Joint Ventures zurückzuziehen. Vgl. NUMMI, Internet-Homepage

[37] Vgl. z.B. BLEEKE; ERNST 1994, S. 46

seits warnen andere Autoren gerade vor solchen Beteiligungsverhältnissen, weil sie mit ständigen Pattsituationen verbunden seien und das Management von Joint Ventures entscheidungsunfähig machten.[38]

Empfehlungen ohne differenzierte Berücksichtigung des Faktorengefüges laufen Gefahr, von der speziellen Situation eines Joint Ventures und den jeweiligen Interessen der Partner zu sehr zu abstrahieren und somit ausgesprochen einseitige Ratschläge zu geben. Wie oben gezeigt, hängt der Anteil an einem Joint Venture nicht nur von der monetären Beteiligung ab, und es ist insofern erforderlich, daß über die Führung eines Joint Ventures in Abhängigkeit von allen geleisteten Beiträgen und den mit ihnen verbundenen Verantwortungen der Partner entschieden wird. Dabei kann sowohl eine Pari- als auch eine Mehrheitsbeteiligung sinnvoll erscheinen. Eine Pari-Beteiligung bietet sich insbesondere dann an, wenn ein Alleingang unmöglich erscheint[39] und gleichzeitig die Angst vor der Dominanz eines Partners dazu veranlaßt, die Einflußmöglichkeiten möglichst gleich zu verteilen. Eine ungleiche Beteiligung wäre dann sinnvoll, wenn das Joint Venture z.B. für einen Partner von untergeordneter Bedeutung ist oder er bewußt den größeren Teil der Verantwortung dem anderen überlassen möchte.[40]

Bei der Führung eines Joint Ventures ist jedoch auch zu berücksichtigen, daß sich nicht unbedingt ein direkter Bezug zwischen Besitz und Führung ergeben muß. So kann z.B. eine gleichberechtigte Führungssituation bei ungleicher Kapitalverteilung sinnvoll sein, wenn der Minderheitspartner über zentrale Kenntnisse verfügt.[41] Umgekehrt kann auch bei gleichen Besitzverhältnissen ein Partner die Führung des Joint Ventures übernehmen, wenn der andere Partner aufgrund seiner speziellen Interessen auf eine direkte Einflußnahme verzichten möchte. Der Managementeinfluß als 'de facto'-Kontrollverhältnis unterscheidet sich dementsprechend oftmals vom 'de iure'-Kontrollverhältnis, das sich aus den Kapitalanteilen ergeben würde.[42] Eine Pari-Beteiligung impliziert letztlich nur eine paritätische Verteilung des direkten Joint Venture-Gewinnes, ohne daß damit eine Aussage über den 'de facto'-Einfluß gemacht werden kann. Und auch bezüglich der Gewinnverteilung ließe sich nur die Verteilung der materiellen, nicht aber der immateriellen Gewinne (wie z.B. ein Know-how-Gewinn) ablei-

---

[38] Vgl. z.B. LEYSEN 1990, S. 98 f.

[39] Vgl. BIERICH 1990, S. 82

[40] Dies kann deshalb sinnvoll sein, weil sich z.B. ein Partner aufgrund seiner örtlichen Nähe stärker im Joint Ventures engagieren kann.

[41] Vgl. LEWIS 1991, S. 170

[42] Vgl. WEDER 1989, S. 39

ten.[43] Es zeigt sich also, daß es zwar zwischen Kapitalverteilung und Führung Zusammenhänge gibt, daß jedoch weitere Faktoren berücksichtigt werden müssen, um das Joint Venture zieladequat zu gestalten. Inwieweit sich ein Partner nämlich tatsächlich im Joint Venture engagieren möchte und kann, hängt letztlich von der strategischen Bedeutung ab, die es für ihn besitzt.

Das Ausmaß und das Gebiet der Kontrolle, das die Partner z.b. über die Besetzung strategischer Stellen ausüben können, d.h. die Konfiguration eines Joint Ventures, wird durch die Verhandlungs- und Abstimmungsnotwendigkeit zwischen den Partnern festgesetzt.[44] Dabei spielt die Verhandlungsmacht, d.h. die Fähigkeit eines Verhandlungsteilnehmers, die Verhandlungssituationen zu seinen Gunsten zu beeinflussen und Zugeständnisse von der anderen Partei zu erhalten, eine wichtige Rolle.[45] Sie ist abhängig von den Fähigkeiten und Ressourcen, die ein Partner für das Joint Venture anbieten kann sowie von der strategischen Bedeutung und Dringlichkeit, mit der er auf das Zustandekommen des Joint Ventures angewiesen ist. Je dringlicher ein Ergebnis des Verhandlungsprozesses für ihn ist, desto eher wird ein Verhandlungspartner zu Zugeständnissen bereit sein, d.h. umso schwächer ist seine Verhandlungsposition.

Aus der strategischen Bedeutung des Joint Ventures ergibt sich auch, wie autonom, d.h. unabhängig von den Partnern es agieren kann. Je konfliktträchtiger das Gebiet des wirtschaftlichen Engagements des Joint Ventures für die Partner ist, desto stärker werden die Partner versuchen, Einfluß auf das Joint Venture auszuüben und seine Autonomie einzuschränken. Je weniger das Joint Venture dagegen die Kernbereiche der wirtschaftlichen Aktivitäten der Partner betrifft, desto eher werden sie ihm Autonomie zugestehen.

Zusammenfassend kann man sagen, daß sich der Aufbau eines Joint Ventures aus dem Beteiligungsanteil, der bestimmte rechtliche Ansprüche auf die Leitung und Kontrolle mit sich bringt, sowie durch die Besetzung zentraler Positionen bzw. durch den Besitz zentraler Kenntnisse und Ressourcen ergibt.[46] Hieraus folgen verschiedene Möglichkeiten der Führung eines Joint Ventures. KILLING unterscheidet diesbezüglich zwischen Führungsmodellen, die sich aus der Kombination der oben erwähnten Faktoren, in Abhängigkeit von der Ähnlichkeit der Fähigkeiten und Kenntnisse der Partner einerseits und dem Ausmaß der Partnerbeiträge andererseits ergeben. Je ähnlicher die Kenntnisse und Fähigkei-

---

[43] Vgl. Weder 1990, S. 39 f.

[44] Vgl. TYEBJEE 1988, S. 462

[45] Vgl. YAN; GRAY 1994, S. 1480

[46] Vgl. ROOT 1988, S. 76

ten der Partner sind, desto eher werden sie das Joint Venture gemeinsam leiten bzw. die Führung gleichberechtigt unter sich aufteilen. In bezug auf den Umfang der Beiträge läßt sich eine ähnliche Beziehung ableiten. Je ausgewogener der Umfang der Partnerbeiträge ist, desto wahrscheinlicher ist eine gleichberechtigte Führungsverantwortung. Abbildung 1 verdeutlicht diesen Zusammenhang.

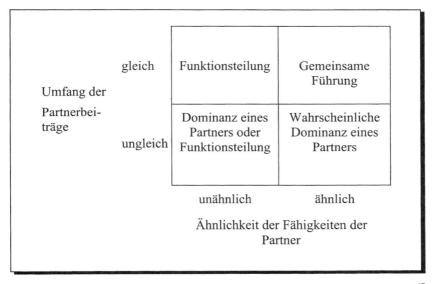

Abb. 1: Fähigkeiten und Beiträge als Determinanten von Führungsmodellen[47]

Ergänzend zu den in Abbildung 1 dargestellten Formen ist auch das Autonomiemodell möglich, bei dem der Joint Venture-Führung erhebliche Entscheidungsautonomie zukommt.[48] Nach BLEICHER/HERMANN sei das Autonomiemodell aufgrund seines geringen Konfliktpotentials und der kurzen Entscheidungszeiten zu empfehlen, wenn damit nicht wesentliche Synergiepotentiale verloren gehen und das Joint Venture den operativen Aufgaben autonom gewachsen ist. Vom Funktionsteilungsmodell, bei dem sich die Partner die Führung nach Aufgaben getrennt teilen, sowie von der gemeinsamen, gleichberechtigten Führung raten BLEICHER/HERMANN grundsätzlich ab, weil ihrer Meinung nach die theoretisch erschließbaren zusätzlichen Synergieeffekte durch die

---

[47] Eigene Darstellung in Anlehnung an KILLING 1988, S. 63

[48] Vgl. KILLING 1988, S. 62

Präsenz mehrerer Partner von zeitaufwendigen und ermüdenden Entscheidungsprozessen zunichte gemacht würden.[49]

Auch wenn dies in der Tat eine Gefahr darstellt und solche Joint Ventures in besonderer Weise auf die sozialen und kommunikativen Kompetenzen der beteiligten Personen angewiesen sind, können sie dennoch je nach strategischer Zielrichtung eine sinnvolle Variante darstellen und sollten nicht von vornherein ausgeschlossen werden.[50]

Allgemeingültige Empfehlungen für Joint Ventures können weder in bezug auf die Kapitalbeteiligung, noch auf die Gestaltung der Führungsverantwortung formuliert werden. Sie sind abhängig von den strategischen Zielen und der Konkurrenzsituation zwischen den Partnerunternehmen. Auch muß die anfängliche Führungsform eines Joint Ventures nicht für seine gesamte Lebenszeit stabil bleiben. Ist ein Joint Venture bei seiner Gründung in der Regel stärker auf die Unterstützung sowie die Ressourcen und Kenntnisse der Partner angewiesen, kann sich diese Abhängigkeit im Laufe der Zeit verringern, und das Joint Venture wird zunehmend in der Lage sein, bestimmte Operationen auch ohne die Unterstützung der entsprechenden Partner durchzuführen. Eine andere Entwicklung wäre, daß bei anfänglich gleichberechtigter Führung ein Partner im Laufe der Zeit stärker wird und im Joint Venture dominiert, weil er durch seine speziellen Aufgaben oder auch durch eine geringere räumliche Distanz eine engere Beziehung zum Joint Venture aufbauen kann.[51] Verändert sich das Engagement der Partner dagegen dadurch, daß die ursprüngliche Zielsetzung erreicht wurde (insbesondere wenn ein Partner bestimmte Lerneffekte anstrebte), muß überlegt werden, ob ein weiteres Fortbestehen des Joint Ventures zumindest für diesen Partner überhaupt noch sinnvoll erscheint. Gegebenenfalls können solche Über-

---

[49] Vgl. BLEICHER; HERMANN 1991, S. 36

[50] Dies zeigt das Beispiel CFM INTERNATIONAL, das als Joint Venture zwischen zwei Flugzeugtriebwerkherstellern, nämlich dem amerikanischen Konzern GENERAL ELECTRIC und dem französischen Unternehmen SNECMA, mit gleichberechtigter Führungsbeteiligung und Führungsverantwortung gegründet wurde und das LEWIS als eines der erfolgreichsten internationalen Joint Ventures bezeichnet. Vgl. LEWIS 1991, S. 214. Ziel des Joint Ventures war es, gemeinsam eine bessere Marktposition im Bereich kommerzieller Flugzeugmotoren zu erlangen. Der Erfolg dieses Joint Ventures wird von seinen Betreibern unter anderem damit begründet, daß beide besondere Stärken und Erfahrungen im Bereich der Herstellung von Flugzeugtriebwerken besitzen, ohne direkt konkurrierende Produkte herzustellen und daß sie diese Stärken durch gleichberechtigte Partizipation in allen operativen Fragen sowie durch die gemeinsame Führung des Joint Ventures zur vollen Enfaltung kommen lassen. Vgl. CFM International Internet-Homepage

[51] Vgl. LORANGE; ROOS 1993, S. 80

legungen zum Auflösen des Joint Ventures oder zumindest zum Ausscheiden eines Partners führen.

Allerdings ist zu bedenken, daß eine zunehmende Autonomie des Joint Ventures oder die Dominanz eines Partners nicht immer im Interesse aller beteiligten Parteien ist und insbesondere dann, wenn die angestrebten Ziele noch nicht erreicht wurden, zu Konflikten führen kann. Hat z.B. einer der Partner nach wie vor ein strategisches Interesse an der Ausübung von Kontrolle im Joint Venture, wird er eine zunehmende Ablösung als problematisch ansehen. Um hier nicht Mißstimmung zwischen den Parteien aufkommen zu lassen, ist es notwendig, die Rolle aller Partner neu zu überdenken und das Joint Venture gegebenenfalls umzustrukturieren. LORANGE/ROOS weisen darauf hin, daß derartige Entwicklungen bei der Gründung eines Joint Ventures von vornherein in den Blick genommen werden sollten und von daher Veränderungen im Aufbau und in der Führungssituation eines Joint Ventures eher als natürliche Entwicklung und nicht grundsätzlich als Fehlschlag der Gestaltung des Joint Ventures zu betrachten seien.[52]

1.2 Ziele von Joint Ventures

Die Vielfalt der Zielsetzungen von Joint Ventures klang im letzten Abschnitt bereits an. Hier sollen sie noch einmal systematisch dargestellt werden. In der Literatur wird dabei einerseits auf allgemeine strategische Ziele verwiesen, andererseits spielen spezielle theoretische Ansätze eine Rolle. Zur Erläuterung von Zielen der Kostenminimierung wird oft die Transaktionskostentheorie herangezogen. Darüber hinaus wird bei Überlegungen, die den Umgang mit Wettbewerbssituationen betreffen, häufig auf das Modell der Ressourcenabhängigkeit zurückgegriffen. Im folgenden sollen die verschiedenen Zielsetzungen auch unter Berücksichtigung dieser theoretischen Modelle dargestellt werden.

1.2.1 Synergieeffekte und Kostenreduktion

Synergetische Effekte stellen häufige Ziele von Joint Ventures dar.[53] Nach DUDEN bedeutet 'Synergieeffekt' ganz allgemein die positive Wirkung, die sich aus der Zusammenarbeit zweier Unternehmen o.ä. ergeben.[54] In der Ökonomie geht die Verwendung des Synergiegedankens vor allem auf ANSOFF zurück, der

---

[52] Vgl. LORANGE; ROOS 1993, S. 80 ff.

[53] Vgl. EISELE 1995, S. 21

[54] Vgl. o.V. 1990, S. 760

darauf hinweist, daß die gemeinsame Anstrengung mehrerer Beteiligter zu größeren Resultaten führen kann als die Summe von Einzelanstrengungen.[55]

Die Erzielung von Skaleneffekten durch Joint Ventures stellt einen solchen Synergieeffekt dar. Skaleneffekte ergeben sich, wenn durch die Kooperation der Unternehmen eine Steigerung des Produktionsvolumens insgesamt möglich wird und dadurch die durchschnittlichen Stückkosten sinken.[56]

Synergieeffekte ergeben sich darüber hinaus auch durch unterschiedliche Beiträge der Partnerunternehmen, wie etwa durch sich ergänzende Fähigkeiten und Kenntnisse, die die Qualität der hergestellten Produkte verbessern oder die Spezialisierung auf Kundenwünsche ermöglichen.[57] Insbesondere in solchen Branchen, die sich durch sehr heterogene Kundenpräferenzen auszeichnen, stellen Joint Ventures einen Weg der Produktanpassung durch synergetische Kompetenzen der Partner dar. In Branchen, die dagegen eher durch standardisierte Produkte gekennzeichnet sind, wird nach HARRIGAN eher ein alleiniges Vorgehen bevorzugt.[58] Dies kann u.a. dadurch erklärt werden, daß bei standardisierten Produkten die Gefahr einer zukünftigen Konkurrenz durch den Partner ungleich größer wird, wenn dieser die Fähigkeit und Kraft besitzt, sich unabhängig von der Partnerschaft in diesem Bereich zu engagieren.

Unternehmen sind einer Reihe von Risiken ausgesetzt, die Kosten verursachen. Zum einen entstehen investitionsbedingte Risiken dadurch, daß die Ergebnisse von Investitionen schwer vorhersehbar und auch Fehlinvestitionen möglich sind. Klassische Beispiele hierfür lassen sich im Bereich von Forschung und Entwicklung finden. Durch das Eingehen eines Joint Ventures werden diese Risiken auf mehrere Unternehmen verteilt.[59] Gleichzeitig werden die oftmals hohen Kosten solcher Investitionen für den einzelnen geringer. Insbesondere klei-

---

[55] Vgl. ANSOFF 1965, S. 75. ANSOFF geht hierbei allerdings nicht von Kooperationen zwischen verschiedenen Unternehmen, sondern nur zwischen verschiedenen Unternehmensteilen aus. Er unterscheidet dabei vor allem zwischen Verkaufs-Synergien, operativen Synergien, Investitions-Synergien und Marketing-Synergien. Vgl. ANSOFF 1965, S. 80

[56] Vgl. CONTRACTOR; LORANGE 1988, S. 12. Als Beispiel kann auf das Joint Venture zwischen Philips und Avent Inc. zur Produktion von Bauteilen und Baugruppen für CD-Spieler in Taiwan verwiesen werden: "Da die Anlagen zur Produktion derartiger Komponenten sehr teuer und darüber hinaus von einem Unternehmen allein kaum auszulasten sind, sind beide Partner mittels ihres Joint Ventures dazu in der Lage, geringere Durchschnittskosten durch größere Ausbringungsmengen zu realisieren." EISELE 1995, S. 22

[57] Vgl. EISELE 1995, S. 22 sowie LEWIS 1991, S. 68

[58] Vgl. HARRIGAN 1986, S. 93 f.

[59] Vgl. CONTRACTOR; LORANGE 1988, S. 11 sowie HARRIGAN 1986, S. 7

nere Unternehmen haben oft nicht die finanzielle Kraft, teure technische Investitionen alleine zu tätigen und das damit einhergehende Risiko zu tragen. Sie sind deshalb auf die Kooperation mit anderen Firmen angewiesen.[60]

Risiken entstehen nicht nur durch Investitionen, sondern auch durch externe Einflußgrößen, wie etwa Marktschwankungen oder politische Rahmenbedingungen eines Landes. Nachfrageschwankungen können z.B. durch Diversifizierung des Produkt-Portfolios partiell ausgeglichen werden. Joint Ventures haben hier die Funktion, die Diversifizierung der Produkte mit Hilfe der Partnerfirmen zu erleichtern. Bei politischen Risiken geht es vor allem darum, durch einen ortsansässigen Partner stärkeren Einfluß auf die politische und damit wirtschaftliche Situation eines Landes zu nehmen,[61] oder eine mögliche 'Diskriminierungspolitik' von Regierungen bezüglich ausländischer Firmen zu verringern.[62]

Neben diesen allgemeinen Kostenaspekten werden in der Literatur vor allem auch transaktionskostentheoretische Begründungen für die Entstehung von Joint Ventures herangezogen. Die Transaktionskostentheorie ist neben der Prinicipal-Agent-Theorie und dem Property-Rights-Ansatz ein Teilgebiet der Neuen Institutionenökonomie. Als ihr Hauptvertreter gilt WILLIAMSON, der vor allem die Ansätze von COASE zur Erklärung der Existenz von Unternehmen durch kostenverursachende Tauschaktivitäten auf dem Markt weiterentwickelte.[63] Dabei geht es unter anderem darum, die dichotome Betrachtung von Markt und Hierarchie aufzubrechen und auch solche Unternehmensformen in die Betrachtung mit einzubeziehen, die weder typische Markttransaktionen noch eine Integration in die eigene Hierarchie darstellen,[64] wie dies z.B. bei Joint Ventures der Fall ist.

Von ausschlaggebender Bedeutung für die Entscheidung zwischen allen Möglichkeiten im Spannungsfeld von Markt und Hierarchie ist dabei die Frage, welche Arten von Transaktionen sich durch welche institutionellen Arrangements am kostengünstigsten, d.h. mit den geringsten Transaktionskosten abwickeln lassen. Dabei wird als Transaktion die Übertragung von Verfügungsrechten (property rights) verstanden.[65] Transaktionskosten sind entsprechend diejenigen

---

[60] Vgl. HLAVACEK; DOVEY; BIONDO o.J., S. 146

[61] Vgl. CONTRACTOR; LORANGE 1988, S. 11 f.

[62] Vgl. EISELE 1995, S. 27

[63] Vgl. OSBURG 1994, S. 289. Zu den ursprünglichen Ansätzen vgl. COASE 1937

[64] Vgl. RATH 1991, S. 279 f.

[65] Vgl. PICOT; DIETL 1990, S. 178

Kosten, die mit der Durchführung der geplanten Transaktion entstehen. Konkret beinhalten sie Kosten in Form von Suchkosten, Informations- und Anbahnungskosten, Kosten der Durchsetzung und Anpassung von Verträgen sowie Kosten, die aus eventuellen nachfolgenden Streitigkeiten oder Aufhebung der Verträge resultieren. Ferner enthalten Transaktionskosten auch diejenigen Kosten, die als Opportunitätskosten in Form von Aufwendungen für verpaßte, nicht mehr realisierbare andere Transaktionen entstehen.[66]

Die Kosten der Organisation von Transaktionen sind aus Sicht der Transaktionskostentheorie von vier zentralen Elementen abhängig. Zum einen wird davon ausgegangen, daß Individuen zwar intendiert rational handeln, ihnen dies aber aufgrund von neurophysiologischen Grenzen, insbesondere aufgrund von begrenzten Informationsverarbeitungsmöglichkeiten nur eingeschränkt gelingt.[67] Darüber hinaus verstärken die Unüberschaubarkeit von Zusammenhängen in ökonomischen Situationen und ihre mangelnde Vorhersagbarkeit (**Komplexität/Unsicherheit**) das Problem beschränkter **Rationalität**.[68] Ferner geht WILLIAMSON davon aus, daß Menschen grundsätzlich mit dem Ziel der Nutzenmaximierung agieren und sich im machiavellischen Sinne zur Zielerreichung u.a. der List und Tücke bedienen. Ökonomische Handlungen sind entsprechend durch die Existenz von **Opportunismus** beeinträchtigt.[69] Es müssen deshalb Vorsichts- bzw. Absicherungsmaßnahmen getroffen werden, um entweder opportunistisches Verhalten selbst zu verhindern oder mögliche Folgen abzumildern.[70] Schließlich wirkt die **Spezifität** einer Ressource, d.h. das Ausmaß ihrer Überlegenheit im Vergleich zur nächstbesten Verwendungsmöglichkeit, beeinflussend auf das Ausmaß des Opportunismusproblems ein.[71] Der Zusammenhang zwischen Opportunismus und Spezifität ist darin zu sehen, daß bei opportunistischem Verhalten eines Austauschpartners, aber geringer Spezifität, der Transaktionspartner leicht ausgetauscht werden kann. Besteht jedoch ein hoher Grad an Spezifität und damit Abhängigkeit, ist ein Wechseln des Vertragspartners mit ungleich höheren Kosten verbunden und man ist stärker auf

---

[66] Vgl. OSBURG 1994, S. 292 sowie KAAS; FISCHER 1993, S. 688

[67] Vgl. WILLIAMSON 1990, S. 51 f. Zum Rationalitätsproblem nach SIMON selbst vgl. z.B. SIMON 1978, insbesondere S. 8 f. sowie insgesamt SIMON 1986

[68] Vgl. hierzu WILLIAMSON 1975, S. 22

[69] WILLIAMSON 1990, S. 54

[70] Vgl. WILLIAMSON 1990, S. 55

[71] Zum Spezifitätsproblem vgl. PICOT; DIETL 1990, S. 179

den ursprünglich gewählten Partner angewiesen und deshalb härter von möglichem opportunistischen Handeln betroffen.[72]

Aus diesen Problemen heraus ergibt sich nun die Frage nach der kostengünstigsten Organisation von Transaktionen, d.h. nach derjenigen Organisationsform, die am besten mit der jeweiligen Umweltsituation unter Berücksichtigung von Opportunismus und beschränkter Rationalität umgeht. Grundsätzlich ist dies einerseits in Form von klassischen Markttransaktionen möglich. Funktioniert diese Markttransaktion aber aufgrund höherer Spezifität und höherem Wiederholungsgrad nicht, kann als ergänzender Kontrollmechanismus der Einsatz von schlichtenden Drittparteien zum Tragen kommen.[73] Ist die Transaktion jedoch von besonders hoher Spezifität und findet sie wiederholt statt, ist zu bedenken, ob die Transaktion nicht durch vollständige hierarchische Integration im Sinne einer Fusion dem Markt entzogen wird. Hierdurch ist eine umfassende Kontrollmöglichkeit geschaffen. Alternativ hierzu kann auch eine Quasi-Integration, wie bei einem Joint Venture, eine Lösung darstellen.[74]

Bei Joint Ventures als organisatorische Alternative wird argumentiert, daß die Wahrscheinlichkeit, sie zu wählen, steigt, wenn die Märkte für Zwischenprodukte (z.B. Know-how, Teile, Rohstoffe etc.) nicht mehr funktionieren und die Anschaffung von Produktionsmitteln zur Eigenerstellung dieser Zwischenprodukte teurer ist, als sie durch eine Joint Venture-Vereinbarung zu nutzen.[75] Joint Ventures entstehen demnach, wenn die Transaktionskosten geringer sind als die, die bei Markt- oder Hierarchiekoordination entstehen würden. Dabei werden neben allen anderen Kosten der Transaktion vor allem diejenigen Kosten gegeneinander abgewogen, die durch Abwehren bzw. durch Folgen opportunistischen Verhaltens seitens der Transaktionspartner entstehen können.

Die Vorteilhaftigkeit von Joint Ventures in bestimmten Situationen im Vergleich zu Marktorganisation und Internalisierung kann nach HENNART schrittweise bestimmt werden. Beispielhaft führt er dies in bezug auf den Erwerb von Know-how durch. Eine Präsentation des Gutes 'Wissen' ist vor dem eigentlichen Erwerb nicht möglich. Insofern handelt es sich um riskante Transaktionen. Ist das zu erwerbende Wissen darüber hinaus schriftlich schwer fixierbar, z.B. weil es sich um eher internales Produktionswissen handelt, bietet sich letztlich nur

---

[72] Vgl. WILLIAMSON 1990, S. 67 f.

[73] Vgl. OSBURG 1994, S. 295

[74] Vgl. überblicksartig WILLIAMSON 1990, S. 89

[75] Vgl. HENNART 1991, S. 484

eine hierarchische Integration durch Fusion oder ein Joint Venture an.[76] Fusionen stellen dann die schlechtere Alternative dar, wenn das spezifische Wissen nur einen Teil dessen ausmacht, was durch eine Übernahme erworben würde. Stehen alle anderen Bereiche der zu erwerbenden Firma in keinem direkten Zusammenhang mit den ökonomischen Aktivitäten der kaufenden Organisation, würden erhebliche Managementprobleme durch das massive, nicht zweckbezogene Ausweiten der eigenen hierarchischen Struktur die Folge sein. Joint Ventures wären also zu bevorzugen.[77]

Es ist bei der Transaktionskostentheorie jedoch zu fragen, ob die Verhaltensannahme des Opportunismus sinnvoll und realistisch ist. Auch WILLIAMSON selbst gibt zu, daß nicht alle Menschen immer opportunistisch handeln. Dennoch ist seiner Meinung nach allein die Tatsache, daß einige Menschen sich in bestimmten Situationen so verhalten können, ausreichend, um entsprechende Vorsorgemaßnahmen zu treffen. Im weiteren führt er aus:

"Insgesamt scheint dies der menschlichen Natur, so wie wir sie kennen, eher zu entsprechen. Dennoch ist es offensichtlich eine eng begrenzte Vorstellung. Hier ist wenig Platz für Eigenschaften wie Güte, Mitgefühl, Solidarität und dergleichen. Im Gegenteil, insoweit diese Faktoren überhaupt berücksichtigt werden, betont man eher ihre Kosten als ihren Nutzen. [...] Den Menschen, welche die ökonomischen Institutionen des Kapitalismus bevölkern, mangelt es an Mitgefühl."[78]

Diese Annahme ist insbesondere insofern zu kritisieren, als eine Reihe anderer menschlicher Motive bekannt sind, die das Handeln leiten und dem Opportunismus entgegenwirken können. Als solche wären z.B. das Bedürfnis nach Leistung und Verantwortung und insbesondere altruistische Motive des Verhaltens zu nennen.[79]

In diesem Zusammenhang wird an der Transaktionskostentheorie auch kritisiert, daß sie letztlich von einem anonymisierten Markt mit autonomen Akteuren ausgeht, zwischen denen keine wirkliche soziale Interaktion stattfindet.[80] Letztlich

---

[76] Wissen, das schriftlich schwer fixierbar ist, wird auch als 'tacit-knowledge' bezeichnet. Vgl. TEECE 1996, S. 196

[77] Vgl. insgesamt hierzu HENNART 1988, S. 366 ff.

[78] WILLIAMSON 1990, S. 329

[79] Vgl. DONALDSON 1990, S. 372. Zur kritischen Auseinandersetzung mit der transaktionskostentheoretischen Opportunismusannahme vgl. auch DÖRING 1998

[80] Vgl. SYDOW 1992, S. 154 f., SHAPIRO 1987, S. 623, HILL 1990, S. 501 sowie insgesamt hierzu GRANOVETTER 1985

ist ein anonymer Markt jedoch real nicht wirklich existent, sondern ökonomisches Agieren ist in der Regel in konkrete, fortlaufend bestehende soziale Beziehungen eingebettet.[81] Die Einbettung in einen sozialen Kontext fördert nämlich die Entwicklung wechselseitiger sozialer Normen, die das Verhalten steuern und opportunistisches Agieren verhindern.[82] Insofern ist die Perspektive eines rational-ökonomischen Determinismus zugunsten einer 'social embeddedness'-Perspektive zu erweitern.[83]

Schließlich wird von einigen Autoren die Transaktionskostentheorie als allzu kostenorientiert dargestellt. Hierdurch würden Ziele wie z.B. das Abblocken von Konkurrenz oder auch ökonomisches Agieren aus Machtbestreben von vornherein ausgeschlossen,[84] bzw. Machtprozesse würden nur insofern betrachtet, als sie Transaktionskosten verursachen.[85] Der Einfluß von Macht auf ökonomisches Verhalten müsse jedoch differenzierter betrachtet werden. So stellt der Versuch von Organisationen, Kontrolle über interne und externe Ressourcen zu erlangen, einen weiteren Aspekt zur Erklärung ökonomischen Verhaltens dar, auch wenn dieses Verhalten Kosten verursacht. Dieser Gedanke wird in bezug auf den Umgang mit Wettbewerbssituationen und dem Modell der Ressourcenabhängigkeit im nächsten Abschnitt erneut aufgegriffen.

1.2.2 Umgang mit Wettbewerbssituationen

Joint Ventures werden häufig mit der Hoffnung gegründet, die Wettbewerbssituation eines Marktes zu eigenen Gunsten beeinflussen zu können.[86] CONTRACTOR/LORANGE unterscheiden diesbezüglich zwischen 'Co-Opting' und 'Blocking Competition'. Kooptieren bezeichnen sie als Versuch, den Wettbewerb durch die Zusammenarbeit mit einem Konkurrenten abzumildern. Durch den Zusammenschluß mit anderen Unternehmen kann aber darüber hinaus auch

---

[81] Vgl. GRANOVETTER 1985, S. 487

[82] Vgl. PROVAN 1993, S. 842, BETTENHAUSEN; MURNIGHAN 1985, S. 350 sowie LARSON 1992, S. 76

[83] Vgl. GRANOVETTER 1985, S. 487 ff. Allerdings warnt GRANOVETTER gleichzeitig davor, die 'undersocialized' Perspektive der Transaktionskostentheorie durch eine 'oversocialized' Perspektive zu ersetzen, bei der Akteure sklavisch einem vorab festgesetzten Verhaltenscode quasi automatisiert folgen und insofern letztlich ebenfalls von anonymisierten Akteuren ausgegangen wird. Vgl. GRANOVETTER 1985, S. 482 ff.

[84] Vgl. SCHMIDT 1992, S. 1864

[85] Vgl. SYDOW 1992, S. 157

[86] Vgl. KOGUT 1989a, S. 183

versucht werden, gemeinsame Konkurrenten anzugreifen ('Blocking Competition').[87]

Zur Beeinflussung der Wettbewerbssituation lassen sich neben dem Zusammenschluß mit Konkurrenten aus der eigenen Branche aber auch Joint Ventures mit Abnehmern oder Lieferanten rechtfertigen. Diese dienen dann dazu, Kunden- oder Lieferantenbindungen voranzutreiben und durch die damit gewonnene Machtposition den Eintritt neuer Konkurrenten zu erschweren.[88] Ferner kann ein Joint Venture mit Anbietern möglicher neuer Technologien einem Unternehmen ein Vorkaufsrecht in bezug auf Patente und Lizenzen garantieren, was ebenfalls abschreckend auf mögliche neue Konkurrenten wirken kann. Zusätzlich kann dies der eigenen Firma einen spürbaren zeitlichen Vorteil verschaffen.[89] Bei der Beeinflussung der Wettbewerbsstruktur erlangt der Zeitaspekt nämlich insgesamt zunehmend an Bedeutung.[90] Um Vorteile gegenüber Konkurrenten zu erlangen, ist es häufig wichtig, als erster in einen Markt einzutreten oder ein neues Produkt am Markt zu plazieren. Hierzu sind auch zeitliche Vorteile bezüglich Patenten und Lizenzen notwendig. Dies zu realisieren, kann Ziel eines Joint Ventures sein.[91]

Darüber hinaus wird in der Literatur die Gründung von Joint Ventures aufgrund von Wettbewerbsstrukturen auch mit Hilfe des Modells der Ressourcenabhängigkeit erklärt, das den Umweltbezug von Unternehmen in den Mittelpunkt der Betrachtung rückt.[92] Ähnlich wie bei der Transaktionskostentheorie werden auch hier solche Interaktionen zwischen Organisationen betrachtet, die nicht über Markttransaktionen erfolgen - wie z.B. alle Formen von strategischen Allianzen - und die als Antwort auf Unsicherheiten in der Umwelt bzw. auf Abhängigkeiten von den jeweiligen Interaktionspartnern entstehen.[93] Anders als bei der Transaktionskostentheorie stehen jedoch nicht explizit Effizienz- bzw. Kosten-

---

[87] Als Beispiel geben die Autoren das Joint Venture zwischen dem amerikanischen Traktorhersteller CATERPILLAR TRACTOR und seinem japanischen Konkurrenten MITSUBISHI an, das mit dem Ziel gegründet wurde, gemeinsam dem dritten Konkurrenten KOMATSU die starke Wettbewerbsposition außerhalb des japanischen Marktes abzunehmen.Vgl. CONTRACTOR; LORANGE 1988, S. 14

[88] Vgl. EISELE 1995, S. 28

[89] Vgl. KOGUT 1988a, S. 322

[90] Vgl. EISELE 1995, S. 29

[91] Vgl. BACKHAUS; PLINKE 1990, S. 23. Zum Aspekt der Überwachung technologischer Entwicklungen durch Joint Ventures vgl. auch HAGEDOORN 1993, S. 372

[92] Vgl. PFEFFER 1987, S. 25 f.

[93] Vgl. HEIDE 1994, S. 73

aspekte im Vordergrund, sondern Effektivitätsbemühungen, speziell Bemühungen zur Minimierung von Abhängigkeiten.[94]

Die Grundargumentation des Ressourcenabhängigkeitsmodells ist, daß Organisationen nicht autark sind, sondern zum Überleben auf den Austausch von Ressourcen bzw. auf die Interaktion mit anderen Organisationen angewiesen sind.[95] Dabei entstehen nicht nur Abhängigkeiten von Ressourcen im engen Sinne, sondern auch Unsicherheiten aufgrund der mangelnden Vorhersehbarkeit des Verhaltens anderer Organisationen, da der Zufluß von Ressourcen der eigenen Kontrolle entzogen ist.[96] Ferner existieren Interdependenzen mit der externen Umwelt, die z.B. durch Veränderung der Wettbewerbssituation auf die eigene Organisation einwirkt und umgekehrt auch von den eigenen Aktivitäten beeinflußt wird. Um diese externalen Interdependenzen zu stabilisieren bzw. möglichst gering zu halten, werden interorganisationale Verbindungen eingegangen.

Bei den externalen Interdependenzen wird zwischen symbiotischen und wettbewerbsbezogenen Abhängigkeiten unterschieden und gleichzeitig der Einfluß der Branchenstruktur auf diese Abhängigkeiten betrachtet. Während sich symbiotische Interdependenzen zwischen Organisationen ergeben, die im Produktionsprozeß in vertikaler Beziehung zueinander stehen, handelt es sich bei wettbewerbsbezogenen Interdependenzen um Abhängigkeiten auf horizontaler Ebene zwischen ähnlichen Organisationen. Hierbei konkurrieren die Organisationen um Marktanteile, finanzielle Ressourcen und Mitarbeiter, und sie sind insofern wechselseitig voneinander abhängig, als das Verhalten der Konkurrenten die eigene Situation maßgeblich beeinflußt. Allerdings ist der Versuch, die Umwelt durch interorganisationale Verbindungen zu beeinflussen, nach PFEFFER/NOWAK nur dann sinnvoll, wenn sich die Branche durch einen mittleren Konzentrationsgrad auszeichnet.[97] Läge ein hoher Konzentrationsgrad vor, wäre aufgrund der niedrigen Anzahl existierender Konkurrenten eine Überschaubarkeit der Situation von vornherein gegeben, und von daher wären Zusammenschlüsse unnötig. Bei sehr niedriger Konzentration wären dagegen Kooperationen oder Zusammenschlüsse wenig effektiv, da sie aufgrund der großen Anzahl der Konkurrenten kaum Auswirkungen auf die Gesamtstruktur der Branche hätten.[98]

---

[94] Vgl. HEIDE 1994, S. 73

[95] Vgl. GRAY; YAN 1992, S. 43. Organisationen stellen in diesem Sinne den bedeutensten Umweltfaktor für andere Organisationen dar, vgl. THORELLI 1984, S. 38

[96] Vgl. HEIDE 1994, S. 723

[97] Vgl. PFEFFER; NOWAK 1976, S. 412

[98] Vgl. PFEFFER 1987, S. 41

Bei symbiotischen Interdependenzen soll durch interorganisationale Beziehungen die Bereitstellung bestimmter Ressourcen oder Vorprodukte bzw. deren gesicherte Abnahme gewährleistet werden. Dabei haben die jeweiligen Branchenstrukturen Auswirkungen auf Art und Häufigkeit der Interdependenzbeziehungen. So existieren im Falle hoher Konzentration nur wenige Wettbewerber am Markt. Die Firmen besitzen also eine recht große Marktmacht, denn mögliche Kunden haben nur wenige Angebotsalternativen. Eine Organisation muß sich also stärker auf ihre Zulieferbeziehungen konzentrieren, die den unsicheren, weil 'abhängigeren' Bereich ihres wirtschaftlichen Agierens darstellt.[99] Im umgekehrten Fall einer sehr niedrigen Konzentration ist jedoch das Engagement in Joint Ventures wenig erfolgversprechend, da sich aufgrund der Vielzahl der Konkurrenten kaum eine spürbare Beeinflussung des Marktes erwarten läßt. Hingegen korreliert zunehmende Joint Venture-Aktivität im Absatzbereich mit mittleren Konzentrationsgraden einer Branche. Da nicht mehr von einer großen Marktmacht aufgrund weniger Anbieter ausgegangen werden kann, stellt nun dieser Bereich die Schwachstelle von Organisationen dar.[100]

Der Technologiegrad einer Branche wird vor allem durch das Ausmaß an notwendigen Forschungs- und Entwicklungskosten wettbewerbsrelevant. Je höher diese Kosten sind, desto eher werden die jeweiligen Branchen eine konzentrierte Wettbewerbssituation aufweisen, was wiederum zu einer größeren Abhängigkeit von Zulieferern als von Abnehmern führt. Entsprechend sind vor allem Joint Ventures mit Zulieferern Folge eines hohen Technologiegrades. Zusätzlich steigen mit einem höheren Technologiegrad und damit höheren Forschungs- und Entwicklungskosten auch die Risiken von Organisationen, die diese durch die Bildung von Joint Ventures zu teilen versuchen.[101]

Schließlich führt eine hohe Kapitalintensität bei gleichzeitig niedriger Arbeitsintensität zu vermehrter Joint Venture-Aktivität, da die stärkere Kapitalbindung in Maschinen bzw. die damit einhergehenden höheren Fixkosten aufgrund geringerer Flexibilität ebenfalls zu einem erhöhten Risiko beitragen. Auch hier dienen Joint Ventures letztlich dazu, das Risiko zwischen verschiedenen Unternehmen aufzuteilen.[102]

Gegen diese Argumentationen läßt sich einwenden, daß die Überlegungen zu den symbiotischen Interdependenzen zu einseitig sind. So erfolgt die Verwen-

---

[99]   Vgl. PFEFFER; NOWAK 1976, S. 404

[100]   Vgl. PFEFFER; NOWAK 1976, S. 404

[101]   Vgl. PFEFFER; NOWAK 1976, S. 404 sowie ebenda, S. 409 f.

[102]   Vgl. PFEFFER; NOWAK 1976, S. 404 f.

dung des Begriffes Interdependenz bei PFEFFER/NOWAK eher im Sinne einseitiger Abhängigkeiten, also im Sinne von 'Dependenzen'. Es bleibt nämlich unklar, welches die Abhängigkeit der jeweils anderen Partei ist (also z.B. der Zulieferer bei hohen Konzentrationsgraden oder der Abnehmer bei mittleren Konzentrationsgraden) und warum sie ihre Machtposition durch eine Joint Venture-Beziehung zugunsten der schwächeren Partei aufgeben sollten. Organisationale Effektivtität im Sinne des Ressourcenabhängigkeitsansatzes zeichnet sich ja genau durch die Fähigkeit einer Organisation aus, möglichst autonome und unabhängige Verhandlungssituationen herzustellen bzw. zu versuchen, selbst weniger abhängig von der Partei zu sein, mit der man interagiert.[103] Eine autonome, mächtige Position ist aber gerade nicht das Merkmal einer Joint Venture-Beziehung, zumindest nicht für die anfänglich unabhängige Partei. Paradoxerweise stellen Joint Ventures nämlich einerseits einen Weg aus Abhängigkeiten dar (für die ursprünglich schwächere Partei), andererseits sind sie die Ursache für neue Abhängigkeiten. Es müssen sich also Anreize finden lassen, die das partielle Aufgeben von ursprünglich unabhängigeren Positionen attraktiv erscheinen lassen.

Sicherlich sind hierzu grundsätzliche ökonomische Anreize notwendig, wie z.B. der Aufbau gesicherter Abnahmequellen oder das Profitieren von Investitionen, die der andere Partner tätigen wird. Andererseits stellen ökonomische Anreize jedoch nur eine notwendige, nicht jedoch eine hinreichende Bedingung dar, folgt man stringent der Hauptargumentation des Modells, nämlich der Notwendigkeit zur Reduzierung von Abhängigkeiten. HEIDE/JOHN weisen diesbezüglich auf den Einflußfaktor begleitender sozialer Normen zur Strukturierung der Abhängigkeitsbeziehungen hin. Sie führen aus, daß der Versuch, Abhängigkeiten durch den Aufbau formalisierter Kooperationsbeziehungen zu minimieren, von der stärkeren Partei nur dann akzeptiert werden kann, wenn sie eine gewisse Sicherheit erhält, so daß die Aufgabe ihrer Autonomie nicht zu ihren Ungunsten durch opportunistisches Verhalten ausgenutzt wird. Soziale Normen stellen hierfür die notwendige Sicherheit dar, denn sie können als gemeinsam akzeptierte Verhaltensregeln beschrieben werden, die zu wechselseitigen vertrauensvollen Erwartungen auf normenkonformes Verhalten führen.[104] Konkret schließen sie im Kontext von Kooperationen gegenseitige Erwartungen auf flexibles Verhalten bei sich verändernden Umweltbedingungen, wechselseitige Erwartungen eines aktiven Informationsaustausches sowie solidarischen Verhal-

---

[103] Vgl. MINDLIN; ALDRICH 1975 S. 382

[104] Vgl. THIBAUT; KELLEY 1986, S. 129. Zur Definition von Normen vgl. SCHANZ 1993, S. 166

tens ein.[105] Das bedeutet, daß die Existenz sozialer Normen zur Strukturierung von Beziehungen als Grund dafür gelten kann, den Machtverlust einer Partei und den Machtgewinn einer anderen akzeptabel erscheinen zu lassen, entgegen dem eigentlichen Ziel der Reduzierung von Abhängigkeiten.

1.2.3 Zugang zu neuen Märkten, Technologien und neuem Wissen

Der Zugang zu neuen Märkten betrifft sowohl die nationale als auch die internationale Ausweitung der Geschäftstätigkeit. In Kombination mit technologischen Entwicklungen kann ein Joint Venture dazu dienen, mit Hilfe der Kenntnisse und Fähigkeiten eines Partners in neue Branchensegmente einzutreten[106] und sich damit über die bisherigen wirtschaftlichen Aktivitäten hinaus auszudehnen. Im internationalen Kontext gewinnt dies eine besondere Bedeutung. Hier geht es vor allem um die Kenntnis eines ortsansässigen Partners bezüglich lokaler und kultureller Besonderheiten. Aber auch seine Kontakte zu Behörden, zentralen Einrichtungen und wichtigen Handelspartnern sind von unschätzbarem Wert für ein ausländisches Unternehmen.[107] Dies gilt in besonderer Weise für den japanischen Markt, bei dem der Kontakt zu zentralen Institutionen quasi unerläßlich für den erfolgreichen Markteintritt ist. Der hohe Grad an Vernetztheit und 'Clanorientierung', insbesondere durch die Existenz von Keiretsus, machen es Aussenstehenden schwer, ohne Kooperationen in den japanischen Markt einzutreten.[108]

Joint Ventures können auch eine rechtliche Notwendigkeit darstellen, wenn das wirtschaftliche Engagement in einem Land an die Bedingung einer Joint Venture-Gründung mit einem lokalen Partner gebunden ist. Dies war lange Zeit in China der Fall, wo internationale Firmen aufgrund rechtlicher Bestimmungen

---

[105] Vgl. HEIDE; JOHN 1992, S. 35 f.

[106] Vgl. HAGEDOORN 1993, S. 373 f.

[107] Vgl. CONTRACTOR; LORANGE 1988, S. 15 sowie HARRIGAN 1986, S. 1

[108] Vgl. CONTRACTOR; LORANGE 1988, S. 14, SCHULZ; KROHN 1994, S. 11 sowie SCHÜTTE; LASSERRE 1996, S. 73. Keiretsus bezeichnen dabei entweder horizontale oder vertikale Unternehmensverbünde, die sehr eng miteinander kooperieren, Absprachen treffen und partiell auch wechselseitige Kapitalbeteiligungen besitzen. Vgl. SYDOW 1991, S. 243 f., insgesamt zur Erläuterung des japanischen Marktes und seiner Keiretsus vgl. GERLACH 1992. 'Clans' können beschrieben werden als ein familienähnliches, intimes und dauerhaftes Verhältnis von Mitgliedern eines Unternehmens bzw. auf Japan bezogen, von Mitgliedern verschiedener Unternehmen zueinander, die in einem Keiretsu zusammengefaßt sind. Vgl. DEUTSCHMANN 1989, S. 85 f. Insgesamt zu diesem Aspekt vgl. auch OUCHI 1980

auf ein Joint Venture mit einem chinesischen Partner angewiesen waren.[109] Auch nach wie vor existieren in einigen Ländern Asiens Restriktionen in bezug auf ein von Joint Ventures unabhängiges wirtschaftliches Engagement, um zumindest zentrale Bereiche der einheimischen Wirtschaft (z.B. den Rohstoffbereich) zu protegieren oder um den Erwerb von Fachwissen durch einen ausländischen Partner zu fördern.[110]

Insbesondere bei Branchen, die einen hohen Reifegrad aufweisen und insofern eher geringere interne Veränderungs- und Wachstumsperspektiven besitzen, stellt die internationale Expansion häufig eine attraktive Möglichkeit dar, langfristig eine Profitsteigerung zu erzielen.[111] Ferner sind für Branchen, die durch Oligopole mit lokalen Anbietern gekennzeichnet sind, Joint Ventures quasi die einzige Möglichkeit, erfolgreich Zugang von außen zu diesen Märkten zu erlangen.[112]

Im Zusammenhang mit den Ausführungen zur Reduzierung von Risiken und Kosten wurde bereits auf die Bedeutung von Joint Ventures im Bereich Forschung und Entwicklung verwiesen. An dieser Stelle soll noch einmal hervorgehoben werden, daß Joint Ventures auch dazu dienen können, Zugang zu neuen Technologien, Kenntnissen und Fähigkeiten zu erlangen.[113] Joint Ventures werden vor allem dann für alle beteiligten Parteien sinnvoll erscheinen, wenn sich wechselseitige Lerneffekte erwarten lassen.[114] Häufig versuchen gerade größere Firmen von dem Innovationspotential kleinerer, technologieorientierterer Firmen zu profitieren, die ihrerseits nicht die Kraft haben, ihre Ideen alleine um-

---

[109] Vgl. TROMMSDORFF; WILPERT 1991, S. 34 ff. Zwar sind hundertprozentige Tochterfirmen ausländischer Unternehmen seit 1983 erlaubt, dennoch dominieren Joint Ventures nach wie vor die Form des wirtschaftlichen Engagements ausländischer Firmen in China. Vgl. SCHÜTTE; LASSERE 1996, S. 156 f.

[110] Vgl. SCHÜTTE; LASSERRE 1996, S. 134 f.

[111] HAGEDOORN nennt hierfür z.B. die Lebensmittelindustrie. Vgl. HAGEDOORN 1993, S. 378 ff.

[112] Allerdings kann eine internationale Expansion auch dazu dienen, die bisherige Stellung zu verteidigen. Dies war z.B. bei dem amerikanischen Reifenhersteller GOODYEAR der Fall, der als Gegenmaßnahme zum Markteintritt seines französischen Konkurrenten MICHELIN in den amerikanischen Markt selbst seine Geschäftstätigkeit auf Europa ausdehnte und so versuchte, MICHELIN in seinem Heimatmarkt zu schwächen. Vgl. hierzu HAMEL; PRAHALAD 1985, S. 140

[113] Vgl. hierzu auch die Ausführungen in Abschnitt 1.2.2 bezüglich der Lernintention von Unternehmen.

[114] Vgl. CONTRACTOR; LORANGE 1988, S. 13

zusetzen.[115] Ein Joint Venture scheint dabei gegenüber dem Aufkauf solcher Firmen vorteilhaft zu sein, da häufig das innovative Potential durch Aufkäufe oder Fusionen verlorengeht.[116]

Neben dem Zugang zu neuen Technologien können Joint Ventures aber auch helfen, allgemein neue Kenntnisse und Verfahrensweisen zu erwerben. Werden diese erfolgreich in die Mutterunternehmen transferiert, können sowohl eigene Schwächen ausgeglichen als auch gegebenenfalls mit dem erlangten Wissen neue Gebiete erschlossen werden. Auch hier muß dabei wieder auf das frühzeitige Lernengagement verwiesen werden, um einen zeitlichen Vorsprung vor Mitkonkurrenten realisieren zu können. Dies gilt insbesondere, wenn die Innovationszeiten bei der Produktentwicklung und -gestaltung verkürzt werden sollen.[117]

Das Ziel des Erwerbs technologischen Wissens und insbesondere der Reduzierung von Innovationszeiten durch Joint Ventures ist jedoch nicht in allen Branchen gleich stark ausgeprägt. Schwächer vorhanden ist es in den reiferen Branchen, die eine geringere Entwicklungsperspektive bieten. Ferner sind in diesen Bereichen weniger Neuzugänge von Konkurrenten zu erwarten, und insofern ist die Notwendigkeit zur Verringerung von Innovationszeiten aus wettbewerblicher Sicht weniger dringlich.[118] Von großer Bedeutung sind technologieorientierte Joint Ventures dagegen in Branchen, die sich über weite technologische Gebiete erstrecken und von daher auf die Kenntnisse anderer angewiesen sind. Dies ist vor allem in der biochemischen Industrie der Fall sowie in Branchen, die sich mit der Entwicklung neuer Werkstoffe und Materialien befassen.[119]

In Abschnitt 1.2 wurden verschiedene Ziele aufgeführt, die die Entstehung von Joint Ventures erklären. Diese Ziele bieten darüber hinaus wichtige Hinweise auf den Erfolg bzw. auf die Gefährdung von Joint Ventures. Wie problematisch nämlich die Durchführung eines Joint Venture-Vorhabens ist, sollte bereits in

---

[115] Dies war z.B. ursprünglich bei dem Software-Unternehmen MICROSOFT der Fall, das zunächst eine Verbindung mit IBM einging, um Zugang zum globalen Markt zu erhalten. Umgekehrt versprach sich IBM, von der Software-Kenntnis seines kleineren Partners zu profitieren. Vgl. hierzu PERLMUTTER; HEENAN 1986, S. 136

[116] Vgl. Doz 1988, S. 18 sowie HLAVACEK; DOVEY; BIONDO o.J., 146

[117] Vgl. HAGEDOORN 1993, S. 373 und S. 378

[118] Als Beispiel für eine reifere Industrie kann auch hier wieder das Beispiel der Lebensmittelindustrie verwendet werden, die nach HAGEDOORN eine eher geringe Quote technologischer Joint Ventures aufweist. Insgesamt zu diesem Aspekt vgl. HAGEDOORN 1993, S. 380

[119] Vgl. HAGEDOORN 1993, S. 378 ff.

den vorangegangenen Ausführungen angeklungen sein. Im nächsten Abschnitt geht es nun darum, diesen Aspekt ausführlicher zu beleuchten.

1.3 Gefährdung von Joint Ventures

Joint Ventures stellen relativ labile Organisationsformen dar, und ihre 'Sterblichkeitsrate' ist entsprechend hoch.[120] Dies liegt an der oftmals mit Konflikten behafteten Struktur einer mehrfachen Unternehmenszugehörigkeit.[121] Bei internationalen Joint Ventures kommen ferner kulturell bedingte Konflikte hinzu, die die Kooperation erschweren. Aufgrund dieser Probleme kommt der Betrachtung von Erfolg bzw. die Analyse der Gefährdungspotentiale von Joint Ventures große Bedeutung zu.

In Abschnitt 1.3.1 werden zunächst grundlegende Aspekte des Erfolges und der Stabilität von Joint Ventures thematisiert. Hieraus kann dann in Abschnitt 1.3.2 das besondere Gefährdungspotential von Joint Ventures abgeleitet werden, das sich aus dem Zusammenwirken von ökonomischen und organisatorischen Anforderungen sowie kulturellen Unterschieden ergibt.

1.3.1 Grundsätzliches zum Erfolg und Mißerfolg von Joint Ventures

Erfolg läßt sich aus Sicht der klassischen, quantitativ ausgerichteten Betriebswirtschaftslehre als betriebswirtschaftliches Ergebnis beschreiben, das sich aus der Differenz von Aufwand und Ertrag einer Periode ergibt, aus der Gewinn- und Verlustrechnung ableitbar ist und in Kennzahlen ausgedrückt werden kann.[122] Dementsprechend werden häufig quantitative Größen der Messung des Joint Venture-Erfolges zugrunde gelegt, wie etwa Gewinnberechnungen, quantitative Outputgrößen, Marktanteile etc.[123] Problematisch hierbei ist jedoch, daß durch diese quantitativen Größen nicht alle Ziele von Joint Ventures erfaßt werden können. Insbesondere werden langfristige oder qualitative Ziele, die sich nur indirekt quantitativ beschreiben lassen, aus der Betrachtung ausgeklammert. So sind z.B. bei Joint Ventures im Bereich Forschung und Entwicklung Anfangsverluste die Regel und Subventionen durch die Muttergesellschaften

---

[120] Vgl. KILLING 1983, S. 12, KILLING 1982, S. 120 sowie KOGUT 1988b, S. 169

[121] Vgl. KOGUT 1989b, S. 72

[122] Vgl. WÖHE 1996, S. 47 sowie SCHUCHARDT 1994, S. 34

[123] Vgl. TROMMSDORFF; WILPERT 1991, S. 50, GERINGER; HEBERT 1991, S. 250 sowie ZIELKE 1992, S. 57 f.

notwendig. Diese Joint Ventures würden bei der ausschließlichen Verwendung ökonomischer Erfolgsmaßstäbe zu schlecht und auch nicht ihrem Gründungszweck entsprechend beurteilt werden.[124] Es müssen also ergänzende Erfolgskriterien gefunden werden, die der Zielpluralität von Joint Ventures entsprechen. Neben den genannten quantitativen Kriterien wären dabei auch qualitatitive Aspekte in den Blick zu nehmen, wie etwa die Produktentwicklung, Lernzielerreichung, Beeinflussung der Wettbewerbsstruktur, Ressourcenzugänge und andere Aspekte, die sich aus der jeweiligen Zielstellung der beteiligten Parteien ergeben.[125]

Zur Problematik mangelnder allgemeingültiger Erfolgskriterien kommt erschwerend die Tatsache hinzu, daß der Erfolg eines Joint Ventures je nach Perspektive sehr unterschiedlich eingeschätzt werden kann, ist doch in den meisten Fällen eine Interessenvielfalt seitens der jeweiligen Parteien eines Joint Ventures zu konstatieren. Ferner können auch Joint Ventures selbst von den Partnerunternehmen unabhängige Erfolgskriterien entwickeln, d.h. der Erfolg auf der Ebene des Joint Ventures muß nicht zwangsläufig die Zielstellung der Partner abbilden.[126]

In bezug auf die Interessenvielfalt der jeweiligen Partner ist zu berücksichtigen, daß nicht alle Ziele von allen Partnern als gleich bedeutsam eingeschätzt werden. Aus der Sicht eines Partners kann ein Joint Venture auch ohne die Erwirtschaftung von Umsatz und Gewinn äußerst erfolgreich sein, wenn hierdurch der Zugang zu kritischen Ressourcen oder Märkten ermöglicht wird. Aus der Perspektive des anderen Partners, der möglicherweise vor allem an finanziellen Größen interessiert ist, ist das Joint Venture dann ein Mißerfolg. Problematisch ist bei einer solchen Konstellation auch eine Erfolgsbestimmung durch das Joint Venture selbst. Die Partner müssen sich in diesem Fall auf Kriterien und Methoden der Erfolgsmessung einigen bzw. Toleranz gegenüber unterschiedlichen Definitionen von Erfolg entwickeln.[127] Diese Toleranz gegenüber unterschiedlicher Erfolgsbeurteilung wird damit selbst zum Erfolgskriterium.

In der einschlägigen Literatur wird schließlich debattiert, ob die Stabilität von Joint Ventures als Erfolgskriterium genutzt werden sollte, nicht zuletzt wegen der hohen 'Sterblichkeitsrate' dieser Kooperationsform. Allerdings wird überwiegend die Meinung vertreten, daß die Dauer eines Joint Ventures nicht als Er-

---

[124] Vgl. EISELE 1995, S. 86 sowie GERINGER; HEBERT 1991, S. 251

[125] Vgl. LORANGE; ROOS 1993, S. 42, KOOT 1988, S. 364 sowie ZIELKE 1992, S. 59 ff.

[126] Vgl. ZIELKE 1992, S. 55 sowie YAN; GRAY 1994, S. 1482

[127] Vgl. MURRAY; SIEHL 1989 nach EISELE, 1995, S. 40

folgsmaßstab gesehen werden sollte, da das Ende eines Joint Ventures nicht unbedingt mit einem Mißerfolg gleichzusetzen ist.[128] So werden Joint Ventures, die mit der Zielstellung gegründet werden, den Eintritt in neue Märkte zu erleichtern, häufig vom ausländischen Partner, der dieses Ziel verfolgt, aufgekauft, wenn der Markteintritt erfolgreich bewältigt wurde.[129] Der Stabilitätsfaktor besitzt also kaum Aussagekraft bezüglich des Erfolges von Joint Ventures.[130]

Im weiteren stellt sich die Frage nach Möglichkeiten der Erfolgsmessung. Wieitestgehend unproblematisch ist diesbezüglich die Bestimmung der oben beschriebenen quantitativen Größen, die sich vor allem aus den Daten der Buchführung bzw. aus Branchenstatistiken ableiten lassen. In bezug auf qualitatitve Kriterien ist jedoch die tatsächlich Erfolgsmessung schwierig. Es kann einerseits versucht werden, die jeweilige Zielerreichung mittels indirekter Analysemethoden zu ermitteln. Dies bietet sich z.B. in Form von Marktanalysen bezüglich Kundenzufriedenheit, Produktqualität, Produktimage, Marktposition etc. an.[131] Andererseits existiert die Möglichkeit, die Erreichung von Zielen oder die Lösung spezieller Aufgaben mittels subjektiver Beurteilungen der beteiligten Führungskräfte zu erfassen.[132] Problematisch ist hierbei jedoch, daß subjektive Einschätzungen stark von der jeweiligen Situation, in der sich die Führungskräfte befinden, abhängen. Die Existenz von Leistungsdruck, Profilierungsverhalten, aber auch ein allgemeines positives Gefühl aufgrund fehlender Konflikte, kann hier zu einer überhöhten Einschätzung des Erfolges führen.[133]

Es läßt sich somit feststellen, daß weder für die Bestimmung des Erfolges noch für seine Meßbarkeit konkrete, allgemeingültige Aussagen gemacht werden können. Im folgenden soll jedoch gezeigt werden, inwieweit der Erfolg von Joint Ventures unter Berücksichtigung ihrer Ziele konkreter formuliert werden kann. Dabei wird in erster Linie noch einmal auf die Transaktionskostentheorie und das Modell der Ressourcenabhängigkeit zurückgegriffen werden, da sie auf spezielle Erfolgs- und Gefährdungspotentiale hinweisen.

---

[128] Vgl. z.B. BLEEKE; ERNST 1994, S. 48. Zur ausführlichen Diskussion der Frage, ob die Instabilität eines Joint Ventures überhaupt ein Problem darstellt, vgl. GOMES-CASSERES 1987

[129] Vgl. YAN; GRAY 1994, S. 1483. BLEEKE/ERNST weisen diesbezüglich auf weitere Beispiele hin, bei der Allianzen bzw. Joint Ventures in Akquisitionen übergingen, ohne daß sie als Mißerfolg bewertet wurden. Vgl. BLEEKE; ERNST 1994, S. 49

[130] Vgl. OESTERLE 1993, S. 520

[131] Vgl. SCHUCHARDT 1994, S. 35

[132] Vgl. TROMMSDORFF; WILPERT 1991, S. 65

[133] Vgl. SCHULZ; KROHN 1994, S. 29

Aus Kostengesichtspunkten und insbesondere aus Sicht der Transaktionskostentheorie entstehen Joint Ventures als Alternative zur Abwicklung von Transaktionen über den Markt einerseits und zur totalen Integration eines anderen Unternehmens oder neuer Leistungsarten in die eigene hierarchische Struktur andererseits. Sie werden dabei mit der Intention gegründet, Transaktionskosten zu minimieren. Letztere ergeben sich u.a. aus der Gefahr opportunistischen Verhaltens der Marktpartner. Der Erfolg einer bestimmten Transaktionsform ist demnach vom Ausmaß der Verminderung von Reibungsverlusten abhängig. Dieser Sicht entsprechend ist ein Joint Venture dann erfolgreich, wenn es mit geringstmöglichen Reibungsverlusten, d.h. Transaktionskosten operiert. Dabei ist vor allem wichtig, ob mit dem Partner gemeinsam eine Organisationsstruktur aufgebaut werden kann, die die Wahrscheinlichkeit opportunistischen Verhaltens eindämmt und so Stabilität in die Beziehung bringt. Der Mißerfolg von Joint Ventures wird aus Sicht der Transaktionskostentheorie insbesondere auf dysfunktionale Konsequenzen zurückgeführt, die sich aus opportunistischem Verhalten und einer möglichen Konkurrenzsituation der Partner ergeben und Reibungsverluste verursachen.[134]

Trotz der in Abschnitt 1.2.1 formulierten Kritik an der Opportunismusannahme zeigt sich in der Realität, daß das soziale Dilemma des Opportunismus in Joint Ventures durchaus von Bedeutung ist. Es wäre also naiv, einem Partner blind zu vertrauen. Allerdings müssen die sozialen Prozesse, die der Vertrauensbildung dienen und die für eine erfolgreiche Kooperation notwendig sind, differenzierter betrachtet werden, als dies im Rahmen der Transaktionskostentheorie geschieht.[135]

Während beim Transaktionskostenansatz vor allem kostenminimierende Aspekte bei der Beurteilung des Erfolges von Joint Ventures im Vordergrund stehen, geht es beim Ressourcenabhängigkeitsansatz eher darum, Zugänge zu bestimmten Ressourcen zu erlangen und dadurch die Abhängigkeit zur Umwelt zu minimieren. Erfolgreich ist ein Joint Venture also dann, wenn bestehende symbiotische Interdependenzen, also vertikale Abhängigkeiten gegenüber Zulieferern oder Abnehmern, durch das Joint Venture reduziert werden. Ein Joint Venture ist ferner in bezug auf die wettbewerbsbezogene Interdependenz erfolgreich, wenn durch dieses die Umwelt und die Wettbewerbssituation stabilisiert und damit die eigene Abhängigkeit minimiert wird.

---

[134] Vgl. KOGUT 1989b, S. 72 sowie GRAY; YAN 1992, S. 44 f.

[135] Vgl. Kapitel 2 und 3

Auch hier läßt sich aus der Grundargumentation heraus auf notwendige Partner-attribute schließen, die den Erfolg positiv beeinflussen. Joint Venture-Partner müssen entweder die Ressourcen besitzen, die der andere Partner benötigt,[136] oder sie müssen aufgrund ihrer Marktposition dazu geeignet sein, die Wettbe-werbssituation in der jeweiligen Branche entscheidend zu beeinflussen. Beson-ders labil werden wettbewerbsbezogene Joint Ventures aus Sicht des Ressour-cenabhängigkeitsmodells, wenn sich die Umweltfaktoren in nicht intendierter Weise verändern und sich damit neue bzw. andere Abhängigkeitsverhältnisse ergeben.[137]

Ferner spielen insgesamt die Verhandlungsmacht und die wechselseitigen Ab-hängigkeiten, die es ja eigentlich zu minimieren gilt, die aber gleichzeitig durch das Joint Venture neu entstehen, für die Stabilität eine große Rolle.[138] So gelten ausgeglichene Machtverhältnisse zwischen den Mitgliedern einer Partnerschaft als positiver Einflußfaktor auf deren Stabilität.[139] Ein gleichgewichtiges Ausmaß an Abhängigkeiten soll dabei garantieren, daß beide Parteien flexibel auf sich verändernde Bedürfnisse der Partner reagieren und somit helfen, die Partner-schaft zu erhalten, ohne daß sich der Preis für den Verbleib in der Partnerschaft erhöht.[140]

Besonders deutlich wird der Zusammenhang von Verhandlungsmacht und Sta-bilität bzw. Erfolg eines Joint Ventures, wenn es um die Lernziele in einer Part-nerschaft geht. So beschreibt HAMEL den Zusammenhang von Lernen und Verhandlungsmacht als "race to learn".[141] Wissen bzw. Kompetenz wird dabei als zentrale Ressource angesehen, von der Unternehmen für ihren langfristigen Erfolg in erheblichem Maß abhängen. Durch die Internalisierung der Kompe-tenzen anderer wird versucht, die Abhängigkeit von diesen zu reduzieren bzw. sich langfristig vollständig aus ihr zu lösen. Joint Ventures mit Lernzielen stellen damit eine Möglichkeit der langfristigen Reduzierung von Kompe-tenzabhängigkeiten dar. Bei ungleichem Tempo des Wissenserwerbs ergeben sich nun Gefährdungen. Insbesondere bei potentiellen Konkurrenten existiert für

---

[136] Vgl. GRAY; YAN 1992, S. 45

[137] Vgl. hierzu z.B. KOGUT 1988b, S. 184

[138] Vgl. PFEFFER, SALANCIK 1978 nach GRAY; YAN 1992 S. 45 sowie BLEICHER; HERMANN 1991, S. 25

[139] Vgl. ANDERSON; WEITZ 1989, S. 312 sowie GRAY; YAN 1992, S. 45. Machtverhältnisse sind hier nicht gleichbedeutend mit Beteiligungsverhältnissen oder Führungsmodellen, sondern stehen allgemein für den Grad der jeweiligen Beeinflussungsmöglichkeit.

[140] Vgl. HEIDE 1994, S. 79

[141] Vgl. HAMEL 1991, S. 85

den Langsameren das Risiko, für den Partner überflüssig zu werden bzw. diesem zukünftig außerhalb der Partnerschaft als noch gefährlicherem Konkurrenten zu begegnen:

> "[...] managers often voiced a concern that, when collaborating with a potential competitor failure to 'out-learn' one's partner could render a firm first dependent and then redundant within the partnership, and competitively vulnerable outside it."[142]

Da die Fähigkeiten zum Lernen bzw. der Lernerfolg oft sehr unterschiedlich zwischen den Parteien verteilt sind, verändert sich eine ausgewogene Machtsituation leicht hin zur Asymmetrie. Entsprechend steigt der Preis, einen Partner, der seine Lernziele und damit ein größeres Maß an Unabhängigkeit erreicht hat, in der Allianz zu halten.[143]

Die Gefahr ungleichen Lerntempos und daraus folgender ungleicher Abhängigkeiten entsteht besonders leicht in internationalen Allianzen. HAMEL weist in seiner Untersuchung zu internationalen Joint Ventures zwischen japanischen, europäischen und nordamerikanischen Partnern auf deren unterschiedliche Einstellungen zum Lernen in Partnerschaften hin. Dabei zeigten sich nicht nur unterschiedliche Einschätzungen der Bedeutung des Lernens zwischen den Partnern. Vielmehr existiert auch eine unterschiedliche Offenheit demgegenüber, was man von anderen Partnern lernen kann. Als Beispiel gibt HAMEL die Einschätzung eines japanischen Joint Venture-Partners bezüglich der Lernoffenheit seines westlichen Partners an:

> "When we saw (our larger Western partner) doing something better, we always wanted to know why. But when they come to look at what we are doing, they say, 'Oh, you can do that because you are Japanese,' or they find some other reason."[144]

Dieses Beispiel demonstriert die Problematik dessen, was in der Literatur als 'NIH'-Syndrom ('Not-Invented-Here'-Syndrom) bezeichnet wird, nämlich die Problematik des Ablehnens fremder Ideen und Lösungsvorschläge insbesondere im technischen Bereich.[145] In internationalen Situationen kann dieses Phänomen zusätzlich durch Stereotypisierungen und Vorurteile gegenüber den Mitgliedern

---

[142] HAMEL 1991, S. 84

[143] Vgl. HAMEL 1991, S. 88

[144] HAMEL 1991, S. 92

[145] Vgl. hierzu die Untersuchungen von KATZ; ALLEN 1982

der anderen Kultur verstärkt werden.[146] Es wird aber auch die unterschiedliche Offenheit gegenüber den Lernwünschen der Partner betont. Insbesondere bei japanischen Partnern wird darauf verwiesen, daß diese zwar in der Regel klarere Lernziele besitzen als ihre europäischen Partner, sich jedoch gleichzeitig auch verschlossener gegenüber deren Lernwünschen verhalten.[147]

Abschließend kann zusammenfassend argumentiert werden, daß die Realisierung der Ziele von Joint Ventures nur gelingen kann, wenn Kooperationspartner gefunden werden, mit denen über die Vorgehensweise bezüglich des Joint Ventures Einigkeit erzielt wird. Es muß also eine Harmonie in strategisch sachlicher Hinsicht vorliegen.[148] Dies bedeutet nicht, daß eine identische Zielstellung bei den Partnern notwendig ist. Es darf sich jedoch kein grundsätzlicher Zielkonflikt ergeben. Neben der Einigung auf eine grundsätzliche strategische Vorgehensweise muß der jeweilige Joint Venture-Partner solche Attribute besitzen, die zur Realisierung der jeweiligen eigenen strategischen Ziele notwendig sind.[149]

Trotz der Notwendigkeit komplementärer Ressourcen und Kompetenzen warnen einige Autoren jedoch davor, spezielle Kernkompetenzen des eigenen Unternehmens dem Partner preiszugeben bzw. an das Joint Venture abzugeben. Zum Schutz der eigenen langfristigen Wettbewerbsvorteile sollten diese grundsätzlich geschützt bleiben, auch wenn hierdurch eine Gratwanderung zwischen Vertrauen und Mißtrauen gegenüber dem eigenen Partner eingeschlagen werden muß.[150] Letztlich dient der Schutz der eigenen Kernkompetenzen auch dazu, als Partner weiterhin attraktiv zu bleiben und somit die eigene Verhandlungsmacht zu festigen.

Neben den dargestellten Aspekten spielen natürlich noch eine Reihe weiterer Faktoren für die Stabilität und den Erfolg von Joint Ventures eine Rolle. Hierzu zählen der Einfluß der Umwelt, wie etwa das politische Klima eines Landes oder

---

[146] Zum Problem sozialer Vorurteile vgl. z.B. IRLE 1975, S. 385 ff sowie zu deren Einfluß auf Gruppensituationen SCHLÖDER 1994, S. 109 ff. Dieser Aspekt wird in Kapitel 2 und in Kapitel 3 erneut aufgegriffen.

[147] Vgl. PARKHE 1991, S. 318

[148] Vgl. BLEICHER; HERMANN 1991, S. 24

[149] Vgl. PARKHE 1991, S. 590 sowie LEWIS 1991, S.267

[150] Vgl. LORANGE; ROOS 1993, S. 215. Um sein Wissen vor seinem Joint-Venture-Partner und gleichzeitigem Konkurrenten SNECMA zu schützen, splittete z.B. GENERAL ELECTRIC die Produktion besonders hochwertiger Schlüsselkomponenten für Flugzeugtriebwerke ab und behielt sich deren Produktion im eigenen Werk vor. Vgl. BLEEKE; ERNST 1994, S. 52

seine infrastrukturellen Bedingungen.[151] Schließlich müssen die an Joint Ventures beteiligten Personen in der Lage sein, ein Gleichgewicht zwischen den verschiedenen Zielen und Interessen der Parteien herzustellen, wie auch angemessen auf die Wettbewerbsfaktoren der Branche insgesamt zu reagieren. Gleichzeitig müssen kulturelle Unterschiede, die sowohl auf nationaler als auch auf unternehmenskultureller Ebene entstehen, ausgeglichen werden, um die Kooperation nicht durch Mißverständnisse und Kulturkonflikte zu gefährden. Das Zusammenwirken dieser letztgenannten Aspekte macht das spezielle Gefährdungspotential aus, dem internationale Joint Ventures ausgesetzt sind. Im folgenden Abschnitt wird dies näher erläutert.

1.3.2 Ökonomische Interessendiversität und kulturelle Unterschiede als besonderes Gefährdungspotential von Joint Ventures

Stellt man zunächst die interkulturelle Problematik zurück und greift nur auf die Ziele und Erfolgsfaktoren zurück, die in Abschnitt 1.2 und 1.3.1 beschrieben wurden, so lassen sich eine Reihe von Gefährdungspotentiale für Joint Ventures identifizieren:

- Aus den transaktionskostentheoretischen Überlegungen ergibt sich, daß die Gefahr besteht, durch den Partner ausgenutzt zu werden. Dennoch muß ein vertrauensvolles Verhältnis aufgebaut werden, um überhaupt eine Kooperation zu ermöglichen. Joint Ventures sind damit durch die Gratwanderung zwischen Vertrauen und Mißtrauen belastet und potentiell gefährdet.

- Aus dem Ressourcenabhängigkeitsansatz läßt sich ableiten, daß ein ausgewogenes Macht- und Abhängigkeitsverhältnis notwendig ist. Machtkonflikte stellen daher einen Gefährdungsfaktor für Joint Ventures dar.[152]

- Weitere Aspekte verdeutlichen die Notwendigkeit, den unterschiedlichen strategischen Zielen der Partner gerecht zu werden. Dies impliziert auch die Gefahr, daß die Kooperation durch Zielkonflikte so belastet werden kann, daß sie zerstört wird.

Aus dem Gefährdungspotential erwachsen belastende Anforderungen an die Joint Venture-Mitarbeiter. Besonders deutlich wird dies in bezug auf die Vertrauensproblematik. Vertrauen ist grundsätzlich von ökonomischer Bedeutung, da nur bei einem Mindestmaß an Vertrauen überhaupt ein kooperatives Ver-

---

[151] Vgl. TROMMSDORFF; WILPERT 1991, S. 73

[152] Vgl. TRÖNDLE 1987, S. 81 ff.

halten erwartet werden kann. Ferner können mit Vertrauen Koordinations- und Kontrollbemühungen reduziert, Verhandlungszeit verringert sowie der Informationsaustausch offener gestaltet werden.[153] Vertrauen wird aber gleichzeitig durch die Notwendigkeit des Schutzes zentraler eigener Kenntnisse und Unternehmensgeheimnisse erschwert. Betrachtet man nun Joint Ventures als potentielle 'Trojanische Pferde',[154] durch die mögliche neue Konkurrenten den Zugang zum eigenen Unternehmen erlangen, dann führt das bei den beteiligten Mitarbeitern zu einem heiklen Balanceakt zwischen Kooperation und Konkurrenz.[155]

Entsprechend wird die Gründung von Joint Ventures von den beteiligten Mitarbeitern nicht immer als positiv angesehen. BADARACCO beschreibt in bezug auf amerikanische Manager, daß diese Allianzen oftmals von vornherein als befremdlich betrachteten und häufig der Meinung seien, Firmen könnten besser als 'nach außen verschlossene Zitadellen' geführt werden.[156] Insofern sei nicht davon auszugehen, daß sich einerseits ein besonderers Engagement, andererseits ein ausgesprochen offenes Vertrauensverhältnis entwickeln werde. Statt dessen betrachten sich die Mitglieder der verschiedenen Unternehmen häufig mit Mißtrauen und rechnen mit einem sogenannten Trittbrettverhalten der anderen Partei.[157]

Ausgehend von der Problematik mangelnden Vertrauens wird in der Literatur die Herausbildung von Kooperationsnormen, die eine wechselseitige Unterstützung beinhalten, als besonders wichtig angesehen. So betont z.B. Larson die Entwicklung von 'Reciprocity Norms' insbesondere während der ersten Phase der Kooperation, auf deren Grundlage dann später die Zusammenarbeit im Joint Venture ermöglicht werden soll.[158] Dabei ist jedoch zu bedenken, daß die Herausbildung von derartigen Normen und von Vertrauen häufig nur sehr schwer oder gar nicht von den Betroffenen realisiert werden kann. BARNES führt diesbezüglich aus, daß insbesondere Manager zu drei speziellen Grundannahmen neigten, die der Bildung von Vertrauen im Wege stehen. Diese seien:

---

[153] Vgl. LOOSE; SYDOW, 1994, S. 165

[154] Vgl. ABRAVANEL; ERNST 1994, S. 278

[155] Vgl. hierzu FEDOR; WERTHER 1996, S. 41, SERVATIUS 1990, S. 57 sowie CONTRACTOR; LORANGE 1988, S. 8

[156] Vgl. BADARACCO 1991, S. 147

[157] Vgl. HÄUSLER; HOHN; LÜTZ 1992, S. 59

[158] Vgl. LARSON 1992, S. 84

1. Die Überzeugung, daß wichtige Themen nur in einer 'Entweder-Oder-Art' behandelt werden können.

2. Die Auffassung, daß nur harte Fakten, nicht aber 'weichere' Ideen und Spekulationen Wert und Aussagekraft besitzen.

3. Die Ansicht, daß die Welt grunsätzlich ein unsicherer Ort ist, der Mißtrauen erfordert.[159]

Während diese Annahmen kurzfristig eine gewisse Orientierung und Schutz bieten können, verhindern sie jedoch langfristig kooperative Verhaltensweisen. Sie führen nämlich nicht nur verstärkt zu Mißtrauen, sondern verhindern auch Toleranz gegenüber anderen Sicht- und Verhaltensweisen und insofern Kompromisse.

Die Entwicklung eines konstruktiven Vertrauensverhältnisses in Joint Ventures hängt aber nicht nur von den im Joint Venture aktiven Mitarbeitern und deren Überzeugungen ab. Notwendig ist ferner eine entsprechende Unterstützung von seiten der Partnerunternehmen. Häufig wird jedoch der Balanceakt des Abwägens zwischen Vertrauen und gesundem Mißtrauen in diesen unterschätzt:

"In larger firms, in particular, partnerships are usually decided upon by top management, but implemented by middle managers and by technical specialists. While the intrinsic ambiguity of partly collaborative, partly competitive relations can be easily understood and tolerated by top management, operating managers who bear the brunt of the actual interface may find this ambiguity difficult to integrate in their working relationship".[160]

Werden die Schwierigkeiten des mittleren Managments im Umgang mit Ambiguitäten nicht richtig eingeschätzt, dann fehlt es nicht nur an Unterstützung, es entsteht oftmals sogar Mißtrauen gegenüber den eigenen Joint Venture-Mitarbeitern, wenn das Vertrauensverhältnis zwischen diesen und den Mitarbeitern des anderen Unternehmens zu groß zu werden droht.[161] Dieses Mißtrauen kann sogar soweit führen, daß die eigenen Mitarbeiter als Feinde betrachtet werden:

---

[159] Vgl. BARNES 1981, S. 108. Dies entspricht partiell Sichtweisen der Transaktionskostentheorie. Auf die Problematik derartiger Überzeugungen wurde in Abschnitt 1.2.1 bereits hingewiesen.

[160] DOZ 1988, S. 319

[161] Vgl. HÄUSLER, HOHN, LÜTZ 1992, S. 51 u. S. 59

"In tightly knit groups, outsiders are often the enemy. And so anyone who enjoys his or her collaborative relationship with an outsider can become suspect. Indeed, people who do this often or long can get treated as traitor - the enemy."[162]

Joint Venture-Mitarbeiter stehen somit vor einem Dilemma. Sie haben die Aufgabe, ein Kooperationsverhältnis mit den jeweiligen Partnern herzustellen, müssen aber gleichzeitig das eigene Unternehmen vor Gefahren, die durch die Partnerschaft entstehen können, schützen. Ferner wird von ihnen die Bildung von Vertrauen gegenüber dem Partner erwartet, gleichzeitig laufen sie aber auch Gefahr, hierdurch das Vertrauen des eigenen Unternehmens zu verlieren.

Erschwert wird diese Situation dadurch, daß Joint Venture-Mitarbeiter die Anforderungen verschiedener Parteien zu erfüllen haben. Allein die doppelte Unternehmenszugehörigkeit gestaltet die Aufgabe eines Joint Venture-Managements äußerst schwierig. Diese Aufgabe wird nahezu unmöglich, wenn die verschiedenen Erwartungen inkompatibel sind und die Partner wenig oder keine Kompromißbereitschaft zeigen. Auch hier entsteht ein weiterer Balanceakt in bezug auf den Ausgleich der verschiedenen Prioritäten der Partner, wie auch den strategischen und operationalen Prioritäten des Joint Ventures selbst. Die Arbeitssituation von Joint Venture-Mitarbeitern ist entsprechend häufig von schweren Loyalitätskonflikten geprägt.[163] Derartige Loyalitätsprobleme können entweder zur Handlungsunfähigkeit führen, oder sie werden durch eine von vornherein festgelegte Loyalität gegenüber nur einem, in der Regel gegenüber dem eigenen Partner gelöst. Bis zu einem gewissen Grad ist eine stärkere Loyalität gegenüber dem Unternehmen, aus dem man entsandt worden ist, selbstverständlich und notwendig, speziell dann, wenn entsandte Mitarbeiter nach einiger Zeit in das Mutterunternehmen zurückkehren sollen.[164] Problematisch wird diese Loyalität jedoch dann, wenn sie zu einseitig ausgeprägt ist und damit die Bildung von Vertrauen und die Entwicklung einer 'Norm der Wechselseitigkeit' verhindert.

Die obigen Ausführungen machen bereits deutlich, daß die Rolle von Joint Venture-Managern eine 'Grenzrolle' darstellt. Mit einer Grenzrolle wird hierbei die Funktion des Schnittstellenmanagements bezeichnet. Da zwischen dem Joint Venture und den Partnerunternehmen vermittelt werden muß, übernehmen Joint

---

[162] MINTZBERG; JORGENSEN; DOUGHERTY; WESTLY 1996, S. 67

[163] Vgl. LORANGE; ROOS 1993, S. 159 sowie LUTZ 1993, S. 214. Zur Literaturübersicht bezüglich dieser Problematik vgl. SHENKAR; ZEIRA 1987, S. 550

[164] Vgl. BLEICHER 1989, S. 85

Venture-Manager quasi die Aufgabe von Diplomaten.[165] Dies spiegelt sich auch in der Problematik wider, daß viele Schwierigkeiten, die auf der operativen Ebene im Joint Venture auftreten, auf der Ebene der Partnerunternehmen entstehen.[166] Als Beispiel wären inkompatible Zielstellungen zu nennen, deren Angleichung nur auf der Ebene der Partnerunternehmen erreicht werden kann. Dies schon allein deshalb, weil in der Regel diejenigen, die nach der Etablierung eines Joint Ventures mit dem eigentlichen Durchführungsprozeß befaßt sind, keine letztliche Entscheidungskompetenz in bezug auf derartig grundlegende Aspekte besitzen.[167] Sie sind statt dessen auf die Unterstützung und Anweisung der nicht direkt am Geschehen beteiligten Mitglieder der Partnerunternehmen angewiesen.

Oftmals besteht nach der Gründung eines Joint Ventures jedoch die Gefahr, daß das Gemeinschaftsunternehmen zum Stiefkind der Partnerunternehmen wird[168] und insofern die mit den operativen Problemen befaßten Mitarbeiter nur noch wenig Unterstützung erfahren. Die Untersuchungen von SCHAAN/Beamish zeigen sogar, daß einige Partner selbst gegenüber ihren eigenen Mitarbeitern nur zögerlich ihre Erwartungen deutlich machten, um nicht ihre Verhandlungsposition gegenüber dem anderen Unternehmen zu schwächen.[169] Auch hier zeigt sich die Gefahr, daß die Mitarbeiter eines Joint Ventures überfordert sein können, allen Erwartungen gerecht zu werden, wodurch dann das Fortbestehen des Joint Ventures gefährdet wird. KOOT weist darauf hin, daß bei unklaren oder versteckten Motiven der Partner die Interaktion in der Allianz häufig so schwierig wird, daß in Konkurrenzteams Gruppierungen mit schlechtem Kooperationsverhalten die Folge sind.[170]

Bei der Betrachtung der bisher dargestellten Probleme sind kulturelle Aspekte ausgeklammert worden. Werden nun auch diese berücksichtigt, so verschärfen sich die dargestellten Probleme in erheblichem Ausmaß. Kulturelle Unterschiede führen dazu, daß verschiedene Verhaltensweisen, Ansichten, Norm- und Wertvorstellungen sowie Sprach- und Kommunikationsstile aufeinander treffen

---

[165] Vgl. TRÖNDLE 1987, S. 71 sowie SCHAAN; BEAMISH 1988, S. 297

[166] Vgl. ZIELKE 1992, S. 296

[167] Zu Problemen, die in diesem Zusammenhang mit unterschiedlichen hierarchischen Ebenen verbunden sind, vgl. MINTZBERG; JORGENSEN; DOUGHERTY; WESTLY 1996, S. 66

[168] Vgl. OHMAE 1985, S. 205 sowie FILLIOL 1994, S. 163

[169] Vgl. SCHAAN; BEAMISH 1988, S. 283

[170] Vgl. KOOT 1988, S. 360

und zu erheblichen Mißverständnissen und Konflikten führen können.[171] Dabei ist zu berücksichtigen, daß kulturelle Probleme nicht nur im internationalen Kontext, also zwischen Mitgliedern verschiedener Nationen oder ethnischer Zugehörigkeiten auftreten können, sondern auch unternehmenskulturell bedingt sind.[172] In bezug auf Joint Ventures zwischen großen und kleinen Partnerunternehmen weist DOZ beispielsweise darauf hin, daß hier die nationalen Unterschiede oftmals geringer sind als die unternehmenskulturellen. Unterschiede zeigten sich vor allem im Ausmaß formaler und bürokratischer Strukturen, die bei großen Unternehmen in der Regel besonders ausgeprägt sind. Entsprechend würde häufig ein Verständnis dafür fehlen, daß der andere Partner nicht nur existieren, sondern sich auch mit Gewinnen am Markt behaupten kann.[173]

Kulturelle Unterschiede vermehren jedoch nicht einfach die bereits oben beschriebenen Probleme, vielmehr wirken sie gleichsam als deren Verstärker. In bezug auf die Vertrauensproblematik muß z.B. damit gerechnet werden, daß Vertrauen sehr viel schwieriger im internationalen als im nationalen Kontext herzustellen ist. Vertrauen ist nämlich in der Regel zwischen Mitgliedern einer Gruppe, insbesondere zwischen Mitgliedern der gleichen kulturellen Gruppe, stärker ausgeprägt als zwischen Mitgliedern unterschiedlicher kultureller Zugehörigkeit.[174] Die kulturbedingt wahrgenommene Andersartigkeit verzögert die Bildung von Vertrauen.[175] Ferner lassen kulturelle Unterschiede die Wünsche der ausländischen Partner oftmals als unbegreiflich und fremdartig erscheinen.[176] Schließlich führen mögliche Sprachbarrieren dazu, daß die Bildung von Vertrauen durch einen geringeren kommunikativen Austausch zusätzlich behindert wird.[177]

Besonders schwierig scheint der Aufbau von Vertrauen mit japanischen Joint Venture-Partnern zu sein. Zum einen liegt dies sicherlich an dem besonders großen Fremdheitsgrad, den die japanische Kultur für viele Amerikaner oder

---

[171] Zur genaueren Darstellung der Wirkung von Kultur und interkulturellen Interaktionen siehe Kapitel 2

[172] Vgl. z.B. SNOW; DAVISON; SNELL; HAMBRICK 1998, S. 102. Zur genaueren Abgrenzung von Unternehmenskultur und nationaler Kultur siehe Kapitel 2.

[173] Vgl. DOZ 1988, S. 319 f.

[174] Vgl. BUCKLEY; CASSON 1988, S. 50

[175] Vgl. GULATI 1995, S. 95

[176] Vgl. JONES; SHILL 1994, S. 156. MOSS KANTER weist diesbezüglich auch auf die Dynamik des 'Wir gegen die' in Allianzen hin, die aufgrund von Frustration und mangelndem wechselseitigem Verständnis entsteht. Vgl. MOSS KANTER 1995, S. 40

[177] Vgl. ANDERSON; WEITZ 1989, S. 315

Europäer besitzt.[178] Andererseits scheint insbesondere gegenüber japanischen Partnern die Angst zu existieren, daß sie ihre Versprechen nicht einhalten oder daß sie die Joint Venture-Situation zu sehr zu ihren Gunsten ausnutzen.[179] Partiell ist dies mit Mißverständnissen erklärbar, die aus unterschiedlichen Kommunikationsstilen resultieren.[180] Andererseits wird in der Literatur aber auch darauf hingewiesen, daß häufig der Wille der japanischen Partner, durch das Joint Venture zu lernen, unterschätzt wird und so später der Eindruck eines 'trojanischen Pferdes' entsteht.[181] JOHNSON/CULLEN/SAKANO weisen diesbezüglich darauf hin, daß sich in ihren Befragungen japanischer und westlicher Joint Venture-Partner die japanischen Partner auch selbst tendenziell als stärker opportunistisch einschätzen als ihre westlichen Partner. Allerdings seien sie letztlich auch einem partizipativem und gleichberechtigtem Management gegenüber offener eingestellt, sobald sich ersteinmal eine Vertrauensbasis entwickelt hat.[182]

Im interkulturellen Kontext beeinträchtigt auch das Problem einseitiger Loyalitäten in besonders starkem Ausmaß das Verhältnis der verschiedenen Parteien zueinander und erschwert die Entwicklung von Vertrauen. Auch hier werden in der Literatur Probleme mit japanischen Partnern hervorgehoben, bei deren Mitgliedern sich ein sehr stark ausgeprägtes loyales Verhalten gegenüber dem eigenen Mutterunternehmen besonders häufig zu zeigen scheint.[183] Dies wird unter anderem damit begründet, daß sich japanische Mitarbeiter sehr viel stärker mit ihrem Unternehmen als mit ihrer Tätigkeit identifizieren, im Gegensatz zu Mitgliedern anderer, insbesondere europäischer Kulturkreise.[184] Verstärkend wirkt die häufig übliche Praxis, japanische Mitarbeiter von Joint Ventures danach auszusuchen, wie stark sie dem Mutterunternehmen verbunden sind.[185] Gleichzeitig haben Joint Ventures aus japanischer Sicht als Tochtergesellschaf-

---

[178] Fremdheitsgrade bestimmen das Ausmaß der wahrgenommenen Unterschiedlichkeit und beeinflussen die interaktionsrelevanten Bereiche wie z.B. Sprache und Umgangsformen. Vgl. SCHUCHARDT 1994, S. 201. Insgesamt zum Aspekt der Fremdheit vgl. DÜLFER 1999, S. 184 f.

[179] Vgl. hierzu z.B. die Ausführungen von CLARKE 1988, S. 129 f. sowie insgesamt REICH; MANKIN 1986

[180] Vgl. diesbezüglich z.B. GRAHAM; SANO 1989 sowie GRAHAM 1993. Zu kulturell geprägten Kommunikationsstilen vgl. auch die Ausführungen im zweiten Kapitel.

[181] Vgl. FILLIOL 1994, S. 152, PARKHE 1993, S. 318 sowie HAMEL 1991, S. 84 und S. 94 f.

[182] Vgl. JOHNSON; CULLEN; SAKANO 1996, S. 90

[183] Vgl. RICHTER 1996, S. 100 sowie SHENKAR; ZEIRA 1987, S. 553

[184] Vgl. SCHULZ; KROHN 1994, S. 44

[185] Vgl. ELBING 1994, S. 4 und S. 10 sowie RICHTER 1996, S. 100

ten häufig nur einen geringen Status. Entsprechend kann ein Transfer in dieses von den entsprechenden Mitarbeitern als Statusverlust verstanden werden, der gegebenenfalls zu einem geringeren Engagement für das Joint Venture führt.[186] JONES/SHILL weisen ergänzend hierzu darauf hin, daß Joint Ventures, die in Japan angesiedelt sind, nicht nur aufgrund der stärkeren Bindung durch die Mitarbeiter, sondern auch durch die räumliche Nähe in besonders starker Weise durch den japanischen Partner beeinflußt werden. Hieraus resultiert auf seiten der ausländischen Partner häufig ein hohes Ausmaß an Verwirrung, Verärgerung und Frustration, das oftmals zum Rückzug aus dem jeweiligen Joint Venture führt.[187]

Obwohl hier potentielle Konflikte mit japanischen Joint Venture-Partnern besonders hervorgehoben wurden, muß grundsätzlich auch in anderen internationalen Joint Ventures mit ähnlichen Problemen gerechnet werden. So weist SCHUCHARDT z.B. auf vergleichbare Konflikte in deutsch-chinesischen Joint Ventures hin, bei denen die inoffizielle Einflußnahme insbesondere der chinesischen Seite zu widersprüchlichen Anweisungen und Loyalitätskonflikten führt, die von den Mitarbeitern in der Regel je nach nationaler Zugehörigkeit anders, d.h. der eigenen Partei folgend gelöst wurden.[188]

Die angesprochenen Loyalitäts- und Vertrauensprobleme werden häufig durch bestehende Machtkonflikte zwischen den Parteien intensiviert. Diesbezüglich wird sogar von Sabotageakten durch chinesische Mitarbeiter als Reaktion auf informelle Machtstrukturen und Führungskonflikte mit den ausländischen Partnern berichtet.[189] Im internationalen Kontext sind derartige Konflikte häufig durch ethnozentrisches Verhalten der Parteien geprägt.[190] Unterschiedliche Wissensbestände, Managementtechniken und ähnliches führen nicht nur zu Einigungsschwierigkeiten bezüglich der Führung des Joint Ventures, sondern häufig auch dazu, daß die eigene Vorgehensweise als überlegen angesehen wird und Verantwortungsbereiche auch bei höherer Kompetenz der anderen Seite nur unwillig abgegeben werden.[191]

---

[186] Vgl. PETERSON; SHIMADA 1978, S. 801 f.

[187] Vgl. JONES; SHILL 1994, S. 161 f.

[188] Vgl. SCHUCHARDT 1994 S. 225 f.

[189] Vgl. SCHUCHARDT 1994, S. 225

[190] Vgl. KUMAR 1975, S. 262. SULLIVAN/PETERSON weisen z.B. darauf hin, daß japanische Partner häufig davon ausgehen, Joint Ventures kompetenter führen zu können. Vgl. SULLIVAN; PETERSON 1982, S. 37

[191] KILLING 1988, S. 63

Sind gemeinsame Forschungsvorhaben und 'Lernen' Ziel eines Joint Ventures, so können ethnozentrische Tendenzen auch dazu führen, das bereits in Abschnitt 1.3.1 erwähnte 'Not-Invented-Here'-Syndrom zu verstärken. Besteht eine Forschergruppe über längere Zeit hinweg, wird häufig der Außenkontakt stark reduziert, und es entsteht die Tendenz, nur noch die eigenen Ideen und Gedanken anzuerkennen und die Sicherheit und das Vertrauen, das die eigene Gruppe bietet, Außenkontakten gegenüber zu bevorzugen.[192] Die Ablehnung von Ideen und Anregungen von außen können im interkulturellen Kontext durch Vorurteile verstärkt werden und so den jeweiligen Partner daran hindern, erfolgreich zu lernen und seine Zielstellung zu erfüllen.[193]

Zusammenfassend kann gesagt werden, daß sich die Gefährdung internationaler Joint Ventures aus dem speziellen Zusammenwirken ökonomischer Ziel- und Machtkonflikte mit kulturellen Differenzen sowohl auf nationaler als auch auf unternehmenskultureller Ebene ergibt. Diese Spannungen führen zu Anforderungen an Joint Venture-Mitarbeiter, die durch einen hohen Komplexitäts- und Ambiguitätsgrad sowie häufig durch Dilemma-Situationen gekennzeichnet sind. Folgen hieraus Überforderung sowie Handlungsunfähigkeit, kann das den Erfolg des Joint Ventures gefährden.

Es läßt sich schlußfolgern, daß Joint Venture-Mitarbeiter spezielle Kompetenzen, insbesondere im interkulturellen und sozialen Bereich, besitzen müssen, um diesen hohen Anforderungen gerecht werden zu können. Für die Analyse einer derartigen interkulturellen Handlungskompetenz ist es jedoch zunächst notwendig, das Kulturphänomen als solches näher zu analysieren. Diesem Aspekt ist das folgende Kapitel gewidmet.

---

[192] Vgl. KATZ; ALLEN 1982, S. 7 und S. 18

[193] Vgl. HAMEL 1991, S. 96

2 KULTURPHÄNOMENE IN JOINT VENTURES

Kulturphänomene in Joint Ventures werden zum einen dadurch relevant, daß Menschen unterschiedlicher Nationalität sowie ethnischer und religiöser Zugehörigkeit aufeinandertreffen und miteinander kommunizieren und kooperieren müssen. Darüber hinaus haben aber auch die unterschiedlichen Unternehmenskulturen der Partnerorganisationen einen erheblichen Einfluß auf den Kooperationsprozeß. So sind entsandte Mitarbeiter durch ihre jeweilige Unternehmenskultur geprägt, müssen sich aber in Joint Ventures auf die unternehmenskulturelle Prägung der Mitarbeiter der anderen Partei einlassen und gegebenenfalls mit diesen gemeinsam eine neue Unternehmenskultur für das Joint Venture schaffen. Es handelt sich entsprechend um interkulturelle Interaktionen im doppelten Sinne. Wie schwierig sie sind, wird in Abschnitt 2.3 zu zeigen sein. Zunächst muß jedoch erläutert werden, was unter dem Kulturphänomen im allgemeinen und unter Unternehmenskultur im besonderen zu verstehen ist und in welcher Weise diese beiden Kulturebenen auf einzelne Personen wirken. Dies wird in Abschnitt 2.1 und Abschnitt 2.2 geschehen.

2.1 Allgemeine Grundlagen und Ausprägungen von Kultur

2.1.1 Begriffliche und konzeptionelle Grundlagen

Der Kulturbegriff wird in der Literatur uneinheitlich verwendet, was unter anderem aus den unterschiedlichen historischen Wurzeln des Kulturbegriffes wie auch aus den verschiedenen wissenschaftlichen Disziplinen und den Unterschieden der konzeptionellen Ausrichtungen innerhalb der Kulturforschung resultiert.[1]

Ursprünglich leitet sich der Begriff Kultur vom lateinischen Wort 'colere' (bebauen, bestellen, pflegen)[2] bzw. von 'cultura' (Landbau, Pflege des Körpers und des Geistes)[3] ab. Der Begriff Kultur verweist insofern auf die Unterscheidung zwischen Natur als dem Menschen vorgegebene natürliche Bedingungen einerseits und andererseits auf alles das, was durch Menschen bzw. menschliche Tätigkeiten geschaffen wird.[4] Über lange Zeit hinweg führte diese Unterschei-

---

[1] Vgl. hierzu z.B. KELLER 1982, S. 114, MALETZKE 1996, S. 15 sowie DORMAYER; KETTERN 1987, S. 51

[2] Vgl. MALETZKE 1996, S. 15

[3] Vgl. o.V. 1989, S. 393

[4] Vgl. DÜLFER 1992, S. 1203 sowie VIVELO 1981, S. 50

dung dazu, daß der Kulturbegriff mit dem der Zivilisation gleichgesetzt wurde, womit auch Bildung, Geschmack, Vornehmheit etc. impliziert waren.[5] Heute finden sich derartige Konnotationen nach wie vor in der deutschen Sprache,[6] insbesondere aber im französischen Sprachraum, wo z.B. die Psychologie der Musik und Kunst der Kulturforschung zugeordnet wird.[7]

Kultur im Sinne dieser Arbeit bezieht sich dagegen auf dasjenige anthropologische Verständnis, welches alle Formen und Ausdrucksweisen menschlichen Zusammenlebens in sozialen Gruppen als Kultur betrachtet. In diesem anthropologischen Sinne sind alle Menschen, unabhängig von ihrem Bildungs- und Aufklärungsgrad, kultiviert, insofern sie in sozialen Gruppen geboren und erzogen werden.[8] Für diese Sichtweise ist vor allem die Kulturdefinition TYLORS aus dem Jahre 1871 grundlegend, der Kultur als jenen Inbegriff von Wissen, Glauben, Kunst, Moral, Gesetz, Sitte und allen übrigen Fähigkeiten und Gewohnheiten bezeichnet, welche sich der Mensch als Glied der Gesellschaft angeeignet hat.[9]

Trotz der weitgehenden Übereinstimmung der Kulturforschung mit der grundlegenden anthropologischen Sichtweise von Kultur variieren je nach Forschungsansatz die Definitionen erheblich. So identifizieren KROEBER/KLUCKHOHN insgesamt 164 verschiedene Begriffsauffassungen, die sie in sechs unterschiedlichen Forschungsrichtungen, nämlich in die deskriptive, die historische, die normative, die psychologische, die strukturelle und schließlich in die genetische einordnen.[10] So steht bei deskriptiven Forschungsrichtungen die Erfassung materieller und immaterieller Artefakte im Vordergrund. Historische Konzepte dagegen legen einen Schwerpunkt auf die intergenerative Vermittlung von Kultur. Ähnliches gilt auch für die genetische Betrachtungsweise, die Entwicklung von Kultur zum zentralen Untersuchungsgegenstand macht und dabei besonders diejenigen Faktoren zu identifizieren und zu analysieren versucht, die eine entscheidende Rolle bei dieser Entwicklung spielen. Normative und handlungsregulierende Konzepte nehmen insbesondere verhaltensprägende Werte und Normen von Kultur in den Blick. Psychologische Ansätze heben schließlich

---

[5] Vgl. JAHODA 1996, S. 34

[6] Vgl. hierzu die etymologische Herleitung des Begriffes im Duden, O.V. 1989, S. 393

[7] Vgl. JAHODA 1996, S. 34

[8] Vgl. VIVELO 1981, S. 50

[9] Vgl. TYLOR 1972, S. 51

[10] Vgl. KROEBER; KLUCKHOHN 1952

die Bedeutung des Erlernens kultureller Gewohnheiten für die Problemlösefähigkeit des Menschen hervor.[11]

KLUCKHOHN/KELLY unterscheiden dagegen nur zwischen deskriptiven und ex-
plikativen Definitionen, wobei deskriptive Konzepte lediglich die materiellen
und immateriellen Artefakte in den Blick nehmen, während explikative Konzepte auch den geistigen und moralischen Überbau dieser Artefakte in ihre Definition mit einschließen.[12] Diese Klassifizierung ist ähnlich der von OSGOOD,
der zwischen 'Perceptas' und 'Conceptas' unterschied. 'Perceptas' beschreiben
wahrnehmbare, empirisch konkret beobachtbare Artefakte, während 'Conceptas'
die im historischen Prozeß entstandenen Grundannahmen, d.h. kollektiv geteilte
Normen, Werte und Einstellungen umfassen.[13] Auch HOFSTEDES Definition von
Kultur als "collective programming of the mind"[14] bezieht sich auf den
ausschließlich geistigen Aspekt von Kultur. Objektive Elemente bzw. Artefakte
wie Gebäude, Maschinen etc. werden im Verständnis von HOFSTEDE nicht berücksichtigt. Ähnlich argumentiert auch SCHEIN, der in seinem Drei-Ebenen-
Modell zwar Artefakte als Ausdruck von Kultur berücksichtigt, der aber betont,
daß die Essenz von Kultur letztlich die weitgehend unbewußten menschlichen
Grundannahmen seien, die als erlernte Antworten auf das Problem des
Überlebens in der Umwelt einerseits und der internen Integration in Gruppenstrukturen andererseits entstehen.[15]

Das eigentliche Element von Kultur befindet sich bei SCHEIN damit nur auf der
oberen Ebene seines Modells und beinhaltet grundlegende Annahmen über die
Beziehungen zur Umwelt, über die Natur der Wirklichkeit, der Zeit und des
Raumes, die Natur der menschlichen Aktivität sowie die Natur menschlicher
Beziehungen.[16] Die obere oder erste Ebene beeinflußt in erheblichen Maße die
zweite Ebene. Es ist die der Werte, die im Gegensatz zu den Grundannahmen in
direkter Weise das konkrete Verhalten in bestimmten Situationen bestimmen

---

[11] Vgl. OGILVIE 1992, S. 41 f. sowie DORMAYER; KETTERN 1987, S. 54

[12] Vgl. KLUCKHOHN; KELLY 1972

[13] Vgl. OSGOOD 1951, S. 209 ff.

[14] HOFSTEDE 1984, S. 13

[15] Vgl. SCHEIN 1987b S. 224. Zwar bezieht sich SCHEIN eigentlich auf Unternehmenskulturen, allerdings verwendet er insbesondere bei der Beschreibung der Grundannahmen Elemente, wie sie z.B. auch bei KLUCKHOHN/STRODTBECK in bezug auf gesamtgesellschaftliche Phänomene vorkommen. An anderer Stelle verwendet SCHEIN ferner sein Modell
selbst in diesem weiten Kontext. Vgl. SCHEIN 1987b, S. 222 f.

[16] Vgl. SCHEIN 1987c, S. 265

bzw. erklären und die auch in größerem Ausmaß zu Bewußtsein gelangen.[17] Schließlich zeigt sich Kultur in den sichtbaren Artefakten und Kreationen, wie etwa Technologie, Kunst oder auch wahrnehmbaren Verhaltensweisen. Diese Elemente seien zwar für alle offensichtlich und erkennbar, doch sei die Entschlüsselung ihres eigentlichen Bedeutungsgehaltes nur möglich, wenn die dahinterliegenden Werte bekannt seien, die das 'Warum' des Verhaltens erklärten.[18]

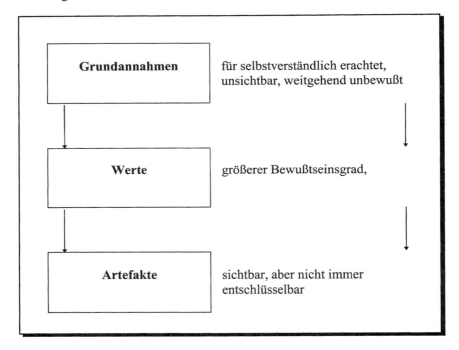

Abb. 2: Kulturebenen nach SCHEIN[19]

Die Betonung der immateriellen Aspekte von Kultur erscheint insofern nachvollziehbar, als sie in zentraler Weise das Denken, Urteilen und Handeln bestimmen. Deshalb kommt ihnen auch in dieser Arbeit eine besondere Bedeutung zu. Grundsätzlich muß jedoch berücksichtigt werden, daß es oftmals gerade Äußerlichkeiten sind, die als erster Eindruck das Verhalten gegenüber anderen

---

[17] Vgl. SCHEIN 1987c, S. 262

[18] Vgl. SCHEIN 1987c, S. 262

[19] Eigene Darstellung in Anlehnung an SCHEIN 1987b, S. 223

beeinflussen und Ähnlichkeit oder Fremdheit signalisieren.[20] Unter Kultur werden in dieser Arbeit deshalb sowohl immaterielle wie auch materielle Elemente subsumiert, und es wird damit auch die Ebene der Artefakte als wesentlich angesehen.

Ähnliche Diskussionen wie die über die Integration oder Exklusion der konkreteren Elemente von Kultur ergeben sich über die Frage, ob Kultur als externer Faktor auf den Menschen einwirkt oder sich in intra- und interpersonalen Prozessen der Sozialisation und Interaktion mit anderen entwickelt. Die kulturvergleichende Psychologie legt einen Schwerpunkt auf die Betrachtung von Kultur als externen Faktor, der das Verhalten von Menschen beeinflußt.[21] Vertreter der Kulturpsychologie legen dagegen ihren Forschungsschwerpunkt auf die Analyse von Prozessen der Bildung kultureller Elemente.[22] Zentral ist dabei ein Menschenbild, daß von den Fähigkeiten zur Reflexivität, Selbstreflexivität und Intersubjektivität ausgeht, die es dem Menschen erlauben, seine

> "naturgegebene Ausstattung durch die Schaffung materieller, sozialer und ideeller Strukturen seines externen Handlungsfeldes zu realisieren, zu erweitern und diese kulturellen Errungenschaften an nachfolgende Generationen zu übermitteln."[23]

Zwar stelle Kultur eine Eingangsgröße in Interaktionen dar,[24] Kultur biete aber gleichwohl individuelle Freiheitsgrade des Verhaltens, und sie sei bis zu einem bestimmten Grad, auf jeden Fall jedoch langfristig, adaptiv und wandlungsfähig.[25]

Eine strikte Trennung in abhängige und unabhängige Variablen bleibt somit auf monokausale Prozesse reduziert und verkennt den interaktiven Charakter der Herausbildung und Veränderung von Kultur. In diesem Sinn ist der Mensch nicht nur Geschöpf der Kultur, in die er hineinsozialisiert wird.[26] Über den reinen Reproduktionsprozeß hinaus erfolgt nämlich die Internalisierung von Kultur, d.h. die Adaption an die jeweilige individuelle Umwelt, auch mit für jedes

---

[20] Zum Prozeß der Eindrucksbildung vgl. überblicksartig JAHNKE 1975, S. 68 ff.

[21] Vgl. JAHODA 1996, S. 36 f. sowie THOMAS 1996b, S. 109

[22] Vgl. THOMAS 1996a, S. 22

[23] THOMAS 1996b, S. 110

[24] Vgl. DEMORGON; MOLZ 1996, S. 44

[25] Vgl. KREWER 1996, S. 158 sowie PERLITZ 1995, S. 302

[26] Vgl. NIEKE 1995, S. 43

Individuum charakteristischen Abweichungen. Gesamtgesellschaftlich ergibt sich durch die Weitergabe der Kulturmerkmale über Generationen hinweg der soziale und historische Wandel einer Kultur.[27] Kulturelle Orientierungen und Präferenzen sind insofern nicht als Datum, sondern als im sozialen Handeln selbst entstehende Orientierungsschemata zu verstehen.[28]

Diese Sichtweise von Kultur ist besonders für das Verständnis von Interaktionsprozessen relevant. Geht man von rein externen Einflüssen der Kultur aus, so ergeben sich andere Implikationen für die Analyse interkultureller Interaktionen und die Vorbereitung auf diese, als bei der Annahme, daß die Individuen selbst Veränderungen herbeiführen können. Kultur als externes Faktorengefüge könnte dann nämlich als statische Größe betrachtet werden, die es in interkulturellen Situationen in ihrer Wirkung zu minimieren gilt, um einen möglichst reibungslosen Interaktionsprozeß zu ermöglichen. Aus kulturpsychologischer Sicht sind es jedoch die interkulturellen Interaktionen selbst, die die kulturellen Orientierungen immer wieder neu definieren und Abgrenzungen ebenso wie Öffnungen gegenüber dem Anderen schaffen. Entsprechend sind interkulturelle Begegnungen nicht nur abhängig von der kulturellen Vorprägung der interagierenden Individuen, sondern Auslöser und Ergebnis kultureller Orientierung zugleich.[29] Für die Vorbereitung auf solche Situationen heißt dies, daß vorab nicht nur über mögliche kulturelle Ausprägungen zu informieren, sondern auch das komplexe Gefüge von Interaktionsprozessen in den Blick zu nehmen ist.

Es ist ferner zu bedenken, daß eine kulturelle Homogenität auch innerhalb ein und derselben Gesellschaft in der Regel nicht existiert. Kultur setzt sich vielmehr aus Teilkulturen zusammen, wie etwa Familienkulturen, Organisationskulturen, Jugendkulturen und ähnlichem, die jeweils unterschiedliche Rollenzuschreibungen für ihre Mitglieder beinhalten.[30] Es ist daher auch für jeden einzelnen Menschen nicht von einer monokulturellen Orientierung auszugehen,

---

[27] Vgl. NIEKE 1995, S. 44. Der Prozeß der Aneignung kultureller Orientierung wird dabei in der Literatur auch als Enkulturation bezeichnet. Als Teil der Sozialisation wird in der Enkulturation die kulturelle Identität einer Person herausgebildet. Vgl. REISCH 1991, S. 75 ff.

[28] Vgl. OSTERLOH 1994, S. 102. Dies entspricht auch einem Verständnis von Sozialisation als nicht monokausalem Prozeß, sondern als Auseinandersetzung und Wechselwirkung zwischen dem Individuum und seiner Umwelt. Vgl. hierzu ROSENSTIEL; MOLT; RÜTTINGER 1988, S. 93

[29] Vgl. DEMORGON; MOLZ, 1996 S. 44

[30] Vgl. NIEKE 1995, S. 43, DEMORGON; MOLZ 1996, S. 62 sowie KÖNIG 1972, S. 15 und S. 35 f.

sondern davon, daß Menschen sich grundsätzlich immer in kulturellen Zwischenwelten bewegen.[31]

Beachtet man die Existenz von Teilkulturen, so stellt sich die Frage nach sinnvollen Untersuchungseinheiten von Kulturen. Insbesondere ist zu überlegen, ob Nationen angemessene Untersuchungseinheiten darstellen.[32] DÜLFER weist diesbezüglich darauf hin, daß nationalkulturelle Abgrenzungen nur bedingt sinnvoll sind, da Nationen lediglich auf einer oberflächlichen Ebene durch die Kombination der Einflüsse von Verfassungen, Recht, Glaubenssätzen und Erziehungssystem so etwas ähnliches wie nationale Kulturen herausbilden können.[33] Aufgrund vielfältiger sozialer, religiöser aber häufig auch ethnischer oder sogar sprachlicher Unterschiede böten sie in der Regel jedoch kein Abgrenzungskriterium, das ohne Pauschalisierungen auskomme.[34] Nationale Abgrenzungen werden insbesondere dann kritisch, wenn Länder wie z.B. das ehemalige Jugoslawien oder auch die USA betrachtet werden, die sich durch starke ethnische Diversität auszeichnen.[35]

Angesichts der Problematik, die mit dem Abgrenzungskriterium der Nation verbunden ist, wird in der Literatur die Verwendung des Begriffes 'Lebenswelt' erwogen. Lebenswelten entsprechen den Teilkulturen innerhalb einer Gesellschaft, jedoch mit einer besonderen Betonung auf dem Orientierungscharakter solcher Lebenswelten. Nach NIEKE bieten Lebenswelten einen Vorrat an Deutungsmustern im Sinne von Alltagswissen. Sie strukturieren die Wahrnehmung, ermöglichen Orientierung und helfen, auf deren Grundlage Handlungen zu re-

---

[31] Vgl. DEMORGON; MOLZ 1996, S. 63

[32] Zu Untersuchungen, die die Prämisse nationalstaatlicher Kulturen als sinnvolle Untersuchungseinheiten kollektiver Identitäten setzen, gehören z.B. die Arbeiten von HOFSTEDE 1984 oder von TROMPENAARS; HAMPDEN-TURNER 1998. Vgl. insgesamt hierzu auch VESTER 1996 S. 57 sowie ERETZ; EARLY 1993, S. 38

[33] Vgl. DÜLFER 1992, S. 1205

[34] Insbesondere wenn es darum geht, Trainingsmaßnahmen zur Vorbereitung auf interkulturelle Begegnungen zu konzipieren, würde dies undifferenzierte Betrachtungen und die Gefahr von Stereotypen provozieren. Vgl. hiezu auch Kap. 5

[35] Zum Problem der Abgrenzung von Nation und Kultur sowie insbesondere zum Aspekt der künstlichen Konstruktion von Nationen und nationalen Identitäten vgl. auch WODAK; DE CHILLIA; REISIGL; LIEBHART; HOFSTÄTTER; KARGL 1998 sowie BALIBAR; WALLERSTEIN 1990. An dieser Stelle sei auch angemerkt, daß Unterschiede innerhalb einer Nation insbesondere über soziale Schichten hinweg durchaus größer sein können, als zwischen Mitgliedern unterschiedlicher Nationen, aber ähnlicher sozialer Herkunft. Zu interkulturellen, interindividuellen und intrapersonalen Variationen vgl. die Ausführungen bei HELFRICH 1996

flektieren und zu begründen.[36] Der den Sozialwissenschaften entlehnte Begriff der Lebenswelt[37] betont insbesondere die Rolle von sozialen Gruppierungen, die ihre Entsprechung in den jeweiligen Teilkulturen finden.[38] Während traditionell innerhalb der Sozialwissenschaften versucht wird, die Gesamtheit einer Gesellschaft im Blick zu behalten, bleiben lebensweltliche Betrachtungen in der Regel ausschnitthaft.[39] Dies bedeutet jedoch nicht, daß hiermit eine Begrenzung des Kulturbegriffes etwa auf milieuspezifische Aspekte verbunden ist. Dies insbesondere deshalb nicht, weil, wie oben aufgeführt, es sehr wohl Merkmale geben kann, die z.b. durch einheitliche Bildungssysteme und andere gesellschaftliche Rahmenbedingungen über Lebenswelten hinweg wirksam werden. Aber es müssen sowohl die kulturellen Teilsysteme als auch die Gesellschaft als Ganzes in den Blick genommen werden, will man die kulturelle Orientierung von Mitgliedern einer Gesellschaft verstehen.[40]

Die Verwendung des Begriffes Lebenswelt bietet sich für die vorliegende Untersuchung deshalb besonders an, weil damit die Möglichkeit gegeben wird, kulturelle Unterschiede in ihrer Multidimensionalität zu erfassen und damit nicht nur nationale Unterschiede, sondern auch Differenzen wie z.B. unternehmenskulturelle Unterschiede zu berücksichtigen. Insofern bietet der Begriff der Lebenswelt ein Abgrenzungskriterium, das auf die jeweilige spezielle interkulturelle Situation hin zugeschnitten werden kann. Allerdings wird die Betrachtung von Nationen damit nicht überflüssig. Sie bietet nämlich eine erste Orientierung, die dann aber in bezug auf konkrete Interaktionssituationen um lebensweltliche Bezüge ergänzt werden muß, um ein differenziertes Bild der Interaktionssituation zu erhalten.

Bisher wurde zwar der Begriff des Deutungsmusters verwendet, jedoch in seiner Bedeutung für Kultur nur ungenügend erläutert. Deutungsmuster lassen sich als

---

[36] Vgl. NIEKE 1995, S. 48 f.

[37] Vgl. hierzu insbesondere SCHÜTZ 1974 sowie SCHÜTZ/LUCKMANN 1975

[38] Vgl. NIEKE 1995, S. 48

[39] Vgl. MATJAN 1998, S. 27. Insofern wird z.B. die Unterscheidung von OGILVIE, der soziale und kulturelle Identitäten unterschied, hier abgelehnt, weil damit die Verschränkung sozialer und kultureller Orientierung negiert wird. Vgl. hierzu OGILVIE 1992, S. 81

[40] Dies entspricht z.B. dem Habitus-Konzept von BOURDIEU, bei dem soziale und kulturelle Aspekte zu einem soziokulturellen System verschmolzen sind, vgl. BOURDIEU 1996 insgesamt sowie besonders S. 277 ff. u. S. 727 ff. Dem steht ein Verständnis von Kultur als Ideensystem entgegen, das zwischen dem sozialen und dem kulturellem System unterscheidet und für die geistige Verankerung von Kultur die soziale Zugehörigkeit als irrelevant erachtet, vgl. hierzu ALLAIRE, FIRSIROTU 1984, S. 195

mehr oder weniger zeitstabile oder sogar stereotype Sichtweisen bzw. Interpretationen von Mitgliedern einer sozialen bzw. kulturellen Gruppe verstehen, die sich durch den Sozialisationsprozeß herausgebildet haben.[41] Aus ihnen heraus wird die eigene Lebenswelt sinngebend erschlossen bzw. geordnet, und sie bilden die Grundlage des Agierens und Interpretierens. Deutungsmuster beinhalten damit wertende Orientierungsmuster. Sie stellen aber auch in Form von Alltagswissensbeständen bzw. grundlegender, eher latenter Situations-, Beziehungs- und Selbstdefinitionen ein Rechtfertigungspotential zur Verfügung, mit dem "das Individuum seine Identität präsentiert und seine Handlungsfähigkeit aufrechterhält",[42] dies nicht zuletzt aufgrund der aus der lebensgeschichtlichen Erfahrung resultierenden Plausibilität der Deutungsmuster. Als Teil des Alltagswissens strukturieren die Deutungsmuster nämlich die soziale und kulturelle Realität durch die Reduktion komplexer und differenziert interpretierbarer Umwelteindrücke und vermeiden damit das Infragestellen des eigenen Handelns.[43]

Eine Besonderheit des Begriffes 'Deutungsmuster' liegt in seiner kognitiven Komponente,[44] im Gegensatz zu Einstellungen, die eher einen affektiv-bewertenden Charakter besitzen.[45] Deutungsmuster stellen kognitive Mittel der Realitätsverarbeitung dar. Zusammenfassend lassen sich damit Kulturen als die Gesamtheit kollektiver Deutungsmuster einer Lebenswelt einschließlich ihrer materieller Manifestationen verstehen.[46]

2.1.2 Ausprägungen kultureller Merkmale

Untersuchungen zu Ausprägungen kultureller Merkmale sind vor allem Gegenstand der kulturvergleichenden Forschung. Von besonderer Relevanz für Joint

---

[41] Vgl. ARNOLD 1988, S. 94

[42] ARNOLD 1985, S. 23

[43] Vgl. ARNOLD 1985, S. 46

[44] NIEKE weist darauf hin, daß das Konzept der Deutungsmuster seine Entsprechung in der psychologischen Konzeptualisierung der Kognition findet. Vgl. NIEKE 1995, S. 58. Im hier verwendeten Zusammenhang stehen dabei vor allem Prozesse der Herausbildung von Deutungsmustern durch Sozialisation und Enkulturation im Vordergrund und weniger der Aufbau und die Prozesse der Informationsverarbeitung in neuronaler Hinsicht. Zu letzterem Aspekt vgl. z.B. SCHANZ 1998.

[45] Vgl. ARNOLD 1985, S. 24 f.

[46] Vgl. NIEKE 1995, S. 49

Ventures sind dabei die Ergebnisse der kulturvergleichenden Managementforschung, die managementrelevante Aspekte kultureller Orientierung betrachtet.

Bevor die Ergebnisse dargestellt werden, soll zunächst darauf hingewiesen werden, daß die Diskussion um die Bedeutung der Kultur für Managementprozesse, d.h. die 'culture free-' versus 'culture bound-Diskussion' bis heute nicht abgeschlossen ist.[47] Vertreter der 'culture free' These gehen davon aus, daß Managementprinzipien universell, d.h. unabhängig von der kulturellen Umwelt und damit allgemeingültig und leicht transferierbar seien.[48] Eine ähnliche Auffassung wird in Form der Konvergenzthese vertreten, die eine zwangsläufige Homogenisierung der Managementprinzipien postuliert.[49] Allerdings wird diese Konvergenzthese immer wieder in Frage gestellt, und es wird darauf hingewiesen, daß sie sich vor allem durch parochiale Ansätze kennzeichnet,

> "die über den Universalitätsanspruch hinaus den Standpunkt der Monofinalität, d.h. des einzig richtigen Weges, nämlich ihres eigenen, propagieren."[50]

Beispielhaft sei diesbezüglich auf die Untersuchung von HARBISON/MYERS 'Management in the Industrial World' verwiesen.[51] Aus ihrer Untersuchung leiten die Autoren ab, daß sich kulturelle Unterschiede in erster Linie aus dem unterschiedlichen Industrialisierungsgrad verschiedener Länder ergeben. Es sei der Imperativ der Industrialisierung, der zur internationalen Uniformität treibe:

> "The imperative of industrialization causes the controlling elites to overcome certain constraints and to achieve objectives which are the same in all societies undergoing transformation."[52]

---

[47] Vgl. MACHARZINA 1995, S. 271

[48] Vgl. PERLITZ 1995 S. 315 sowie RONEN 1986, S. 20

[49] Besondere Bedeutung erhielt die Konvergenzthese vor allem im Marketing durch den Ansatz von LEVITT, der eine Entwicklung zu global standardisierten Produkten propagiert. Vgl. LEVITT 1983

[50] KUMAR 1988, S. 389

[51] Vgl. HARBISON; MYERS 1959. Die Studie von HARBISON/MYERS erlangte deshalb besondere Bedeutung, weil sie als Ursprung der Kulturforschung im Managementbereich betrachtet wird. Vgl. WEBER; FESTING; DOWLING; SCHULER 1997, S. 30.

[52] KERR; DUNLOP; HARBISON; MYERS 1969, S. 529, im Original teilweise kursiv. Kritisiert wird an diesen Untersuchungen vor allem, daß sie die untersuchten internationalen Unternehmen an den Verhältnissen amerikanischer Unternehmen messen und es sich insofern um einen extrem ethnozentrischen Ansatz handelt. Vgl. diesbezüglich z.B. SCHMID 1996, S. 246

Dieser Untersuchung steht als weitere frühe Studie die von HAIRE/GHI-SELLI/PORTER gegenüber, in der zwar auch betont wird, daß die Funktionen, die Tätigkeiten und der Status von Managern diese in ähnlicher Weise und unabhängig von ihrer jeweiligen kulturellen Zugehörigkeit prägen. Dennoch seien erhebliche kulturelle Unterschiede festzustellen, die aus ethnischen Unterschieden, nicht aber aus der industriellen Entwicklung der jeweiligen Länder stammten.[53] Entsprechend gehen die Gegner der Konvergenztheorie in der Regel von einer Kulturgebundenheit aus, wonach die Kultur auch weiterhin einen erheblichen Einfluß auf das (managementrelevante) Verhalten ausüben wird.[54]

CHILD weist schließlich darauf hin, daß auf der Makroebene, d.h. der Ebene der Strukturen von Organisationen, aber auch bei bestimmten harten Managementtechniken wie z.B. dem Rechnungswesen in der Tat eine Tendenz zur Konvergenz festzustellen sei, die sich aus ähnlichen technologischen Entwicklungen, Umweltfaktoren sowie Gesellschafts- und Wirtschaftssystemen ergebe. Andererseits seien gerade auf der Mikroebene, also z.B. bezüglich des Führungsstils und der Umgangsformen, eher divergente und kulturbedingte Tendenzen festzustellen.[55] Dies entspricht den interkulturellen Problemen, die sich (immer noch) in wirtschaftlichen, gesellschaftlichen oder politischen Kontexten zeigen.[56]

Die frühen Ansätze der kulturvergleichenden Forschung, wie die Untersuchung von HARBISON/MYERS und die von HAIRE/GHISELLI/PORTER aus den 50er und 60er Jahren, betreffen vor allem die grundsätzliche Bedeutung von Kultur im Management. In den 70er Jahren ist zunächst eine Stagnation der managementrelevanten Kulturforschung zu verzeichnen. Erst die zunehmende Globalisierung der Wirtschaft und der Aufschwung Japans Ende der 70er bzw. Anfang der 80er Jahre löste erneut eine Welle der Kulturbeachtung aus.[57] Schwerpunkt der meisten jüngeren Untersuchungen sind kulturelle Ausprägungen verschiedener Werte, Normen und Grundannahmen der menschlichen Existenz, d.h. die mentalen Aspekte von Kultur.[58] Dabei wird auch in der Managementforschung

---

[53] Vgl. HAIRE; GHISELLI, PORTER 1969, insbesondere S. 341

[54] Vgl. KUMAR 1988, S. 389

[55] Vgl. CHILD 1981, S. 323

[56] Vgl. hierzu HOFSTEDE 1999

[57] Vgl. KUMAR 1988, S. 390

[58] GARDENSWARTZ/ROWE weisen allerdings auch auf Kleidung, äußere Erscheinung sowie Ernährungsweisen und Essensrituale als Ausdruck von Kultur hin, vgl. GARDENSWARTZ; ROWE 1993, S. 37

auf die Ergebnisse der Anthropologie bzw. der kulturvergleichenden Psychologie zurückgegriffen. Besondere Beachtung haben diesbezüglich die Kulturdimensionen von HOFSTEDE erfahren.

Die Kulturdimensionen von HOFSTEDE

Die Kulturdimensionen von HOFSTEDE stellen Unterschiede im Wertesystem verschiedener Länder dar. Er hat sie anhand umfangreicher empirischer Studien, insbesondere auf der Basis von Korrelations- und Faktorenanalysen, herausgearbeitet. Dabei befragte er weltweit Mitarbeiter des Computerherstellers IBM.[59]

HOFSTEDE unterscheidet vier verschiedene bipolare Kulturdimensionen, nämlich Machtdistanz, Kollektivismus/Individualismus, Unsicherheitsvermeidung und Maskulinität/Femininität. In späteren Untersuchungen ergänzte er diese vier Dimensionen um eine fünfte, die konfuzianische Dynamik, die vor allem asiatische Länder betrifft.[60] Die jeweiligen Dimensionen sollen nun im einzelnen vorgestellt werden.

Machtdistanz beschreibt das Ausmaß, mit dem Ungleichheit zwischen Personen in einer Organisation bzw. Gesellschaft akzeptiert wird. In Nationen mit hoher Machtdistanz ist demnach ein größeres Ausmaß an Ungleichheit vorzufinden als in Ländern mit niedriger Machtdistanz.[61] Unterschiede in der Machtdistanz sind damit insbesondere verantwortlich für die Akzeptanz hierarchischer Unterschiede in Organisationen sowie für die Akzeptanz verschiedener Führungsstile, etwa eines eher autokratischen bzw. partriarchalischen oder eines eher demokratischen Führungsstils.[62] Länder mit hoher Machtdistanz sind nach HOFSTEDE z.B. Mexiko und die Philippinen, als Beispiel für Länder mit niedriger Machtdistanz können Dänemark und Österreich gelten.[63]

Individualismus/Kollektivismus beschreibt das Ausmaß, mit dem Personen sich eher als Mitglieder einer sozialen Gruppe oder eher als Individuen identifizieren und als solche handeln.[64] ADLER weist darauf hin, daß kollektivistische Gesellschaften ihre Mitglieder eher durch externen sozialen Druck kontrollieren, während in individualistischen Gesellschaften stärker interner Druck, wie z.B.

---

[59] Vgl. HOFSTEDE; BOND 1988, S. 9. Zur genaueren Darstellung vgl. HOFSTEDE 1984, S. 39 f.

[60] Vgl. HOFSTEDE; BOND 1988

[61] Vgl. HOFSTEDE 1993, S. 89

[62] Vgl. HOFSTEDE 1984, S. 257 ff.

[63] Vgl. HOFSTEDE 1984, S. 214

[64] Vgl. HOFSTEDE 1984, S. 148

Schuldbewußtsein, als Kontrollmittel fungiert. Gleichzeitig wird in diesen Gesellschaften Selbstrespekt eine größere Bedeutung zugemessen als in kollektivistischen. Letztere besitzen statt dessen tendenziell ein größeres Harmoniebedürfnis.[65] Die Dimension Individualismus/Kollektivismus wird auch von anderen Autoren immer wieder als sehr bedeutsam hervorgehoben.[66] Für Joint Ventures erscheint diese Dimension von besonderer Relevanz, da mit ihrer Hilfe ein direkter Einfluß der Kultur auf den Gruppenzusammenhalt sowie die emotionale Bindung an ursprünglich bestehende Gruppenzugehörigkeiten gegeben ist.[67]

Die dritte Dimension, **Unsicherheitsvermeidung**, beschreibt das Ausmaß, mit dem Mitglieder einer Gesellschaft Ambiguität als bedrohlich empfinden und nach Sicherheit und Kalkulierbarkeit streben. Entsprechend werden bei starker Unsicherheitsvermeidung klar strukturierte Organisationsstrukturen vorgezogen.[68] Ein hoher Grad an Unsicherheitsvermeidung wirkt sich dann z.B. in einer größeren Bedeutung von Regeln und Arbeitsplatzsicherheit aus.[69] Als Beispiele für Länder mit einer hohen Unsicherheitsvermeidungstendenz nennt HOFSTEDE Griechenland und Portugal, Länder mit niedriger Ausprägung seien dagegen z.B. Singapur und Dänemark.[70] Für Joint Ventures bedeutet dies, daß je nach kultureller Orientierung andere Strukturen und Regelungen gefunden werden müssen, um die von Ambiguität geprägte Situation in Joint Ventures für alle beteiligten Mitarbeiter erträglich zu gestalten.[71]

Maskulinität bzw. **Femininität** als vierte Dimension beschreibt, inwieweit Werte wie Zielstrebigkeit, Leistung, Erfolg und Wettbewerb als maskuline Attribute über feminine Werte wie Lebensqualität, persönliche Beziehungen, Solidarität, Fürsorge und ähnliches dominieren.[72] Mit dem Ausmaß dieser

---

[65] Vgl. ADLER 1991, S. 47

[66] Vgl. z.B. die Ausführungen bei TRIANDIS; BONTEMPO; VILLAREAL; ASAI; LUCCA 1988

[67] Vgl. BRÜCH 1998, S. 180. Zu grundsätzlichen Wirkungen dieser Dimension vgl. z.B. ERETZ; EARLY 1993, S. 24

[68] Vgl. HOFSTEDE 1993, S. 90

[69] Vgl. HOFSTEDE 1984, S. 123

[70] Vgl. HOFSTEDE 1984, S. 214

[71] Diesbezüglich zeigen z.B. die Untersuchungen von BAIRD/LYLES/WHARTON, daß chinesische Mitarbeiter in chinesisch-amerikanischen Joint Ventures sehr viel stärker die Unsicherheit in Joint Ventures als belastend empfinden als ihre amerikanischen Kollegen. Vgl. BAIRD; LYLES; WHARTON 1990, S. 59

[72] Vgl. HOFSTEDE 1984, S. 176 ff.

Dimension gehen Unterschiede in der Rollenverteilung innerhalb dieser Gesellschaften einher. Nach HOFSTEDE neigen maskuline Kulturen zu einer ausgeprägteren geschlechtsspezifischen Rollenverteilung als feminine Kulturen.[73] Beispiele für Länder mit ausgeprägt maskulinen Werten seien vor allem Japan, aber auch Österreich und Venezuela, feminine Werte besäßen dagegen z.B. die skandinavischen Länder sowie die Niederlande.[74] Die Auswirkungen in Organisationen betreffen vor allem Aspekte der Leistungsbewertung und die Karrieremöglichkeiten als besonders wichtige Elemente in maskulinen Kulturen sowie soziale Aspekte der Arbeit und Arbeitsbedingungen als zentrale Anliegen in femininen Kulturen.[75]

In bezug auf die fünfte Dimension, die **konfuzianische Dynamik**, stellte sich in ergänzenden Studien heraus, daß die Dimension der Unsicherheitsvermeidung solche Kulturen, die in der Tradition des Konfuzianismus stehen, nur unzureichend charakterisiert. Statt dessen spielt dort der Gegensatz langfristige versus kurzfristige Orientierung eine besondere Rolle. Sie bezieht sich darauf, inwieweit Werte stärker gegenwarts- und vergangenheitsorientiert (kurzfristig) oder eher zukunftsorientiert (langfristig) sind.[76] Auf der Grundlage der konfuzianischen Lehre lassen sich nach HOFSTEDE/BOND Länder wie etwa Japan oder Hongkong deshalb als zukunftsorientiert charakterisieren, weil vor allem Werte wie Ausdauer, Sparsamkeit, Gefühl für Scham und Orientierung an Statusunterschieden dominieren. Aus diesen Werten ergebe sich diejenige Dynamik, die insbesondere für den wirtschaftlichen Aufschwung asiatischer Länder verantwortlich sei.[77]

Trotz der großen Beachtung, die HOFSTEDES Dimensionen zuteil wurde, existieren in der Literatur eine Reihe kritischer Äußerungen. Kritisiert wird vor allem seine methodische Vorgehensweise und die Gleichstellung von kulturellen und nationalen Grenzen.[78] Besonders deutlich wird die Problematik der Vorgehensweise daran, daß HOFSTEDE einheitliche Werte für das ehemalige Jugoslawien ermittelt hat.[79] Ferner wird kritisiert, daß sich seine Untersuchungen nur auf ein einziges Unternehmen beziehen und sich hierdurch unternehmenskulturell be-

---

[73] Vgl. HOFSTEDE 1993, S. 90

[74] Vgl. HOFSTEDE 1984, S. 219

[75] Vgl. SCHANZ 1993, S. 185

[76] Vgl. HOFSTEDE; BOND 1988, S. 16 f.

[77] Vgl. HOFSTEDE; BOND 1988, S. 7 u. S. 16 f.

[78] Vgl. z.B. VESTER 1996, S. 57 f.

[79] Vgl. hierzu HOFSTEDE 1984, S. 44

dingte Verzerrungen ergeben könnten.[80] Allerdings scheint dieses Argument insofern nicht überzeugend zu sein, als bei einer Beschränkung auf ein Unternehmen zu erwarten gewesen wäre, daß sich eher zu ähnliche als sehr unterschiedliche Ergebnisse ergeben würden. Dies ist aber nicht der Fall. Auch ERETZ/ EARLY weisen diese Kritik zurück und argumentieren, daß nicht von einer Überlagerung (national)kultureller Werte durch unternehmenskulturelle auszugehen sei.[81] Gleichwohl muß die Problematik der Nation als Abgrenzungskriterium von kulturellen Grenzen bei HOFSTEDE beachtet und dadurch gelöst werden, daß lebensweltliche Bezüge bei der Betrachtung von Kulturen ergänzend Berücksichtigung finden.

Ferner wird beanstandet, daß die Unterscheidung der vier Dimensionen insofern Unklarheiten aufweise, als z.B. das Streben nach Unabhängigkeit sowohl für die Dimension Machtdistanz als auch für Maskulinität als Operationalisierungskriterum benutzt wird.[82] Darüber hinaus bleibe offen, warum einige Kulturmerkmale, die zu früheren Zeitpunkten von anderen Autoren ermittelt wurden, gänzlich unberücksichtigt geblieben sind. Schließlich fänden kulturspezifische Praktiken, die sich nicht in Werten ausdrücken, keine Beachtung.[83] Im folgenden sollen deshalb noch weitere Dimensionen von Kultur vorgestellt werden.

Ergänzende Kulturdimensionen

Bei der Vorstellung weiterer Kulturmerkmale bietet es sich an, auf TRIANDIS zurückzugreifen, da er die Ergebnisse von Kulturuntersuchungen verschiedener Autoren zusammengefaßt hat.[84] Die kulturellen Unterschiede lassen sich nach ihm in drei Kategorien zusammenfassen. Diese sind die Wahrnehmungsunterschiede ('perceptual differentiations'), die Nutzung und Evaluation von Informationen ('utilization and evaluation of information') und die Merkmale von Aktionen ('patterns of action').[85]

Unter dem ersten Bereich, **Wahrnehmungsunterschiede**, verbergen sich vor allem Wahrnehmungen bezüglich der Natur des Menschen und seinen sozialen

---

[80] Vgl. SCHMID 1996, S. 261

[81] Vgl. ERETZ; EARLY 1993, S. 55

[82] Vgl. SCHMID 1996, S. 261

[83] Vgl. WEBER; FESTING; DOWLING; SCHULER 1997, S. 55 sowie VESTER 1996, S. 58

[84] Vgl. TRIANDIS 1983. Insbesondere greift er dabei die Untersuchungen von KLUCKHOHN/STRODTBECK sowie PARSON/SHILS auf. Im Original vgl. KLUCKHOHN/STRODTBECK 1961 und PARSON/SHILS 1951

[85] Vgl. TRIANDIS 1983, S. 142 f.

Rollen. Die Wahrnehmung unterscheidet sich danach, ob sie sich eher an Aktionen bzw. Leistungen oder eher an Merkmalen wie Alter, ethnische Zugehörigkeit und soziale Schicht orientiert.[86] Auch die Zugehörigkeit zu Selbst- und Fremdgruppen hängt in unterschiedlichen Kulturen von verschiedenen Kriterien ab. Unterschiede existieren z.B. bezüglich der Relevanz von Religion, Sprache oder politischer Ideologie als Identifikationsmerkmale.[87] Damit einhergehend ist auch die Bedeutung von Alter, Geschlecht und sozialer Schicht, d.h. die hierarchischen Abstufungen innerhalb einer Gesellschaft unterschiedlich.[88] Schließlich unterscheiden sich die Selbstkonzepte, welche die Mitglieder verschiedener Kulturen besitzen. Der Unterschied zeigt sich in dem Ausmaß, in dem die menschliche Natur als grundsätzlich gut oder weniger gut angesehen wird.[89] Für Joint Ventures ist dies insofern relevant, als damit ein grundsätzlich größeres oder schwächeres Vertrauen gegenüber dem anderen Partner verbunden ist.

Der zweite Bereich, **die Nutzung und Evaluation von Informationen**, zeigt sich zum einen in der unterschiedlichen Bedeutung von Ideologie und Pragmatismus. Informationen aus der Umwelt werden dementsprechend im Rahmen eines weiten oder eines engen ideologischen Rahmens interpretiert.[90] Als Beispiel könnte hier auf diejenigen Staaten verwiesen werden, bei denen religiöse Orientierungen das gesellschaftliche Leben weitgehend bestimmen und die Interpretation von Informationen beeinflussen, wie etwa in einigen islamischen Staaten.

Von großer Bedeutung ist ferner die Unterschiedlichkeit von **Kommunikationsstilen**. TRIANDIS weist hier auf abstrakte versus assoziative Kommunikationsstile, d.h. auf den unterschiedlichen Grad an Detailliertheit in der Informationsweitergabe hin.[91] Dieser kulturellen Ausprägung entspricht die **Kontextualität** von Kommunikation. Nach HALL/HALL bestimmt der Kontext den Informationsgehalt einer Handlung. Es ist die Umgebung einer Handlung, die dieser erst ihre Bedeutung zuweist.[92] Eine hohe Kontextualität, wie sie z.B. in Japan vorzufinden ist,[93] bedeutet, daß die situativen Merkmale für die Entschlüsselung

---

[86] Vgl. TRIANDIS 1983, S. 143

[87] Vgl. TRIANDIS 1983, S. 144 ff.

[88] Vgl. TRIANDIS 1983, S. 147

[89] Vgl. TRIANDIS 1983, S. 147 f. sowie insgesamt auch KLUCKHOHN; STRODTBECK 1961

[90] Vgl. TRIANDIS 1983, S. 148

[91] Vgl. TRIANDIS 1983, S. 150

[92] Vgl. HALL; HALL 1990, S. 6

[93] Vgl. SUGITANI 1996, S. 227

von Nachrichten von hoher Bedeutung sind. Entsprechend ist die verbale Ausdrucksweise eher indirekt und nutzt den impliziten Informationsgehalt von Situationen. Damit geht einher, daß die Verhaltensweisen anderer Personen vor allem den jeweiligen Umständen und Faktoren, die außerhalb der Person liegen, zugeschrieben werden. In Kulturen mit niedriger Kontextualität wird dagegen das gezeigte Verhalten weniger durch äußere Umstände als vielmehr mit den Merkmalen der Person zu erklären versucht. Gleichzeitig ist die verbale Kommunikation durch große Direktheit und explizite Informationsweitergabe gekennzeichnet. Situative Umstände besitzen für die Entschlüsselung von Informationen nur einen geringen Erklärungsgehalt.[94] Bezüglich der Kontextualität von Kommunikation zeigte sich ferner, daß eine enge Beziehung zum Ausmaß an Individualität und Kollektivität besteht. Individualistische Länder, wie z.B. Deutschland, haben eine sehr viel explizitere sprachliche Ausdrucksweise als kollektivistische, wie z.B. Griechenland, bei denen eher implizite Sprachuster vorherrschen.[95]

Kommunikationsunterschiede wirken in Joint Ventures nicht nur auf die Art und Weise der Informationsweitergabe ein, sondern zeigen sich auch in Verhandlungsprozessen. Unterschiedliche Verhandlungsstile werden dabei z.B. in der Art und Weise der Agressivität der Verhandlungsführung, der Konfliktoffenheit in Verhandlungssituationen, der Dauer der Verhandlung und im Ausmaß der Kompromißbereitschaft deutlich.[96]

Weitere Bereiche, die die Nutzung und Evaluation von Informationen betreffen, sind zum einen das Ausmaß an Vertrauen gegenüber anderen Menschen. Unterschiede in managementrelevanter Hinsicht zeigen sich entsprechend darin, ob und wieviel Kontrolle als notwendig erachtet wird.[97] Zum anderen existieren Unterschiede im Verhältnis zur Natur, das durch Unterwerfung oder durch Harmonie gekennzeichnet sein kann.[98] Hieraus ergeben sich Differenzen bezüglich Initiative einerseits und Akzeptanz von Veränderungen der externen Umwelt andererseits. Schließlich zeigt sich der zweite Bereich in zeitlichen Orientierungen. Die Vergangenheits-, Gegenwarts- und Zukunftsorientierung weist u.a. auf die grundsätzliche Bedeutung von Zeit im Alltag hin. Dies bedeutet z.B., daß das Einhalten eines zeitlichen Planes von unterschiedlicher

---

[94] Vgl. GUDYKUNST 1991, S. 95 f. sowie die Ausführungen bei FERRARO 1994, S. 50 f. und KNAPP 1996, S. 67 ff.

[95] Vgl. diesbezüglich z.B. GUDYKUNST 1991, S. 93 ff. sowie die Ausführungen weiter oben.

[96] Vgl. GRAHAM 1993 sowie NADLER; KEESHAN NADLER; BROOME 1985, S. 91 ff.

[97] Vgl. TRIANDIS 1983, S. 152

[98] Vgl. TRIANDIS 1983, S. 152

Wichtigkeit ist.[99] Darüber hinaus beeinflussen zeitliche Orientierungen den Aktivitätsgrad von Menschen. Hier steht die Ausprägung 'doing' den Ausprägungen 'being' und 'being in becoming' gegenüber. Kulturen mit einer 'doing'-Orientierung betonen nach TRIANDIS im managementrelevanten Kontext eher quantitative Aspekte von Aktivitäten. 'Being' betont dagegen eher persönliches Einfühlungsvermögen und das Sozialklima. 'Being in becoming' weist auf die Bedeutung von Training und Personalentwicklung hin.[100]

Der dritte und letzte Bereich betrifft nach TRIANDIS **Merkmale der Aktion** insofern, als das Ausmaß an Kontakt wie z.b. körperliche Nähe zwischen interagierenden Personen als unterschiedlich angemessen wahrgenommen wird.[101] Auch hier sei noch einmal ergänzend auf HALL/HALL verweisen, die ausführen, daß sich die unterschiedliche Wahrnehmung räumlicher Verhältnisse z.b. darin äußert, was einerseits als körperlicher Kontakt mit anderen akzeptiert wird und andererseits was an räumlicher Nähe im Sinne von Territorien als notwendig bzw. angemessen erachtet wird.[102] Unterschiede in der Wertung des Kontaktausmaßes können z.b. dazu führen, daß der jeweilige Kommunikationspartner als unnötig reserviert und kühl oder übertrieben aufdringlich wahrgenommen wird.[103]

Es wurden eine Reihe von kulturellen Merkmalen aufgelistet, die in interkulturellen Situationen zu Mißverständnissen und Konflikten führen können. Entsprechend ist es wichtig, Kenntnisse über kulturelle Unterschiede zu besitzen. Allerdings muß noch einmal auf die Lebenswelt einzelner Individuen verwiesen werden. Dies bedeutet, daß sich individuelle und situationsbezogene Abweichungen von den Kulturmerkmalen eines Landes ergeben können.[104] Es geht also um die Erkenntnis der jeweiligen Individualität und Situationsspezifik, die die Kulturprägung eines Menschen bis zu einem bestimmten Grad relativiert. Anders ausgedrückt muß die Vermischung kultureller, sozialer, persönlichkeits-

---

[99] Vgl. TRIANDIS 1983, S. 153

[100] Vgl. TRIANDIS 1983, S. 153 f.

[101] Vgl. TRIANDIS 1983, S. 154, insgesamt zu nonverbalen Aspekten vgl. auch HALL 1960

[102] Vgl. HALL; HALL 1990, S. 10 ff.

[103] Vgl. TRIANDIS 1990, S. 52. Neben der Studie von HOFSTEDE und der zusammenfassenden Darstellung bei TRIANDIS existiert auch eine neuere Studie aus den 90er Jahren von TROMPENAARS/HAMPDEN-TURNER. Vgl. TROMPENAARS/HAMPDEN-TURNER 1998. Allerdings stellen die untersuchten Kulturdimensionen dieser Autoren eine Mischung derjenigen von HOFSTEDE und denen, die TRIANDIS zusammengefaßt hat, dar. Insofern erübrigt sich eine nähere Erläuterung.

[104] Vgl. die Ausführungen in Abschnitt 2.1.1

bezogener und situativer Elemente des Verhaltens einer Person berücksichtigt werden. Hierzu hat HELFRICH ein Differenzierungsschema entwickelt, auf das im folgenden eingegangen werden soll.

Interkulturelle, interindividuelle und intraindividuelle Variationen kultureller Ausprägungen

HELFRICH unterscheidet drei verschiedene Variationsmöglichkeiten kultureller Merkmale, nämlich die interkulturelle Variation (Vk), die interindividuelle Variation (Vi) und schließlich die intraindividuelle Variation (Vp). Alle drei Ausprägungen können jeweils als variabel, also existent (+) oder stabil, d.h. nicht existent (-) auftreten.

Auf der universellen Betrachtungsebene kann man danach unterscheiden, ob Merkmale kulturübergreifend (Vk-), d.h. universell, oder kulturspezifisch (Vk+) sind. Bei interkulturellen Begegnungen werden im weiteren jedoch nur noch grundsätzlich kulturspezifische Ausprägungen (Vk+) betrachtet. Die interindividuelle Variation unterscheidet danach, ob ein Merkmal kulturkonsistent innerhalb einer Kultur ist (Vi-), oder ob es in bezug auf verschiedene Individuen trotz kulturspezifischer Ausprägung dennoch gewisse Unterschiede (Vi+) gibt. Schließlich demonstriert die intrapersonale Variation, daß bestimmte Merkmale innerhalb einer Person stabil (Vp-) oder modifizierbar sein können (Vp+), und zwar jeweils sowohl situations- als auch zeitspezifisch.[105] Aus diesen Unterscheidungen leitet HELFRICH verschiedene Kombinationsmöglichkeiten ab:[106]

Kulturspezifisch, interpersonal konsistent aber intrapersonal variabel (Vk+, Vi-, Vp+) sind solche Merkmale, die innerhalb einer Kultur uniform, aber prinzipiell modifizierbar sind, wie etwa Konventionen oder Regelungen des Sozialverhaltens. HELFRICH führt hier als Beispiele Straßenverkehrsregeln oder Grußformen an.

Das zweite Muster ist kulturspezifisch, interpersonal variabel, aber intrapersonal stabil (Vk+, Vi+, Vp-). In erster Linie handelt es sich hierbei um Persönlichkeitszüge , die für eine Kultur zwar typisch sein können, gleichzeitig jedoch unterschiedlich stark bei den Mitgliedern einer Kultur ausgeprägt sind. Als Beispiel weist HELFRICH auf das Merkmal Extraversion hin, das in einem Land wie

---

[105] Vgl. HELFRICH 1996, S. 199

[106] HELFRICH weist jedoch darauf hin, daß eine ausschließlich kulturspezifische Variation bei gleichzeitiger interindividueller und intrapersonaler Stabilität (also Vk+, Vi-, Vp-) in der Realität nicht existiert. Vgl. HELFRICH 1996, S. 202

z.B. den USA häufiger auftritt als beispielsweise in Indien, dennoch aber grundsätzlich in allen Ländern existiert.

> "Der Unterschied zwischen interkultureller und intrakultureller Begegnungssituation ist also eher quantitativer als qualitativer Natur, insofern als ein Zusammentreffen stark unterschiedlicher Persönlichkeitstypen in der interkulturellen Begegnung häufiger als in der intrakulturellen Begegnung ist."[107]

Die letzte Kombinationsmöglichkeit betrifft vor allem Motive und Werthaltungen, die einerseits kulturspezifisch sind, andererseits jedoch sowohl interpersonal als auch intrapersonal variieren können (Vk+, Vi+, Vp+). HELFRICH weist hier z.B. auf HOFSTEDES Dimension Individualismus/Kollektivismus hin.[108] Dies bedeutet z.B., daß eine Person sich nicht in allen Situationen gleich individualistisch oder kollektivistisch verhalten muß. In Abschnitt 2.3.3 wird diesbezüglich gezeigt werden, daß Gruppensituationen sehr viel stärkere kollektivistische Verhaltensweisen hervorrufen können, als sie in Situationen ohne Gruppenbezug auftreten würden.

Hieraus läßt sich ableiten, daß das Wissen um Kulturspezifität allein nicht vor Urteilsverzerrungen in der konkreten Situation schützt bzw. sogar die Gefahr beinhaltet, stereotype Sichtweisen zu entwickeln. Es wird deswegen in Kapitel 3 zu zeigen sein, daß interkulturelle Handlungskompetenz über das Wissen von Kultur hinausgehende Elemente beinhalten muß, die eine situationsspezifische und personenbezogene Interaktion ermöglichen.

2.2 Unternehmenskulturelle Besonderheiten

Mit der Definition von Kulturen als spezielle Deutungsmuster innerhalb von Lebenswelten ist auch das Phänomen der Unternehmenskultur abgedeckt. Da der Aspekt der Unternehmenskultur in der betriebswirtschaftlichen Literatur jedoch eine besondere Bedeutung erlangt hat und da bei Joint Ventures von einer direkten Einwirkung der jeweiligen Unternehmenskulturen auf das Joint Venture-Geschehen auszugehen ist, soll in diesem Abschnitt eine gesonderte Betrachtung von Unternehmenskulturen erfolgen.

---

[107] HELFRICH 1996, S. 203 f.

[108] Vgl. HELFRICH 1996, S. 202

2.2.1 Zum Begriff der Unternehmenskultur

Dem Phänomen der Unternehmenskultur kommt seit den 80er Jahren große Aufmerksamkeit zu.[109] Der Erfolg japanischer Unternehmen und die hieraus erwachsene Konkurrenz vor allem für amerikanische und europäische Unternehmen führte zur Suche nach dem speziellen japanischen Erfolgsrezept.[110] Insbesondere angestoßen durch die Untersuchungen von OUCHI[111] sowie PASCALE/ ATHOS,[112] geriet dabei der Aspekt der Unternehmenskultur als wichtiger Erfolgsfaktor ins Blickfeld. In Anlehnung an DÜRKHEIMS makrosoziologisches Konzept der organischen Soziologie und aus dem Vergleich typischer japanischer und amerikanischer Organisationsstrukturen entwarf OUCHI den Idealtypus einer Clan-Organisation (Type Z Organisation), der durch einen ausgeprägten Grundkonsens auf unternehmenskulturelle Werte in positiver Weise auf innerorganisationale Abstimmungsprozesse wirkt.[113]

Auch PASCALE/ATHOS verglichen ein japanisches und ein amerikanisches Unternehmen[114] und betonten dabei die spirituellen Werte als typisch japanische Managementprinzipien und -philosophien. Eingang fanden diese von PASCALE/ ATHOS hervorgehobenen Werte vor allem auch im 7-S-Modell der Unternehmensberatungsfirma MCKINSEY bzw. in der von PETERS/WATERMAN veröffentlichten Studie 'In Search of Excellence'. Neben den harten Faktoren wie Strategie, Struktur und System gelte es vor allem, die weichen Faktoren, nämlich 'Staff', 'Style', 'Skill' und 'Superordinate Goals' zu beachten.[115] Insbesondere das Mischungsverhältnis der weichen Faktoren macht nach diesen Autoren das spezifische einer Organisationskultur aus.[116] Die Betonung der weichen Faktoren im Vergleich zu den bis dahin dominanten harten Faktoren des Managements ist das besondere Novum dieser Ansätze.[117]

---

[109] Vgl. HEINEN 1987, S. 4 f.

[110] Vgl. ERETZ/EARLY 1993, S. 67 f. sowie SCHANZ 1994, S. 275

[111] Vgl. OUCHI 1981

[112] Vgl. PASCALE/ATHOS 1981

[113] Vgl. OUCHI 1980, S. 136 sowie insgesamt OUCHI; JAEGER 1976

[114] Konkret handelte es sich hierbei um die japanische Firma MATSUCHITA und das amerikanische Unternehmen ITT, vgl. SCHANZ 1994, S. 275

[115] PETERS/WATERMAN 1982, S. 32

[116] Vgl. SCHANZ 1994, S. 278

[117] Vgl. KRYSTEK; ZUR 1990, S. 17

Besonders propagiert wurde der Aspekt der Unternehmenskultur zudem durch die Untersuchungen von DEAL/KENNEDY, die die Unternehmenskultur als den wichtigsten Erfolgsfaktor überhaupt hervorhoben.[118] Heinen kritisiert jedoch, daß bei diesen Autoren genau jene Aspekte der Unternehmenskultur als besonders erfolgsversprechend herausgestellt werden, die gerade für amerikanische Unternehmen typisch sind.[119] Im übrigen ist dies möglicherweise ein Grund für den großen Verbreitungsgrad, den nicht nur die Untersuchungen von DEAL/ KENNEDY, sondern auch von PETERS/WATERMANN sowie insgesamt die eher praxisorientierten Publikationen erfahren haben. Nach den rezessionsgeplagten Jahren der 80er Jahre mit dem gleichzeitigen Aufstieg Japans übernahmen solche Publikationen möglicherweise die Funktion, das Selbstbewußtsein amerikanischer Manager zu erhöhen.[120]

In der Folge wurde der Faktor Unternehmenskultur zur regelrechten Modeerscheinung innerhalb der einschlägigen Literatur,[121] wobei sich ernsthafte wissenschaftliche Auseinandersetzungen mit eher plakativen Beiträgen mischten.[122] Ergebnis der vielen Veröffentlichungen ist eine Vielzahl unterschiedlicher Begriffsverständnisse und wissenschaftlicher Positionen. Eine grundlegende Gemeinsamkeit ist in der Literatur jedoch insofern zu finden, als in Anlehnung an die anthropologische Sichtweise auch der Unternehmenskultur im weitesten Sinne Elemente wie Werte, Normen und Grundannahmen zugeordnet werden, die das Verhalten der Träger der Unternehmenskultur steuern. In Analogie zum anthropologischen Kulturbegriff wird auch hier davon ausgegangen, daß die jeweiligen Kulturelemente menschengeschaffen und erlernt bzw. tradiert sind, d.h. von den jeweiligen Mitgliedern einer kulturellen Gruppe (hier eines Unternehmens) an neue Mitglieder weitergegeben werden.[123]

Von erheblicher Bedeutung für begriffliche Definitionen ist, ob die Unternehmenskultur als gestaltbare Variable oder als sogenannte 'root metaphor' zu ver-

---

[118] Vgl. DEAL; KENNEDY 1982

[119] Vgl. HEINEN 1987, S. 13 f

[120] In diesem Sinne vgl. z.B. NEUBERGER; KOMPA 1987, S. 12

[121] Vgl. BREISIG 1990, S. 93 sowie REINEKE 1990, S. 7

[122] Vgl. SCHANZ 1994, S. 271

[123] Vgl. z.B. SCHMID 1996, S. 137 sowie KASPER 1987, S. 441 f. Für einen Überblick über die verschiedenen Definitionen vgl. z.B. SCHMID 1996, S. 135 ff. sowie NEUBERGER; KOMPA 1987, S. 18

stehen ist.[124] Das objektivistische Verständnis von Unternehmenskultur als Gestaltungsparameter ist insbesondere systemtheoretischen Ansätzen zuzuordnen, die Unternehmenskulturen als Subsysteme im Gesamtkomplex einer Organisation betrachten. Dabei ist die Unternehmenskultur als gestaltbares Element im Gesamtsystem zu verankert. Sie dient vor allem der Integration der einzelnen Subsysteme sowie der Abstimmung mit der organisationalen Umwelt. Kultur fungiert hierbei als 'social glue' und stellt in funktionalistischer Weise Stabilität her, indem die Identifikation der Mitarbeiter mit dem Unternehmen durch die Unternehmenskultur gefördert und Bindung hergestellt wird.[125]

Ist der eben dargestellte Ansatz durch ein Verständnis von Kultur als Teilelement eines größeren Systems gekennzeichnet, liegt bei dem Verständnis von Kultur als 'root metaphor' eine grundsätzlich andere Auffassung von Organisationen vor, wonach letztere selbst als Kulturen begriffen werden.[126]

Bedeutsam an diesen Ansätzen ist, daß sich jeweils unterschiedliche Implikationen für die Gestaltbarkeit der Unternehmenskultur ergeben. Während bei objektivistischen Sichtweisen die Gestaltung der Kultur als Variable keinerlei Schwierigkeiten bereitet, erscheint die Gestaltung bei subjektivistischer Sichtweise der Kultur als 'root metaphor' kaum möglich. In Anlehnung an SCHMID erscheint es jedoch sinnvoll, die Möglichkeit einer Synthese aus beiden Ansätzen zu sehen. Demnach besitzen Unternehmen grundsätzlich eine Kultur und diese kann sogar aus einer bewußten Gestaltung während des Gründungsprozesses von Unternehmen erwachsen sein.[127] Unternehmen stellen aber auch selbst Kulturen dar, die eigendynamische Entwicklungen, insbesondere durch die

---

[124] Zum Begriff der 'root metaphor' vgl. SMIRCICH 1983, insbesondere S. 347 ff. NEUBERGER/KOMPA unterscheiden allerdings nicht nur diese zwei grundsätzlichen Forschungsansätze, sondern stellen ein Klassifikationsschema auf, das 11 verschiedene Konzepte beinhaltet. Diese können zwar ebenfalls danach unterschieden werden, ob sie Kultur als soziokulturellen Gestaltungsfaktor oder als mentalen Faktor im Sinne der 'root metaphor' verstehen. Darüber hinaus können sie aber auch hinsichtlich einer statischen oder dynamischen Betrachtungsweise differenziert werden. Vgl. NEUBERGER; KOMPA 1987, S. 25 ff. Zur Systematisierung verschiedener Forschungsrichtungen vgl. ferner ALLAIRE; FIRSIROTU 1984

[125] Vgl. HEINEN 1987, S. 16 f.

[126] Vgl. HEINEN 1987, S. 18 f.

[127] Zum Aspekt der Gestaltung der Unternehmenskultur während des Gründungsprozesses vgl. z.B. KRYSTEK 1992, S. 541

wechselseitige Beeinflussung mit der gesellschaftlichen und kulturellen Umwelt, durchlaufen können.[128] Insofern sind Unternehmenskulturen soziale Realitäten, die sowohl ein Produkt darstellen, aber auch permanent in einem Veränderungsprozeß stehen.[129]

Dies entspricht der im vorigen Abschnitt herausgearbeiteten Definition von Kultur als Lebenswelt, die durch ein spezifisches Set an Deutungsmustern gekennzeichnet sind. Unternehmen als solche Lebenswelten bieten entsprechend Werte, Normen, Einstellungen und Überzeugungen, die sich sowohl als Antworten auf die Anforderungen an die Unternehmung im Laufe der Unternehmensentwicklung herausbilden als auch von den in ihr agierenden Mitgliedern und ihren spezifischen Deutungsmustern geprägt werden.[130] Konkrete Deutungsmuster in Organisationen bieten z.B. Wissensbestände zu spezifischen Begriffen, Beschreibungen, Definitionen und ähnliches, um die die Entschlüsselung von Informationen im Unternehmen zu ermöglichen.[131] Darüber hinaus offerieren sie aber auch Handlungswissen und Problemlösungsstrategien, die sowohl als quasi unbewußtes Erfahrungswissen als auch als bewußte Wissenselemente und Handlungsanleitungen das Verhalten der Mitglieder steuern.[132]

Manifestiert und sichtbar werden Unternehmenskulturen schließlich durch Symbole, die die Erfahrbarkeit und die Vermittlung von Unternehmenskulturen durch ihre Mitglieder ermöglichen. Als solche Symbole dienen sprachliche Ausdrucksformen, Interaktionen sowie Objekte und Artefakte.[133] Sprachliche Symbole sind z.B. Slogans, Geschichten und Mythen. Geschichten und Mythen festigen und verdeutlichen dabei in besonders eindringlicher Weise unternehmensspezifische Traditionen.[134] Im Vergleich zu Geschichten dienen Mythen jedoch vor allem der Reduzierung von Ungewißheit und Komplexität in der Wahrnehmung und stellen insofern simplifizierte Interpretationsschemata dar,

---

[128] Vgl. SCHMID 1996, S. 156 f.

[129] Vgl. MERKENS; SCHMIDT 1988, S. 70

[130] Vgl. SCHMID 1996, S. 137

[131] SACKMANN bezeichnet dies als 'dictionary knowledge'. Vgl. SACKMANN 1992, S. 141

[132] Vgl. SCHEIN, 1987a, S. 85, KASPER 1987, S. 441. SACKMANN verwendet hierfür die Begriffe 'directory knowledge' und 'recipe knowledge'. Ferner führt sie noch einen vierten Aspekt kognitiver Strukturen als Element der Unternehmenskultur ein, nämlich das 'axiomatic knowledge', das ähnlich den Finalattributionen Wissen um Ursachen des Auftretens bestimmter Situationen beinhaltet. Vgl. SACKMANN 1992, S. 142

[133] Vgl. KASPER 1987, S. 444

[134] Vgl. GUSSMANN; BREIT 1987, S. 113

welche eine Vereinfachung der Realität erreichen.[135] Bei unternehmenskulturellen Interaktionen handelt es sich vor allem um Traditionen, Sitten, Bräuche und Rituale, d.h. um althergebrachte Verhaltensgewohnheiten. Rituale und Bräuche sind dabei formalisierte soziale Aktivitäten, die in immer wiederkehrenden Verhaltensabläufen z.B. dazu dienen können, soziale Strukturen zu verdeutlichen.[136] Schließlich symbolisieren Objekte bzw. Artefakte Unternehmenskulturen insofern, als beispielsweise durch die Gestaltung von Arbeitsplätzen die Grundeinstellung gegenüber menschlicher Arbeit deutlich wird.[137]

In bezug auf die Gestaltbarkeit von Unternehmenskulturen zeigt sich, daß die symbolischen Ausdrucksformen von Kultur sehr wohl einer bewußten Gestaltung unterliegen können und von daher die Unternehmenskultur partiell einen funktionalistischen Charakter besitzt. Eine differenziertere Betrachtungsweise von Unternehmenskultur sieht jedoch Grenzen in der völligen Gestaltbarkeit. Sie nimmt statt dessen in den Blick, daß sich auch ohne Gestaltungsintention durch Interaktionsprozesse im Unternehmen wie auch durch Einflüsse des Unternehmensumfeldes Prozesse der Entwicklung von Unternehmenskulturen ergeben können. Unternehmenskulturen sind nämlich in direkter Weise von den sie umgebenden gesellschaftlichen Kulturen beeinflußt, wobei gleichwohl erhebliche Unterschiede zwischen den verschiedenen Unternehmenskulturen innerhalb einer Gesellschaft existieren können.[138] Allerdings ist nicht nur von einer einseitigen Beeinflussung der Unternehmenskultur durch die gesamtgesellschaftliche Kultur auszugehen. Vielmehr existieren wechselseitige Wirkungen, da auch Träger von Unternehmenskulturen durch die Interaktion mit dem organisationalen Umfeld ihre kulturelle Prägung in andere gesellschaftliche Zusammenhänge tragen.[139]

Darüber hinaus muß in den Blick genommen werden, daß nicht von einer umfassenden, allgemeinen Akzeptanz der Unternehmenskultur bei allen Mitgliedern ausgegangen werden kann, sondern daß dies eher Wunschvorstellungen von Unternehmensleitungen entspricht.[140] Die Existenz subkultureller Unter-

---

[135] Vgl. KASPER 1987, S. 444, insgesamt zum Aspekt des Mythos in Unternehmen vgl. NEUBERGER; KOMPA 1997, S. 59 ff.

[136] Vgl. GUSSMANN; BREIT 1987, S. 117

[137] Vgl. KASPER 1987, S. 445

[138] Dies zeigen z.B. die unterschiedlichen Unternehmenskulturtypen bei DEAL/KENNEDY. Insgesamt hierzu vgl. auch SCHREYÖGG 1990, S. 383

[139] Vgl. HENTZE 1987, S. 173

[140] Vgl. GETSCHMANN 1992, S. 300. Allerdings sind in der Literatur durchaus Definitionsvorschläge zu finden, die von dieser allgemeinen Akzeptanz ausgehen. Vgl. SIMON 1990, S. 3

schiede auch innerhalb von Unternehmen hat z.B. SACKMANN in ihren Untersuchungen nachgewiesen.[141] BREISIG warnt in diesem Sinne davor, die 'Unternehmenskultur als neues Tummelfeld des Machbarkeitsmythos' zu verstehen.[142] Hier besteht nicht nur das Risiko naiver Harmoniegläubigkeit, sondern auch die Gefahr, die Unternehmenskultur als Mittel der Anpassung und des Wertedrills mißzuverstehen bzw. zu mißbrauchen.[143]

Zusammenfassend kann der Begriff Unternehmenskultur in Anlehnung an den allgemeinen Kulturbegriff noch einmal als spezielles Set an Deutungsmustern der Kulturgemeinschaft eines Unternehmens beschrieben werden, das sich sowohl als von der Unternehmensleitung geplante und bewußt gesteuerte Größe ergibt als auch als ungeplantes und nur bedingt steuerbares Ergebnis der Interaktion der Mitglieder einer Organisation.

In bezug auf Joint Ventures stellt sich nun die Frage, welchen Einfluß die Unternehmenskultur auf den Kooperationsprozeß besitzt. Um dieser Frage nachzugehen, ist es wichtig, sich die Funktion und die Ausprägung von Unternehmenskulturen vor Augen zu halten. Hieraus können dann Rückschlüsse auf die Bedeutung von Unternehmenskulturen für Joint Ventures gezogen werden.

2.2.2 Funktionen und Ausprägungen von Unternehmenskulturen

Unternehmenskulturen bieten ähnlich wie gesamtgesellschaftliche Kulturen Orientierung für das Verhalten. Wie bereits im vorigen Abschnitt angedeutet, reduzieren sie die verschiedenen möglichen Sichtweisen und Interpretationen von Ereignissen und machen insofern das organisationale Geschehen verständlich und überschaubar. Darüber hinaus werden durch unternehmenskulturell geprägte Kommunikationsstile Abstimmungsprozesse erleichtert und somit eine rasche Entscheidungsfindung gefördert.[144] Dies auch deshalb, weil formale und strukturelle Regeln partiell durch Unternehmenskulturen substituiert werden können. Die gemeinsam geteilten Werte und Normen bieten eine unmittelbar verfügbare Informationsquelle, die den Unternehmensmitgliedern Orientierung für adäquate und zielkonforme Handlungen zur Verfügung stellt.[145] Ferner besit-

---

[141] Vgl. SACKMANN 1992

[142] Vgl. BREISIG 1990, S. 94

[143] Vgl. HEINEN; DILL 1990, S. 14. Der Aspekt funktionaler und dysfunktionaler Wirkung von Unternehmenskulturen wird in Abschnitt 2.2.2 neu aufgegriffen.

[144] Vgl. SCHREYÖGG 1989, S. 97 f.

[145] Vgl. DILL; HÜGLER 1987, S. 151

zen Unternehmenskulturen eine kontrollierende Funktion, wenn ein Basiskonsens über fundamentale organisatorische Fragestellungen initiiert werden kann. Eine Übernahme von Werten und Normen kann gegebenenfalls die Divergenz zwischen Unternehmens- und Individualzielen verringern und insofern Kontrolle partiell erübrigen.[146] Insofern kann diese Orientierungs- und Kontrollwirkung von Unternehmenskultur als **Koordinationsfunktion** bezeichnet werden.[147]

Zusätzlich besitzen Unternehmenskulturen aber auch eine **Integrations-** und eine **Motivationsfunktion**. Die Integrationsfunktion ergibt sich daraus, daß Unternehmenskulturen zentrifugalen Kräften starker Subkulturen sowie einem möglichen Ressort- und Abteilungsegoismus entgegenwirken können.[148] Durch sie wird nämlich die Identifikation mit der Unternehmung als Ganzes gefördert. Eine Motivationsfunktion wird der Unternehmenskultur zugesprochen, da sie helfen kann, einen Sinnzusammenhang zwischen den einzelnen Elementen des organisationalen Geschehens herzustellen und ein Zugehörigkeitsgefühl zu vermitteln.[149]

Derartig positive Funktionen werden häufig aber nur für starke Unternehmenskulturen angenommen.[150] Ihre Stärke ergibt sich aus verschiedenen Elementen, wie der **Eindeutigkeit** einer Unternehmenskultur, ihrem **Verbreitungsgrad** und ihrer **Verankerungstiefe**.[151] Die Eindeutigkeit zeigt sich in der Klarheit der kulturvermittelnden Elemente bzw. darin, wie eindeutig kommuniziert wird, was erwünscht ist.[152] Der Verbreitungsgrad beschreibt das Ausmaß, mit dem Mitglieder eines Unternehmens dessen Kultur teilen, d.h. er drückt aus, inwiefern Unternehmenskulturen homogen sind oder ob viele Subkulturen existieren.[153] Schließlich weist die Verankerungstiefe auf das Ausmaß der Internalisierung unternehmenskultureller Normen und Werte bei den einzelnen Organisa-

---

[146] Vgl. DILL; HÜGLER 1987, S. 151 sowie MERKENS; SCHMIDT 1988, S. 41

[147] Vgl. DILL; HÜGLER 1987, S. 147 ff.

[148] Vgl. DILL; HÜGLER 1987, S. 152 ff.

[149] Vgl. DILL; HÜGLER 1987, S. 155. Die Autoren weisen ferner darauf hin, daß diese originären Wirkungsweisen von Unternehmenskulturen auch derivative Wirkungen nach sich ziehen, die insgesamt eine Effizienz- und Effektivitätssteigerung herbeiführen können, vgl. ebenda, S. 157

[150] Vgl. hierzu insbesondere DEAL; KENNEDY 1982, S. 195 f. sowie SCHREYÖGG 1990, S. 380

[151] Vgl. SCHREYÖGG; OECHSLER; WÄCHTER 1995, S. 178

[152] Vgl. SCHANZ 1994, S. 293 sowie SCHREYÖGG; OECHSLER; WÄCHTER 1995, S. 178

[153] Vgl. SCHREYÖGG; OECHSLER; WÄCHTER 1995, S. 178, HEINEN 1987, S. 27 sowie SCHMID 1996, S. 152

tionsmitgliedern hin. Ein Kriterium für tief verankerte Unternehmenskulturen ist nach SCHANZ z.B., ob das gemeinsame Wertesystem in kritischen Situationen zerfällt oder sich erst recht stabilisiert.[154]

Die Funktionalität von Eindeutigkeit, Verbreitungsgrad und Verankerungstiefe läßt sich auf den ersten Blick zwar durchaus nachvollziehen, wenn es darum geht, durch Unternehmenskulturen eine integrative und koordinierende Wirkung zu erzielen. Allerdings muß darauf hingewiesen werden, daß starke Unternehmenskulturen nicht immer eine positive Wirkung entfalten. Statt dessen können sie durchaus auch dazu führen, daß sich Veränderungsresistenz sowie eine Tendenz zur permanenten Selbstbestätigung herausbildet.[155] Dies stellt insbesondere dann eine Gefahr dar, wenn aufgrund von Veränderungen des organisationalen Umfeldes oder aufgrund von strategischen Entscheidungen eine Anpassung der Unternehmenskultur notwendig wird. Geschieht eine solche Anpassung nicht, verliert eine Unternehmenskultur ihre Systemkompatibilität in bezug auf die Unternehmenszielstellung.[156] Auch in Joint Ventures können starke Unternehmenskulturen der Partnerunternehmen sowohl unterstützend als auch hinderlich wirken. Einerseits bieten sie den entsandten Mitgliedern eine Orientierungshilfe und fördern die Abstimmung mit dem Mutterunternehmen. Andererseits kann durch starke Unternehmenskulturen auch flexibles Verhalten und der Aufbau gemeinsamer Orientierungsmuster mit den Mitgliedern des Partnerunternehmens verhindert werden.

Wie unterschiedlich Unternehmenskulturen sein können, die durch die verschiedenen Parteien in Joint Ventures aufeinanderstoßen, zeigen die Unternehmenskulturklassifikationen verschiedener Autoren. HEINEN klassifiziert z.B. Unternehmenskulturen nach dem Ausmaß ihrer Systemkompatibilität, ihres Verbreitungsgrades und ihrer Verankerungstiefe. Ein Unternehmenskulturtypus ergibt sich dabei aus der jeweiligen Kombination einer entweder schwachen oder starken Ausprägung der drei Faktoren. So ist z.B. die Konstellation denkbar, bei der ein großer Verbreitungsgrad und eine große Verankerungstiefe mit einer geringen Systemvereinbarkeit einhergeht. Hier paßt also eine starke Unternehmenskultur nicht zu den realen Verhältnissen, die z.B. durch das Eingehen einer

---

[154] Vgl. SCHANZ 1994, S. 293

[155] Vgl. SCHREYÖGG 1989, S. 99, KRYSTEK 1992, S. 542, BLEICHER 1984, S. 495 sowie DILL; HÜGLER 1987, S. 158

[156] Vgl. HEINEN 1987, S. 27 sowie SCHEIN 1987c, S. 267

Unternehmenskooperation geprägt sein können. Aufgrund ihrer Stärke wird eine Veränderung jedoch schwierig sein und auf Widerstände stoßen.[157]

Weitere Klassifikationen bieten z.B. Deal/KENNEDY. Die Autoren identifizieren in ihren Untersuchungen zwei zentrale 'Marktrealitäten', nämlich das Ausmaß an Risikoorientierung und die Geschwindigkeit, mit der Rückmeldungen über den Erfolg von Aktionen aus dem Markt erfolgen, die für die Herausbildung von Unternehmenskulturen bedeutsam sind.[158] Unternehmenskulturtypen als Reaktion auf diese Marktrealitäten sind in Abbildung 3 dargestellt.

	Schnelles Feedback	Langsames Feedback
Hohe Risikorientierung	**Tough guy**	**Bet your company**
Niedrige Risikoorientierung	**Work hard, play hard**	**Process orientation**

Abb. 3: Unternehmenskulturtypen nach DEAL/KENNEDY

Die Kultur des '**Tough guys**' beschreiben DEAL/KENNEDY als eine Welt von Individualisten mit hoher Risikofreudigkeit, die die Erwartung besitzen, ein schnelles Feedback über ihre erfolgten Aktionen zu bekommen. Typisch hierfür sind z.B. Branchen wie das Baugewerbe, die Kosmetikindustrie oder auch die Unternehmensberatung, die sich durch die Notwendigkeit zu schnellen und riskanten Entscheidungsfindungen auszeichnen. Folgen sind neben großer Entscheidungsfreudigkeit auch Konkurrenzorientierung und kurzfristiges Denken.[159]

---

[157] Vgl. HEINEN 1987, S. 27 ff. Selbstverständlich sind auch weitere Kombinationen möglich. Deren Darstellung ist aber für die weitere Argumentation nicht notwendig.

[158] Vgl. DEAL; KENNEDY 1982, S. 107

[159] Vgl. DEAL; KENNEDY 1982, S. 108 ff.

Für Joint Ventures ließe sich hieraus ableiten, daß die individualistische Orientierung für kooperatives Handeln eher problematisch ist.

Dagegen ist bei einer 'Bet your company-Kultur' zwar auch eine große Risikofreudigkeit gegeben, allerdings erfolgt ein Feedback erst nach längerer Zeit. Beispiele sind Unternehmen, die sich durch hohe Forschungs- und Entwicklungskosten auszeichnen, wie etwa in der Luft- und Raumfahrt. Nach DEAL/ KENNEDY kennzeichnen sich solche Unternehmenskulturen durch eine hohe Innovationsorientierung und ein großes Durchhaltevermögen aus. Gleichzeitig sind sie jedoch in bezug auf kurzfristige Veränderungen relativ unflexibel.[160] Unternehmen dieser Branche gehen besonders häufig Unternehmenskooperationen ein, um die hohen Risiken ihrer Aktivitäten abzumildern.[161] Joint Ventures bieten sich dabei besonders an, weil sie langfristige Projekte darstellen.

Entgegen dieser hohen Risikoorientierung ist bei einer 'Work hard, play hard-Kultur' nur eine geringe Risikofreudigkeit vorhanden. Allerdings wird durchaus ein schnelles Feedback über den Erfolg von Aktionen erwartet, da eine potentielle Hyperaktivität in derartigen Branchen existiert. Typische Branchen sind z.B. der Immobilienbereich oder die Computerindustrie. Stärken solcher Unternehmenskulturen sind insbesondere der hohe Aktivitätsgrad, der allerdings häufig mit der Gefahr voreiliger Entscheidungen bzw. einer starken Quantitäts- ohne Qualitätsorientierung verbunden ist.[162]

Als letzter Typ ist die Kultur der 'Process Orientation' durch eine geringe Risikoorientierung gekennzeichnet, die aus den langsamen Rückmeldungen über den Erfolg von unternehmerischen Aktionen resultiert. Bei einer solchen Kultur wird großer Wert auf verfahrenstechnische Aspekte gelegt, wie etwa bei Banken, Versicherungen oder im öffentlichen Sektor. Insofern bieten derartige Unternehmenskulturen ein hohes Ausmaß an Übersichtlichkeit und Stabilität, die allerdings auf der anderen Seite von Bürokratie und mangelnder Flexibilität begleitet werden.[163]

Aus der Klassifikation in vier verschiedene Unternehmenskulturtypen leiten DEAL/KENNEDY im weiteren verschiedene äußerliche Merkmale des Verhaltens und des Umganges mit Kollegen und Vorgesetzten ab. So gehen nach diesen

---

[160] Vgl. DEAL; KENNEDY 1982, S. 116 ff.

[161] Vgl. hierzu die Ausführungen in Abschnitt 1.2.

[162] Vgl. DEAL; KENNEDY 1982, S. 113 ff.

[163] Vgl. DEAL; KENNEDY 1982, S. 119 ff.

Autoren mit den verschiedenen Typen bestimmte Kleidungsstile, Sportaktivitäten, sprachliche Rituale und ähnliches einher.[164]

Es sei noch kurz die Klassifikation von KETS DE VRIES/MILLER angesprochen, bei der Unternehmenskulturen und hieraus abgeleitet auch mögliche Verhaltensmuster von Managern aus einer tiefenpsychologischen Perspektive betrachtet werden. Ausgangspunkt bei der Typologie dieser Autoren ist, daß die Konfiguration von Organisationen, d.h. ihre strategische, strukturelle und kulturelle Ausprägung annahmegemäß die psychodynamische, gegebenenfalls auch neurotische Struktur von Führungskräften der obersten hierarchischen Ebene widerspiegeln.[165] Organisationskulturen stellen in diesem Kontext geteilte Phantasien der Mitglieder einer Organisation dar, die durch die jeweils dominante Gruppe oder Person hervorgebracht und durch intensive Interaktionsprozesse in den Organisationen verbreitet werden.[166] Im negativen Fall der neurotischen Orientierung führen sie zu einer eingeschränkten Funktionalität der jeweiligen Organisation. Insgesamt unterscheiden die Autoren die paranoide, depressive, zwanghafte und die schizophrene Kultur. Hier seien beispielhaft zwei Typen näher erläutert, die für Joint Ventures von Relevanz sind.

Der Typus einer **paranoiden Kultur** wird durch Verfolgungsphantasien und neurotisch ausgeprägtes Mißtrauen hervorgerufen. Leitende Persönlichkeiten neigen entsprechend dazu, übertrieben wachsam zu sein und permanent negative bzw. feindliche Aktionen anderer zu erwarten. In solchen Organisationen herrscht folglich ein permanentes Mißtrauensverhältnis zwischen den einzelnen Individuen. Gleichzeitig verhindern starke Kontrollmechanismen die Entfaltung von Eigeninitiative und Autonomie der Mitarbeiter. Paranoide Kulturen tendieren dazu, sehr homogen zu sein, da fremde Gedanken und Ideen als potentiell gefährlich angesehen und unterdrückt werden. Ferner wird ein besonderes Augenmerk auf externe Faktoren gelenkt, da diese ebenfalls als Bedrohung wahrgenommen werden, vor denen es sich rechtzeitig zu schützen gilt. Strategien der Risikominimierung, wie z.B. ausgeprägte Produktdifferenzierungen, sind mögliche Folgen.[167] Bei paranoiden Kulturen gestalten sich Kooperationsbeziehungen, sofern sie überhaupt zustande kommen, schwierig. Sie werden durch ein permanentes Mißtrauen belastet.

---

[164] Vgl. DEAL, KENNEDY 1982, S. 123 ff.

[165] Vgl. KETS DE VRIES; MILLER 1987, S. 6 f.

[166] Vgl. KETS DE VRIES; MILLER 1987, S. 48 und S. 53 f.

[167] Vgl. KETS DE VRIES; MILLER 1986, S. 269 f.

Beim Typus der **schizoiden Kultur** dominiert das Bedürfnis nach Distanz bei den entsprechenden Führungspersönlichkeiten. Es existiert die Überzeugung, daß Beziehungen in der Regel sowieso irgendwann zerstört werden und Schaden hinterlassen. Deshalb ist von vornherein Distanziertheit und Mißtrauen als Vorsichtsmaßnahme nötig. Personen mit derartigen neurotischen Orientierungen besitzen entsprechende soziale und kognitive Defizite, die oftmals zu sozialer Isolation und Rückzugsverhalten führen. Für Organisationen folgt hieraus, daß sich derartige Führungskräfte auch innerhalb ihrer eigenen Organisation wenig engagieren und die Leitung eher der nächsten hierarchischen Ebene überlassen. Hieraus resultieren nach KETS DE VRIES/MILLER eine geringe strategische Orientierung nach außen sowie ausgeprägte Machtkämpfe und Rivalitäten zwischen Abteilungen bzw. den jeweiligen Führungskräften, denen die Leitung überlassen wird.[168] Auch hier werden Kooperationen durch Mißtrauen belastet. Darüber hinaus kann davon ausgegangen werden, daß die Joint Venture-Mitarbeiter stärker auf sich alleine gestellt sind und wenig Unterstützung durch die Unternehmensleitung der Mutterorganisation erfahren.

Trotz dieser eher einseitigen Beschreibung des Einflusses von Psychodynamik auf Organisationskulturen weisen die Autoren jedoch darauf hin, daß die Kausalität der Beeinflussung durchaus reziprok sein kann. Dies bedeutet, daß letztlich auch bestimmte Erfahrungen in Organisationen dazu führen können, daß eine leitende Führungskraft entsprechende Neurosen oder sogar Zwangsvorstellungen entwickelt.[169] Problematisch an der Typologie von KETS DE VRIES/MILLER ist allerdings, daß ausschließlich neurotische Kulturtypen dargestellt werden. Grundsätzlich ist jedoch davon auszugehen, daß durch Unternehmenskulturen auch positive Einflüsse auf Joint Ventures ausgeübt werden können. Die Innovationsoffenheit der 'Bet-your-company'-Kultur von DEAL/KENNEDY mag hierfür als Beispiel dienen.[170]

Weitere Unternehmenskulturtypologien lassen sich z.B. bei ANSOFF finden, der vor allem die strategische Orientierung als Kulturdeterminante in den Blick nimmt.[171] Ähnlich gehen auch MEFFERT/HAFNER/POGGENPOHL vor, die Kunden-, Leistungs- und Mitarbeiterorientierung als zentrale Faktoren für die Klassifizierung von Unternehmenskulturen nutzen.[172] An dieser Stelle ist es jedoch

---

[168] Vgl. KETS DE VRIES; MILLER 1986, S. 276 f.

[169] Vgl KETS DE VRIES; MILLER 1986, S. 277

[170] Auf die Bedeutung von Unternehmenskulturen zur Unterstützung interkultureller Handlungskompetenz von Joint Venture-Mitarbeitern, wird in Kapitel 4 eingegangen.

[171] Vgl. ANSOFF 1981 insbesondere S. 120

[172] Vgl. MEFFERT; HAFNER; POGGENPOHL 1990, S. 57 ff.

nicht nötig, auch auf diese Ansätze näher einzugehen. Wichtig für Joint Ventures ist nämlich vor allem, ein Bewußtsein darüber zu entwickeln, daß unterschiedliche Unternehmenskulturen existieren, wodurch sie im wesentlichen bestimmt sind und daß sie wertbasierte unterschiedliche Stile z.B. in bezug auf Führung, Entscheidungsfindung oder zwischenmenschliche Umgangsformen mit sich bringen, die zu erheblichen Konflikten bei der Kooperation führen können.

Darüber hinaus können die jeweils unterschiedlichen Kulturen der Partnerorganisationen insgesamt in Konflikt miteinander stehen und bei den in Joint Ventures arbeitenden Mitarbeitern zu Irritationen führen. In einem solchen Fall sind die Mitarbeiter bei der Interaktion mit den Partnerunternehmen auf breiter Basis mit unterschiedlichen Erwartungen, Normen, Werten, Ritualen u. a. konfrontiert. Eine Koordinierungs-, Integrations- und Motivationsfunktion der Herkunftskulturen ist darum zunächst nicht gegeben, und die Entwicklung einer neuen Unternehmenskultur ist ebenso dringlich wie schwierig.

Für die Betrachtung von Interaktionen zwischen verschiedenen Parteien und die sich hieraus ergebenden Überlegungen zur interkulturellen Handlungskompetenz ist jedoch primär von Relevanz, grundsätzlich mit Andersartigkeit konstruktiv umgehen zu können. Hierfür ist es zunächst irrelevant, ob die Andersartigkeit unternehmens- oder gesamtkulturellen Ursprungs ist. Dies bedeutet auf keinen Fall, daß beide Kulturphänomene als identisch angesehen werden. Im Hinblick auf den Umgang mit kulturellen Unterschieden wirken sie jedoch insofern in ähnlicher Weise, als sie bei den verschiedenen Parteien zu unterschiedlichen Deutungsmustern führen, die die Wahrnehmung, das Denken, das Fühlen und das Verhalten beeinflussen. Treffen unterschiedliche Kulturen aufeinander, unabhängig davon, auf welcher gesellschaftlichen Ebene sie entstanden sind, muß davon ausgegangen werden, daß Verunsicherungen und Orientierungslosigkeiten auftreten, die durch neue, kulturübergreifende Orientierungen abgebaut werden müssen. Die Betrachtung interkultureller Interaktionen kann deshalb insgesamt, d.h. sowohl in bezug auf unternehmenskulturelle als auch in bezug auf gesamtkulturelle Unterschiede erfolgen.

2.3 Interkulturelle Interaktion in Joint Ventures

Die Darstellungen in Abschnitt 2.1 und 2.2 zeigen kulturelle Unterschiede im gesellschaftlichen wie organisationalen Kontext auf und verweisen insofern auf die Notwendigkeit der Beachtung kultureller Einflüsse. Dies allein gibt jedoch noch keinen Aufschluß über diejenigen Interaktionsprozesse, die beim

Zusammentreffen unterschiedlicher Kulturen ausgelöst werden.[173] Diesem Aspekt sind deshalb die folgenden Abschnitte gewidmet. Neben grundlegenden Interaktionsprozessen wird dabei vor allem der Blick auf Phänomene der Akkulturation sowie auf spezifische Gruppenprozesse in Joint Ventures zu richten sein, da diese als kritische Prozesse für die effektive Interaktion in interkulturellen Überschneidungssituationen von besonderer Relevanz sind. Derartige Ansätze bieten somit tiefergehende Erklärungen für die in Abschnitt 1.3.2 dargestellten Gefährdungen von Joint Ventures.

2.3.1 Allgemeine Muster interkultureller Interaktion

Interkulturelle Interaktionen entstehen im Zuge des Zusammentreffens von Menschen verschiedener Kulturkreise. Im Vergleich zu monokulturellen Interaktionen sind sie durch den Umgang mit Fremdem und Andersartigem gekennzeichnet. Dies bedeutet, daß Interaktionspartner, die aus verschiedenen Kulturkreisen stammen, mit fremden Kodes, Konventionen, Einstellungen und Verhaltensweisen konfrontiert werden.

"Interkulturell sind daher alle jene Beziehungen, in denen Eigenheit und Fremdheit, Identität und Andersartigkeit, Familiarität und Bedrohung, Normalität und Neues zentral Verhalten, Einstellung, Gefühle und Verstehen bestimmen."[174]

Es wird deutlich, daß der Umgang mit Fremdem und somit auch interkulturelle Begegnungen problematisch und mit Krisen verbunden sein können, die aus der Unsicherheit oder sogar der Bedrohung, die von etwas Fremdem ausgeht, resultieren.[175]

Interkulturelle Interaktionen vollziehen sich in der Regel durch kommunikative Prozesse im weitesten Sinne.[176] Hierbei kommt ein Verständnis von Kommuni-

---

[173] Vgl. hierzu z.B. SHENKAR; ZEIRA 1987, S. 546

[174] MALETZKE 1996, S. 37

[175] Entsprechend finden sich in der soziologischen, der anthropologischen wie auch der sozialpsychologischen Forschung einige Ansätze zur Erläuterung des Fremdheitsphänomens. Besonders bekannt geworden ist z.B. der soziologische Ansatz von SIMMEL, vgl. SIMMEL 1999, S. 764 ff. Überblicksartig vgl. auch die Darstellung verschiedener Ansätze bei MENZEL 1993. In Rahmen dieser Arbeit sind vor allem die sozialpsychologischen Aspekte des Umganges mit Fremden relevant, weswegen die Arbeiten anderer wissenschaftlicher Disziplinen hier nicht näher betrachtet werden sollen.

[176] Vgl. MALETZKE 1996, S. 37

kation zum Tragen, das sowohl verbale als auch nonverbale Aspekte der Kommunikation subsumiert. Es ist insofern nach WATZLAWICK/BEAVIN/JACKSON unmöglich, nicht zu kommunizieren.[177] Kommunikation stellt den Austausch von Informationen dar, und zwar sowohl im Rahmen bewußter als auch unbewußter Prozesse.[178] Dabei dienen verschiedene Symbole als Mittel der Kommunikation. Hierzu zählen vor allem die Sprache, aber auch nonverbale Ausdrucksformen, z.B. Gestik und Mimik sowie Schriftformen und andere Zeichen der Kommunikation.[179] Ein Sender von Informationen bedient sich nun dieser Mittel, um Informationen an andere weiterzugeben. Dabei wird der Prozeß des speziellen Kombinierens verschiedener Symbole als Ausdruck der eigenen Gedanken, Gefühle, Einstellungen und Meinungen in der Art und Weise, daß sie für andere wahrnehmbar werden, als 'encoding' bezeichnet. Ein Empfänger muß nun die so verschlüsselten Informationen durch seine Art der Wahrnehmung und Interpretation decodieren, um den Bedeutungsgehalt der Informationen zu erkennen.[180]

Da der Prozeß der Informationsübermittlung auf Encodierung und Decodierung durch Sender und Empfänger angewiesen ist, sind Interaktionspartner immer voneinander abhängig. Entsenden und Empfangen sowie die sich daran anschließenden Reaktionen bzw. Antworten stellen gewissermaßen simultane Handlungen dar. Die Abhängigkeit zwischen Sender und Empfänger führt nach WATZLAWICK/BEAVIN/JACKSON dazu, daß Kommunikation sowohl auf einer inhaltlichen Ebene relevant ist, die das 'Was' der Nachrichten beinhaltet, als auch auf einer Beziehungsebene, die das 'Wie' der Kommunikation betrifft.[181]

Im inter- wie auch im intrakulturellen Kontext können nun Kommunikationsstörungen sowohl auf der Inhalts- als auch der Beziehungsebene auftreten. Auf der Inhaltsebene zeigen sie sich einerseits im Nichtverstehen, z.B. aufgrund unter-

---

[177] Vgl. WATZLAWICK; BEAVIN; JACKSON 1985, S. 53.

[178] Vgl. ADLER 1991, S. 64

[179] Vgl. GUDYKUNST 1991, S. 7. OKSAAR unterscheidet neben verbalen und nonverbalen Elementen der Kommunikation ferner auch extraverbale (z.B. Zeit, Raum, Proxemik, soziale Variable) sowie paraverbale Elemente (Intonation). Vgl. OKSAAR 1993, S. 17. Insgesamt zu diesen Aspekt vgl. auch GUMPERZ 1982

[180] Vgl. GUDYKUNST 1991, S. 8 sowie ADLER 1991, S. 64

[181] Vgl. WATZLAWICK; BEAVIN; JACKSON 1985, S. 54 ff. Die Beziehungsebene von Kommunikation beinhaltet auch Aspekte der Ähnlichkeit und des Vertrauens zwischen Interaktionspartnern als Einflußfaktor auf kommunikative Prozesse. Dabei muß in interkulturellen Kontexten davon ausgegangen werden, daß die wahrgenommenen Unterschiede Vertrauen und Nähe behindern und insofern einen direkten Einfluß auf die Beziehungsebene der Kommunikation besitzen. Vgl. hierzu z.B. GUDYKUNST 1986 sowie GOTO 1997

schiedlicher kommunikativer Kompetenzen und Sprachkenntnisse oder nonverbaler Kommunikationstechniken. Andererseits ist Mißverstehen möglich, wenn die Sprachsymbole der Kommunikationspartner unterschiedlich interpretiert werden. Analog hierzu lassen sich Störungen auf der Beziehungsebene ebenfalls als Nichtverstehen und Mißverstehen klassifizieren. Beim Nichtverstehen wird die Kommunikationsabsicht des Gegenübers nicht erkannt. Mißverständnisse stellen dagegen unterschiedliche Interpretationen des Verhältnisses der Kommunikationspartner zueinander dar.[182]

In interkulturellen Kontexten ist die Gefahr kommunikativer Störungen größer als in intrakulturellen, da die Art und Weise des Ausdrucks und der Interpretation symbolischer Handlungen bzw. des kommunikativen Agierens in erheblichem Ausmaß variieren kann.[183] An dieser Stelle sei beispielhaft auf die Kontextualität von Sprache verwiesen, wonach abhängig vom Ausmaß der Wertedimensionen Individualität/Kollektivität explizite oder implizite Sprachstile verwendet werden.[184] Darüber hinaus ist nicht nur die aktive Form der Kommunikation unterschiedlich, sondern schon die kulturell determinierten Wahrnehmungsmuster führen zu einer unbewußten Preevaluierung der Umweltreize, so daß bestimmte Kommunikationsmerkmale gar nicht erst bewußt wahrgenommen werden.[185] Mißverständnisse bzw. unterschiedliche Interpretationen von Nachrichten resultieren im interkulturellen Kontext vor allem aus inakuraten Wahrnehmungen und aus der Kategorisierung der Umweltreize in vertraute Schemata.[186] Konflikte folgen schließlich daraus, daß nicht nur Mißverständnisse und unterschiedliche Wahrnehmungen die Interaktion beeinflussen, sondern darüber hinaus Nachrichten und Umweltreize vor dem Hintergrund der kulturell determinierten Wertemuster beurteilt werden und insofern Wertungen ethnozentrische Sichtweisen beinhalten, die die Interaktion zusätzlich erschweren.[187] Die Konfusion, die durch das unterschiedliche Verhalten von Interaktionspartnern im interkulturellen Kontext ausgelöst wird, führt dazu, daß das Kommunikationsverhalten der anderen als falsch klassifiziert und nach Korrekturmöglichkeiten gesucht wird. Damit wird nach WATZLAWICK jedoch ein typisch menschlicher Konflikt hervorgerufen,

---

[182] Vgl. BARTHOLY 1992, S. 177 ff.

[183] Vgl. TING TOOMEY 1985, S. 72 sowie die Ausführungen in Abschnitt 2.1.2

[184] Vgl. hierzu die Ausführungen in Abschnitt 2.1.2

[185] Vgl. JANNEY; ARNDT 1994, S. 34 f.

[186] Vgl. ADLER 1991, S. 70 f. sowie NADLER; KEESHAN NADLER; BROOME 1985, S. 89

[187] Vgl. ADLER 1991, S. 82 f.

"der darin besteht, daß das Korrekturverhalten des einen Partners vom anderen als *das* Verhalten gesehen wird, das der Korrektur bedarf."[188]

Eine gelungene interkulturelle Kommunikation ist also auf einen kooperativen Deutungsprozeß zwischen den Kommunikationsteilnehmern angewiesen, der den Aufbau gemeinsamer Referenzen und Interpretationsschemata beinhaltet, um genau diese Konfusionen und das gegenläufige Korrekturverhalten zu vermeiden. Allerdings entstehen solche Deutungsmuster, wie in Abschnitt 2.1.1 dargestellt, in der Regel im Rahmen eines lebenslangen biographischen Prozesses, so daß der Aufbau gemeinsamer und neuer Deutungsmuster in interkulturellen Situationen nur mühselig und langsam gelingen kann. Gleichzeitig ist dies jedoch notwendig, da in interkulturellen Interaktionen das eigene kulturelle Orientierungssystem häufig versagt und keine verläßliche Antizipation des Verhaltens der anderen möglich wird.[189] Neben den dargestellten kommunikativen Störungen können dann auch Verunsicherung und Handlungsunfähigkeit die Folgen problematischer interkultureller Interaktionen sein.[190]

GUDYKUNST weist in diesem Sinne darauf hin, daß Unsicherheit und Angst regelmäßig Begleiterscheinungen interkultureller Interaktionen sind.[191] Da sie die interkulturelle Interaktion zusätzlich erschweren, werden in der Regel verstärkt Mechanismen zur Wiederherstellung von Vertrautheit und Handlungssicherheit aktiviert. Solche Prozesse können einerseits ein verstärktes Bemühen um Kennenlernen und Öffnen gegenüber anderen Kulturen sein. Sehr häufig handelt es sich jedoch um Versuche, Fremdes taxonomisch einzuordnen bzw. in bekannte Kategorien zu gliedern.[192] Damit einher gehen in der Regel Prozesse sozialer Kategorisierung und Stereotypisierung. Sie ermöglichen einerseits den Anschluß an soziale Gruppen, denen man sich selbst zugehörig fühlt und stiften so Identität und Orientierung. Andererseits werden fremde Personen auch dann bestimmten Gruppen zugeordnet, wenn eine eindeutige Gruppenzugehörigkeit und gruppentypische Merkmale und Verhaltensweisen eigentlich nicht vorhanden sind.[193] Prozesse sozialer Kategorisierung sind häufig auch durch ethno-

---

[188] WATZLAWICK 1982, S. 18, Hervorhebung im Original

[189] Vgl. THOMAS 1996b, S. 113

[190] Vgl. THOMAS 1996b, S. 113 ff.

[191] Vgl. GUDYKUNST 1993, S. 38f.

[192] Vgl. BOESCH 1996, S. 102

[193] Vgl. THOMAS 1993, S. 259 sowie die Ausführungen von HELFRICH 1996, die in Abschnitt 2.1.2 dargestellt wurden. Aspekte sozialer Kategorisierung werden in Abschnitt 2.3.3 ausführlich erläutert.

zentrische Weltbilder gekennzeichnet, bei denen die eigenen Deutungsmuster als lebensweltliche Erkenntnisse als die einzig richtigen und möglichen wahrgenommen werden.[194]

Der Rückgriff auf vertraute Interpretationsschemata ist insofern einerseits eine Hilfe zur Reduzierung von Unsicherheit und Angst, andererseits ist er Ursache von Fehlinterpretationen und -evaluationen in interkulturellen Interaktionen. Die mangelnde Übereinstimmung von Situationsdeutungen aufgrund unterschiedlicher Deutungsmuster muß also erst durch Um- und Neudefinitionen ausgeglichen werden, um gelungene kooperative Interaktionsprozesse zu ermöglichen. Es ist deshalb ein Wechselspiel zwischen Rückgriff auf Altes und Neuorientierung bzw. Öffnung notwendig.

DEMORGON/MOLZ beschreiben diesen Prozeß als kulturelles Oszillieren. So ist aktuelles Handeln nach ihnen in der Regel eine Mischung aus Wiederholung eines kulturell determinierten, bisher erfolgreichen Handelns einerseits und tastender Anpassung an die jeweilige Situation andererseits.[195] Dabei spielen Prozesse der Akkomodation und Assimilation eine zentrale Rolle. In Anlehnung an PIAGET verstehen die Autoren unter Assimilation die sinngeleitete Einordnung von komplexen Wahrnehmungen in vorhandene kognitive Schemata. Akkomodation beinhaltet dagegen die Anpassung der Schemata an Realitäten, welche durch die bereits existierenden Schemata nicht adäquat erfaßt werden.[196] Zur Erhaltung von Handlungsfähigkeit und Orientierung bedarf es nun immer eines Wechselspiels zwischen Akkomodation und Assimilation. Überwiegt die Assimilation, ist zwar Raum für kreative Verhaltensweisen gegeben, da Erlebnisse in vorhandene Strukturen einfügbar sind. Zum anderen droht aber Realitätsverlust:

> "Der Sandhaufen wird dann beispielsweise als Mount Everest angesehen, der mutig mit zwei Fingern bestiegen wird. [...] Doch würde dieser Modus ohne jede Akkomodation früher oder später Realitätskonflikte heraufbeschwören, da er in seiner idealisierten Reinform Kenntnisnahme von Umweltgegebenheiten, die sich nicht an die bereits existierenden Schemata assimilieren lassen, nicht zuläßt (der 'echte' Mount Everest ist nun einmal nicht aus Sand)."[197]

---

[194] Vgl. NIEKE 1995, S. 51

[195] Vgl. DEMORGON; MOLZ 1996, S. 49

[196] Vgl. DEMORGON; MOLZ 1996, S. 46

[197] DEMORGON; MOLZ 1996, S. 46, Hervorhebung im Original

Ausschließliche Akkomodation würde dagegen insofern zu Selbstverlust führen, als man Situationen relativ hilflos ausgeliefert wäre, ohne die Komplexität der Realität durch assimilatorische Prozesse zu reduzieren und handhabbar zu machen.[198]

Das Wechselspiel zwischen Assimilation und Akkomodation in interkulturellen Interaktionen ist dabei als oszillierende Suche nach situativer Adaption zu verstehen, die ihren Ausgangspunkt in den kulturellen Vororientierungen und Erfahrungsschätzen der Interaktionspartner hat. Oszillierend ist der Prozeß deshalb, weil sich Handeln nach DEMORGON/MOLZ immer zwischen zwei Polen prä-adaptiver Gegensätze abspielt. Prä-adaptive Gegensätze existieren bereits vor jeder konkreten Adaptionsleistung und sind unabhängig von bestimmten Kulturen. Sie stellen grundlegende Ausprägungsformen von Denk- und Handlungselementen im Sinne dialektischer Gegensätze dar, zwischen denen permanent entschieden werden muß. DEMORGON/MOLZ nennen hier beispielhaft die Dualitäten Kontinuität versus Wandel, Differenzierung versus Vereinheitlichung, Abgrenzung versus Öffnung, informiertes Handeln versus schnelles Handeln, konzentriertes Handeln versus gestreute Aufmerksamkeit sowie explizite versus implizite Kommunikation.[199]

Kulturelle Vororientierungen sind in diesem Sinne als adaptive Achsen zu verstehen, die bestimmte Präferenzen und Handlungsorientierungen innerhalb der gesamten Bandbreite der Ausprägungen zwischen den Endpunkten prä-adaptiver Gegensätze darstellen. Als kulturelle Vororientierungen repräsentieren sie einerseits kollektive Präferenzen, wie dies am Gegensatz implizite/explizite Kommunikation besonders deutlich wird.[200] Andererseits stellen sie jedoch keine statischen Ausprägungen dar, sondern bieten individuelle und situative Variationsmöglichkeiten. Dies bedeutet, daß einerseits interindividuelle Unterschiede existieren und andererseits auch im alltäglichen Handeln permanent ein gewisses Ausmaß an Oszillation, d.h. an Abwägung zwischen den Gegensätzen, notwendig ist und in der Regel auch erfolgt.[201] In interkulturellen Situationen bzw. solchen, die sich durch den Umgang mit Neuem und Fremdem kennzeichnen, ist der Prozeß des Oszillierens jedoch in verstärkter Weise von Bedeutung. Erscheinen die vorhandenen adaptiven Achsen und damit die kulturellen Vororientierungen für eine effektive Situationsbewältigung und

---

[198] Vgl. DEMORGON; MOLZ 1996, S. 47

[199] Vgl. DEMORGON; MOLZ 1996, S. 54 sowie insgesamt ebenda, S. 50 ff.

[200] Vgl. hierzu weiter oben sowie die Ausführungen in Abschnitt 2.1.2

[201] Vgl. hierzu die Ausführungen interindividueller und intraindividueller Variationen bei HELFRICH 1996, S. 199 ff. bzw. die Ausführungen in Abschnitt 2.1.2.

Kommunikation nicht angemessen, muß man sich gegebenenfalls von ihnen lösen und ein neues Gleichgewicht zwischen den Polen prä-adaptiver Gegensätze finden. Gelingt nun die Situationsbewältigung besser, werden die neuen adaptiven Achsen gefestigt und stehen auch zukünftig als neue oder als ergänzende Orientierungen zur Situationsbewältigung zur Verfügung.[202] Gelingt die Situationsbewältigung allerdings nicht, sind weitere akkomodatorische Modifikationen der adaptiven Achsen notwendig. Der Prozeß des Oszillierens und der Modifikation adaptiver Achsen wird in den Abbildungen 4 und 5 dargestellt.

Der Anpassungsprozeß kultureller Vororientierungen durch kulturelles Oszillieren vollzieht sich jedoch nicht von vornherein unproblematisch und krisenfrei. So können z.B. Fehlanpassungen dadurch entstehen, daß es nicht gelingt, sich für eine Möglichkeit zwischen den verschiedenen prä-adaptiven Gegensätzen zu entscheiden. Andererseits können Fehlanpassungen Folge einer zu starken Ausrichtung an nur einem Pol der prä-adaptiven Gegensätze sein, so daß die Fähigkeit zur Oszillation verloren geht. In beiden Fällen des unausgewogenen Oszillierens gelingt der Ausgleich zwischen Situationsdruck und Situationsgestaltung durch Handeln also nicht.[203]

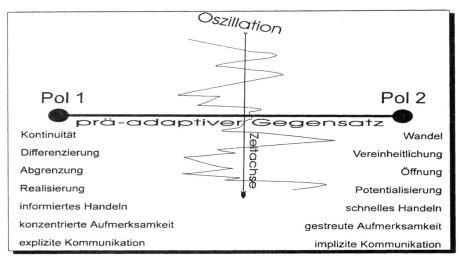

Abb. 4: Der Prozeß des Oszillierens[204]

---

[202] Vgl. DEMORGON; MOLZ 1996, S. 58 f.

[203] Vgl. DEMORGON; MOLZ 1996, S. 56

[204] Übernommen von DEMORGON; MOLZ 1996, S. 54

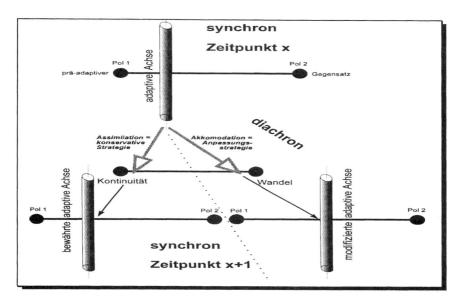

Abb. 5: Modifikation der adaptiven Achse[205]

Für das interkulturelle Miteinander in Joint Ventures ist dies besonders bedeutsam, weil es sich häufig durch Ambivalenz auszeichnet, bei der Vorgaben der Mutterunternehmen mit den situativen Zwängen im Joint Venture im Konflikt zueinander stehen. Nimmt man die Notwendigkeit des Umganges mit unterschiedlichen gesellschaftlichen und unternehmensbezogenen Kulturen einerseits wie auch die Handhabung ökonomischer Interessendiversität andererseits in den Blick, so müssen Mitarbeiter in Joint Ventures in ganz besonders schneller und konfliktfreier Weise in der Lage sein, zwischen situationsspezifischen Anpassungsnotwendigkeiten und dem Festhalten an alten Strukturen und Verfahren, die von Seiten der Partnerunternehmen erwartet werden, zu vermitteln. Mit anderen Worten ist es notwendig, schnell und konfliktfrei kulturell zu oszillieren und neue, kollektive adaptive Achsen zu entwickeln, die den Mitgliedern aller Parteien als geteilte Referenzen zur Verfügung stehen.

Neben den oben dargestellten unausgewogenen Oszillationsprozessen, die grundsätzlich in jeder Handlungssituation eine beeinträchtigende Rolle spielen können, ist in interkulturellen Situationen noch mit zwei weiteren kulturspezifischen Phänomenen zu rechnen, die das Gelingen interkultureller Kommunika-

---

205 Übernommen von DEMORGON; MOLZ 1996, S. 59

tion erschweren. Es handelt sich hierbei einerseits um individuelle Akkulturationsprobleme und andererseits um spezifische interkulturelle Gruppenprozesse, die die Fähigkeit zum kulturellen Oszillieren verringern können und statt dessen eine Überbetonung von Unterschieden hervorrufen.[206] Sie sollen in den nächsten Abschnitten ergänzend zu den bisher dargestellten Grundmustern der kulturellen Interaktion betrachtet werden.

2.3.2 Akkulturationsprozesse in Joint Ventures

Akkulturation bezeichnet den Prozeß der Anpassung an fremde Kulturen. Akkulturationsprozesse werden damit im Gegensatz zur Enkulturation durch die Begegnung von Individuen oder Gruppen initiiert, die bereits eine kulturelle Identität herausgebildet haben.[207] Wissenschaftliche Arbeiten zum Thema Akkulturation sind seit den 30er Jahren insbesondere im Rahmen der Psychologie zu finden. Das spezielle Interesse nicht nur an kulturvergleichenden Aspekten, sondern an Prozessen der kulturellen Anpassung, läßt sich vor allem mit den starken internationalen Migrations- und Flüchtlingsbewegungen dieser Zeit erklären.[208] Entsprechend bezieht sich ein Großteil der Forschungsergebnisse auf psychologische Aspekte der Migration. Insbesondere in jüngerer Zeit werden zunehmend aber auch Personengruppen betrachtet, die sich nur vorübergehend im Ausland befinden.[209] Internationale Joint Ventures stellen somit in idealtypischer Weise Orte dar, in denen Akkulturation stattfindet.

Akkulturationsprozesse sind dabei nicht nur wegen der auftretenden Mißverständnisse und Probleme im Rahmen von Kommunikationsprozessen relevant, sondern auch aufgrund ihrer Auswirkungen auf die psychische Stabilität von Auslandsreisenden sowie Personen, die sich im intensiven Kontakt mit Mitgliedern fremder Kulturen befinden. Interkulturelle Kontakte können nämlich vom Phänomen des Kulturschocks begleitet werden. Das Konzept des Kulturschocks geht vor allem auf OBERG zurück, der sein Modell aufgrund seiner Erfahrungen als Missionar in Brasilien entwickelte.[210] OBERG versteht unter Kulturschock die Angst und Unsicherheit, die aus dem Verlust von gewohnten Zeichen und Symbolen in der sozialen Interaktion ausgelöst wird. Folgen der so verlorenen Orientierung seien häufig Ablehnung der fremden Umgebung und ihrer

---

[206] Vgl. DEMORGON; MOLZ 1996, S. 64 f.

[207] Vgl. THOMAS 1989, S. 174 f, BERRY; KIM 1988, S. 207 sowie BIERBRAUER 1996, S. 185

[208] Vgl. BERRY 1990, S. 232

[209] Vgl. z.B. PAIGE 1990 oder THOMAS 1989, S. 184 ff.

[210] Vgl. OBERG 1960

Mitmenschen, Rückzugsverhalten und Glorifizierung der Heimat.[211] HOFSTEDE vergleicht den Kulturschock mit einer Rückkehr in die Kindheit, in der Werte erneut erlernt werden müssen, weshalb Angst, Hilflosigkeit und Feindseligkeit entstehen können.[212] Der Kulturschock ist vergleichbar mit dem von anderen Autoren verwendeten Begriff des Akkulturationsstresses, der durch Anpassungsdruck, Verlorenheitsgefühl, Entfremdung und Einsamkeit entsteht und im Extremfall zu einem Zusammenbruch der normalen, gesunden psychischen Struktur führen kann. Dies deshalb, weil durch die Konfrontation mit einer fremdkulturellen Umwelt die eigenen Norm- und Wertvorstellungen in Frage gestellt werden und die kulturelle Identität bedroht wird. Akkulturationskrisen können demzufolge mit Identitätskrisen verbunden sein.[213] Folgen können dann Rollenkonfusion, Angst, Ekel, Gefühle der Handlungsunfähigkeit, Schlaflosigkeit, Depression und Aggressivität sein.[214] In bezug auf Unternehmenskooperationen weisen BACKHAUS/PILZ darauf hin, daß die unternehmenskulturell bedingten Akkulturationsprozesse häufig zu Unruhe, Unsicherheit oder sogar Widerstand gegen die Kooperation führen können.[215]

Dargestellt wird das Auftreten des Kulturschocks häufig im Rahmen eines U-Kurven-Modells.[216] Danach ist der interkulturelle Kontakt zunächst durch Enthusiasmus geprägt. Die Faszination für die fremde Kultur überwiegt den erlebten Anpassungsdruck.[217] Diese Phase wird durch die der Frustration und Desillusionierung abgelöst, in der die Unzulänglichkeit des eigenen Verhaltens erfahren wird und Interaktionsprobleme offensichtlich werden. Nach OBERG ist diese Phase der Kulturschock im eigentlichen Sinne.[218] Er wird überwunden, je mehr man sich Wissen über die fremde Kultur aneignet und je erfolgreicher im Laufe der Zeit die Interaktion mit der fremden Kultur verläuft. Die Phase der Erholung endet schließlich in der Akzeptanz der fremden Kultur und der gelungenen Anpassung an diese.[219]

---

[211] Vgl. OBERG 1960, S. 177 f.

[212] Vgl. HOFSTEDE 1991, S. 235

[213] Vgl. REISCH 1991, S.84

[214] Vgl. FURNHAM; BOCHNER 1982, S. 163 ff sowie THOMAS 1989, S. 177

[215] Vgl. BACKHAUS; PILZ 1990, S. 8

[216] Vgl. z.B. OBERG 1960, GULLAHORN; GULLAHORN 1963 sowie SMALLEY 1963

[217] Vgl. OBERG 1960, S. 178

[218] Vgl. OBERG 1960, S. 178 f.

[219] Vgl. OBERG 1960, S. 179 sowie BLACK 1988, S. 278 f.

Dieser Prozeß wird deshalb als U-Kurve bezeichnet, weil er durch Euphorie und Anpassung als die jeweiligen Hochpunkte und eine zwischenzeitliche Krise als Tiefpunkt gekennzeichnet ist. Da sich der Prozeß auch bei der Rückkehr in das eigene Land und der hieraus entstehenden Notwendigkeit einer erneuten Anpassung wiederholen kann, wird partiell auch von einer W-Kurve gesprochen.[220]

Problematisch an diesem Modell ist die stark idealisierte Darstellung des U- bzw. W-Kurven Verlaufs. So kann nicht davon ausgegangen werden, daß alle Menschen in gleicher Weise auf interkulturelle Erfahrungen reagieren. Insbesondere müssen in der ersten Phase Optimismus und positive Erwartungen nicht zwangsläufig vorherrschen. Vielmehr existieren bei einigen Auslandsaufenthalten von Anfang an Angst und Unbehagen.[221] Dies erscheint insbesondere für solche Joint Venture-Mitarbeiter plausibel, die entweder nicht freiwillig ins Ausland entsendet werden oder von vornherein um die Schwierigkeit ihrer Aufgabe wissen. Allerdings ist es umgekehrt auch möglich, daß gar keine Phase der psychischen Belastung erlebt wird und sich die Auslandsreisenden problemlos in eine neue Kultur einfügen.[222] Dies wäre z.B. bei Joint Venture-Mitarbeitern zu erwarten, die mit der Kultur des Partners bereits vertraut sind oder bereits einige Erfahrungen im Ausland gesammelt haben und Auslandseinsätzen grundsätzlich positiv gegenüber stehen.[223] Eine weitere mögliche Abweichung zum U- bzw. W-Kurven-Modell besteht darin, daß eine positive Anpassung an die fremde Kultur auch längerfristig nicht gelingt, und es entweder zum Abbruch des Auslandsaufenthaltes oder zu anhaltenden Krisen kommt. Es erscheint insofern notwendig, das Modell zu differenzieren und vor allem die eigentlichen Anpassungsleistungen bzw. die verschiedenen Möglichkeiten der Akkulturation genauer in den Blick zu nehmen.[224]

Zentrales Element im Rahmen der Akkulturation ist die Bewältigung der Krisen bzw. der Konflikte, die durch das Zusammentreffen verschiedener Kulturen ausgelöst werden. Dabei gelingt die Überwindung der Krise um so schwerer, je größere Zielkonflikte zwischen Mitgliedern verschiedener Kulturen während des Akkulturationsprozesses existieren.[225] Die spezielle Gefährdung für Joint

---

[220] Vgl. GULLAHORN; GULLAHORN 1963, S. 41 ff.

[221] Vgl. WARD 1996, S. 131

[222] Vgl. FURNHAM; BOCHNER 1986, S. 132

[223] Vgl. hierzu auch die Darstellung der Auswahl und Eignung von Joint Venture-Mitarbeitern in Kapitel 4.

[224] Vgl. ANDERSON 1994, S. 296 ff.

[225] Vgl. hierzu BERRY; KIM 1988, S. 210

Ventures ergibt sich, wie in Abschnitt 1.3.2 dargestellt, aus dem Zusammenwirken ökonomischer Zielkonflikte mit kulturellen Divergenzen. Gleichzeitig ist die Veränderung kultureller Orientierungen häufig von Konflikten mit den jeweiligen Partnerunternehmen begleitet. Insofern kann davon ausgegangen werden, daß in Joint Ventures die beschriebenen Krisen besonders leicht entstehen bzw. besonders schwerwiegend sind. Es stellt sich somit die Frage, welche Strategien gewählt werden können, um Konflikte zu reduzieren und Krisen zu bewältigen.

Als grundsätzliche Möglichkeiten beschreibt BERRY drei Bewegungsrichtungen: **Anpassung** zeichnet sich durch eine Bewegung in Richtung der anderen Kultur aus. **Abwehrverhalten** durch Aggressivität stellt eine Gegenbewegung dar. Schließlich wird mit **Rückzugsverhalten** versucht, durch eine Distanzierung die Konfrontation mit den Streßfaktoren zu vermeiden.[226] Eine erfolgversprechende Bewältigung des interkulturellen Kontaktes ist jedoch nur durch eine Aufeinanderzu-Bewegung zu erwarten. Abwehr und Rückzug stellen dagegen keine befriedigenden Reaktionen dar. Speziell in Joint Ventures fördern sie eher Konflikte, als daß sie diese reduzieren. Abwehrbewegungen paaren sich häufig mit dem Versuch, die andere Kultur zu unterwerfen bzw. zu vereinnahmen.[227] Hieraus ergeben sich in der Regel erneut Konflikte und Abwehrverhalten der jeweils anderen Partei.

Aber auch Anpassungsbewegungen sind nicht von vornherein als unproblematisch anzusehen. Vielmehr kann eine übertriebene Anpassung eine zu starke Abwendung von der eigenen Kultur nach sich ziehen, was spätestens bei der Rückkehr in das eigene Land, in Joint Ventures aber auch schon im Rahmen des Kontaktes mit der eigenen Mutterfirma, zu Konflikten und kulturellen Identitätsproblemen führen kann.[228]

Problematischer als die zu starke Anpassung an die fremde Kultur ist die Entfremdung von der eigenen Kultur ohne Übernahme einer anderen. Diese als Marginalisierung bezeichnete Akkulturationsform führt zum Kulturverlust und geht in der Regel mit Orientierungslosigkeit und Handlungsunfähigkeit einher.

---

[226] Vgl. BERRY 1980, S. 11 f.

[227] Vgl. KREWER 1996, S. 153 f. sowie FURNHAM; BOCHNER 1986, S. 25 f. FURNHAM/BOCHNER bezeichnen dies auch als übertriebenen Chauvinismus, der die fremde Kultur als minderwertig beurteilt und auf die Dominanz der eigenen Kultur besteht, vgl. FURNHAM; BOCHNER 1986, S. 30

[228] Vgl. diesbezüglich z.B. HOFSTEDE 1991, S. 267 und MOOSMÜLLER 1996, S. 284. BOCHNER sowie FURNHAM; BOCHNER bezeichnen diese Art der Anpassung als 'Passing', vgl. BOCHNER 1982, S. 27 f. und FURNHAM; BOCHNER 1986, S. 29 f.

Marginalisierung ist als diejenige Akkulturationsform anzusehen, die auf individueller Ebene besonders streßbelastend ist und am stärksten die mentale Gesundheit des einzelnen angreift.[229] Sie kann dann entstehen, wenn die Notwendigkeit kultureller Veränderung erkannt wird, jedoch Angst vor einer zu starken Anpassung existiert und insbesondere befürchtet wird, daß bei der Rückkehr in das eigene Land Mißtrauen gegenüber den persönlichen Veränderungen vorherrschen wird.[230] In bezug auf Joint Ventures wird darauf hingewiesen, daß eine zu starke Anpassung an die andere Kultur häufig Vorwürfe und Mißtrauen auf seiten des jeweiligen Mutterunternehmens hervorruft. Insofern mag eine gewisse Angst vor einer zu starken Identifizierung durchaus berechtigt sein.[231] Andererseits fordert die interkulturelle Situation eine partielle Loslösung von eigenen kulturellen Prägungen. Mitarbeiter in Joint Ventures sind daher mit einem Dilemma konfrontiert, deren Folge die Marginalisierung sein kann.

Die jeweilige Form der Akkulturation ergibt sich nach BERRY/KIM letztlich als Ergebnis zweier zentraler Fragen, nämlich, ob

1. die eigene kulturelle Identität auch weiterhin als wertvoll erachtet wird und erhalten werden soll, und ob

2. eine positive Beziehung zur fremden Kultur gesucht wird.[232]

Matrixartig lassen sich hieraus zusammenfassend vier verschiedene Akkulturationsformen ableiten, die in Abbildung 6 dargestellt werden.

Die Assimilation[233] erlaubt zwar eine Bewegung auf die jeweilige Fremdkultur zu, die eigenen kulturellen Orientierungen werden jedoch nicht beibehalten. Weiter oben wurde bereits darauf verwiesen, daß diese auch als 'Passing' zu bezeichnende Form die Gefahr beinhaltet, Konflikte mit Mitgliedern der Ursprungskultur zu bekommen und daß sie zu Identitätskonflikten führen kann. Separation und Marginalisierung können, wie ebenfalls bereits oben dargestellt, ebenfalls nicht als gelungene Akkulturationsergebnisse gelten. Sie sind in Joint Ventures insbesondere deshalb von belastender Wirkung, als ein positiver, ko-

---

[229] Vgl. FURNHAM; BOCHNER 1986, S. 29 ff. sowie BERRY 1980, S. 15

[230] Vgl. diesbezüglich z.B. PAIGE 1990, S. 167 f.

[231] Vgl. Abschnitt 1.3.2

[232] Vgl. BERRY; KIM 1988, S. 211

[233] Der Begriff Assimilation entspricht in diesem Kontext nicht demjenigen, den DEMORGON/MOLZ in Anlehnung an PIAGET verwenden.

operativer Kontakt mit der anderen Kultur unumgänglich und zur Erfüllung der Aufgaben auch notwendig ist, bei diesen Formen jedoch verhindert wird.

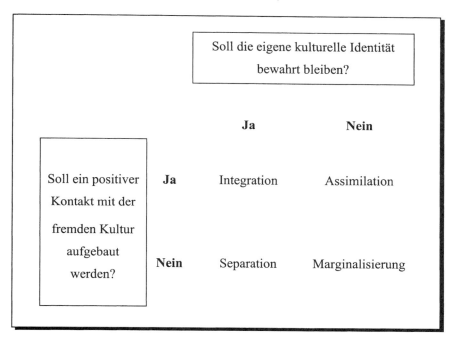

Abb. 6: Akkulturationsformen[234]

Die Integration stellt diejenige Form der Akkulturation dar, welche die positivste Bewältigung von Kulturschock und Krisen beinhaltet. Sie erlaubt sowohl die Erhaltung kultureller Integrität als auch die Kooperation mit verschiedenen unterschiedlichen Kulturen.[235] Nach KREWER kann diese Form weiter ausdifferenziert werden. Es wird dann gefragt, ob nur versucht wird, Gemeinsamkeiten aufzudecken, welche die Interaktion erleichtern, oder ob auch in synergetischer Weise nach neuen interkulturellen Lösungen gesucht wird.[236] Letzteres würde nicht nur assimilatorische Bewegungen im Sinne von DEMORGON/MOLZ, sondern vor allem Akkomodation beinhalten.[237] Hier kommt die Forderung nach der

---

[234] Abbildung in Anlehnung an BERRY; KIM 1988, S. 211

[235] Vgl. BERRY; KIM 1988, S. 211

[236] Vgl. KREWER 1996, S. 154

[237] Vgl. Abschnitt 2.3.1

111

Dynamisierung des Kulturbegriffes zum Tragen, in dessen Rahmen den Interaktionspartnern in interkulturellen Situationen erlaubt wird, gemeinsam neue Deutungsmuster zu entwickeln, welche die Bewältigung der jeweiligen Lebenswelt ermöglichen.[238] Für Joint Ventures bedeutet dies, daß nicht nur ein Verständnis für die jeweiligen Sichtweisen und Wertstrukturen der anderen Partei entwickelt wird, sondern daß gemeinsam neue Wege der Bewältigung anstehender Aufgaben, d.h. auch neue Managementmethoden und Formen des Umganges miteinander gesucht werden.

THOMAS weist jedoch darauf hin, daß diese Form der Synthese sehr schwierig ist. Es muß nämlich gelingen, auf eine ausschließlich eigenkulturelle Identität zugunsten einer kulturübergreifenden Identität zu verzichten, ohne dabei elementarer Bezugssysteme für das Werten und Handeln, der Ich-Identität und des Gefühls für soziale Zugehörigkeit verlustig zu gehen und damit in einen Norm- und Werterelativismus zu verfallen.[239] Gleichwohl erscheint es aufgrund der in Joint Ventures existierenden Gefahren notwendig, die Fähigkeit zur kulturellen Adaption im Sinne einer solchen Synthese anzustreben, um über passive Toleranz hinaus ein gewisses Maß an Kooperationsfähigkeit zu erreichen.[240]

Welche Form des Akkulturationsprozesses in Gang gesetzt wird, hängt von verschiedenen Faktoren ab. Zum einen spielt die Dauer des Aufenthaltes eine große Rolle. So ist nicht davon auszugehen, daß bei relativ kurzen Aufenthalten ein intensiver Prozeß der Auseinandersetzung mit der eigenen und der fremden Kultur stattfindet. Neben der Dauer des Aufenthaltes spielt ferner das Ausmaß der kulturellen Fremdheit eine Rolle. Fremdere Kulturen führen dabei eher zu Orientierungslosigkeit, Mißverständnissen und Konflikten so daß in der Regel auch mit stärkeren Krisen gerechnet werden muß.[241] Darüber hinaus wirken die Freiwilligkeit des interkulturellen Kontaktes, frühere Erfahrungen sowie Einstellungen gegenüber Auslandsaufenthalten und anderen Kulturen ebenfalls auf

---

[238] Vgl. hierzu Abschnitt 2.1.1 sowie 2.3.1

[239] Vgl. THOMAS 1989, S. 193

[240] Wie schwierig dies jedoch ist, zeigen z.B. die Untersuchungen von RALSTON/TERPSTRA/CUNNIFF/GUSTAFSON, in der die Veränderungen und Anpassungen entsandter amerikanischer Manager in Hongkong an die dortigen Managementstile beschrieben werden. Dabei stellte sich heraus, daß die amerikanischen Führungskräfte ihre Managementstile kaum veränderten und es insofern nicht zu einem Aufeinanderzubewegen der amerikanischen und chinesischen Managementstile kam. Vgl. RALSTON; TERPSTRA; CUNNIFF; GUSTAFSON 1995.

[241] An dieser Stelle sei noch einmal auf den Fremdheitsgrad von Kulturen hingewiesen, der bereits in Abschnitt 1.3.2 angesprochen wurde.

das Erleben des interkulturellen Kontaktes und damit auf die Akkulturation ein.[242]

Von besonderer Bedeutung sind vor allem Persönlichkeitsmerkmale und eine Unterstützung durch das soziale Umfeld. Auf diejenigen Persönlichkeitsmerkmale, die eine interkulturelle Interaktion im Sinne des Synthesetyps ermöglichen, wird in ausführlicher Weise in Kapitel 3 eingegangen, denn sie stellen Elemente interkultureller Handlungskompetenz dar. Die soziale Unterstützung erfolgt einerseits durch Freunde und Familie aus dem Heimatland, die helfen, die eigene kulturelle Identität zu wahren und dem Gefühl der Entfremdung entgegenzusteuern. Andererseits erleichtern neue Bezugs- und Kontaktpersonen aus der fremden Kultur die Anpassung an dieselbe und schützen zusätzlich vor Einsamkeit.[243]

Es sind aber nicht nur soziale Kontakte und die Familie, die einen Einfluß auf den Akkulturationsprozeß ausüben. In entscheidender Weise spielen auch die Gruppenstrukturen eine Rolle, innerhalb derer die interkulturellen Kontakte stattfinden. Möglichkeiten der Identifikation mit Gruppen, denen man sich aufgrund der kulturellen Orientierung oder, wie im Kontext von Joint Ventures, aufgrund von Unternehmenszugehörigkeiten verbunden fühlt, wirken auf die Akkulturationsprozesse ein. Sie steuern insbesondere die Sichtweisen, mit denen die Mitglieder der jeweiligen Fremdgruppe betrachtet werden. Diese Gruppeneffekte werden im folgenden Abschnitt analysiert.

2.3.3 Gruppenprozesse im interkulturellen Kontext von Joint Ventures

In Abschnitt 1.3.2 wurde auf die Angst vor möglichen neuen Konkurrenten, auf das Problem des Mißtrauens gegenüber der anderen Partei sowie auf die Existenz von Vorurteilen vieler Joint Venture-Mitarbeiter hingewiesen. Derartige Schwierigkeiten treten als Individual- und als Gruppenphänomen auf. Der interkulturelle Kontakt unterschiedlicher Gruppen ist dabei schwieriger als der einzelner Personen, weil durch die Gruppenzugehörigkeit die vorhandene kulturelle Identität immer wieder bestätigt und damit die kulturelle Neuorientierung erschwert wird.[244] Möchte man also differenzierte Erklärungsansätze für

---

[242] Vgl. FURNHAM; BOCHNER 1986, S. 169, THOMAS; HAGEMANN 1996, S. 177 ff. sowie THOMAS 1989, S. 231

[243] Vgl. WARD 1996, S. 136 f. sowie FURNHAM; BOCHNER 1986, S. 185 ff. Insgesamt zu diesem Aspekt vgl. FONTAINE 1996 sowie REISCH 1993

[244] Vgl. HOFSTEDE 1991, S. 238

kulturbedingte Konflikte in Joint Ventures herausarbeiten, dann ist eine Betrachtung der Gruppenebene unverzichtbar.

Für die Analyse von Gruppenprozessen bietet sich die Theorie der sozialen Identität an, da sie die gesamte Bandbreite zwischen individuellem und gruppenbezogenem Verhalten in den Blick nimmt und die Entstehung von Konflikten in Gruppensituationen untersucht. Sie geht vor allem auf TAJFEL zurück und umfaßt neben der sozialen Identität im eigentlichen Sinne auch Konzepte sozialer Kategorisierung, sozialer Vergleichsprozesse sowie positiver Distinktheit.[245]

Ausgangspunkt der Untersuchungen von TAJFEL und seinen Mitarbeitern waren die Ergebnisse der Feldexperimente von SHERIF/SHERIF, die unter dem Begriff der 'Theorie des realen Intergruppenkonflikts' bekannt wurden. Nach SHERIF/SHERIF bilden Gruppen soziale Einheiten, die das Verhalten der einzelnen Mitglieder erheblich beeinflussen. So verhalten sich Individuen in der Regel gegenüber Mitgliedern ihrer eigenen Gruppe anders als gegenüber Mitgliedern einer Fremdgruppe. Negative Beziehungen zwischen den Gruppenmitgliedern der Eigen- und der Fremdgruppe entstehen dabei durch ein gleichzeitiges Interesse beider Gruppen an bestimmten Dingen oder Zielen, wodurch zwischen beiden Gruppen eine Konkurrenzsituation ausgelöst wird.[246] Aus diesen Konflikten resultieren negative stereotype Bewertungen der Mitglieder der Fremdgruppe und eine Glorifizierung der Eigengruppe.[247]

Allerdings zeigte sich in Versuchen anderer Wissenschaftler, daß Konkurrenzkonflikte und Eigengruppenfavorisierungen durchaus auch bei Gruppen auftreten, zwischen denen kein expliziter Interessenkonflikt existiert.[248] Insofern wurde die Bedingung eines objektiven Interessenkonfliktes als alleiniger Auslöser für eine Eigen- und Fremdgruppendifferenzierung in Frage gestellt. Es gelang TAJFEL und seinen Mitarbeitern, in Gruppenversuchen nachzuweisen, daß eine Eigengruppenfavorisierung auch dann entsteht, wenn kein Interessenkonflikt vorhanden ist und sogar dann, wenn die Gruppenzugehörigkeit allein aufgrund zufälliger oder trivialer Zuweisung durch die Versuchsleiter zustande

---

[245] Vgl. MUMMENDEY 1985 sowie insgesamt TAJFEL 1982. Positive Distinktheit bezeichnet hierbei die bewußte positive Bewertung der eigenen Bezugsgruppe im Vergleich zu einer anderen. Vgl. hierzu die Ausführungen weiter unten.

[246] Vgl. SHERIF; SHERIF 1979, S. 9 f.

[247] Vgl. SHERIF; SHERIF 1979, S. 11

[248] Vgl. z.B. FERGUSON; KELLEY 1964

kommt und deshalb eigentlich irrelevant sein sollte.[249] Dennoch wurden Mitglieder der Eigengruppe favorisiert bzw. die Mitglieder der Fremdgruppe diskriminiert.[250] Diese Ergebnisse weisen auf verschiedene Aspekte der sozialen Interaktion hin, die in der Theorie der sozialen Identität zusammengefaßt sind und im folgenden dargestellt werden.

Grundsätzlich ist zu unterscheiden, ob ein Individuum aufgrund seiner selbst oder aufgrund seiner jeweiligen Gruppenzugehörigkeit agiert bzw. reagiert. Nach TAJFEL variiert das soziale Verhalten entlang eines Kontinuums von 'rein' interpersonellem Verhalten, das allein auf individuellen Merkmalen und der persönlichen Beziehung zwischen zwei Personen beruht, bis zu 'reinem' Intergruppenverhalten, bei dem das Verhalten einzelner Personen ausschließlich durch soziale Kategorien und Mitgliedschaften zu bestimmten Gruppen maßgebend sind.[251] Reines interpersonelles Verhalten ist in der Realität nicht zu finden, da keine soziale Interaktion vorstellbar ist, in der nicht eine gegenseitige Zuordnung zu einer Vielzahl sozialer Kategorien stattfindet. Beispiele hierfür wären die Zuordnung aufgrund von Geschlecht, Alter oder Beruf. Reines Intergruppenverhalten ist dagegen nach TAJFEL eher vorstellbar. Als Beispiel verweist er auf Bombermannschaften, die feindliche Ziele angreifen, ohne dabei in irgendeiner Weise eine persönliche Beziehung zu den Mitgliedern der gegnerischen Truppe aufzubauen. In der Regel liegen die Interaktionen zwischen Mitgliedern verschiedener Parteien jedoch zwischen diesen beiden Extrempunkten des reinen Individual- und reinen Gruppenverhaltens.[252]

---

[249] Vgl. TURNER 1996, S. 15. Die Versuchsanordnung war derart, daß die Mitglieder der jeweiligen Gruppe Geldbeträge zwischen Mitgliedern der Fremdgruppe und Mitgliedern der Eigengruppe aufteilen mußten, wobei folgende Bedingungen herrschten: 1) Es bestand weder Kontakt zu den Mitgliedern der eigenen noch zu Mitgliedern der fremden Gruppe. 2) Bei der Verteilung der Beträge existierte vollständige Anonymität, lediglich die Gruppenzugehörigkeit und eine Nummer waren als Verteilungskriterien bekannt. 3) Es gab keine instrumentelle oder rationale Verbindung zwischen dem Kriterium der Kategorisierung und den Antworten bezüglich der Eigen- und Fremdgruppe. 4) Aus der Verteilung der Geldbeträge entstand kein direkter Nutzen für die Probanden selbst. Sie konnten sich auch selbst keine Geldbeträge zuweisen. 5) Neben der Eigengruppenfavorisierung waren den Probanden auch andere Strategien bekannt, die z.B. den maximalen Gewinn für alle Probanden unabhängig von ihrer Gruppenzugehörigkeit beinhaltet hätten. 6) Die Möglichkeit der Verteilung von Geldbeträgen wurde in einem Heft mit Matrizen vorgegeben. Die Beantwortung erfolgte einzeln und anonym. Vgl. STANGE 1991, S. 61 f.

[250] Vgl. TAJFEL, BILLIG, BUNDY 1971, S. 172

[251] Vgl. TURNER 1996, S. 3. Damit ist nach TAJFEL eine dyadische Beziehung zwischen zwei Personen nicht zwangsläufig eine Gruppenbeziehung auf kleinster Ebene.

[252] Vgl. TAJFEL 1982, S. 84 f.

Grundlegend für das Verhalten ist die jeweilige soziale Kategorisierung der Interaktionspartner. Aufgrund der Komplexität der Umwelt ist ein Individuum darauf angewiesen, Kategorien zu bilden, um die Umwelt zu strukturieren und überschaubar zu machen. Dabei werden kognitive Prototypen einer bestimmten sozialen Kategorie gebildet, mit denen andere Individuen verglichen bzw. gleichgesetzt werden, unabhängig von ihren tatsächlichen Eigenschaften und Merkmalen.[253] Es erfolgt eine Überbetonung intrakategorialer Ähnlichkeit und interkategorialer Unterschiede.[254] Dies bedeutet, daß nicht primär die individuellen Eigenschaften und Merkmale einer Person wahrgenommen werden, sondern die Merkmale der sozialen Kategorie, der diese Person (vermeintlich) angehört. Das Ergebnis solcher kognitiver Vereinfachungs-, Identifikations- und Orientierungsprozesse sind Stereotype.[255] Stereotype bewirken, daß die soziale Realität simplifiziert wird. Die Ähnlichkeit zwischen Mitgliedern innerhalb der Eigengruppe, aber auch innerhalb einer Fremdgruppe, wird übertrieben ausgeprägt wahrgenommen. Gleichzeitig werden die Unterschiede zwischen den Merkmalen der beiden Gruppen überschätzt.[256] Dies geschieht um so stärker, je näher eine Interaktionssituation am Intergruppenextrem liegt, d.h. je weniger eine persönliche Beziehung zwischen einzelnen Personen aufgebaut worden ist.[257]

Als sozial werden die skizzierten Zuordnungskategorien dann bezeichnet, wenn sie von einer größeren Zahl von Personen innerhalb einer sozialen Gruppe oder Entität geteilt werden.[258] Die soziale Kategorisierung ist damit gruppenabhängig:

"Der soziale Kontext der Werte und der Anforderungen an die Adaption an die Umwelt hilft dem Individuum, diejenigen Ähnlichkeiten und Unterschiede aufzuspüren, auszuwählen, zu überschätzen und, falls nötig, zu übertreiben, die mit dem generellen Konsens über das übereinstimmen, was in der potentiell unendlichen Zahl möglicher Strukturen

---

[253] Vgl. HOGG 1996, S. 68 f.

[254] Zum Aspekt sozialer Akzentuierung siehe insbesondere LILLI 1975

[255] Vgl. TURNER 1982, S. 28 f. sowie EHRLICH 1979, S. 31

[256] Vgl. OAKES 1996, S. 96 ff. sowie TURNER 1996, S. 13. Diese Art der Überschätzung wird auch als Assimilations-Kontrast-Effekt bezeichnet, vgl. hierzu z.B. STEPHAN 1985, S. 611 ff.

[257] Vgl. STANGE 1991, S. 80

[258] Vgl. TAJFEL 1982, S. 42. Dies gilt insbesondere bei ethnischen Gruppen, zwischen denen das Phänomen der sozialen Akzentuierung besonders stark ausgeprägt ist.

sozialer Grenzen und sozialer Gleichwertigkeiten von Bedeutung ist und was nicht."[259]

Soziale Kategorisierung und Selbsteinordnung in diesem Sinne helfen somit dem einzelnen, für sein Handeln Sicherheit und Orientierung durch das Bewußtsein zu finden, daß im sozialen Kontext eine Übereinstimmung über die Richtigkeit der subjektiv getroffenen Annahmen und Einschätzungen vorliegt.[260]

Die soziale Kategorisierung und die damit einhergehende Stereotypisierung ist jedoch nicht nur Mittel der Komplexitätsreduktion, sondern auch der Selbstevaluierung. So bestimmen die Zugehörigkeit zu bestimmten sozialen Kategorien und die diesbezüglichen Eigenschaften als Gruppenmitglied die soziale Identität einer Person.[261] Nach HOGG besteht die Mitgliedschaft in einer Gruppe aus drei konstitutiven Komponenten. Dazu gehört zunächst das Wissen, daß jemand zu einer bestimmten Gruppe gehört. Die zweite, die evaluative Komponente, führt zu einer positiven oder negativen Bewertung der Gruppenmitgliedschaft. Schließlich resultieren aus dem kognitiven und dem evaluativen Aspekt einer Gruppenmitgliedschaft positive oder negative Emotionen gegenüber der eigenen Gruppe oder auch gegenüber einer fremden, mit der man in Verbindung steht.[262] Eigengruppenfavorisierung, wie sie als Ergebnis der oben dargestellten Versuche zu finden ist, ermöglicht damit einem Individuum die positive Bewertung seiner eigenen Gruppe im Vergleich zu einer anderen und damit auch eine positive emotionale Besetzung derselben. Dabei wird die Mitgliedschaft in einer sozialen Gruppe dann gesucht, wenn die Gruppe Attribute besitzt, von denen positive Auswirkungen für ein Individuum erwartet werden. Diese Aspekte einer sozialen Identität sind jedoch nur durch den Vergleich mit anderen Gruppen möglich. Erst durch die Unterscheidung von anderen Gruppen gelingt es letztlich, die eigene Wertigkeit einzuschätzen und ihre positiv bewertete Eigenart beizubehalten.[263] Insofern werden Unterschiede zwischen Gruppen zusätzlich betont. Dieser als positive Distinktheit zu bezeichnende Aspekt führt

---

[259] TAJFEL 1982, S. 59

[260] Vgl. HOGG 1996, S. 74 f.

[261] Vgl. HOGG 1996, S. 67

[262] Vgl. TAJFEL 1982, S. 70

[263] Vgl. TURNER 1975, S. 7 f. sowie TAJFEL 1982, S. 107. Hierbei wird vor allem auf FE- STINGERS Theorie der sozialen Vergleichsprozesse zurückgegriffen, wenngleich dort eher soziale und nicht individuelle Faktoren in den Blick genommen werden.

sowohl zu negativen Einstellungen gegenüber Fremdgruppen als auch zur aktiven Eigengruppenfavorisierung bzw. Fremdgruppendiskriminierung.[264]

Im interkulturellen Kontext resultiert aus einem starken Bedürfnis nach positiver Distinktheit eine stereotype Wahrnehmung von Fremdgruppen und im ungünstigsten Fall auch die Entstehung von Vorurteilen. Vorurteile lassen sich von Stereotypen, die eher kognitive Fixierungen und Schematisierungen darstellen, durch ihre affektive Abwertung und ihre Unbegründetheit unterscheiden.[265] Eine für diesen Kontext grundlegende Definition von Vorurteilen stammt von ALLPORT:

"Ein ethnisches Vorurteil ist eine Antipathie, die sich auf eine fehlerhafte und starre Verallgemeinerung gründet. Sie kann ausgedrückt oder auch nur gefühlt werden. Sie kann sich gegen eine Gruppe als ganzes richten oder gegen ein Individuum, weil es Mitglied einer solchen Gruppe ist."[266]

Vorurteile sind vor allem durch ihre Hartnäckigkeit und Beständigkeit gekennzeichnet. Man kann ihnen mit rationalen Argumenten kaum begegnen.[267] Sie dienen nicht nur der Reduktion von Komplexität, sondern haben auch die Funktion der gezielten Abwehr von Unsicherheit und Angst in Situationen mit hoher Ambiguität. In extremer Ausprägung führen sie zum Haß gegen alles, was die scheinbare Klarheit und Einfachheit der Umwelt stört.[268] Feindseliges Verhalten gegenüber anderen Gruppen entsteht besonders leicht, wenn sich unter bestimmten überdauernden Bedingungen große Personengruppen in einem ähnlichen motivationalen Zustand befinden, wie z.B. Erregung, Ärger, der als Antrieb fungiert, oder aufgestaute Aggression.[269] Dies kann insbesondere durch das Gefühl der Benachteiligung im Vergleich zu anderen Gruppen verursacht sein. Empfindungen der Benachteiligung werden unabhängig davon, ob eine Benachteiligung real existiert oder nicht, dann relevant, wenn in der Wahrnehmung der Gruppe eine relative Benachteiligung existiert.[270] Auch hier spielen also das Verhältnis der Gruppen zueinander und der soziale Vergleich die aus-

---

[264] Vgl. STANGE 1991, S. 80

[265] Vgl. SCHLÖDER 1994, S. 109

[266] ALLPORT 1971, S. 23

[267] Vgl. OSTERMANN; NICKLAS 1976, S. 37

[268] Vgl. OSTERMANN; NICKLAS 1976, S. 6

[269] Vgl. TAJFEL 1982, S. 111 f.

[270] In der einschlägigen Literatur wird hierbei auch von relativer Deprivation gesprochen.

118

schlaggebende Rolle.[271] In der Regel wird die Benachteiligung direkt dem Verhalten der anderen Gruppe zugeschrieben. Es handelt sich dabei um Attribuierungsmuster, die der jeweils anderen Partei neben Übervorteilungsabsichten Vorurteile und gegebenenfalls auch Bösartigkeit unterstellen. Frustrierende Resultate der eigenen Gruppe werden als Ergebnis des Verhaltens der Fremdgruppe wahrgenommen.[272]

Die dargestellten Mechanismen weisen auf ein wichtiges generelles Attribuierungsmuster in interkulturellen Kontexten hin. In Anlehnung an die Attributionsklassifikation von WEINER zeigen Untersuchungen von TAYLOR/JAGGI sowie HEWSTONE/WARD, daß jeweils unterschiedliche Erklärungen für Erfolg oder Mißerfolg herangezogen werden, je nachdem, ob eine Eigen- oder Fremdgruppenbewertung vorliegt.[273] Personen einer bestimmten ethnischen Zugehörigkeit schreiben den Erfolg von Personen einer anderen ethnischen Zugehörigkeit eher externen, instabilen Faktoren wie Glück oder äußeren Umständen zu, während Mißerfolg eher mit Hilfe interner, stabiler Faktoren wie Unfähigkeit erklärt wird. In bezug auf Mitglieder der eigenen Gruppe werden dagegen eher interne Faktoren wie Fähigkeit und Kompetenz als Ursachen für Erfolg und externe Faktoren wie Pech oder große Aufgabenschwierigkeit als Ursachen für Mißerfolg wahrgenommen.[274]

Die Ergebnisse der eher ungünstigen Attributionen von Erfolg und Mißerfolg bei Fremdgruppen sind in PETTIGREWS These des ultimativen Attributionsfehlers zusammengefaßt, die sich speziell auf interkulturelle Situationen bezieht. Diese These besagt, daß soziale Kategorien und Stereotype in bezug auf eine bestimmte Gruppe Auslöser für Attribuierungsmuster sind, die der jeweiligen Fremdgruppe einen eher abwertenden Charakter zuweisen. Positives Verhalten von Mitgliedern einer Fremdgruppe wird deshalb nach PETTIGREW eher in folgender Weise interpretiert:

---

[271] Vgl. TAJFEL 1982, S. 110 f. sowie YUCHTMANN-YAAR 1990, S. 544

[272] Vgl. HORWITZ; RABBIE 1989, S. 117, HEWSTONE 1989, S. 26 sowie STEPHAN 1985, S. 608

[273] Vgl. überblicksartig HEWSTONE 1989. Der Ansatz von WEINER unterscheidet dabei grundsätzlich zwischen Ursachen, die innerhalb oder außerhalb einer Person liegen (wie z.B. Fähigkeit als interner Faktor im Gegensatz zu Aufgabenschwierigkeit als externer), die stabil oder instabil im Zeitablauf sind (wie z.B. Fähigkeit versus Glück oder Pech) sowie Ursachen für Handlungsereignisse, die von den Handelnden selbst beeinflußbar oder nicht beeinflußbar sind (wie z.B. persönliche Anstrengung versus Glück). Vgl. WEINER 1972, WEINER 1974 sowie überblicksartig HERKNER 1991, S. 45

[274] Vgl. HEWSTONE 1989, S. 27 ff. Auch andere Untersuchungen bestätigten diese Ergebnisse. Vgl. z.B. GREENBERG; ROSENFIELD 1979, nach HEWSTONE 1989, S. 30

- als Ausnahme von der Regel,

- als Ursache spezieller Bevorzugung von außen,

- als Überwindung der gruppentypischen Schwächen durch große Anstrengung oder

- als Folge situativer Faktoren, die das Ergebnis begünstigen.[275]

Bezieht man nun die Erkenntnisse, die durch die Theorie der sozialen Identität zur Verfügung gestellt werden, auf Joint Ventures, so lassen sich zusammengefaßt drei Erklärungen für die dort existierenden Konflikte finden:

1. Die Ergebnisse der Untersuchungen von TAJFEL zeigen, daß zur Entstehung von Intergruppendiskriminierung bzw. Eigengruppenfavorisierung im materiellen wie ideellen Sinne kein realer Interessenkonflikt vorliegen muß. Die Möglichkeit der mit der bloßen Gruppenzugehörigkeit einhergehenden Kategorisierung ist hier ausreichend. Dabei wird die Eigengruppenfavorisierung um so stärker auftreten, je deutlicher die jeweilige Eigengruppenzugehörigkeit ausgeprägt ist.[276] Hinzukommende Interessenkonflikte im Sinne der Untersuchung von SHERIF/SHERIF verstärken diese Tendenz.[277] Die oben skizzierte Theorie der sozialen Identität spiegelt die Situation in Joint Ventures in besonderes prägnanter Weise wider: Internationale Joint Ventures sind durch eindeutige Gruppenzugehörigkeiten gekennzeichnet, die sich aus der jeweiligen Unternehmenszugehörigkeit sowie aus der unterschiedlichen kulturellen Herkunft ergeben. Insofern ist stets eine Gruppenzugehörigkeit vorgegeben, welche die Joint Venture-Mitglieder häufig dazu veranlaßt, sich eher als Gruppenmitglieder denn als 'autonome' Mitarbeiter zu verhalten. Die zusätzlich existierenden ökonomischen Interessenunterschiede in Joint Ventures, die im ersten Kapitel beschrieben wurden, entsprechen in idealtypischer Weise den Versuchsbedingungen von SHERIF/SHERIF und verstärken somit Prozesse der Eigengruppenfavorisierung und Fremdgruppendiskriminierung.

2. In Joint Ventures entsteht darüber hinaus relativ leicht das Gefühl, von der jeweils anderen Gruppe übervorteilt zu werden.[278] Die in der Wahrnehmung der Mitarbeiter entstehende relative Benachteiligung mit den entsprechenden negativen Folgen für die wechselseitige Einschätzung und Kooperation wird

---

[275] Vgl. PETTIGREW 1979 nach HEWSTON 1989, S. 31

[276] Vgl. HORWITZ; RABBIE 1982, S. 246

[277] Vgl. OAKES 1996, S. 110

[278] Vgl. Abschnitt 1.3.2

insofern häufig anzutreffen sein. Dabei läßt sich aufgrund der ausgeprägten Gruppenstruktur auch erwarten, daß es besonders leicht zu einer Depersonalisierung der Gruppenmitglieder der jeweiligen Fremdgruppe kommt. Im Sinne sozialer Akzentuierung wird also eher ein homogenes Verhalten der Mitglieder der anderen Partei als die individuellen Unterschiede und Aktionen der einzelnen Mitglieder der Fremdgruppe wahrgenommen. Insofern wird möglicherweise auch dann ein eher unkooperatives Verhalten der Mitarbeiter der anderen Partei unterstellt, wenn es zwar grundsätzliche Interessenkonflikte gibt, in konkreten Interaktionssituationen jedoch die Kooperationswilligkeit der anderen Seite vorhanden ist.

3. Eigengruppenfavorisierung sowie die Entstehung von Stereotypen und Vorurteilen lassen sich vor allem auf Vergleichsprozesse zurückführen, in denen Komplexität reduziert, Unsicherheit abgebaut und das Selbstbild positiv gefestigt werden soll. Da die interkulturellen Situationen in Joint Ventures durch große Unsicherheit und mangelnde Orientierungsmöglichkeiten gekennzeichnet sind, werden die oben beschriebenen Reaktionen besonders leicht hervorgerufen. In Abschnitt 2.3.2 wurde darauf hingewiesen, daß Unsicherheit und Angst dann Folgen interkultureller Kontakte sein können, wenn die Individuen ihre bisherigen Orientierungsmuster als inadäquat für die Situationsbewältigung wahrnehmen. Hieraus resultieren möglicherweise Identitätskrisen oder sogar soziale Marginalisierungen. Diese werden nun durch die spezifischen Loyalitätskonflikte in Joint Ventures gegebenenfalls zusätzlich verstärkt. Bei derartigen emotionalen Zuständen bieten sich Stereotype und Vorurteile an, um in Übereinstimmung mit anderen Mitgliedern der eigenen Partei Sicherheit zu gewinnen.[279] In Joint Ventures ist diese Übereinstimmung durch die bereits vorgegebene Gruppenstruktur besonders leicht zu erzielen. Sie geht jedoch mit einer Verschärfung bereits existierender Konflikte und mit dem Versuch einher, Probleme mit Hilfe kognitiver Schablonen im Sinne von Stereotypen zu lösen.[280] Dies bedeutet, daß die Stabilisierung der möglicherweise in die Krise geratenen sozialen und kulturellen Identität durch eine übersteigerte Zugehörigkeit zur eigenen sozialen Gruppe und durch Ausgrenzung der Mitglieder der jeweiligen Fremdgruppe erreicht wird.

Angesichts der schwierigen sozialen Prozesse in Joint Ventures stellt sich die Frage, welche Mechanismen zur Konfliktreduzierung existieren bzw. genutzt werden könnten. Diesbezüglich muß zunächst darauf hingewiesen werden, daß

---

[279] Vgl. HOGG 1996, S. 74 f.

[280] Vgl. OSTERMANN; NICKLAS 1976, S. 4

das Ausmaß des Empfindens persönlicher Identitätsbedrohung oder der Bedrohung durch ambivalente Situationen bei verschiedenen Menschen sehr unterschiedlich ist. Nicht alle Menschen neigen in gleicher Weise zu Vorurteilen und übersteigerten Stereotypen.[281] Die persönlichkeitsbezogenen Voraussetzungen für gelungene interkulturelle Interaktionsprozesse in Joint Ventures werden deshalb in Kapitel 3 zu diskutieren sein.

Darüber hinaus sind jedoch auch Überlegungen anzustellen, wie die Bedingungen für die Entstehung sozialer Kategorien genutzt werden können, um Gruppenkonflikte abzumildern. Rekategorisierung würde dabei eine Möglichkeit darstellen, um übergeordnete gemeinsame Kategorien, sogenannte Kreuzkategorien, zu finden, mit denen sich die Mitglieder verschiedener Parteien identifizieren können und die ein Verbindungselement zwischen ihnen darstellen.[282] Die Idee der Rekategorisierung greift dabei auf die These zurück, daß durch Ähnlichkeit Attraktion zwischen Gruppen hervorgerufen wird.[283] In diesem Sinne argumentiert z.B. ROKEACH, der Ähnlichkeit in Überzeugungen als Auslöser für Attraktion sieht.[284] Auch im Rahmen der Joint Venture-Literatur betonen viele Autoren, daß die Ähnlichkeit der Unternehmenskulturen der beteiligten Parteien eine notwendige Erfolgsvoraussetzung für gelungene Kooperation sei.[285] Allerdings ist darauf hinzuweisen, daß die Wahrnehmung von Gemeinsamkeit eines längeren Kontaktes bedarf. Dieser kann aber auch dazu führen, daß nicht Gemeinsamkeiten wahrgenommen werden, sondern statt dessen eher noch weitere Unterschiede auffallen.[286] Außerdem reicht nach TAJFEL und TURNER Ähnlichkeit als solche nicht aus, um soziale Kategorien und Eigengruppenfavorisierung zu revidieren. Die Eigengruppenfavorisierung dominiere in der Regel die Ähnlichkeitsfavorisierung.[287] Dies bedeutet, daß auch bei großer Ähnlichkeit zwischen Personen unterschiedlicher Gruppenzugehörigkeit, die gegebenenfalls sogar die Ähnlichkeit innerhalb von Gruppen übersteigt, eher im Sinne der Eigengruppenfavorisierung agiert wird.

Im Gegensatz zur Rekategorisierung kann auch versucht werden, eine Dekategorisierung, d.h. eine Reduzierung vorhandener sozialer Kategorien insgesamt,

[281] Vgl. HERKNER 1991, S. 492 f.

[282] Vgl. BROWN 1996, S. 170 sowie WINTER 1994, S. 224

[283] Vgl. BROWN 1996, S. 170

[284] Vgl. hierzu OUDENHOVEN 1989, S. 203 sowie insgesamt ROKEACH; MEZEI 1966

[285] siehe z.B. BLEICHER; HERMANN 1991, S. 27 f.

[286] Vgl. OUDENHOVEN 1989, S. 203 sowie COX 1993, S. 93

[287] Vgl. TURNER 1978, S. 102 sowie TAJFEL 1982, S. 80

zu erzielen. Auch dies ist jedoch aufgrund der Orientierungs- und Sicherheits-funktion von sozialen Kategorien nicht unproblematisch.[288] In Joint Ventures sind ferner die Gruppenstrukturen in der Regel so eindeutig und klar vorgege-ben, daß eine Dekategorisierung kaum möglich erscheint. Allenfalls wäre eine Abmilderung denkbar, indem verstärkt Team-Entwicklungsmaßnahmen ein-gesetzt würden und dies auch von Seiten der Partnerunternehmen Unterstützung erführe. Hierauf wird in Kapitel 4 näher einzugehen sein.

Aus den Untersuchungen von SHERIF/SHERIF ergibt sich auch, daß die Existenz übergeordneter Ziele, die nur durch gemeinsames Handeln ohne Konkurrenz zu erreichen sind, positiv auf die Intergruppenkooperation wirkt.[289] Doch muß diese Aussage in bezug auf Joint Ventures insofern eingeschränkt werden, als übergeordnete Ziele nur dann in diesem Sinne wirksam sind, wenn keine son-stige Konkurrenz zwischen den Parteien existiert. Hiervon ist aber in Joint Ventures selten auszugehen. Ferner weisen SHERIF/SHERIF darauf hin, daß Per-sonen, die sich auf Mitglieder einer Fremdgruppe zubewegen, ohne daß ein übergeordnetes Ziel sofort ersichtlich ist, häufig von ihrer eigenen Gruppe als 'Verräter' wahrgenommen werden.[290] So wird auch davon berichtet, daß Mitar-beiter in Joint Ventures als Überläufer klassifiziert und sozial isoliert wurden, wenn sie sich der anderen Partei gegenüber öffneten.[291]

Trotz dieser eher kritischen Beurteilung von Re- und Dekategorisierungsmög-lichkeiten ist das Aufbrechen einer übermäßig starken Gruppenorientierung und depersonalisierter Wahrnehmung von Mitgliedern der Fremdgruppe in Joint Ventures unbedingt notwendig, um die Kooperation überhaupt zu ermöglichen. Dabei sind Joint Ventures auf solche Mitarbeiter angewiesen, die nicht auf die Sicherung ihrer kulturellen Identität und ihres Selbstwertgefühls durch Vorurteile, starre Stereotypisierungen und übertriebene Eigengruppenfavorisie-rung angewiesen sind. Joint Ventures benötigen also Mitarbeiter, die neben fachlichem Können besonders gut mit kulturellen Unterschieden und Ambi-guitäten auch in Gruppensituationen umgehen können. Die Beschreibung einer solchen interkulturellen Handlungskompetenz ist Gegenstand des nächsten Ka-pitels.

---

[288] Vgl. BROWN 1996, S. 170

[289] Vgl. SHERIF; SHERIF 1979, S. 11 sowie HORWITZ; RABBIE 1989, S. 122 f.

[290] Vgl. SHERIF; SHERIF 1979, S. 12

[291] Vgl. die Ausführungen in Abschnitt 1.3.2

3 INTERKULTURELLE HANDLUNGSKOMPETENZ VON JOINT VENTURE-MITARBEITERN

In den ersten beiden Kapiteln wurden die Anforderungen und Probleme, denen Joint Venture-Mitarbeiter ausgesetzt sind, dargestellt. Interkulturelle Handlungskompetenz muß den konstruktiven und erfolgreichen Umgang hiermit ermöglichen. Wenn es also im folgenden darum geht, eine solche interkulturelle Handlungskompetenz zu beschreiben, so müssen einerseits die allgemeinen Merkmale von Kompetenz und andererseits die spezifischen Elemente interkultureller Handlungskompetenz erläutert und auf die Anforderungen in Joint Ventures bezogen werden. Dies ist Gegenstand von Abschnitt 3.1. Im weiteren stellt sich dann aber die Frage, wie interkulturelle Handlungskompetenz bei Mitarbeitern gefördert und sichergestellt werden kann. Um dies zu beantworten, muß der Prozeß der Herausbildung von Handlungskompetenz bei einzelnen Individuen analysiert werden. Entsprechend werden in Abschnitt 3.2 Sozialisationsprozesse betrachtet, die für die Entwicklung von Handlungskompetenz bedeutsam sind.

3.1 Begriff, Elemente und Bedeutung interkultureller Handlungskompetenz

3.1.1 Zum Begriff Handlungskompetenz

Der Kompetenzbegriff wird in verschiedenen wissenschaftlichen Disziplinen unterschiedlich verwendet. Im Rahmen der Betriebswirtschaftslehre ist mit Kompetenz zunächst die sachliche Zuständigkeit für eine Aufgabe bzw. für ein Teilziel im Rahmen des Gesamtzieles eines Unternehmens gemeint. Dabei entsteht Kompetenz allein durch die Zuweisung von Entscheidungsproblemen an die hierarchische Ebene, die im weiteren für die Bearbeitung verantwortlich ist.[1] Im strategischen Kontext spielt der Kompetenzbegriff in bezug auf produktionstechnisches Know-how eine Rolle, wobei zumeist von Kernkompetenz gesprochen wird. Dabei geht es um diejenigen spezifischen Fähigkeiten, die einem Unternehmen in einmaliger Weise erlauben, seine zentralen Produkte langfristig wettbewerbsgerecht und kundenspezifisch so zu gestalten, daß der Markt in seiner ganzen Breite abgedeckt werden kann. Darüber hinaus sollen Kernkom-

---

[1] Vgl. FRESE 1988, S. 201 f. Dies entspricht auch dem juristischen Begriff. Konkret bezieht dieser sich auf Zuständigkeiten und Regelungsbefugnisse für die Gesetzgebung, die Verwaltung und die Rechtsprechung. Vgl. MAUNZ; ZIPPELIUS 1998, S. 106 f.

petenzen dazu befähigen, sich auch veränderten Marktbedingungen schnell anpassen.[2]

Im Kontext dieser Arbeit stehen jedoch der linguistische und der erziehungswissenschaftliche Kompetenzbegriff im Mittelpunkt. Die linguistische Betrachtungsweise ist deshalb von Relevanz, weil sie auf den Zusammenhang von Interaktions- und Sprachfähigkeit sowie auf kognitive Leistungen von Individuen verweist. Die erziehungswissenschaftlichen Ansätze betonen vor allem den Aspekt der Handlungskompetenz.

Der linguistische Ansatz wurde zunächst durch CHOMSKYS 'Aspekte der Syntax-Theorie' bekannt.[3] Nach dieser Theorie bezeichnet Kompetenz die Fähigkeit, über ein kognitives, grammatikalisch strukturiertes Regelsystem zu verfügen, mit welchem sprachliche Handlungen generiert werden können. Demgegenüber wird der tatsächliche Sprachgebrauch, d.h. die intersubjektiv wahrnehmbare Regelverwendung als Performanz bezeichnet. Sie stellt die tatsächlich aktualisierte Kompetenz dar.[4]

OEVERMANN greift das Kompetenzverständnis von CHOMSKY auf und verknüpft es mit BERNSTEINS empirischen Untersuchungen linguistischer Codes, mit denen auf die schichtenspezifischen Unterschiede sprachlicher Kommunikationsformen aufmerksam gemacht wurde.[5] OEVERMANN weist darauf hin, daß die Entwicklung der sprachlichen Kompetenz über die Sprachfähigkeit hinaus auch einen wesentlichen Einfluß auf die Entwicklung der kognitiven Fähigkeiten eines Individuums hat. Es ist davon auszugehen, daß sich kognitive Fähigkeiten im Kindesalter besonders gut entfalten können, wenn sie mit der Benutzung einer sprachlichen Struktur einhergehen, die dem elaboriertem Code entspricht. Letzterer stellt ein größeres und differenzierteres Repertoire sprachlicher Alternativen zur Verfügung als der ihm entgegengesetzte restringierte Code.[6] Durch die vorgegebenen und eingeschliffenen Planungsmuster von Sprache beim restringierten Code wird nämlich eine individuelle Entscheidung zwischen verschiedenen Ausdrucksformen unnötig und die konkrete Sprechhandlung besitzt eher den Charakter stereotyper Prozesse.[7] Zwar können trotz restringierter

---

[2] Vgl. PRAHALAD; HAMEL 1990, S. 81 ff.

[3] Vgl. CHOMSKY 1969

[4] Vgl. CHOMSKY 1969, S. 14

[5] Vgl. OEVERMANN 1971, insbesondere S. 330 ff.

[6] Vgl. OEVERMANN 1971, S. 331 ff.

[7] Vgl. OEVERMANN 1971, S. 333 f.

Sprachentwicklung auch anspruchsvolle kognitive Leistungen erbracht werden, doch gelangen diese dann nicht adäquat verbal zum Ausdruck. Dies führt in Kommunikationsprozessen dazu, daß bei eher undifferenzierten Äußerungen häufig auch auf undifferenzierte Denkprozesse des Sprechers rückgeschlossen und sprachlich gleichsam undifferenziert geantwortet wird. Insbesondere im Hinblick auf Schulkinder führen derartige Zuschreibungsmechanismen oftmals dazu, daß die Sprache und Leistung aufgrund von Negativerwartungen des Umfeldes zusätzlich beeinträchtigt werden.[8] Allerdings kann eine wenig differenzierte Begrifflichkeit kognitive Prozesse auch tatsächlich beeinträchtigen. Umgekehrt ist dagegen von einem positiven Zusammenhang zwischen sprachlicher Kompetenz und differenzierter Denkfähigkeit auszugehen, was in Handlungssituationen ein besseres und flexibleres Planen, Strukturieren und Abwägen ermöglicht.

Der linguistische Kompetenzansatz bietet darüber hinaus auch Bezugspunkte zur Frage der Entwicklung sozialer Fähigkeiten. Linguistische bzw. kommunikative Kompetenz ist hierbei als Grammatik für soziales Verhalten zu verstehen.[9] Sie ermöglicht es, einen Ausgleich zwischen den unterschiedlichen Verhaltenserwartungen in Interaktionssituationen zu finden.[10] Dies vor allem dann, wenn metakommunikative Kompetenzen vorhanden sind, die als Diskursfähigkeit erlauben, den Geltungsanspruch der den Kommunikationsprozessen zugrundeliegenden Erwartungen, Werthaltungen und Normen zu thematisieren bzw. hierüber Einigung zu erzielen.[11] Es wird deutlich, daß besonders der letzte Aspekt für interkulturelle Situationen von großer Bedeutung ist. Bevor jedoch hierauf im nächsten Abschnitt eingegangen wird, soll zunächst die erziehungswissenschaftliche Sichtweise von Kompetenz und ihre Fokussierung der Handlungsfähigkeit beleuchtet werden.

In den 70er Jahren entfaltete ROTH den Kompetenzbegriff im Rahmen seiner 'Pädagogischen Anthropologie'.[12] Es geht ROTH vor allem um den Bildungsanspruch von Individuen, in dessen Mittelpunkt die **Handlungsfähigkeit** im wei-

---

[8] Vgl. OEVERMANN 1971, S. 338

[9] Vgl. ARNOLD 1997, S. 283. Zum Zusammenhangs von linguistischer, kommunikativer und sozialer Kompetenz vgl. HABERMAS 1975 sowie DÖBERT; NUNNER-WINKLER 1975. Ihre Theorie kommunikativer Kompetenz wird in Abschnitt 3.2 aufgegriffen, wenn es um die Frage der Herausbildung interkultureller Handlungskompetenz geht.

[10] Vgl. DÖBERT; NUNNER-WINKLER 1975, S. 29

[11] Vgl. TILLMANN 1989, S. 215 ff.

[12] Vgl. ROTH 1976 sowie insgesamt hierzu den Strukturplan des Deutschen Bildungsrates von 1977 und REETZ 1990, S. 20

testen Sinne steht. Zum Erreichen einer solchen Handlungsfähigkeit ist die Entwicklung von Mündigkeit und Reife eine Grundvoraussetzung. Unter Reife versteht ROTH

> "die Internalisierung und die Integrierung einer Kontrolle des Verhaltens, die der Person und ihren Handlungen Konstanz, Identität und Konsequenz verleiht."[13]

Allerdings sei Reife als Erziehungsziel stets mit Mündigkeit gepaart, um allzu starke Verfestigung im Sinne mangelnder geistiger Beweglichkeit und 'falscher Sicherheit' sowie Fremdbestimmung zu vermeiden. Mündigkeit ermögliche insofern die "freie Verfügbarkeit über die eigenen Kräfte und Fähigkeiten für jeweils neue Initiativen und Aufgaben."[14] Dies bedeutet, daß die Fähigkeit zur Evaluation und Reflektion der internalisierten Normen und Werte vorhanden sein muß,[15] ähnlich wie dies bereits in bezug auf die Diskursfähigkeit angesprochen wurde.

Handlungsfähigkeit ist nach ROTH durch eine dreifache Kompetenz gekennzeichnet. Zum einen ist sie, wie dies bereits angedeutet wurde, durch die Fähigkeit zu weitgehender Selbstbestimmung und Autonomie gekennzeichnet und damit durch die Fähigkeit, für sich selbst verantwortlich handeln zu können.[16] Eine derartige **Selbstkompetenz** ist jedoch nur entwickelbar, wenn sie mit Sach- und Sozialkompetenz einhergeht. **Sachkompetenz** bezeichnet dabei die Fähigkeit, für fachlich-sachliche Gebiete urteils- und handlungsfähig zu sein, während **Sozialkompetenz** Urteils- und Handlungsfähigkeit im sozialen, gesellschaftlichen und politischen Kontext betrifft.[17] Alle drei Kompetenzen gemeinsam ermöglichen Handlungskompetenz, d.h. die zielgerichtete Steuerung der eigenen Aktivitäten derart, daß sich für alle Beteiligten positive Konsequenzen erwarten lassen.[18]

Dies bedeutet vor allem, daß ein mündiger Mensch seine Handlungen so steuern kann, daß sie nicht ausschließlich den Charakter von Reflexhandlungen besitzen. Statt sich von vorgegebenen Klischees oder gar von Trieben und Affekten leiten zu lassen, ist es dem Individuum möglich, die jeweilige Situation und ihre An-

---

[13] ROTH 1976, S. 180
[14] ROTH 1976, S. 180
[15] Vgl. ROTH 1976, S. 185
[16] Vgl. ROTH 1976, S. 180
[17] Vgl. ROTH 1976, S. 180
[18] Vgl. SEMBILL 1992, S. 99 sowie EDER 1996, S. 411 f.

forderungen zunächst mit Abstand zu betrachten und so eine Reflexionsphase einzulegen, in der Handlungsentwürfe und Handlungsalternativen analysiert werden können.[19] Dabei sollte es gelingen, zwischen den Anforderungen der Situation, den eigenen Bedürfnissen und Wünschen sowie den gesellschaftlichen Anforderungen zu vermitteln. Sacheinsichtiges Handeln auf der Basis von Sachkompetenz ermöglicht in diesem Kontext sachlich distanziertes, rationales, aber auch kritisches Denken und Problemlösen, das vor blinder Anpassung an vermeintliche Sachzwänge schützt. Unterstützt wird dies durch sozialeinsichtiges Verhalten, das zwischen gesellschaftlichen und sozialen Anforderungen einerseits, und der Notwendigkeit zur Loslösung von sozialen Zwängen andererseits vermittelt. Schließlich ermöglicht die Selbstkompetenz, sich gegebenenfalls auch von den eigenen Wertvorstellungen lösen zu können, um eine Situationsbewältigung anders als erlernt, aber ohne Verlust der eigenen Identität zu ermöglichen.[20]

Erneut Beachtung fand der Kompetenzbegriff seit den 80er Jahren im Rahmen der Berufs- und Wirtschaftspädagogik sowie der Erwachsenenbildung.[21] Inhalt der Diskussion um den Kompetenzbegriff ist vor allem die Erweiterung des Qualifikationsbegriffes (im Sinne von auf dem Arbeitsmarkt verwertbarem Können, Wissen und Fertigkeiten) zu einem umfassendem Kompetenzbegriff, der die Selbstorganisationsfähigkeit eines Individuums und damit erst die eigentliche berufliche Handlungsfähigkeit zur Sprache bringt.[22] Es stellt sich näm-

---

[19] Vgl. ROTH 1976, S. 429

[20] Vgl. ROTH 1976, S. 432 ff. Entwickeln kann sich eine so beschriebene Handlungskompetenz nur durch Lernprozesse, die über die reine Einverleibung und Reproduktion von Lerninhalten hinausgehen. Es muß ferner möglich sein, Transferleistungen insoweit zu erbringen, als die Grundprinzipien des Gelernten auch auf andere Aufgaben und Sachverhalte übertragen werden können. Schließlich sollte es möglich werden, auch weiterführende Fragen, Ansätze und neue Kriterien der Problemlösung eigenständig zu entwickeln, um in der Tat zu mündigem und reifem Verhalten zu gelangen. Vgl. ROTH 1976, S. 181. Der Aspekt der Lernprozesse wird insbesondere in Kapitel 4 relevant, wenn es darum geht, Maßnahmen zur Förderung interkultureller Handlungskompetenz zu beschreiben.

[21] Hierbei wird in der Regel jedoch nicht auf ROTH zurückgegriffen. Eine Ausnahme bildet diesbezüglich REETZ, der den Ansatz von ROTH mit persönlichkeitsorientierten Ansätzen nach LEONTIEV verknüpft, um so berufliche Handlungsfähigkeit zu definieren. Vgl. hierzu REETZ 1990. Durch Verweis auf Veröffentlichungen des Deutschen Bildungsrates greift allerdings auch die Kultusministerkonferenz in ihren Handreichungen zur Lernfeldorientierung in der beruflichen Bildung den Kompetenzbegriff von ROTH auf. Vgl. KMK 1999. Gleiches gilt für die Erörterungen zur Erstellung von Kompetenzbilanzen im Zuge des wirtschaftlichen Wandels und der europäischen Entwicklung. Vgl. REUTER; LEUSCHNER 1997 sowie DREXLER 1997

[22] Vgl. ARNOLD 1998, S. 457

lich die Frage, welche über das fachliche Können hinausgehenden Fähigkeiten vorhanden sein müssen, um in dynamischen Gesellschaften langfristig handlungsfähig bleiben bzw. der in diesen Gesellschaften erforderlichen Rollenvielfalt gerecht werden zu können.[23]

Kompetenz bezeichnet dabei all das, was einen Menschen über formalisierte Qualifikationsprofile hinaus handlungsfähig macht.[24] Während Qualifikationen also eher die Verbindung von fachlichem Können mit Zertifizierung und damit rechtsförmiger Bestätigung beinhalten, bezeichnen Kompetenzen das, was durch Qualifikationen nicht mehr umfassend abgebildet werden kann bzw. das, was ein Mensch über seine zertifizierten Qualifikationen hinaus wirklich kann und weiß.[25] Kompetenzen umfassen somit aktive und ruhende, sichtbare und verborgene, beschreibbare und nicht beschreibbare Wissensbestände, die partiell dem Träger sogar unbewußt sein können.[26]

Auch wenn der Kompetenzbegriff hier im Kontext beruflicher Belange verwendet wird, stellt er im Gegensatz zum Qualifikationsbegriff, bei dem die Verwertbarkeit im Vordergrund steht, eher eine personen- bzw. subjektgebundene Kategorie dar.[27] Es läßt sich insofern eine Analogie zu CHOMSKYS Unterscheidung zwischen Kompetenz und Performanz herstellen, da Kompetenzen nicht so sehr die tatsächliche Anwendung von Können beinhalten, sondern eine Dispositionsbestimmung darstellen, die Handlungsfähigkeit erst ermöglicht. Kompetenzen umschreiben insofern im Handeln aktualisierbare soziale und kommunikative, aktionale und persönliche Handlungsdispositionen, die nicht direkt prüfbar, sondern nur aus der Realisierung der Dispositionen erschließbar sind.[28]

Ein so verstandener Kompetenzbegriff lehnt sich an persönlichkeitstheoretische Überlegungen an. In diesem Sinne ist Kompetenz "das System innerpsychischer Voraussetzungen, das sich in der Qualität sichtbarer Handlungen niederschlägt."[29] Ein solches Fähigkeitspotential ermöglicht es, sich auf neue Anforderungen einzustellen und sich die jeweils erforderlichen Qualifikationen neu anzueignen, ohne durch die hiermit einhergehende Rollenvielfalt bzw. Rollen-

---

[23] Vgl. WEINBERG 1996a, S. 211

[24] Vgl. BERNIEN 1997, S. 24

[25] Vgl. WEINBERG 1996a, S. 213

[26] Vgl. BERNIEN 1997, S. 24 f.

[27] Vgl. ARNOLD 1998, S. 500 sowie FEUERSTEIN 1979, S. 177

[28] Vgl. BERNIEN 1997, S. 26

[29] BERNIEN 1997, S. 24. Insgesamt hierzu vgl. auch LEONTIEV 1977

veränderung überfordert zu werden.[30] Kompetenz beinhaltet damit die Selbstor-ganisationsfähigkeit eines Individuums, die es sowohl in vertrauten wie auch in fremdartigen Situationen handlungsfähig macht.[31] Ihm wird möglich, sich ein kognitives Abbild einer sozialen Situation hinsichtlich der Anforderungen der Situation sowie von sich selbst in dieser Situation zu entwickeln. Es können dann Ziele abgeleitet werden und entsprechendes Handeln nicht nur geplant und durchgeführt, sondern das Ergebnis und das Geschehen können anschließend reflektiert, bewertet und kommuniziert werden.[32] Ferner erlaubt gut entwickelte Handlungskompetenz, die in neuen Situationen möglicherweise akut werdende Frage von psychischer Stabilität und Instabilität, Stärken und Schwächen beim Umgang mit anderen, Mut und Mutlosigkeit, Selbstvertrauen und Selbstzwei-feln, Erfolg und Mißerfolg neu auszubalancieren und sich so neu zu orientie-ren.[33] Dies stellt letzlich die zentrale Fähigkeit dar, einen möglichen Kultur-schock und kritische Akkulturationsprozesse zu bewältigen.

Partiell ähnelt ein solches Kompetenzverständnis denjenigen arbeitsmarkt- und bildungspolitischen Aspekten, die unter dem Begriff Schlüsselqualifikation schon seit den 70er Jahren diskutiert werden. Insbesondere MERTENS initiierte mit seinem Konzept der Schlüsselqualifikationen die Diskussion über die Not-wendigkeit fachübergreifender Lerninhalte, die der modernen Arbeitswelt mit ihren hoch veränderlichen Anforderungen und einer schnellen Zerfallszeit von Wissen gerecht werden. Er formulierte auf der Grundlage seiner Forschungser-fahrungen beim Nürnberger Institut für Arbeitsmarkt- und Berufsforschung vier Typen von Schlüsselqualifikationen, die seiner Meinung nach diesen Anforde-rungen genügen. **Basisqualifikationen** beinhalten vor allem die Fähigkeit zu logischem Denken, kreativem Vorgehen etc. **Horizontalqualifikationen** ermög-lichen eine effiziente Nutzung von Informationsquellen. **Breitenelemente** be-zeichnen solche Qualifikationen, die in einer Gesellschaft immer wieder in ver-schiedenen praktischen Anwendungen erforderlich werden. Beispielhaft kann hier auf Grundrechenarten verwiesen werden. Schließlich dienen **Vintage-Fak-toren** der Beseitigung intergenerativer Bildungsdifferenzen, die durch Innova-tionen entstehen.[34] In der Folge wurden immer weitere Klassifikationsversuche

---

[30] Vgl. ARNOLD 1997, S. 271

[31] Vgl. WEINBERG 1996a, S. 213

[32] Vgl. UDRIS 1990, S. 134 f.

[33] Vgl. WEINBERG 1996b, S. 3. Vgl. hierzu auch die Ausführungen in Abschnitt 2.3.

[34] Vgl. MERTENS 1974, S. 41 f.

für Schlüsselqualifikationen unternommen.[35] Dabei kristallisiert sich insbesondere die Unterscheidung zwischen Fach-, Methoden- und Sozialkompetenz heraus,[36] nach der neben fachspezifischem Wissen berufsübergreifende Kenntnisse, variable Arbeits- und Problemlöseverfahren und soziale Aspekte wie z.B. Teamfähigkeit und Einsatzbereitschaft von Bedeutung sind.[37]

Am Konzept der Schlüsselqualifikationen wird im Vergleich zum Kompetenzbegriff jedoch von einigen Autoren kritisiert, daß es letztlich die Gefahr des Rückfalls in eine funktionale Sicht von Bildung beinhalte.[38] Dies vor allem deshalb, weil es sich bei den Schlüsselqualifikationen weniger um subjektgebundene Elemente im Sinne innerpsychischer Voraussetzungen handele als vielmehr um rein an Marktgesichtspunkten orientierte Elemente.[39]

Soll Handlungskompetenz durch Mündigkeit und Reife im Sinne von ROTH erzielt werden, ist in der Tat eine Orientierung an ausschließlich funktionalen Bildungselementen nicht ausreichend. Die Betonung des dispositiven Charakters im Sinne von Kompetenz bietet dagegen die Chance, auf die innerpsychischen Voraussetzungen zu achten, die Handlungskompetenz erst ermöglichen. Sie sind das Ergebnis des individuellen Sozialisationsprozesses, den es entsprechend bei der Entwicklung von Handlungskompetenz zu berücksichtigen gilt.

Gleichwohl ist eine Ähnlichkeit der Begriffe Kompetenz und Schlüsselqualifikationen wegen der jeweiligen Betonung übergreifender und extrafunktionaler Aspekte nicht von der Hand zu weisen. Darüber hinaus sind es eben auch funktionale Aspekte, die die Entwicklung von Handlungsfähigkeit in sachlicher Hinsicht unterstützen.

Im weiteren soll dieser Arbeit der Kompetenzbegriff zugrunde gelegt werden. Dieser ist jedoch wegen der besonderen Relevanz für die erfolgreiche Interaktion mit Mitgliedern anderer Kulturkreise um den Aspekt kulturspezifischer Sachkenntnisse wie z.B. Sprachkenntnisse, Kenntnisse über landesspezifische Umgangsformen etc. zu erweitern.

---

[35] Beispielhaft sei auf die Systematisierung von Schlüsselqualifikationen nach LAUR-ERNST verwiesen. Vgl. LAUR-ERNST 1990. Für einen Überblick über die Diskussion um Schlüsselqualifikationen vgl. DUBS 1995, S. 174 ff.

[36] Vgl. FAULSTICH 1996, S. 369, so ähnlich auch BUNK 1994, S. 11

[37] Vgl. BUNK 1994, S. 11

[38] Vgl. z.B. DUBS 1995, S. 174

[39] Zur diesbezüglichen Kritik insbesondere an MERTENS vgl. FAULSTICH 1996, S. 368

Eine so beschriebene Handlungskompetenz sollte dazu befähigen, in fremdartigen Situationen handlungsfähig zu bleiben. Fremdartig kann diesbezüglich auch fremdkulturell bedeuten. Es bietet sich deshalb an, die allgemeine Unterteilung in Sach-, Sozial- und Selbstkompetenz zur Beschreibung der speziellen interkulturellen Handlungskompetenz beizubehalten. Wie ein solches Kompetenzprofil im einzelnen aussieht, wird im folgenden Abschnitt beschrieben.

3.1.2 Elemente interkultureller Handlungskompetenz

In Abschnitt 2.3 wurde bereits herausgearbeitet, daß gelungene interkulturelle Interaktionen von den Interaktionspartnern verlangen, sich schnell und vorurteilsfrei von Vororientierungen zu lösen und statt dessen durch kulturelles Oszillieren neue Orientierungsmuster zu entwickeln, die allen Interaktionsteilnehmern zukünftig gemeinsam als Referenz zur Verfügung stehen. In interkulturellen Situationen, die durch das Zusammentreffen von Gruppen gekennzeichnet sind, müssen die Teilnehmer darüber hinaus in der Lage sein, sich zumindest partiell von typischen Gruppenprozessen zu lösen, um nicht zusätzliche Konflikte zwischen den Parteien hervorzurufen.[40] Interkulturelle Handlungskompetenz, bzw. die Teileelemente derselben müssen dies gewährleisten. Dabei dienen die vorgestellten Teileelemente allgemeiner Kompetenz, nämlich Selbst-, Sach- und Sozialkompetenz, auch zur Beschreibung interkultureller Handlungskompetenz. So sind Sachkenntnisse in bezug auf Kulturaspekte eine Grundvoraussetzung für interkulturelle Handlungskompetenz. Es handelt sich dabei in der Regel um eine Form von Wissen. Darüber hinaus muß Sozialkompetenz existieren, um mit Interaktionspartnern auch tatsächlich in kommunikativen Austausch zu gelangen. Schließlich ermöglicht Selbstkompetenz, im interkulturellen Kontext trotz Akkulturationsproblemen mit Hilfe der Stabilisierung der eigenen Identität handlungsfähig zu bleiben.

Die direkte Übernahme der Elemente allgemeiner Handlungskompetenz ist insbesondere damit zu rechtfertigen, daß Unterschiede zur interkulturellen Handlungskompetenz nicht struktureller, sondern lediglich gradueller Natur sind. Interkulturelles Handeln weist die gleichen Interaktionsprozesse auf wie auch interpersonales, d.h. intrakulturelles Handeln. Es geht in beiden Fällen darum, in sozialen Interaktionen so zu agieren, daß unter Beachtung der geltenden oder neu zu entwickelnden Normen und Verhaltensregeln eigene Ziele verwirklicht und gleichzeitig für alle Interaktionsbetroffenen positive Konsequenzen maximiert, negative hingegen minimiert werden.[41] Auch in intrakulturellen Situatio-

---

[40] Vgl. hierzu die Ausführungen zu typischen Gruppenprozessen in Abschnitt 2.3.3

[41] Vgl. EDER 1996, S. 411 f.

nen kann nicht automatisch davon ausgegangen werden, daß übereinstimmende Normen und Verhaltensregeln existieren, vielmehr müssen auch sie gegebenenfalls erst konsensual entwickelt bzw. muß über ihre Übereinstimmung Klarheit geschaffen werden. Unterschiede ergeben sich also zwischen inter- und intrakulturellen Interaktionen lediglich durch den größeren Fremdheitsgrad, der interkulturelle Begegnungen gegebenenfalls noch erschwert.[42]

Bevor die einzelnen Elemente interkultureller Handlungskompetenz dargestellt werden, ist noch einmal auf den dispositiven Aspekt von Handlungskompetenz hinzuweisen, der sich insbesondere bei den Elementen Selbst- und Sozialkompetenz zeigt. Die tatsächliche Bewältigung interkultureller Situationen hängt u.a. von einer Reihe situativer Faktoren ab. So können z.B. zeitliche Restriktionen das Kennenlernen und den Aufbau gemeinsamer kultureller Orientierungen erschweren. Für Joint Ventures spielt darüber hinaus eine Rolle, daß die Kooperation immer auch die Gefahr beinhaltet, einen Konkurrenten zu fördern. Vorsicht oder auch Mißtrauen behindern hier das wechselseitige Verständnis und die interkulturelle Interaktion.[43] Wird also der dispositive Aspekt interkultureller Handlungskompetenz betont, so bedeutet dies, daß auf das Erfordernis des Abwägens und Entscheidens unter Berücksichtigung situativer Elemente verwiesen wird. Damit wird zugleich eine häufige Kritik an eher eigenschaftstheoretischen Ansätzen aufgegriffen.[44] Situative Elemente werden in dieser Arbeit nicht ignoriert, sondern lediglich an anderer Stelle berücksichtigt, wenn es darum geht, Unterstützungsmöglichkeiten zur Förderung interkultureller Handlungskompetenz zu betrachten.[45]

Sachkompetenz als Element interkultureller Handlungskompetenz

Sachkompetenz als Element interkultureller Handlungskompetenz besteht in erster Linie aus Wissen, d.h. aus der Gesamtheit der Kenntnisse einer Person in bezug auf das Sachgebiet der Kultur.[46] Konkret bezieht sich dieses Wissen zunächst auf die generelle Art und Wirkungsweise von Kulturen. Dies betrifft die Herausbildung und Veränderung von gesamtgesellschaftlichen Kulturen ebenso wie die Beeinflussung des Verhaltens von Einzelpersonen, konkret deren Wahr-

---

[42] Vgl. hierzu z.B. LUCHTENBERG 1998, S. 42

[43] Vgl. hierzu die Ausführungen in Abschnitt 2.3.3

[44] Vgl. z.B. BERGEMANN; SOURISSEAUX 1996, S. 158 sowie KÜHLMANN 1995, S. 19

[45] Vgl. hierzu Kapitel 4

[46] Vgl. zu einem derartigen Wissensverständnis JUSTUS 1999, S. 75

nehmungsmuster, Sprechen und Handeln.[47] Ein solches Wissen dient in erster Linie der Entwicklung eines Bewußtseins für kulturelle Unterschiede und vor allem für die kulturelle Prägung des eigenen Verhaltens.[48] Durch solches Wissen wird es einem Individuum ermöglicht, eigene Wertvorstellungen und eigenes Verhalten als kulturgeprägt und damit in interkulturellen Situationen als nur bedingt gültig bzw. nachvollziehbar wahrzunehmen. **Wissen um die Kulturabhängigkeit von Wahrnehmung, Denken und Verhalten** ist somit eine Grundvoraussetzung für Reflexivität in interkulturellen Situationen und für den Schutz vor ethnozentrischen Denk- und Verhaltensweisen.[49]

Darüber hinaus beinhaltet Wissen aber auch ganz konkrete **Einsichten in besondere kulturelle Ausprägungen**, insbesondere in die, die dem Verhalten des jeweiligen fremdkulturellen Interaktionspartners zugrunde liegen. Es geht hierbei um die Ausprägungen kultureller Orientierungen, wie sie in Abschnitt 2.1.2 beschrieben wurden, so z.B. die Kulturdimensionen von HOFSTEDE, zeitliche Orientierungen oder die Kontextualität von Sprache. Kulturkenntnisse dieser Art helfen, die in Interaktionssituationen bedeutsamen Signale des Partners differenziert und sensibel wahrzunehmen sowie zu beurteilen und somit das Verhalten des Interaktionspartners besser zu interpretieren.[50]

Darüber hinaus unterstützen Kenntnisse über das Gastland, wie etwa über politische, wirtschaftliche und gesellschaftliche Zusammenhänge, die fachliche Kompetenz beim Agieren in diesem Land, und sie ermöglichen, kulturell bedingte Wertvorstellungen und Verhaltensmuster auch vor diesen Hintergründen zu interpretieren und in den Gesamtkontext zu stellen. Dadurch ergibt sich ein umfassenderes Bild über das Zusammenwirken von Struktur und Kultur im Gastland.[51]

Durch dieses Wissen wird der Fremdheitsgrad anderer Kulturen reduziert, und sie wirken so weniger unstrukturiert und bedrohlich. THOMAS weist in diesem Kontext darauf hin, daß die Kenntnis kultureller Andersartigkeit notwendig ist, um mögliche Assimilations-Kontrast-Effekte gering zu halten. Wird Vertrautes in einer Situation erwartet, aber statt dessen Fremdes erfahren, kann der Fremdheitsgrad durch den wahrgenommenen Kontrast stärker ausfallen als er tat-

---

[47] Vgl. LUCHTENBERG 1998, S. 42 sowie STÜDLEIN 1997, S. 157. Auf diese Aspekte von Wissen wurde bereits in Abschnitt 2.1.1 hingewiesen.

[48] Vgl. STÜDLEIN 1997, S. 158

[49] Zum Aspekt der Normenreflexivität vgl. NICKLAS 1991, S. 138 f.

[50] Vgl. EDER 1996, S. 412

[51] Vgl. hierzu z.B. THOMAS 1989, S. 190

sächlich ist. Durch unrealistische Vertrautheits- und Fremdheitswahrnehmungen wird somit die Urteils- und Handlungsfähigkeit beeinträchtigt.[52]

Die (vermeintliche) Kenntnis kultureller Orientierungen beinhaltet jedoch auch Gefahren. So kann sie dazu führen, sehr konkrete Fremdheitserwartungen aufzubauen, die fälschlicherweise als definierbar und antizipierbar eingeschätzt werden. Die Abmilderung des Assimilations-Kontrast-Effektes würde dann in stereotype Sichtweisen und vorurteilsbehaftete Vertrautheit umschlagen. Es würden ebenfalls keine realistischen Fremdheitserwartungen entwickelt, sondern Übergeneralisierungen und Vereinfachungen würden die Handlungskompetenz beeinträchtigen.[53] Im Sinne des Modells von HELFRICH muß Sachkompetenz also auch Wissen um die Möglichkeit inter- und intraindividueller Variationen kultureller Ausprägungen beinhalten.[54]

Darüber hinaus kann reines Faktenlernen über die Kultur die Einsicht in die Dynamik interkultureller Interaktionsprozesse verhindern, in denen ja beide Seiten auf kulturelle Mißverständnisse und ihre Beseitigung reagieren können.[55] Um also nicht in stereotype Denk- und Verhaltensweisen zu verfallen, ist beim Einzelnen eine Erhöhung der **Flexibilität seines kognitiven Systems** notwendig. Dadurch sollen die erlebten Diskrepanzen zwischen Wissen und realer Situation akzeptierbar werden, und es soll mit ihnen reflexiv umgegangen werden können.[56]

Unter dem kognitiven System ist hier die Gesamtheit der Vorstellungen, Begriffe, Meinungen, Einstellungen und Motive gemeint, die bei einem Individuum eine bestimmte charakteristische Organisation besitzen.[57] Die charakteristische Organisation kann auch als Struktur bezeichnet werden. Sie bestimmt die Art und Weise der Wahrnehmung und Verarbeitung von Informationen.[58] Die für ein Individuum charakteristische Struktur ergibt sich einerseits aus der Differenziertheit und Abgegrenztheit des kognitiven Systems, also der Anzahl der Beurteilungs- und Unterscheidungskategorien, die einer Person in bezug auf einen

---

[52] Vgl. THOMAS 1993, S. 271

[53] Vgl. THOMAS 1993, S. 271 f. sowie LILLI 1975, S. 81

[54] Vgl. die Ausführungen in Abschnitt 2.1.2. BLACK weist zusätzlich auf die Gefahr hin, daß man sich durch erhöhtes Wissen nicht mehr frei und unbeschwert auf Mitglieder anderer Kulturen einlassen kann. Vgl. BLACK 1988, S. 290

[55] Vgl. LUCHTENBERG 1998, S. 45. Hierauf wurde bereits in Abschnitt 2.3 hingewiesen.

[56] Vgl. THOMAS 1993, S. 278

[57] Vgl. SEILER 1973, S. 28

[58] Vgl. SEILER 1973, S. 27 f.

jeweiligen Aspekt zur Verfügung stehen. Andererseits bestimmt das Ausmaß an Integriertheit die Anzahl möglicher alternativer Verknüpfungen verschiedener Kategorien. Integriertheit ist damit für die Fähigkeit verantwortlich, Informationen kreativ und situationsadäquat zu verknüpfen, abzuschätzen und Urteile zu fällen.[59] Je weniger alternative Verknüpfungen möglich sind, d.h. je geringer die einzelnen Beurteilungs- und Unterscheidungskategorien ineinander integriert werden können, desto stärker ist das Denken durch mangelnde Offenheit und Undifferenziertheit gekennzeichnet. Ein Individuum ist dann unfähig, sich veränderten Situationsbedingungen anzupassen und tendiert statt dessen zu stereotypen Reaktionen.[60]

Sachkompetenz beinhaltet neben dem Wissen über Kultur im eigentlichen Sinne und einer entsprechenden kognitiven Strukturiertheit aber auch weitere Elemente, die die Handlungskompetenz erhöhen. Hierzu gehört insbesondere **sprachliche Kompetenz** und zwar sowohl im Sinne von Fremdsprachen als auch in bezug auf die Muttersprache. Fremdsprachenkenntnisse sind in interkulturellen Situationen häufig unerläßlich. Selbst wenn nicht die Sprache des Gastlandes als Kommunikationssprache gewählt wird, so wird oft auf eine dritte Sprache zurückgegriffen. DÜLFER weist z.B. darauf hin, daß in außereuropäischen Ländern wie Japan und China in der Regel die englische Sprache verwendet wird. In Ländern, in denen Französisch oder Spanisch Amts- oder Umgangssprache ist, sei jedoch meist die Kenntnis derselben notwendig.[61] Darüber hinaus unterstützen allgemeine muttersprachliche Kompetenzen die Verständigung. Insbesondere die Fähigkeit zu Alternativformulierungen kann helfen, durch variantenreiches Einsetzen von Formulierungen seitens des muttersprachlichen Kommunikationspartners dem fremdsprachlichen Partner Interaktionsbrücken zu bauen und Kommunikation auch mit beschränkten Mitteln zu ermöglichen.[62]

Auch **fachspezifische Kenntnisse**, die in keinem direktem Zusammenhang mit kulturellen Aspekten stehen, können interkulturelles Handeln unterstützen.[63] Im Falle von Joint Ventures ist z.B. davon auszugehen, daß fachliche Kompetenz

---

[59] Vgl. SEILER 1973, S. 28 f.

[60] Vgl. SEILER 1973, S. 41. Dies entspricht auch den Überlegungen OEVERMANNS, der auf den Zusammenhang zwischen sprachlicher Elaboriertheit und Flexibilität sowie kognitiven Strukturen hinweist. Vgl. die Ausführungen im vorangegangenen Abschnitt.

[61] Vgl. DÜLFER 1999, S. 460

[62] Vgl. LUCHTENBERG 1994, S. 57

[63] Vgl. THOMAS 1989, S. 190

insgesamt das Vertrauen zwischen den Parteien fördert und somit auch hilft, kulturelle Unterschiedlichkeiten in ihrer Wirkung abzumildern.[64]

Die einzelnen Aspekte interkultureller Sachkompetenz sind in Abbildung 7 aufgelistet.

---

1. Allgemeine Einsichten in die Wirkungsweise von Kultur.

2. Erkennen von Normen, Werten und Deutungsmustern, die soziale Situationen regulieren, insbesondere von denjenigen, die der Kultur des Interaktionspartners entsprechen.

3. Erkennen von Möglichkeiten des interindividuellen und intraindividuellen Abweichens von Kulturstandards.

4. Wissen um die Möglichkeit des Aufbaus gemeinsamer Deutungsmuster als Interaktionsgrundlage.

5. Wissen um mögliche Probleme in interkulturellen Situationen.

6. Flexibilität des kognitiven Systems, um mit erlebten Diskrepanzen leichter umgehen zu können.

7. Allgemeine und spezielle sprachliche Fähigkeiten.

8. Kenntnisse über politische und gesellschaftliche Zusammenhänge in einem Land.

9. Fachspezifische Kenntnisse, die die Interaktion erleichtern.

Abb. 7: Interkulturelle Sachkompetenz

Sozialkompetenz als Element interkultureller Handlungskompetenz

Wissen allein reicht zum erfolgreichen Agieren in interkulturellen Handlungssituationen nicht aus. Zwar ermöglicht die vorab dargestellte Sachkompetenz Einsicht in kulturelle Zusammenhänge und erlaubt von daher auch die Möglichkeit, reflektiert Entscheidungen für Handlungsalternativen zu treffen. Es ist damit jedoch nicht garantiert, daß die Erkenntnisse auch im sozialen bzw. interkulturellen Kontext aktiv genutzt werden können, um gemeinsame Deutungsmuster zu entwickeln. Für die Interaktion sind vielmehr eine Reihe weiterer

---

[64] Vgl. die Ausführungen in Abschnitt 1.3.2

Faktoren notwendig, die ein 'Aufeinanderzubewegen' und 'Sich-Einlassen' ermöglichen.

Hierzu zählt zunächst recht allgemein **Offenheit** und **Neugierde** gegenüber anderen Kulturen.[65] Ein Interesse an fremden Kulturen fördert die grundsätzliche Bereitschaft, sich auf ungewohnte Verhaltensweisen und Deutungsmuster einzulassen[66] und die Andersartigkeit der Umwelt wahrzunehmen und zu verstehen. Menschen ohne positive Neugier erwarten und präferieren in der Regel Verhältnisse, die denen in ihrem Heimatland ähneln. Entsprechend mangelt es ihnen häufig an Einsicht in fremdkulturelle Zusammenhänge.[67] Verbunden ist dies meist mit mangelnder Toleranz und geringer Hochachtung gegenüber fremden Kulturen.[68] Darüber hinaus muß damit gerechnet werden, daß ohne Interesse an anderen Kulturen die Interaktion mit fremdkulturellen Partnern auch insgesamt als eher mühselig und wenig ergiebig betrachtet wird. Damit sinkt die ohnehin geringe Motivation, sich mit fremden Kulturen und ihren Trägern auseinanderzusetzen.

Bei interkultureller Handlungskompetenz geht es aber nicht nur darum, Einsicht in fremdkulturelle Zusammenhänge zu gewinnen. In Abschnitt 2.3 wurde vielmehr darauf hingewiesen, daß erfolgreiche interkulturelle Interaktionen darauf angewiesen sind, daß die Interaktionspartner gemeinsam neue Deutungsmuster entwickeln, die ihnen als Referenz für die weitere Kooperation zur Verfügung stehen. Im günstigsten Fall würde dies dem Akkulturationsmuster der Integration entsprechen, bei der ein positiver Kontakt mit der anderen Kultur trotz Beibehaltung der eigenen kulturellen Identität aufgebaut werden kann.[69] Um diesem Ziel nahezukommen, müssen die verschiedenen Partner intensiv aufeinander eingehen und ihren Interaktionsprozeß so reflektieren und darüber kommunizieren, daß eine Einigung auf gemeinsame Deutungsmuster möglich wird.

Hierfür ist zunächst ein ausgesprochen hohes Maß an **Empathie** nötig. Empathie bezeichnet die Fähigkeit, sich in die Denkweisen, Beweggründe, Motive und Gefühle anderer Personen und damit in ihre Standpunkte und ihr Verhalten einzudenken und einzufühlen. Empathischen Menschen ist ein Perspektivenwechsel möglich, durch den verschiedene Standpunkte unterschiedlicher Men-

---

[65] Vgl. MOOSMÜLLER 1996, S. 281

[66] Vgl. LUCHTENBERG 1994, S. 412

[67] Vgl. DÜLFER 1999, S. 458 ff.

[68] Vgl. THOMAS 1989, S. 190

[69] Vgl. Abschnitt 2.3.2

schen gleichzeitig in den Blick genommen werden können.[70] Dies geschieht durch intellektuelle, imaginative und emotionale Partizipation an den Erfahrungen anderer Personen.[71]

Um den reflexiven und kommunikativen Austausch zu initiieren, muß Empathie durch **kommunikative Kompetenzen** und **Dialogfähigkeit** unterstützt werden. Hierzu zählt zum einen die Fähigkeit zum aktiven Zuhören, das z.B. Nachfragen beinhaltet und nicht nur Interesse signalisiert, sondern auch als Feedback bezüglich des wechselseitigen Verständnisses dient. Darüber hinaus nützt die Fähigkeit zum Anwenden eines direkten Feedbacks der Vorbeugung von Konflikten und Mißverständnissen. Durch Dialogfähigkeit wird ein konstruktiver Umgang mit Konflikten und Kritik in Krisensituationen möglich. Schließlich ermöglicht die Fähigkeit zur Analyse von Kommunikationsprozessen den eigentlichen Diskurs über zukünftige gemeinsame Deutungsmuster und Verhaltensweisen.[72]

Beim Diskurs über kulturelle Orientierungen ist davon auszugehen, daß zunächst Mißverständnisse und Konflikte auftreten. Kompetenz in interkulturellen Situationen zeigt sich deshalb auch darin, mit Nicht-Wissen umgehen zu können.[73] Dies bedeutet zum einen, **Durchhaltevermögen** zu besitzen, um den Diskursprozeß nicht vorzeitig aufzugeben. Zum anderen ist **Toleranz** gegenüber Fehlern anderer, wie auch die Bereitschaft, eigene Fehler einzugestehen und aus ihnen zu lernen, notwendig.[74] Hierfür ist teilweise die Loslösung von alten Vororientierungen und Überzeugungen erforderlich. Allerdings ist dies häufig mit intrapsychischen Konflikten verbunden, da partiell die eigene Identität in Frage gestellt wird. Insofern ist auch Selbstkompetenz ein unentbehrliches Element interkultureller Handlungskompetenz. Sie ermöglicht die Stabilisierung der eigenen Person in interkulturellen Situationen. Hierauf wird als nächstes einzugehen sein. Vorab werden die einzelnen Aspekte von Sozialkompetenz überblicksartig in Abbildung 8 zusammengefaßt.

---

[70] Vgl. STÜDLEIN 1997, S. 155

[71] Vgl. GUDYKUNST 1993, S. 60

[72] Vgl. ENGELMEYER 1994, S. 429

[73] Vgl. CUPACH; IMAHORI 1993, S. 124

[74] Vgl. STÜDLEIN 1997, S. 155

1. Offenheit und Neugierde gegenüber fremden Kulturen.

2. Hochachtung vor anderen Kulturen.

3. Empathiefähigkeit.

4. Fähigkeit, Differenzen sensibel wahrzunehmen.

5. Toleranz gegenüber Andersartigkeit und gegenüber Fehlern von anderen.

6. Dialogfähigkeit, z.B. aktives Zuhören und Feedbackfähigkeit.

7. Konfliktlösefähigkeit und Kritikfähigkeit.

8. Durchhaltevermögen.

Abb. 8: Interkulturelle Sozialkompetenz

Selbstkompetenz als Element interkultureller Handlungskompetenz

Selbstkompetenz ist hier als Fähigkeit zur Stabilisierung der eigenen Identität in interkulturellen Kontexten zu verstehen. Sie dient dazu, die in Abschnitt 2.3.2 beschriebenen problematischen Akkulturationsprozese wie etwa Marginalisierung oder Separation zu verhindern und einen eventuellen Kulturschock zu bewältigen. Selbstkompetenz hilft, den Umgang mit Fremden nicht als Bedrohung für die eigene Identität zu erleben.[75]

Selbstkompetenz erscheint zunächst jedoch einen widersprüchlichen Anspruch zu enthalten. Vorab wurde betont, daß es in interkulturellen Situationen erforderlich sein kann, sich von Vororientierungen und eigenen Norm- und Wertvorstellungen zu lösen bzw. auf eine eigenkulturelle Identität zugunsten einer kulturübergreifenden Identität zu verzichten.[76] Andererseits soll die Ich-Identität gewahrt bleiben, um psychische Stabilität zu gewährleisten.[77] Dieser scheinbare Widerspruch kann aufgelöst werden, wenn man den Prozeß interkultureller Interaktion unter übergeordneten Identitätsgesichtspunkten betrachtet.

Die Initiierung kommunikativen Handelns hängt im wesentlichen davon ab, ob die Interaktionspartner schnell feststellen können, wer ihre Gegenüber sind und

---

[75] Vgl. ALBRECHT 1997, S. 120

[76] Vgl. Abschnitt 2.3.2

[77] Vgl. hierzu MOOSMÜLLER 1996, S. 284

welche Erwartungen diese an die Interaktionssituation stellen.[78] Im interkulturellen Kontext geht es also um das Herausfinden der jeweiligen kulturellen Identität des anderen und um das langfristige Angleichen bzw. um die Schaffung gemeinsamer Referenzsysteme. Dies bedeutet, daß nicht nur die Einnahme der Perspektive des anderen gelingen muß, wie dies bezüglich der Sozialkompetenz beschrieben wurde, sondern daß auch dem anderen die eigene kulturelle Identität dargestellt und die eigenen Erwartungen kommuniziert werden müssen.[79] Es kann dann versucht werden, mit Hilfe kommunikativer Austauschprozesse eine gemeinsame interkulturelle Identität aufzubauen. Die Ausbildung derselben ist dabei als Emergenzleistung zu vestehen, d.h. eine interkulturelle Identität stellt mehr als nur eine Addition der verschiedenen kulturellen Identitäten oder eine Selektion hieraus dar. Es handelt sich um eine neue, dritte Identität, die nicht allein durch die ihr zugrundeliegenden Einzelidentitäten erklärt werden kann.[80] Sie ist Resultat und Voraussetzung des Interaktionsprozesses zugleich.[81] Damit wird deutlich, daß die Entwicklung einer wirklichen interkulturellen Identität die jeweilige kulturelle Identität nicht zwangsläufig zu gefährden braucht.

Dennoch ist die Erbringung dieser Emergenzleistung schwierig und mit Konflikten behaftet. Dies deshalb, weil sie trotz allem die eigene Identität nicht unberührt läßt. Identität ist nämlich als ein mehrschichtiges Phänomen anzusehen, dessen Bestandteile interdependent sind und in einem ausgewogenem Verhältnis zueinander stehen sollten. Identität beinhaltet zum einen die aus der eigenen Lebensgeschichte resultiernde personale Identität, d.h. die Ich-Identität, die es darzustellen und zu bewahren gilt. Sie versinnbildlicht die Individualität des Menschen. Gleichzeitig existiert eine soziale Identität, die sich aus der Zugehörigkeit zu einer sozialen Gruppe und den Erwartungen der Umwelt an eine Person ergibt.[82] Insbesondere die soziale Identität stellt den dynamischen Identitätsteil dar, der im Sinne einer Variation über ein Thema partiell veränderbar und

---

[78] Vgl. KRAPPMANN 1972, S. 37

[79] Vgl. KRAPPMANN 1972, S. 37

[80] Vgl. ALBRECHT 1997, S. 120

[81] Vgl. hierzu z.B. CUPACH; IMAHORI 1993

[82] Vgl. ENGELMEYER 1994, S. 427 sowie die Ausführungen zur Theorie der sozialen Identität in Abschnitt 2.3.3. Diese soziale Identität ergibt sich vor allem aus der Rollenübernahme in sozialen Situationen. Rollen sind hierbei Aktivitäten, die sich durch die normativen Anforderungen an eine Person in bestimmten Situationen herausbilden. Soziale Identität als Folge einer Rollenübernahme entsteht dann, wenn ein Individuum sich an diese Rolle bindet und sich mit ihr identifiziert. Vgl. GOFFMAN 1961, S. 85 f.

anpaßbar ist.[83] Es muß nun eine Balance zwischen personaler und sozialer Identität hergestellt werden.[84] Würde die soziale Identität die personale dominieren, ginge die Individualität des einzelnen verloren.[85] Dominiert dagegen die personale Identität, ist die soziale Einbindung in die Umwelt gefährdet. Beide Identitäten sind insofern interdependent, als sich die personale Identität durch die biographischen Erlebnisse und damit auch durch soziale Interaktionen herausbildet. Umgekehrt beeinflußt die personale Identität die Zugehörigkeit zu bestimmten Gruppen und damit die soziale Identität.

Betrachtet man interkulturelle Interaktionsprozesse, so bedarf es zu Beginn einer Interaktion zunächst einer teilweisen Loslösung von bisherigen biographischen Erfahrungen, um für die Erwartungen des Gegenübers offen zu sein. Ist ein Individuum in der Eingangsphase von Interaktionen hierzu nicht in der Lage, wird es kaum fähig sein, sich auf die Erwartungen des anderen einzustellen. Entsprechend wird es von diesem als eher wenig anpassungsfähig und mit Vorurteilen behaftet angesehen werden.[86] Andererseits ist es wichtig, daß auch die Interaktionspartner einen selbst so sehen, wie es der eigenen Wahrnehmung entspricht. Hätte der Interaktionspartner permanent ein falsches Bild vom Selbst seines Gegenübers, dann würde die Interaktion langfristig unbefriedigend erscheinen und ein Rückzugsverhalten immer wahrscheinlicher.[87]

Durch die erste Phase der wechselseitigen Identitätsdarstellung bei gleichzeitiger Loslösung von bisherigen biographischen Erfahrungen wird eine Art Arbeitskonsens hergestellt, der als Basis für die weitere Interaktion dient.[88] Auf dieser Grundlage kann im weiteren die interkulturelle Identität entwickelt werden. Die auf dem Arbeitskonsens aufbauende Beziehung kann zum Diskurs über die verschiedenen kulturellen Identitäten genutzt und die Möglichkeit einer gemeinsamen interkulturellen Identität diskutiert werden.[89] Selbst wenn dies grundsätzlich gelingt, stellt dieser Prozeß jedoch erhebliche Anforderungen an den ein-

---

[83] Vgl. KRAPPMANN 1972, S. 42. Ein derartiger Identitätsbegriff lehnt sich an MEADS Differenzierung in 'I' und 'Me' an. 'Me' bezeichnet dabei die Übernahme einer sozialen Identität durch die Rollenerwartungen von anderen an die eigene Person. 'I' ist dagegen die individuelle Antwort auf biographische Erfahrungen, d.h. die persönliche Identitätsausbildung. Vgl. hierzu MEAD 1995, S. 236 ff.

[84] Vgl. ENGELMEYER 1994, S. 427

[85] Vgl. KRAPPMANN 1972, S. 136

[86] Vgl. KRAPPMANN 1972, S. 38

[87] Vgl. KRAPPMANN 1972, S. 36

[88] Vgl. KRAPPMANN 1972, S. 42

[89] Vgl. CUPACH; IMAHORI 1993, S. 127

zelnen. Es ist nicht zu erwarten, daß alle Bedürfnisse erfüllt, alle Konflikte bereinigt und alle sonstigen Diskrepanzen abgebaut werden können. Die Grund-
problematik der Wahrung der eigenen Identität bei gleichzeitigem Aufbau einer
interkulturellen Identität bleibt durchgängig erhalten. KRAPPMANN beschreibt
dieses Problem wie folgt: Ein Individuum soll

"divergierende Erwartungen in seinem Auftreten berücksichtigen und
dennoch Konsistenz und Kontinuität behaupten. Es soll einem vorläufigen Konsens über Interpretationen der Situation zustimmen, aber seine
Vorbehalte gleichfalls deutlich machen. Es soll sich um gemeinsame
eindeutige Handlungsorientierungen durch identifizierbare Präsentation
seiner eigenen Erwartungen bemühen und zugleich anzeigen, daß vollständige Übereinstimmung gar nicht denkbar ist. Es soll sich an der jeweiligen Interaktion beteiligen, aber in seiner Mitwirkung zugleich zum
Ausdruck bringen, daß es auch an anderen partizipiert. Es soll als Interaktionspartner zuverlässig erscheinen und zugleich sichtbar machen, daß
es auch anders handeln kann, anders schon gehandelt hat und anders auch
wieder handeln wird. Dies alles soll Platz in der Identität finden, mit der
das Individuum an Interaktionen teilnimmt und die es für jede Interaktion
neu formuliert."[90]

Zur Bewältigung dieser Anforderungen dienen die einzelnen Elemente der
Selbstkompetenz. Hierbei ist zunächst die Fähigkeit zur **Identitätsdarstellung**
zu nennen. Dies bedeutet, daß ein Individuum seine eigenen Erwartungen und
Bedürfnisse darstellen und damit sein kulturelles Selbst artikulieren kann.[91] Da-
bei ist davon auszugehen, daß ein anfänglich positiver Selbstwert die soziale
Interaktion begünstigt und im Umgang mit Fremden Sicherheit in der Selbstdar-
stellung stiftet. Unsicherheit auch in bezug auf sich selbst führt dagegen eher zu
Schutzmechanismen und geringer Öffnung gegenüber anderen.[92]

Wird nach der anfänglichen Selbstdarstellung versucht, eine gemeinsame Interaktionsbasis aufzubauen, bedeutet dies aus Identitätssicht, die ersten Veränderungen der jeweiligen sozialen Identität zu initiieren bzw. eine Beziehungs-
identität aufzubauen.[93] Hierfür ist die Fähigkeit zur **Rollenübernahme** notwendig. Die im Kontext von Sozialkompetenz beschriebene Empathiefähigkeit ist

---

[90] KRAPPMANN 1972, S. 56 f.

[91] Vgl. NICKLAS 1991, S. 139

[92] Vgl. hierzu HERKNER 1991, S. 492, KETS DE VRIES 1996, S. 104 sowie GUDYKUNST 1993,
S. 47

[93] Vgl. CUPACH; IMAHORI 1993, S. 125

diesbezüglich ein wichtiger Aspekt. Sie ermöglicht die Übernahme von Erwartungen anderer. Rollenübernahme hat jedoch dort ihre Grenze, wo die Ich-Identität und die Individualität des einzelnen bei einer weiteren Rollenübernahme nicht mehr aufrecht erhalten werden kann. In einem solchen Fall muß die Fähigkeit zur Rollendistanz hinzu kommen.

Rollendistanz erlaubt dem Individuum, sich von sozialen Anforderungen zu lösen. Dabei ist es auch möglich, sich gegenüber den eigenen kulturellen Normen distanziert und reflektiert zu verhalten, um wechselseitige Erwartungen in der Interaktionsbeziehung zu integrieren.[94] Darüber hinaus hilft Rollendistanz insgesamt, Rollenkonflikte zu lösen, wenn verschiedene Erwartungen, die aus unterschiedlichen Rollen resultieren, nicht miteinander harmonieren. Ein Individuum kann sich dann von denjenigen Rollen zumindest vorübergehend lösen, die zur Bewältigung der Situation nicht geeignet erscheinen. Im interkulturellen Kontext bedeutet dies z.B., daß man sich von Rollenerwartungen des eigenkulturellen Umfeldes vorübergehend distanziert, ohne dabei die soziale und kulturelle Identität gänzlich in Frage zu stellen.[95] Auch Rollendistanz und Rollenübernahme gelingen um so leichter, je stärker die Ich-Identität ausgebildet ist. Neue Erfahrungen und Erwartungen können dann in die soziale Identität integriert werden, ohne daß befürchtet werden muß, das labile Gleichgewicht der Ich-Identität zu gefährden.[96]

Trotz der Fähigkeit zur Rollendistanz und Rollenübernahme bleiben in interkulturellen Situationen widersprüchliche Informationen und Rollenanforderungen übrig, die nicht lösbar sind. **Ambiguitätstoleranz** hilft, diese Divergenzen zu ertragen.[97] KRAPPMANN weist darauf hin, daß Ambiguitätstoleranz letztlich eine Folge gelungener Behauptung der Ich-Identität ist, weil sie dem Individuum die Erfahrung vermittelt, auch in widersprüchlichen Situationen die Balance zwischen verschiedenen Normen und Erwartungen halten zu können, wodurch Angst minimiert wird.[98] Dies erklärt auch, warum Vorurteile und Diskriminierung häufiger bei Personen mit instabiler Identität auftreten. Vorurteile dienen dazu, durch Wertungen Ambiguität zu reduzieren und künstlich Klarheit zu schaffen.[99] Ist jedoch eine stabile Identität vorhanden, muß keine künstliche

---

[94] Vgl. NICKLAS 1991, S. 139. Ausführlich zum Aspekt der Rollendistanz vgl. GOFFMAN 1961, S. 105 ff.

[95] Vgl. hierzu KRAPPMANN 1972, S. 137 f.

[96] Vgl. KRAPPMANN 1972, S. 143 f.

[97] Vgl. NICKLAS 1991, S. 139

[98] Vgl. KRAPPMANN 1972, S. 155

[99] Vgl. OSTERMANN, NICKLAS 1976, S. 6 sowie die Ausführungen in Abschnitt 2.3.3

Abgrenzung und vor allem auch keine Abwertung von Fremdgruppen erfolgen, und Ambiguität kann akzeptiert werden.

Insgesamt läßt sich aus der Darstellung schlußfolgern, daß Unsicherheit in der Zugehörigkeit zu einer sozialen Gruppe und eine labile Ich-Identität den Aufbau einer gemeinsamen neuen interkulturellen Identität eher behindern und zur Instabilität der Person und ihres Verhaltens führen.[100] In Abbildung 9 sind die Elemente von Selbstkompetenz noch einmal aufgelistet.

1. Identitätsdarstellung

2. Rollenübernahme

3. Rollendistanz

4. Ambiguitätstoleranz

Abb. 9: Interkulturelle Selbstkompetenz

Die Teilkomponenten interkultureller Handlungskompetenz, nämlich Selbst-, Sach- und Sozialkompetenz, stehen nicht unabhängig nebeneinander. Vielmehr bedingen sie sich wechselseitig. So können kognitive Fähigkeiten und Wissen nicht ohne soziale und selbstbezogene Kompetenzen auskommen, da letztere den Erwerb der erstgenannten überhaupt erst ermöglichen. Soziale Kompetenz ist dagegen auf eine stabile Identität und auf entsprechende kognitive Voraussetzungen angewiesen, um Interaktionen durchzuführen und ein Einlassen auf eine andere Person nicht als Gefährdung der eigenen Identität zu erleben. Schließlich ergibt sich Selbstkompetenz erst aus der Abgrenzung zur Umwelt und greift insofern auf Sozialkompetenz und kognitive Fähigkeiten zurück.[101] Das Zusammenwirken der einzelnen Elemente interkultureller Handlungskompetenz ist in Abbildung 10 übersichtsartig dargestellt.

---

[100] Vgl. GRAUMANN 1983, S. 317 sowie HOFSTEDE 1991, S. 267

[101] Zum Aspekt der Interdependenz von verschiedenen Kompetenzelementen vgl. FEUERSTEIN 1979, S. 166 f. Insgesamt vgl. hierzu auch die Ausführungen im vorangegangenen Abschnitt zur komplementären Entwicklung von Ich-Identität und sprachlicher, kognitiver und interaktiver Kompetenz nach HABERMAS und DÖBERT; NUNNER-WINKLER.

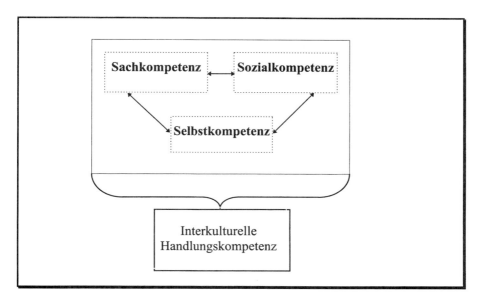

Abb. 10: Das Zusammenwirken der Elemente interkultureller Handlungskompetenz

Abschließend sei noch einmal auf den Unterschied von Qualifikation und Kompetenz hingewiesen, der im vorangegangenen Abschnitt thematisiert wurde. Er bezog sich auf die fachliche Ausrichtung von Qualifikation im Gegensatz zur persönlichkeitsorientierten Ausrichtung von Kompetenz. In interkulturellen beruflichen Kontexten wird eine persönlichkeitsorientierte interkulturelle Handlungskompetenz zum fachlichen Können und zur berufsspezifischen Qualifikation. Dies gilt vor allem für Mitarbeiter in internationalen Joint Ventures, die mit besonderen Schwierigkeiten konfrontiert sind. Inwieweit eine allgemeine interkulturelle Handlungskompetenz hilft, auch Joint Venture-Situationen zu meistern, ist Gegenstand des nächsten Abschnittes.

3.1.3 Unterstützung von Joint Venture-Aktivitäten durch interkulturelle Handlungskompetenz

Bei Joint Ventures geht es um Interaktionssituationen, die durch ein besonders hohes Mißverständnis- und Konfliktpotential gekennzeichnet sind. Dieses ergibt sich aus dem speziellen Zusammenwirken ökonomischer Interessensdiversität mit kulturellen Unterschieden sowohl aufgrund unterschiedlicher nationaler als auch unterschiedlicher unternehmenskultureller Herkunft der Parteien.[102] Vergleicht man nun allgemeine interkulturelle Situationen mit den spezifischen Joint Venture-Situationen, so zeigt sich eine große Parallelität auch unabhängig davon, ob es sich um nationale oder internationale Joint Ventures handelt. Beide Situationen sind durch einen besonders hohen Fremdheitsgrad gekennzeichnet, der zu Unsicherheit und Ambiguität führt. Unterschiede in Normen, Werten, Einstellungs- und Deutungsmustern aufgrund unterschiedlicher kultureller Zugehörigkeit oder unterschiedlicher Unternehmenszugehörigkeit führen zu Mißverständnissen, Konflikten, Loyalitäts- und Zugehörigkeitsproblemen. Diese in jedem Joint Venture vorhandenen Probleme werden in internationalen Joint Ventures durch die Interkulturalität noch zusätzlich verstärkt. Die Anforderungen, die sich hieraus für Joint Venture-Mitarbeiter ergeben, können zusammenfassend wie folgt aufgelistet werden:[103]

- Joint Venture-Mitarbeiter müssen ein Kooperationsverhältnis zwischen den verschiedenen Parteien aufbauen, ohne die eigene Mutterfirma gegenüber dem Partner verwundbar zu machen. Sie haben also die Aufgabe, das Kooperations-Konkurrenz-Dilemma zu lösen.

- Es müssen verschiedene, teilweise divergierende Zielvorstellungen und Interessen der Parteien durch das Joint Venture erfüllt und sich hieraus ergebende Loyalitätskonflikte bewältigt werden.

- Um Kooperation zu gewährleisten, müssen in Joint Ventures die kulturen Prägungen der Joint Venture-Mitglieder wie auch die unterschiedlichen Unternehmenskulturen der Partnerunternehmen aufgegriffen und zu einer gemeinsamen Joint Venture-Kultur vereinigt werden.

- Es müssen individuelle Akkulturationsprobleme überwunden werden, die mit der interkulturellen Begegnung in Joint Ventures einhergehen.

- Vorhandene Gruppenstrukturen, die sich aus der Zugehörigkeit zu verschiedenen Partnerunternehmen und Kulturen ergeben, müssen in ihrer Wirkung kontrolliert werden, um Gruppenkonkurrenz, Vorurteile und stereotype Verhaltensweisen möglichst zu vermeiden.[104]

Aus diesen Anforderungen läßt sich die Relevanz allgemeiner interkultureller Handlungskompetenz für die besonderen Bedingungen in Joint Ventures erken-

---

[102] Vgl. hierzu Abschnitt 1.3.2

[103] Vgl. hierzu auch die Ausführungen in den vorangegegangenen Kapiteln.

[104] Dies weist auf die in Abschnitt 2.3.3 dargestellte Problematik sozialer Kategorisierung hin.

nen. Vergleicht man nämlich die einzelnen Elemente interkultureller Handlungskompetenz mit den beschriebenen Anforderungen, so zeigt sich, daß interkulturelle Handlungskompetenz gleichsam eine Joint Venture-Kompetenz darstellt. Im einzelnen kann dies wie folgt begründet werden:

1. In bezug auf Sachkompetenz wurde bereits darauf hingewiesen, daß das Wissen um kulturelle Andersartigkeit helfen kann, Assimilations-Kontrast-Effekte in ihrer Wirkung abzumildern und realistische Fremdheitserwartungen aufzubauen. Dies gilt in Joint Ventures in besonderem Maße, da hier der Fremdheitsgrad durch die unterschiedliche unternehmenskulturelle Herkunft gegebenenfalls noch verstärkt wird. Ferner wurde darauf hingewiesen, daß Wissen über mögliche Probleme interkultureller Interaktionen hilft, sich auf entsprechende Konflikte vorzubereiten bzw. sie in ihrer Bedeutung richtig einzuschätzen. Auch dies kann direkt auf Joint Ventures übertragen werden. Wissen um die Mißverständnisse und Konflikte, die mit Joint Ventures einhergehen, ist notwendig, um vorbeugend agieren zu können, Gefahren richtig einzuschätzen und Gegenmaßnahmen rechtzeitig in Angriff zu nehmen.

Von besonderer Relevanz ist eine kognitive Strukturiertheit, die, wie im vorangegangenen Abschnitt dargestellt, durch ein hohes Ausmaß an Integriertheit der kognitiven Kategorien gekennzeichnet ist. Hierdurch ist es Joint Venture-Mitarbeitern möglich, die vielfältigen Informationen und situativen Bedingungen zu verknüpfen und situationsgerecht zu agieren. Es wird ihnen somit Flexibilität im Denken und Handeln ermöglicht und stereotype Verhaltens- und Reaktionsmuster bzw. zu starke soziale Kategorisierungen werden abgemildert. Auch erlaubt eine derartige Flexibilität, gegebenenfalls ungewöhnliche und kreative Lösungsmöglichkeiten für die akuten Probleme in Joint Ventures zu finden. Hieraus folgt die Freiheit, sich nicht scheinbaren Sachzwängen im Joint Venture zu beugen, sondern durch antizipatorisches und entwerfendes Denken Kompromisse zwischen den verschiedenen Zielen der unterschiedlichen Parteien zu finden und das Kooperations-Konkurrenz-Dilemma abzumildern.[105]

2. Besonders einleuchtend ist die Bedeutung von Sozialkompetenz in Joint Venture-Situationen. Joint Venture-Mitarbeiter müssen in besonderer Weise sensibel für die Signale aus den jeweiligen Partnerunternehmen sein, um die Joint Venture-Strategie hieran auszurichten.[106] SCHAAN/BEAMISH weisen darauf hin, daß Joint Venture-Mitarbeiter ein Verständnis für die jeweiligen Ei-

---

[105] Vgl. hierzu auch ROTH 1976, S. 432

[106] Vgl. SCHAAN; BEAMISH 1988, S. 284.

genarten der Joint Venture-Partner entwickeln müssen, um deren verbale, nonverbale und geschriebenen Signale richtig interpretieren und zwischen den jeweiligen Parteien vermitteln zu können.[107] Sie sind insofern vergleichbar mit Diplomaten.[108] Empathiefähigkeit, die Fähigkeit, Differenzen sensibel wahrzunehmen, Dialogfähigkeit sowie Konfliktlösefähigkeit und Kritikfähigkeit sind nicht nur für die Bewältigung interkultureller Probleme von Bedeutung, sondern vor allem auch, um den darüber hinausgehenden Joint Venture-Anforderungen gewachsen zu sein. Daneben helfen Offenheit und Neugierde sowie Hochachtung vor der anderen Partei, ein Vertrauensverhältnis aufzubauen und die Kooperation zu festigen. Schließlich ermöglicht Toleranz gegenüber den Mitgliedern des Joint Venture-Partners auch, sich auf andere Verfahrensweisen in der operativen Umsetzung der Joint Venture-Zielsetzung einzulassen und gegebenenfalls die in Abschnitt 1.3.2 beschriebene 'Not-Invented-Here'-Problematik abzumildern.[109]

3. Joint Venture-Situationen sind in hohem Maße von Loyalitätskonflikten gekennzeichnet. Darüber hinaus entsteht in internationalen Joint Ventures besonders leicht die Gefahr, daß ein Gefühl der Orientierungslosigkeit und des Verlustes von Zugehörigkeit aufkommt. Dies unter anderem dadurch, daß durch die spezifische Joint Venture-Situation eine Rollenüberforderung bei einzelnen Mitarbeitern hervorgerufen werden kann.[110] Joint Venture-Mitarbeiter sind deshalb in besonders hohem Maße auf Selbstkompetenz angewiesen. Im Sinne KRAPPMANNS müssen sie in der Lage sein, divergierende Erwartungen zu berücksichtigen, aber dennoch in ihrem Verhalten Kontinuität zu zeigen, um für die Interaktionspartner sowohl aus der eigenen Partei wie auch aus der der Partnerunternehmen zuverlässig zu erscheinen. Joint Venture-Mitarbeiter müssen an der Interaktion mit der jeweiligen Fremdgruppe teilnehmen, ohne dabei die Interaktionsgrundlage mit der eigenen Partei zu gefährden. Dies alles muß gelingen, ohne die eigene Identität und Zugehörigkeit in Frage zu stellen.[111] Gelingt dies nicht, ist davon auszugehen, daß statt einer Öffnung und dem Aufbau einer positiven Interaktionsbasis im Joint Venture eher Rückzugsverhalten und Festhalten an alten, vom Stammland

---

[107] Vgl. SCHAAN; BEAMISH 1988, S. 296

[108] Vgl. hierzu z.B. GERINGER; FRAYNE 1990, S. 110

[109] Bei dem 'Not-Invented-Here'-Problem geht es um die Ablehnung von Techniken und Kenntnissen, die von fremden Personen oder Gruppen stammen.

[110] Vgl. hierzu die Ausführungen zur Rollendistanz und Rollenübernahme in bezug auf die Selbstkompetenz.

[111] Vgl. hierzu die Ausführungen zur Selbstkompetenz nach KRAPPMANN im vorangegangenen Abschnitt.

und dem Mutterunternehmen geprägten Vorgehensweisen und Orientierungsmustern gewählt wird. Im positiven Fall wird es einem Joint Venture-Mitglied dagegen möglich sein, mit dem hohen Ausmaß an Ambiguität fertig zu werden, das für Joint Ventures typisch ist.

Es sind jedoch nicht nur die Einzelelemente interkultureller Handlungskompetenz, die für Joint Venture-Mitarbeiter eine Rolle spielen. Vielmehr ist es das Zusammenwirken von Sach-, Sozial- und Selbstkompetenz, das zur Handlungsfähigkeit gerade in Joint Ventures führt. Alle drei Elemente gemeinsam machen, so wurde in Abschnitt 3.1.1 ausgeführt, eine durch Mündigkeit und Reife charakterisierte Persönlichkeit aus. Während Reife vor allem für Konstanz und Bewahrung der eigenen Identität relevant ist, erlaubt Mündigkeit Autonomie im Sinne weitgehender Selbstbestimmung.[112] Eine solche Selbstbestimmung ist die Grundlage für autonomes Handeln, das aufgrund der schwierigen ambivalenten Zugehörigkeit zu verschiedenen Partnerunternehmen in Joint Ventures unerläßlich ist.

Es stellt sich nun die Frage, wann und wie eine solche Kompetenzstruktur herausgebildet wird und ob sie vor Joint Venture-Einsätzen trainiert werden kann. Mit der Frage der Entwicklung interkultureller Handlungskompetenz beschäftigt sich der folgende Abschnitt.

3.2 Herausbildung interkultureller Handlungskompetenz

Die Betrachtung der Entwicklung interkultureller Handlungskompetenz im Rahmen von Sozialisationsprozessen ist wichtig, um Möglichkeiten und Grenzen des Trainings interkultureller Handlungskompetenz für Joint Venture-Mitarbeiter herauszuarbeiten. Es wird diesbezüglich zu zeigen sein, daß wesentliche Grundlagen einer interkulturellen Handlungskompetenz bereits während der Kindheit und Jugend, also während der frühen Sozialisation, ausgebildet werden. Für die Entwicklung interkultureller Handlungskompetenz im Erwachsenenalter bieten sich deshalb nur noch begrenzte Möglichkeiten. Sie haben überwiegend den Charakter einer zusätzlichen Stütze und Förderung bereits grundsätzlich vorhandener flexibler und empathischer, sozialer Handlungskompetenz bzw. versuchen, diese stärker auf die Interkulturalität hin auszurichten. In Abschnitt 3.2.1 wird deshalb zunächst auf die Herausbildung sozialer Handlungskompetenz in der Kindheit und Jugend als Grundlage einer späteren interkulturellen Handlungskompetenz eingegangen.

---

[112] Vgl. hierzu ROTH 1976, S. 180

3.2.1 Grundlegung interkultureller Handlungskompetenz während der frühen Sozialisationsphasen

Betrachtungsgegenstand dieses Abschnittes ist die Ontogenese, d.h. die Entwicklung des einzelnen und seiner Persönlichkeitsmerkmale zu einem handlungsfähigen Subjekt während der frühen Sozialisationsphasen. Unter Sozialisation wird hierbei die Aneignung von Fähigkeiten, Fertigkeiten, Motiven, Einstellungen und Normen durch eine Person in Auseinandersetzung mit ihrer sozialen Umwelt verstanden.[113] Der Begriff der Auseinandersetzung deutet darauf hin, daß Sozialisationsprozesse nicht monokausal verlaufen, lediglich als Einwirkung der 'objektiven' gesellschaftlichen Bedingungen oder der Erziehungsinstanzen auf das Individuum. Vielmehr sind darunter die Wechselwirkungen zwischen Individuen und ihrer sozialen Umwelt, also anderen Menschen, Sachverhalten, Institutionen und Lebensbedingungen zu verstehen.[114] Sozialisation kann dabei in verschiedene Phasen unterteilt werden, nämlich in die primäre, sekundäre und tertiäre Sozialisation. Die primäre Sozialisation umfaßt die frühkindlichen Erfahrungen in der Familie. Durch sie werden vor allem grundlegende Normen, Werte, Denk- und Verhaltensmuster verankert, die in der Regel als zeitstabile Orientierungsmuster und Grundvoraussetzungen für die Wahrnehmung fungieren und damit für die weitere Sozialisation und damit auch für das Lernverhalten von Erwachsenen von prägender Bedeutung sind. Sekundäre und tertiäre Sozialisation umfassen neben späteren familiären Erfahrungen solche, die durch die Mitgliedschaft in Institutionen und Organisationen, also in Bildungseinrichtungen, Betrieben, Kirchen, Parteien, Vereinen etc. erfolgen. Dabei ist der Übergang zwischen sekundärer und tertiärer Sozialisation fließend, wenngleich prinzipiell die tertiäre Sozialisation als diejenige verstanden wird, die nach der beruflichen Erstausbildung beginnt und oft auch als Sozialisation von Erwachsenen bezeichnet wird.[115]

Ergebnis der Subjektbildung durch die jeweilige Sozialisation sollte im optimalen Fall die Herausbildung eines stabilen Selbst sein, das selbstbewußt und bedürfnisorientiert an gesellschaftlichen Interaktionen teilnehmen kann.[116] Selbstbewußtsein weist dabei auf die Entwicklung von Selbstkompetenz und Ich-Identität hin. Durch die Herausbildung der Bedürfnisorientierung wird einerseits

---

[113] Vgl. ROSENSTIEL; MOLT; RÜTTINGER 1988, S. 93

[114] Vgl. hierzu TILLMANN 1989, S. 12

[115] Vgl. TILLMANN 1989, S. 19. Im Rahmen dieser Arbeit wird im gewissen Sinne eine künstliche Trennung durchgeführt, da in Abschnitt 3.2.1 die tertiäre Sozialisation von Erwachsenen aus der Betrachtung ausgeklammert wird. Sie erfolgt dann in Abschnitt 3.2.2.

[116] Vgl. TILLMANN 1989, S. 139

den eigenen Zielen und Bedürfnissen im Sinne der Stabilisierung des Selbst Rechnung getragen. Andererseits spiegelt sich hier Sozialkompetenz wieder, da die Bedürfnisse der Um- und Mitwelt im Agieren Berücksichtigung finden können.

Im Rahmen der einschlägigen Literatur wird zur Beschreibung der Entwicklung der Persönlichkeit und vor allem zur Beschreibung der Entwicklung von Handlungskompetenz in der Regel auf verschiedene Phasenmodelle verwiesen.[117] Dabei finden insbesondere psychodynamische Ansätze, vor allem das Modell von ERIKSON zur Entwicklung von Ich-Identität, das Modell von PIAGET bezüglich der Entwicklung kognitiver Strukturen und schließlich das Modell von PIAGET und KOHLBERG zur Entwicklung moralischer Urteilsfähigkeit Beachtung.[118] Diese Modelle sollen im folgenden kurz vorgestellt und anschließend in einem Gesamtmodell der Entwicklung kommunikativer Kompetenz zusammengefaßt werden. Vorab ist jedoch darauf hinzuweisen, daß diese Modelle keine direkte Zuordnung zu den einzelnen Elementen interkultureller Handlungskompetenz, wie sie im vorangegangenen Abschnitt beschrieben wurden, erlauben. Zwar bezieht sich das Modell von ERIKSON insbesondere auf die Entwicklung von Ich-Identität, während das Modell von PIAGET vor allem die Ebene der Kognition betrifft. Dennoch ergibt sich interkulturelle Handlungskompetenz als Gesamtkonzept erst aus dem Zusammenwirken aller Entwicklungsschritte.

In besonderem Maße gilt dies für die Elemente von Sozialkompetenz. In der einschlägigen sozialpsychologischen Literatur wird die Entwicklung von Sozialkompetenz nämlich in der Regel als implizites Ergebnis gelungener Identitätsfindung und moralischer Urteilsfähigkeit betrachtet. Sozialkompetenz wird damit nicht als eigenständiger Entwicklungsprozeß analysiert.[119] Moralische Handlungsfähigkeit erlaubt diesbezüglich einerseits, gesellschaftliche Normen, Werte und Konventionen einhalten zu können und so den sozialen Anforderungen zu genügen. Andererseits ist ein Mensch im moralischen Sinne erst dann wirklich kompetent, wenn es ihm möglich ist, diese Normen und Konventionen auch zu brechen bzw. zu verändern, wenn sie als unangemessen betrachtet werden.[120] Moralische Urteilsfähigkeit befähigt insofern dazu, übergeordnete morali-

---

[117] Vgl. z.B. TILLMANN 1989 sowie KRAPPMANN 1991

[118] Vgl. z.B. DÖBERT; NUNNER-WINKLER 1975

[119] Vgl. z.B. die Ausführungen bei RESCH 1996 sowie DÖBERT; NUNNER-WINKLER 1975 und HEURSEN 1983

[120] Vgl. HEURSEN 1983, S. 56

sche Prinzipien zu entwickeln, um sich z.B. nicht blind sozialem Druck aussetzen zu müssen.[121]

Trotz der Unterteilung in Selbst-, Sach- und Sozialkompetenz im vorangegangenem Abschnitt, die vor allem der pädagogischen und auch einschlägigen betriebswirtschaftlichen Literatur entspricht,[122] wird bei der Betrachtung der Herausbildung dieser Elemente eher der sozialpsychologischen und soziologischen Literatur gefolgt. Damit wird aber nicht die vorherige Unterteilung in Frage gestellt. Sie wird hier lediglich aus einer anderen Perspektive betrachtet. Insbesondere der Bereich Sozialkompetenz, bedingt aber auch die anderen Elemente werden aus dieser Perspektive als eher implizites Ergebnis der Entwicklung von Identität, kognitiven Strukturen und moralischer Urteilsfähigkeit verstanden.

Das Phasenmodell der Entwicklung von Identität

ERIKSON geht davon aus, daß bereits frühkindliche Erfahrungen für die Herausbildung der Persönlichkeit bedeutsam sind. Sie dienen als Vorbereitung auf die Bildung einer eigenständigen Identität. Die Entwicklung des einzelnen wird dabei durch Krisen im Sinne innerer und äußerer Konflikte vorangetrieben, die ein Individuum durchzustehen hat und die zu einem gestärkten Gefühl innerer Einheit und einem Zuwachs an Urteilskraft führen. Sie bringen im positiven Fall das Bewußtsein hervor, seine Sache gut zu machen und zwar gemäß den Standards derjenigen Umwelt, die für diesen Menschen bedeutsam ist.[123]

ERIKSON orientiert sich dabei an den Vorstellungen FREUDS zur Ontogenese der Persönlichkeit. Allerdings betrachtet er nicht pathologische Fälle, sondern die Entwicklung der gesunden Persönlichkeit.[124] Die verschiedenen von ihm beschriebenen Krisen erfolgen in bestimmten Stufen bzw. Phasen, deren erfolgreiche Bewältigung jeweils konkrete Ich-Eigenschaften bereitstellt.[125] Bei jeder Stufe wird dabei nach ERIKSON zunächst ein Anstieg erlebt, dann folgen die Krise und ihre dauernde Lösung. Krisen stellen insofern Wendepunkte im Leben des einzelnen dar, die die Möglichkeit von Fortschritt oder Rückschritt, Integra-

---

[121] Dies könnte z.B. in Mobbing-Situationen von Bedeutung sein, in denen die grundsätzliche Möglichkeit besteht, sich dem sozialen Druck der Ausgrenzung einer anderen Person zu widersetzen. Auch in Joint Ventures spielt dies eine Rolle, wenn es darum geht, sich der anderen Partei gegebenenfalls auch gegen den Widerstand der eigenen anzunähern.

[122] Vgl. als Beispiel für pädagogische Ansätze ROTH 1976. Als Beispiel für die betriebswirtschaftliche Literatur sei hier auf STÜDLEIN 1997, S. 153 ff. verwiesen.

[123] Vgl. ERIKSON 1966, S. 56

[124] Vgl. TILLMANN 1989, S. 20 ff.

[125] Vgl. ERIKSON 1965, S. 240

tion oder Retardierung beinhalten.[126] Die einzelnen Stufen sind dabei fest vorgegeben und entsprechen der in der Person verankerten Bereitschaft, einen Ent-
wicklungsschritt vorzunehmen, angetrieben durch die Interaktion mit der jeweiligen sozialen Umwelt und ihren Anforderungen.[127]

Die erste Phase ist durch die Herausbildung von **Vertrauen** versus **Mißtrauen**
gekennzeichnet. In dieser oralen Phase dominiert die Frage nach der Verläßlich-
keit der Bedürfnisbefriedigung, die bei gelungener Krisenbewältigung zum
grundsätzlichen Vertrauen gegenüber sich und anderen führt.[128]

In der zweiten Phase, die zwischen dem ersten und dritten Lebensjahr stattfindet,
entwickeln sich **Autonomie** bzw. **Scham** und **Zweifel**. Infolge der Herausbildung des muskulären Systems wird Festhalten und Loslassen erprobt. Gelungene Krisenbewältigung spiegelt sich in einem Gefühl der Herrschaft über sich
selbst und in der Entwicklung von Stolz wider. Gelingt die Bewältigung dieser
Stufe nicht, entstehen das Gefühl verlorener Selbstkontrolle und die Gefahr
dauerhafter Zweifel und Schamempfindungen.[129]

Initiative versus **Schuldgefühl** sind die Elemente der dritten, ödipalen Phase
(viertes bis siebtes Lebensjahr), die durch Neugier und Aktivität ausgelöst wird.
Diese Neugier wird jedoch durch Schuldgefühl und Angst und den Aufbau eines
hemmenden Moralgefühls beeinträchtigt. Derartige Beeinträchtigungen ergeben
sich aus der Entwicklung von Geschlechter- und Generationenrollen, die den
Horizont des Erlaubbaren einengen.[130]

In der Latenzzeit nach dem siebten Lebensjahr müssen schulische Leistungen
erbracht werden. Hier bildet sich infolge der Bewältigung schulischer Anforderungen die Wahrnehmung der eigenen **Leistungsfähigkeit** im positiven Sinne

---

[126] Vgl. ERIKSON 1965, S. 265 f.

[127] Vgl. ERIKSON 1965, S. 265. Grundsätzlich unterscheidet ERIKSON acht Phasen, wobei für
die Identitätsentwicklung nur die ersten fünf Phasen der Kindheit und Adoleszenz von
Bedeutung sind. Die drei Phasen nach der Adoleszenz sollen hier nur der Vollständigkeit
halber erwähnt werden. **Intimität** versus **Isolierung** kennzeichnet die Phase des jungen
Erwachsenenseins, in der die Bindungsfähigkeit erprobt wird. In der Phase der **zeugenden
Fähigkeit** versus **Stagnation** geht es um das Interesse an der Stiftung und Erziehung der
nächsten Generation. Schließlich wird in der achten Phase **Ich-Integrität** gegen **Verzweif-
lung** abgewogen, was sich an der Wahrnehmung der Erfülltheit des eigenen Lebens
festmacht. Vgl. ERIKSON 1965, S. 258 ff.

[128] Vgl. ERIKSON 1965, S. 241 f.

[129] Vgl. ERIKSON 1965, S. 248 f.

[130] Vgl. ERIKSON 1965, S. 253

heraus. Erfolgt allerdings keine leistungsgemäße Anerkennung, entsteht die Gefahr dauerhafter **Minderwertigkeitsgefühle**.[131]

Nach der Latenzzeit endet die eigentliche Kindheit. Die nächste Phase beginnt mit dem zwölften/dreizehnten Lebensjahr und der einsetzenden Pubertät. Typisches Merkmal ist das Infragestellen aller bisherigen Kindheitserfahrungen und die Rekonstruierung und Integration der in der Kindheit gesammelten Ich-Erfahrungen zu einer neuen Form der Ich-Identität.[132] Initiiert wird dies durch körperliche Veränderungen und den Beginn sexueller Reife sowie durch veränderte Rollenerwartungen der Umwelt an die Jugendlichen, wie z.B. im Rahmen der anstehenden Berufsentscheidung in der späteren Adoleszenz. Mit diesen Veränderungen sind zunächst Verunsicherung und die Frage, wer man in den Augen der anderen ist, verbunden. Die sich daraus ergebende Rollenkonfusion muß durch die innere Überzeugung gelöst werden, ein Gleichgewicht zwischen Ich-Identität und äußeren Erwartungen gefunden zu haben und dieses auch kontinuierlich beizubehalten.[133] Gelingt im Jugendalter die **Identitätsfindung** - gerade in Relation zu den gesellschaftlichen Rollen - nicht, droht langfristige **Rollendiffusion,** die mit Radikalität und Flucht in eine irreale Welt einhergehen kann.[134]

Das Phasenmodell der kognitiven Entwicklung

Ähnlich wie ERIKSON geht auch PIAGET davon aus, daß sich die Entwicklung kognitiver Strukturen und damit die Denkfähigkeit des Menschen im Kindesalter in Stufen vollzieht. Die Entwicklung kognitiver Strukturen ergibt sich durch adaptive Leistungen des Individuums in bezug auf seine Umwelt mittels Assimilation und Akkomodation.[135] Umwelterfahrungen werden zunächst durch assimilatorische Prozesse in die gegenwärtige intellektuelle Organisation eingefügt. Diese bedarf dann aber einer Veränderung durch Akkomodation, d.h. der Anpassung der alten kognitiven Strukturen an die vorgefundene Realität. Durch das Zusammenspiel von Assimilation und Akkomodation entsteht die Situation eines vorläufigen Gleichgewichts.[136] Dieses Gleichgewicht ist aber insofern unvollständig, als sich zunehmend die Anforderungen der Umwelt nicht mehr

---

[131] Vgl. TILLMANN 1989, S. 204 f.

[132] Vgl. TILLMANN 1989, S. 205

[133] Vgl. ERIKSON 1965, S. 256

[134] Vgl. KREWER; ECKENSBERGER 1991, S. 586

[135] Vgl. hierzu auch die Ausführungen in Abschnitt 2.3.2 zur interkulturellen Interaktion im Modell von DEMORGON/MOLZ.

[136] Vgl. MUUSS 1977, S. 93 f.

mit Hilfe der vorhandenen Strukturen lösen lassen und die Weiterentwicklung zur nächsten Stufe erfolgen sollte.[137]

Ziel dieser Entwicklung ist die Ausbildung kognitiver Strukturen und Schemata derart, daß sie ein aufeinanderbezogenes logisches System von Operationen bilden. Operationen erlauben Übertragungen von vorhandenem Wissen auf Problembereiche auch in anderen Kontexten und ermöglichen so ein sinnhaftes Problemlösen. Sie sind komplexer und differenzierter als Schemata, die lediglich die Grundlage von Operationen bilden.[138] Allerdings entwickelt sich operationales Denken im eigentlichen Sinne erst auf späteren Stufen. Folgende Entwicklungsschritte werden von PIAGET beschrieben:

Bis zum zweiten Lebensjahr dominieren **sensomotorische** Prozesse das Agieren des Kindes. Im Laufe dieser Lebensphase wird die Koordination von Wahrnehmung und Bewegung erlernt. Da es sich hierbei nicht um begriffliche Prozesse handelt, ist diese Phase lediglich als Vorstufe für die Entwicklung des Denkens zu verstehen.[139]

Erst ab dem zweiten Lebensjahr entwickelt sich während der **präoperationalen** Phase eine frühe Form begrifflichen Denkens.[140] Zunächst ist diese Stufe geprägt von einer egozentrischen Assimilation der Wirklichkeit an die eigene Tätigkeit, da das Kind in dieser Phase noch nicht von sich und seinen Handlungen abstrahieren kann. Erst allmählich lernt es, sich den Gedanken anderer anzupassen.[141] PIAGET bezeichnet diese Phase auch als die des **anschaulichen** Denkens, da die Wahrnehmung noch direkt das Denken beeinflußt und räumlich-zeitliche Differenzierungen nicht durchgeführt werden können.[142]

Ab dem siebten Lebensjahr beginnt die neue Phase der **konkreten Operationen**. Erst jetzt wird logisch-arithmetisches und räumlich-zeitliches Differenzieren möglich. Dies bedeutet, daß Beziehungen zwischen unterschiedlichen Konzepten und logische Ordnungssysteme hergestellt werden können.[143] Allerdings

---

[137] Vgl. PIAGET 1980, S. 56 sowie TILLMANN 1989, S. 84

[138] Vgl. MUUSS 1977, S. 92 sowie insgesamt hierzu SEILER 1991, S. 109

[139] Vgl. PIAGET 1980, S. 135 ff.

[140] Vgl. MUUSS 1977, S. 96

[141] Vgl. MUUSS 1977, S. 96

[142] Vgl. PIAGET 1980, S. 146

[143] Vgl. RESCH 1996, S. 143

ist die Anwendung logischer Prinzipien nur bei konkret vorliegendem Material möglich.[144]

Ist Denken dagegen nicht mehr nur auf die Gegenwart gerichtet, sondern ermöglicht es auch vom Handeln unabhängiges, d.h. **hypothetisch-deduktives** Denken, ist die letzte Stufe **formaler Operationen** erreicht.[145] Diese Stufe entwickelt sich ab dem elften/zwölften Lebensjahr.

Die Entwicklung moralischer Urteilsfähigkeit

PIAGET entwickelt seine Vorstellungen von der Entwicklung moralischer Urteilsfähigkeit vor allem auf der Grundlage der Beobachtung des Spiels von Kindern und den sich hieran anschließenden Gesprächen mit ihnen. Entsprechend der sensomotorischen Phase ist das Spielen von Kindern bis zu zwei Jahren durch motorisches Agieren gekennzeichnet, das kaum wirkliche Interaktionsleistungen beinhaltet. Im Alter zwischen drei und sechs Jahren sind zwar stärkere Interaktionen vorhanden, letztlich bleibt das Spiel jedoch auf einer weitgehend egozentrischen Basis. Kooperatives Spiel beginnt dagegen erst ab dem siebten Lebensjahr. Insofern kann erst ab diesem Zeitpunkt die moralische Entwicklung einsetzen. PIAGET unterscheidet dabei drei Stadien, nämlich das Stadium der Nicht-Unterscheidung zwischen Gerechtigkeit einerseits und Vorschrift bzw. Gehorsam andererseits bis zum neunten Lebensjahr, das Stadium der Moral gegenseitiger Achtung und der strengen Reziprozität ab dem neunten Lebensjahr und das Stadium der Idee der Angemessenheit ab dem elften Lebensjahr.[146]

KOHLBERG differenziert diese Stadien wie folgt weiter aus: Auf der ersten Stufe der **präkonventionellen** Moral haben Werte und Normen die Eigenschaften von externen, quasi-physikalischen Ereignissen. Dabei können zwei aufeinanderfolgende Stadien unterschieden werden. Zunächst erfolgt Gehorsam allein aufgrund drohender Sanktionen. Im zweiten Stadium wird Handeln dann als grundsätzlich richtig angesehen, wenn es als Instrument eigener, gelegentlich auch anderer Bedürfnisse dient.[147]

Die zweite Stufe wird als **konventionelle** Moralvorstellung bezeichnet. Moralische Werte werden durch die Übernahme entsprechender Rollen und die Auf-

---

[144] Vgl. GEULEN 1991, S. 29

[145] Vgl. PIAGET 1980, S. 167 ff.

[146] Vgl. AEBLI 1983, S. 15 ff. sowie insgesamt hierzu PIAGET 1983

[147] Vgl. KOHLBERG 1995, S. 128 f. sowie TURIEL 1977, S. 120

rechterhaltung konventioneller Ordnungen realisiert. Auch hier können verschiedene Stadien unterschieden werden. Zunächst dominiert die Orientierung an Bravheit. Durch Konformität wird versucht, den eigenen Bezugspersonen zu gefallen. Im weiteren wird eine soziale Ordnung oder auch die Autorität anderer um ihrer Selbst willen akzeptiert.[148]

Erst auf der dritten Stufe der **postkonventionellen** Ordnung wird der Sinn moralischer Werte und die Anerkennung von geteilten Maßstäben zum Bewußtseinsgegenstand von Kindern bzw. Jugendlichen. Im ersten Stadium dieser Ebene, im Stadium des 'kontraktuellen Legalismus' dominiert zwar noch die Orientierung an Mehrheitsentscheidungen, spätestens ab dem letzten Stadium der Gewissens- und Prinzipienentscheidung fungieren als steuernde moralische Instanz jedoch diejenigen Normen und Werte, die nicht nur aktuell festgelegte soziale Regeln darstellen, sondern die auch individuell als moralisch notwendig und verallgemeinerungsfähig erachtet werden.[149] Diese Ebene beinhaltet insofern ein großes Autonomiepotential, als die hier akzeptierten Normen und Wertvorstellungen der eigenen Urteilsfähigkeit entspringen. Sie erlauben dem Individuum, sich in Interaktionssituationen als verläßlicher und in seinen Wertvorstellungen konstanter Interaktionspartner zu präsentieren. Allerdings sollte die moralische Urteilsfähigkeit sich nicht nur durch Autonomie und Rigorismus auszeichnen. Vielmehr sollten Normen- und Wertvorstellungen auch Gegenstand und Ergebnis eines intersubjektiven Diskurses sein können, damit nicht nur konstante, sondern auch sozialkompetente und gemeinschaftsfähige Interaktionspartner in Beziehung treten können.[150]

Die drei dargestellten Phasenmodelle von ERIKSON, PIAGET und PIAGET/KOHLBERG erfahren ihre Bedeutung für die Herausbildung interkultureller Handlungskompetenz durch ihre wechselseitige Ergänzung bzw. durch das Zusammenwirken aller angesprochenen Entwicklungsschritte. In der Literatur wird in bezug auf die Beschreibung dieses Zusammenwirkens vor allem auf das Modell der Entwicklung kommunikativer Kompetenz von HABERMAS und von DÖBERT/NUNNER-WINKLER verwiesen. Dies gilt sowohl für die Sozialisationstheorie,[151] die Forschungen des Max-Planck-Institutes für Bildungsforschung über die Entwicklung von Autonomie und Handlungskompetenz bei Arbeitnehmern[152] als

---

[148] Vgl. TURIEL 1977, S. 120, RESCH 1996, S. 137 sowie KOHLBERG 1995, S. 129 f.

[149] Vgl. TURIEL 1977, S. 120

[150] Vgl. hierzu DÖBERT; NUNNER-WINKLER 1975, S. 44

[151] Vgl. z.B. TILLMANN 1989, S. 213 ff. sowie GEULEN 1991, S. 49

[152] Vgl. HOFF; LEMPERT; LAPPE 1991 sowie LEMPERT 1998

auch für die Ansätze zur moralischen Erziehung in der Wirtschaftspädagogik.[153] Im Modell der Entwicklung kommunikativer Kompetenz werden die dargestellten Phasenmodelle aufgegriffen und hieraus ein integriertes Modell entwickelt. Kommunikative Kompetenz im Sinne dieses Modells entspricht dabei weitgehend der sozialen Handlungsfähigkeit, wie sie in Abschnitt 3.1.1 dargestellt wurde.

Das integrierte Phasenmodell zur Entwicklung kommunikativer Kompetenz

Im Modell der Entwicklung kommunikativer Kompetenz werden die verschiedenen Phasen von ERIKSON, PIAGET und KOHLBERG auf drei wesentliche reduziert, die mit Hilfe der Entwicklungsschübe 'Schulreife' und 'Pubertät' voneinander abgegrenzt werden können. Diese zwei Entwicklungsschritte sind deshalb von Bedeutung, da in bezug auf die Schulreife aus kognitiver Sicht der Übergang vom präoperationalen zum konkret-operationalen Denken stattfindet. Gleichzeitig wird aus psychodynamischer Sicht die ödipale Krise überwunden und das Kind wird fähig, verschiedene Rollen in Schule und Familie zu übernehmen. Die Pubertät stellt das zweite wichtige Übergangsstadium dar, weil sich hier im Rahmen der Bewältigung der Adoleszenzkrise die eigentliche Ich-Identität herausbildet. Gleichzeitig wird aus kognitiver Sicht der Übergang vom konkret-operationalen zum formal-operationalen Denken möglich.[154]

In der präsozialen Phase der natürlichen Identität, die bis zur Schulreife andauert, ist aufgrund der begrenzten kognitiven Schemata und der egozentrischen Orientierung des Kindes noch keine wirkliche Rollenübernahme möglich. Als natürliche Identität kann diese Phase deshalb bezeichnet werden, weil ein Kind noch nicht auf der Basis geteilter Erwartungen, d.h. sozialer Normen oder spezieller Rollen in das Familienleben integrierbar ist. Vielmehr muß es erst langsam Restriktionen und soziale Tabus erlernen, die bislang nur in Form von physischen, d.h. natürlichen Hindernissen erlebt wurden.[155] Moralische Probleme existieren auf dieser Stufe noch nicht, da das Verhalten nicht reflektiert und in den sozialen Kontext gestellt werden kann.[156]

Diese Reflexionsmöglichkeit und die Relevanz des sozialen Kontextes beginnen erst mit der Herausbildung der Geschlechterrolle und der Internalisierung der Generationenrolle nach der ödipalen Phase und mit dem Beginn der Schulreife

---

[153] Vgl. hierzu HORLEBEIN 1998 sowie REEMTSMA-THEIS 1998

[154] Vgl. DÖBERT; HABERMAS; NUNNER-WINKLER 1977, S.13 f.

[155] Vgl. DÖBERT; NUNNER-WINKLER 1975, S. 38 f.

[156] Vgl. DÖBERT; NUNNER-WINKLER 1975, S. 39

zu greifen. In dieser Zeit werden das differenzierte familiäre Interaktionssystem und die damit einhergehenden grundlegenden sozialen Regeln und Normen erlernt. Die Fähigkeit zu konkreten Operationen unterstützt hierbei mittels zunehmender sprachlicher Differenziertheit die sozialen Interaktionen und den Erwerb von Norm- und Wertvorstellungen. Verschiedene Sachverhalte können aufeinander bezogen und ihre logischen Zusammenhänge erklärt werden.[157] Im Verlauf dieser immer bewußter werdenden Auseinandersetzung mit der sozialen Umwelt wird es dem Kind allmählich möglich, die Perspektive anderer in sein Denken und Handeln einzubeziehen. Hierdurch, insbesondere aber durch das Erlernen sozialer Tabus im Sinne der Geschlechter- und Generationenrollen, werden nun moralische Fragestellungen relevant. Bis zur nächsten Phase der Adoleszenz entwickeln sie sich im Sinne KOHLBERGS vom präkonventionellen zum konventionellen Stadium, in dem Regeln zunächst noch aufgrund drohender Sanktionen, später dann um ihrer selbst willen anerkannt werden.[158] Das postkonventionelle Stadium autonomer moralischer Urteilsfähigkeit ist aufgrund der noch nicht voll entwickelten Ich-Identität in dieser Phase nicht erreichbar.

Erst in der Adoleszenzphase bietet sich im optimalen Fall die Möglichkeit, eine flexible, aber dennoch prinzipiengeleitete Ich-Identität aufzubauen. Dies bedeutet, daß nicht nur eine strikt rollengebundene Identitätsformation existieren sollte, sondern eine stärker individualisierte, auch rollenunabhängige Herausbildung der Persönlichkeitsstruktur möglich wird. Sie erlaubt autonomes, an eigenen Prinzipien orientiertes und konstantes Handeln.[159] Andererseits wird durch die Herausbildung von Flexibilität die notwendige Situationsangemessenheit von moralischen Urteilen und sozialem Verhalten möglich. Die neugewonnene Identität spiegelt sich dementsprechend in der moralischen Urteilsfähigkeit auf postkonventionellem Niveau wider.

Ausgelöst wird dieser Veränderungsprozeß vor allem durch körperliche Veränderungen und der damit einhergehenden Intensivierung der 'Peer-Group-Interaktionen'. Gleichzeitig steht in der Regel in dieser Phase die Vorbereitung auf die zukünftige Berufsrolle und der Aufbau einer eigenständigen Existenz an. Jugendliche sind insofern einerseits mit dem Erwartungsdruck konfrontiert, in die Erwachsenenwelt einzutreten, andererseits wird ihnen die volle Zugehörig-

---

[157] Vgl. DÖBERT; NUNNER-WINKLER 1975, S. 40

[158] Vgl. DÖBERT; NUNNER-WINKLER 1975, S. 40 f.

[159] Vgl. DÖBERT; NUNNER-WINKLER 1975, S. 41

keit in der Regel noch nicht erlaubt.[160] Typisches Merkmal dieser Zwischenphase ist die Suche nach einer eigenständigen Identität, zunächst vor allem durch Abgrenzung von den Norm- und Wertvorstellungen der älteren Generation. Unterstützt wird dieser Prozeß durch die zunehmende Fähigkeit zu formalen Operationen, die es dem Jugendlichen grundsätzlich ermöglichen, sich von unmittelbar Vorgegebenem, wie etwa Moralvorstellungen der Eltern, zu lösen und Alternativen im Sinne hypothetischer Möglichkeiten zu bedenken.[161]

Grundsätzlich kann nicht davon ausgegangen werden, daß immer die höchsten Stufen bezüglich der Bereiche Identität, kognitive Strukturen und moralische Urteilsfähigkeit erreicht werden. Vielmehr existieren auf jeder Stufe und in jedem Bereich Gefahren in Form von Krisen, deren Bewältigung ge- oder mißlingen kann. Es muß auch damit gerechnet werden, daß Störungen in einem Bereich, z.B. bezüglich der Identität, auch andere Bereiche beeinflussen und letztlich die Persönlichkeitsentwicklung insgesamt betreffen können. In bezug auf interkulturelle Handlungskompetenz ist nun von Bedeutung, unter welchen Bedingungen die Herausbildung von Persönlichkeitsstrukturen gefördert oder beeinträchtigt werden, die einer solchen Kompetenz dienlich sind.

Faktoren der Förderung und Beeinträchtigung von Handlungskompetenz

Als besonders krisengefährdet wird in der Regel die Adoleszenzphase eingeschätzt. Kennzeichen der Krise ist nach DÖBERT/NUNNER-WINKLER die übersteigerte Selbstreflexion und überhöhte eigene Zukunftsprojektion in der Frühadoleszenz sowie die Dominanz der Distanzierung von alten Strukturen.[162] Wird diese Phase erfolgreich überwunden und kommt es zu einem positiv besetztem Selbstbild, ist die massive Distanzierung von gesellschaftlich und im Elternhaus verbindlichen Wertorientierungen nicht mehr notwendig. Hierdurch wird nun keine Identitätsbedrohung mehr ausgelöst.[163] Gelingt diese Neustabilität jedoch nicht, besteht die Gefahr, daß die Integration in die Gesellschaft, die Ausbalancierung der verschiedenen Lebensbereiche sowie eine einheitsstiftende Interpretation der bisherigen Biographie zu einer stabilen Ich-Identität mißlingen. Folge wäre dann eine diffuse, gespaltene und labile Identität, die den

---

[160] Die Verhinderung einer vollen Zugehörigkeit zum Erwachsenenstatus ergibt sich z.B. durch eine weiterhin bestehende Schulpflicht oder eine noch nicht bestehende Berufstätigkeit. Vgl. hierzu auch die Ausführungen im nächsten Abschnitt.

[161] Vgl. DÖBERT; NUNNER-WINKLER 1975, S. 42

[162] Vgl. DÖBERT; NUNNER-WINKLER 1975, S. 42 f.

[163] Vgl. DÖBERT; NUNNER-WINKLER 1975, S. 43 f.

Anforderungen sozialer Situationen nur mühsam oder im schlimmsten Falle gar nicht gerecht werden kann.[164]

Dabei besteht ein Zusammenhang von Identitätsdiffusion und geringer moralischer Urteilsfähigkeit. Bei schwacher Ich-Identität besteht eine stärkere Tendenz, auf konventionelle, partiell sogar auf präkonventionelle Strukturen des moralischen Urteils zurückzugreifen.[165] Dies zeigt sich z.b. darin, daß Personen mit schwach ausgebildeter Identität stärker zu Vorurteilen und Stereotypen neigen und leichter durch fremdartige und ambivalente Situationen zu verunsichern sind. Sie bevorzugen autoritäre Strukturen, um so ihre innere Unsicherheit auszugleichen.[166]

Allerdings fördert nicht nur eine instabile Ich-Identität die Neigung zu Vorurteilen und Stereotypen. Auch eine gering ausgebildete kognitive Strukturiertheit, die kaum begriffliche und inhaltliche Differenzierungen zuläßt, also eher dem anschaulichen, allenfalls noch dem anfänglich operationalen Denken verhaftet bleibt, führt zu Übergeneralisierungen und Vereinfachung. So betont LILLI:

"Die zur Stereotypisierung neigende Persönlichkeit läßt sich von äußeren Bedingungen leiten, ihre kognitiven Entscheidungen sind kaum von innen gesteuert. Daher erlebt sie im Denken und Wahrnehmen nur selten Konflikte, was die Stabilität ihrer Urteile begünstigt."[167]

Diese Leitung durch äußere Bedingungen entspricht genau den kognitiven Strukturen des anschaulichen Denkens. Es stellt sich aber die Frage, wieso auch Erwachsene partiell auf diese, der frühen Kindheit zuzurechnenden Strukturen zurückgreifen. In diesem Zusammenhang ist auf die Tatsache hinzuweisen, daß nicht bewältigte Krisen in der Kindheit zu Störungen im Erwachsenenalter bzw. zur Nicht-Bewältigung der Adoleszenzphase führen können.

Als erste wichtige Phase ist diesbezüglich der frühkindliche Aufbau eines Urvertrauens zwischen Säugling und der Bezugsperson, in der Regel der Mutter, zu nennen. Hierauf weisen vor allem die Untersuchungen von BOWLBY und AINSWORTH et al. zur Herstellung und Lösung affektiver Bindungen hin.[168] Un-

---

[164] Vgl. DÖBERT; HABERMAS; NUNNER-WINKLER 1977, S. 14

[165] Vgl. PODD 1977, S. 215

[166] Vgl. hierzu z.B. FRITZSCHE 1997, S. 61 ff. sowie die Ausführungen in Kapitel 3.1.2 und 2.3.2

[167] LILLI 1975, S. 81

[168] Vgl. z.B. BOWLBY 1980 sowie AINSWORTH; BLEHAR; WATERS; WALL 1978

tersuchungsgegenstand ist das frühkindliche Erleben von Geborgenheit und sein Einfluß auf die zukünftige Bindungsfähigkeit und das Selbstvertrauen einer Person. Eine gesunde Persönlichkeit, die dieses Ur-Vertrauen aufgebaut hat, kann sich auch später vertrauensvoll auf andere verlassen. Darüber hinaus ist eine solche Person auch in der Lage, selbst Verantwortung zu übernehmen und insofern handlungsfähig zu sein.[169] Bei Kindern zeigen sich Folgen des Aufbaus frühkindlichen Vertrauens unter anderem daran, daß sie im Kindergarten und in der Schule ein adäquateres Sozialverhalten, mehr Phantasie und ein höheres Selbstwertgefühl zeigen.[170] Diese Fähigkeiten helfen dann auch, spätere Phasen besser zu bewältigen. KETS DE VRIES sieht sogar einen direkten Zusammenhang zwischen frühkindlichen Bindungserfahrungen und der Kompetenz globaler Führungskräfte beim Umgang mit Fremden.[171]

Im weiteren sind die elterlichen Erziehungstechniken, insbesondere die Art des Umganges mit formalen Regeln und Autorität, für die Entwicklung von Handlungskompetenz von Bedeutung. So führen z.B. Erziehungstechniken, die formale Regeln und äußere Verhaltensmaßstäbe sehr stark überbewerten, häufig dazu, daß nicht nur konventionelle Moralvorstellungen verfestigt werden, die keinen Raum für die Entwicklung von Alternativen und damit postkonventionellen Urteilsstrukturen lassen. Vielmehr führt eine solche Überbetonung formaler Regeln und tendenziell autoritärer Strukturen zu einer reduzierten Autonomie- und damit Identitätsentwicklung des Kindes.[172] Durch Erziehungspraktiken mit geringer Kontrolle und Willkür und statt dessen der Gelegenheit, sich konstruktiv und kommunikativ mit der Umwelt und mit Problemen auseinanderzusetzen, wird das Kind dagegen angehalten, differenzierte kognitive Strukturen zu entwickeln.[173] In verschiedenen Untersuchungen zeigte sich diesbezüglich auch, daß Kinder, die im Elternhaus in einer demokratischen Atmosphäre aufwachsen, auch später eine freiere Teilnahme an sozialen Aktivitäten, mehr Durchsetzungskraft, Selbstsicherheit und kreativeres, konstruktiveres Verhalten zeigen.[174] KREPPNER weist darauf hin, daß die familiären Umgangsformen das Reservoir bilden, aus dem zukünftige Sozialbeziehungen gespeist werden.[175]

---

[169] Vgl. BOWLBY 1980, S. 132. Überblicksartig über die Auswirkungen verschiedener frühkindlicher Bindungserfahrungen vgl. auch SHAVER; COLLINS; CLARK 1996

[170] Vgl. RESCH 1996, S. 63

[171] Vgl. KETS DE VRIES 1996, S. 103

[172] Vgl. hierzu STEINKAMP 1991, S. 264

[173] Vgl. HUBER; MANDL 1991, S. 524 ff.

[174] Vgl. DAU 1975, S. 386 sowie GIZYCKI 1970, S. 59

[175] Vgl. KREPPNER 1991, S. 333

164

Dies bedeutet, daß die Art und Weise des Umganges in der Familie und besonders auch die Art und Weise der Konfliktbewältigung auf zukünftige Interaktionsformen auch außerhalb der Familie einwirken.

Für die kognitive Entwicklung ist ferner von Bedeutung, daß die Eltern die Auseinandersetzung mit der Umwelt aktiv unterstützen und ihre Kindern dabei begleiten. So wird ein intellektuelles Angebot zur Entwicklung kognitiver Strukturen bereitgestellt[176] und gleichzeitig ein angstfreies und mutiges 'Sich-Einlassen' auf die soziale Umwelt gefördert.

Während die bislang dargestellten Faktoren des Elternhauses vor allem Erziehungsstile betreffen, weist RESCH auch auf Einflußfaktoren hin, die aus pathogenen Familienstrukturen resultieren und sich negativ auf die Persönlichkeitsentwicklung auswirken können. So verhindern familiäre Strukturen, die Andersartigkeit leugnen und eine Pseudoharmonisierung der Familie betreiben, die Entwicklung von differenzierten Strukturen, Individualität und Konfliktfähigkeit. Existiert dagegen eine überstarke Beschäftigung mit den einzelnen Familienmitgliedern, kann es zur sogenannten 'Verstrickung' kommen, bei der eine unscharfe gegenseitige Vermischung von Gedanken und Gefühlen die klare Wahrnehmung der eigenen Bedürfnisse auf der einen Seite und der Bedürfnisse anderer auf der anderen Seite beeinträchtigt.[177] Hier ist die Entwicklung von Identität und Autonomie sowie vor allem von Empathiefähigkeit gestört.

Über die familiären Einflüsse hinaus wirken auch außerfamiläre Erlebnisse in Kindergarten, Schule und 'Peer-Groups' auf die Entwicklung von Handlungskompetenz ein.[178] Insbesondere entscheidet sich durch schulische Erfolge häufig, ob ein positives Selbstvertrauen bezüglich der eigenen Leistungsfähigkeit aufgebaut oder ob das Selbstvertrauen durch Mißerfolge beeinträchtigt wird.[179] Auch ist die Interaktion mit Gleichaltrigen wichtig, um Kooperation und Wechselseitigkeit ohne das Eingreifen von Autoritätsinstanzen (z.B. Eltern oder Lehrer) zu lernen.[180] Auf diese Weise wird der Umgang mit Konkurrenz, aber auch Kollegialität, Solidarität, Freundschaft und Partnerschaft geübt.[181] Darüber hinaus läßt sich aus dem Modell der Entwicklung kommunikativer Kompetenz

---

[176] Vgl. hierzu KELLER; WEINERT; ZEBERGS 1975, S. 66

[177] Vgl. RESCH 1996, S. 63

[178] Vgl. zur Bedeutung des Kindergartens COLBERG-SCHRADER; DERSCHAU 1991, S. 335 ff.

[179] Vgl. ULICH 1991, S. 389

[180] Vgl. KRAPPMANN 1991, S. 356

[181] Vgl. RESCH 1996, S. 69

ableiten, daß bei einer Beendigung der Schulpflicht vor dem Abschluß der Pubertät wichtige Entwicklungsschritte bezüglich Autonomie, Rollendistanz und Reflexivität verhindert werden. Diese gelangen nämlich erst im frühen Erwachsenenalter zur vollen Entfaltung und bedürfen vorab der schulischen und bildungsorientierten Förderung. Für die Entwicklung interkultureller Kompetenz ist deshalb auch die Schulbildung einer Person von Relevanz.

Der Zusammenhang von früher Sozialisation und interkultureller Handlungskompetenz ist nach KETS DE VRIES dadurch gegeben, daß Kindheitserfahrungen Auswirkungen auf den Umgang mit fremden Situationen im Erwachsenenalter haben:

> "Wegen ihrer anfänglich festen Beziehung fühlen sich die einen im Umgang mit fremden Kulturen wohler als andere - ein entscheidender Vorteil auf dem Weg zur globalen Führungskraft."[182]

Eine geeignete globale Führungskraft hat durch eine angemessene narzißtische Basis in der Regel keine Angst vor Fremden.[183] Das Ausmaß des vorhandenen individuellen Selbstwertgefühls entscheidet folglich über die Stärke eines eventuellen Kulturschocks.

Es stellt sich nun allerdings die Frage, ob die individuelle Prägung in der frühen Sozialisation als derart abgeschlossen und determiniert betrachtet werden sollte, daß keinerlei Veränderungen bei Erwachsenen mehr denkbar wären. Damit wäre eine Schulung zur Vorbereitung von Joint Venture-Mitarbeitern letztlich überflüssig. Eine solche Sichtweise scheint aber, ungeachtet der Bedeutung der frühen Sozialisationsphase, zu weit zu gehen. Auch im Erwachsenenalter ergeben sich noch Veränderungs- und Schulungsmöglichkeiten. Jedoch besitzen sie einen qualitativ anderen Charakter als die Entwicklungsprozesse bei Kindern, worauf in entsprechenden Trainingsmaßnahmen zu achten ist. Merkmale der Sozialisation von Erwachsenen und ihr Einfluß auf die Entwicklung interkultureller Handlungskompetenz sollen deshalb im folgenden Abschnitt betrachtet werden.

---

[182] KETS DE VRIES 1996, S. 103 f.

[183] Vgl. KETS DE VRIES 1996, S. 104.

3.2.2 Möglichkeiten und Grenzen der Entwicklung interkultureller Handlungskompetenz bei Erwachsenen

Um das 'qualitativ Andere' der Erwachsenensozialisation beschreiben zu können, muß geklärt werden, was das Spezifische des Erwachsenseins ausmacht. Bei einigen Autoren wird der Übergang vom Jugendlichen zum Erwachsenen durch fünf soziale Ereignisse beschrieben, nämlich durch den Abgang von der Schule und die Beendigung der Ausbildung, den Eintritt in das Berufsleben, das Verlassen der Herkunftsfamilie, die Heirat und die Gründung eines eigenen Haushaltes.[184] Sicherlich müssen diese Ereignisse heute hinsichtlich ihrer Bedeutung für den Erwachsenenstatus relativiert werden. So verlangt der technisch-ökonomische Wandel lebenslanges Lernen, was auch mit immer erneutem Besuch von Bildungseinrichtungen, also im weiteren Sinne von Schulen, verbunden sein kann. Ebenso hat sich die Bedeutung der Heirat bzw. der Institution Ehe als Charakteristikum des Erwachsenenseins relativiert. KOHLI weist z.B. auf die zunehmende Destandardisierung von Familienstrukturen hin.[185] Dennoch bieten die oben genannten Ereignisse insofern einen Ansatzpunkt, als sie versuchen, den Erwachsenen durch eine relative ökonomische und familiäre Autonomie sowie den Abschluß seiner Bildungsbiographie zu beschreiben. Im Gegensatz zu Jugendlichen zeichnen sich Erwachsene danach durch einen höheren Grad an biographischer Identität aus, den sie im Laufe ihrer Lebensgeschichte gewinnen konnten. Sie sind insofern weniger auf der Suche nach Auseinandersetzungsmöglichkeiten mit ihrer sozialen Umwelt im Sinne der Identitäts- und Sinnfindung.[186]

Diese Sicht der Unterschiede zwischen Erwachsenen und Kindern bzw. Jugendlichen führte bis in die 60er Jahre dazu, daß der Erwachsene als Subjekt von Sozialisationsprozessen weitgehend ignoriert wurde. Statt dessen wurden Erwachsene

"in der Regel als fertiges Produkt eines Vergesellschaftungsprozesses betrachtet, in dem der menschliche Organismus sich in Interaktions- und Kommunikationsprozessen mit einer sozio-kulturellen Umwelt zur stabilen handlungs- und funktionsfähigen Persönlichkeit mit festen Verhaltensmustern entwickelt hat."[187]

---

[184] Vgl. ARNOLD 1988, S. 113 sowie GLOGER-TIPPELT 1986, S. 86

[185] Vgl. KOHLI 1991, S. 312

[186] Vgl. ARNOLD 1985, S. 15

[187] GRIESE 1979b, S. 213

Ab den 60er Jahren rückte allerdings zunehmend auch die Sozialisation von Erwachsenen in das wissenschaftliche Blickfeld, angeregt durch die am Interaktionismus orientierten Forschungen zur Persönlichkeitsveränderung aus den USA.[188] Die diesbezüglich darauf aufbauende Auseinandersetzung mit dem Phänomen der Erwachsenensozialisation geht vor allem auf BRIM/WHEELER zurück.[189] Im deutschsprachigen Raum wurden diese Ansätze seit den 70er Jahren aufgegriffen und weiterentwickelt. Auch hier wurde zunehmend von finalistischen Ansätzen abgerückt und statt dessen die Lebenslaufperspektive in den Blick genommen.[190] Dieser Sichtweise folgend wird nicht ein Endprodukt, nämlich der fertig sozialisierte Erwachsene als Ergebnis von Sozialisationsprozessen erwartet, sondern es wird von einem lebenslangen Prozeß der Inidividuum-Umwelt-Wechselwirkung ausgegangen.[191] Dies bedeutet zweierlei: Zum einen wird der Blick auf die Tatsache frei, daß Lebenskrisen oder einschneidende Veränderungen die Identität berühren und sogar erschüttern können, was mit neuer Identitätssuche und damit mit erneuten sozialisatorischen Prozessen verbunden ist. Zum anderen wird aus dieser Perspektive deutlich, daß über bloßes Faktenlernen hinaus auch im Erwachsenenalter noch Sozialisationsprozesse stattfinden. Die Herausbildung interkultureller Handlungskompetenz ist darum grundsätzlich auch im Erwachsenenalter noch möglich.

Allerdings kann aus der Einnahme der Lebenslaufperspektive nicht die Schlußfolgerung gezogen werden, daß eine vollkommene, unvoreingenommene Veränderung und Prägung der Gesamtpersönlichkeit in allen Lebensphasen möglich ist. Vielmehr gibt es kritische Perioden im menschlichen Lebenszyklus, in denen bestimmte Dinge erlernt werden müssen bzw. die zu einem späteren Zeitpunkt nur noch mühsam oder gar nicht mehr erworben werden können.[192] Diese zeitlich begrenzten Entwicklungsphasen können auch als Lernfenster bezeichnet werden. Sie betreffen z.B. grundlegende Bewegungsabläufe, sprachliche oder musische Fähigkeiten.[193]

Erwachsenensozialisation ist demzufolge als ein Prozeß zu verstehen, in dem eine bereits grundsätzlich handlungsfähige und mit Identität versehene Person

---

[188] Vgl. z.B. SECORD; BACKMAN 1964

[189] Vgl. BRIM; WHEELER 1966

[190] Vgl. ARNOLD; KALTSCHMID 1986, S. 9. Insbesondere KOHLI sei hier als Vertreter der Lebenslaufperspektive genannt. Vgl. z.B. KOHLI 1991

[191] Vgl. ENGEL; OSTERRATH 1979, S. 180

[192] Vgl. BRIM 1979, S. 66

[193] Vgl. SCHANZ 1998, S. 66

ihre Identität und ihr Verhalten in einem gewissen Rahmen ändert.[194] Diese Veränderung kann vor allem als Rollenanpassung bzw. als das Erlernen von Rollen im sozialen Kontext charakterisiert werden.[195] Besonders offensichtlich ist dies bezüglich der Rollenübernahme in beruflichen Kontexten, was schon allein wegen der zeitlichen Dominanz der beruflichen Erfahrungen im Leben von Erwachsenen von besonderer Bedeutung ist. Entsprechend nimmt die Betrachtung der beruflichen Sozialisation hier einen großen Raum ein.

Berufliche Sozialisation beinhaltet weniger die Aneignung fachlicher Qualifikationen als vielmehr das Lernen und Verlernen für und durch unmittelbare soziale Aspekte von Arbeit. Berufliche Sozialisation ist also weniger ein geplanter und gesteuerter Prozeß als eine Begleiterscheinung von beruflicher Tätigkeit.[196] ROSENSTIEL/MOLT/RÜTTINGER beschreiben die entsprechenden Sozialisationseffekte abhängig von den jeweiligen organisatorischen Bedingungen. Dabei unterteilen sie die organisatorischen Bedingungen, die für den Sozialisationsprozeß von entscheidender Bedeutung sind, in drei Kategorien, nämlich die Organisationsstruktur, die unterschiedlichen Gruppen (z.B. Vorgesetzte, Untergebene etc.) und die gestellten Aufgaben. Diese drei Kategorien haben einerseits Auswirkungen auf Fähigkeiten, Kenntnisse und Fertigkeiten sowie bestimmte Einstellungen und Werte bzw. Normorientierungen zur erfolgreichen Bearbeitung der gestellten Aufgaben, andererseits stellen sie Anreize, Belohnungen und Sanktionen dar.[197]

LEMPERT/HOFF/LAPPE weisen in ihrer Untersuchung zur Persönlichkeitsentwicklung von Facharbeitern darauf hin, daß sich moralische Urteilsfähigkeit auf postkonventioneller Ebene in der Regel erst im Erwachsenenalter herausbildet.[198] Aus dieser Perspektive sind berufliche Erfahrungen für die Entwicklung von Handlungsfähigkeit mindestens so relevant wie die kindliche Sozialisation.[199] Förderlich für eine entsprechende, im Rahmen der beruflichen Sozialisation entwickelte moralische Urteilsfähigkeit sind dabei vor allem die Art des

---

[194] Vgl. GRIESE 1979b S. 218

[195] Vgl. BECKER 1979, S. 55. Dies setzt aber voraus, daß eine grundsätzliche Fähigkeit zur Rollenübernahme bereits existiert, d.h., daß man in der Kindheit die Fähigkeit zum Rollenlernen generell erworben hat. Vgl. LAGA 1979, S. 245. Fehlt diese gänzlich, muß davon ausgegangen werden, daß auch die grundsätzliche Integration in die Gesellschaft und die Lebensbewältigung in ihr nicht gelingt.

[196] Vgl. LEMPERT 1995, S. 343

[197] Vgl. ROSENSTIEL; MOLT; RÜTTINGER 1988, S. 78 ff.

[198] Vgl. LEMPERT; HOFF; LAPPE 1979, S. 155 ff.

[199] Vgl. HARNEY 1995, S. 77

Umganges zwischen Vorgesetzten und Mitarbeitern sowie die gestellten Aufgaben. Von den Autoren genannt werden dabei:

- die offene und angstfreie Konfrontation mit sozialen Problemen und Konflikten,

- die zuverlässig gewährte Wertschätzung und soziale Anerkennung durch Autoritäten und gleichgestellte Personen,

- die zwanglose Kommunikation auch in Mitarbeiterbesprechungen,

- die Partizipation an kooperativen Entscheidungen bei gemeinsamen Angelegenheiten sowie

- die fähigkeitsangemessene Zuweisung und realistische Zurechnung von Verantwortung für sich und andere.[200]

Allerdings sind auch negative Konsequenzen beruflicher Sozialisation möglich. Insbesondere ein sehr geringes Ausmaß an Selbstbestimmtheit und hohe Kontrolle in der Arbeit führen langfristig zu negativen Sozialisationseffekten.[201] So weisen verschiedene Untersuchungen einen Zusammenhang zwischen erfahrener Kontrolle und begrenzter Autonomie am Arbeitsplatz einerseits sowie zunehmender Passivität und Hilflosigkeit andererseits nach. Je weniger Möglichkeiten bestehen, auf die eigenen Arbeitsbedingungen Einfluß zu nehmen und je rigider die eigene Tätigkeit externen Kontrollen unterliegt, desto eher entwickelt sich die feste Erwartung, auch zukünftig kaum Einfluß nehmen zu können. In der Folge entsteht das grundsätzliche Gefühl von Kontrollverlust. In der Literatur wird dieses Phänomen als gelernte Hilflosigkeit beschrieben.[202] Neben motivationalen Konsequenzen, nämlich zunehmender Passivität, ergeben sich auch im kognitiven und emotionalen Bereich negative Begleiterscheinungen. So entsteht die Tendenz, auch positive Erlebnisse nicht mehr eigenem Handeln zuzuschreiben, sondern statt dessen kognitive Strukturen zu entwickeln, die grundsätzlich an eine stärkere Wirkung äußerer Faktoren, wie z.B. Zufall, glauben. Zunehmende Angst und Hilflosigkeit sind schließlich mögliche emotionale Effekte gelernter Hilflosigkeit.[203]

---

[200] Vgl. LEMPERT 1995, S. 346 f.

[201] Auch für die Analyse dieser negativen Sozialisationseffekte sind also die von ROSENSTIEL/MOLT/RÜTTINGER genannten Kontextfaktoren relevant.

[202] Vgl. hierzu vor allem die Untersuchungen von SELIGMAN 1975

[203] Vgl. FRESE 1979, S. 66

Gelernte Hilflosigkeit kann auch mit dem Konzept der Kontrollüberzeugungen in Verbindung gebracht werden, d.h. mit den generalisierten Erwartungshaltungen eines Individuums darüber, ob es durch eigenes Verhalten wichtige Ereignisse in seinem Leben beeinflussen kann oder nicht.[204] Wichtig ist dabei, daß Personen mit internalen Kontrollüberzeugungen, also der Erwartung, durch das eigene Verhalten Situationsänderungen herbeiführen zu können, eher zu Aktivität neigen als Personen mit externalen Kontrollüberzeugungen.[205]

Wesentliche Zusammenhänge wurden auch zwischen den beruflichen Bedingungen, und hier insbesondere der Arbeitskomplexität, und der intellektuellen Flexibilität eines Menschen festgestellt. So zeigen Untersuchungen wie die von KOHN/SCHOOLER, daß mit selbstbestimmterer und anspruchsvollerer Arbeit insgesamt eine größere intellektuelle Flexibilität und ein größeres Selbstvertrauen einhergehen.[206] Umgekehrt führen Arbeitsbedingungen, die die Möglichkeit zur Selbstbestimmung einschränken oder die mit Druck und Ungewißheit verbunden sind, langfristig zu eher wenig effektiven intellektuellen Leistungen und ungünstigen Selbstkonzeptionen.[207]

Allerdings ist bezüglich der negativen Sozialisationseffekte von Arbeit anzumerken, daß sie um so leichter auftreten, je stärker sie auf entsprechende Grundtendenzen bei einer Person stoßen. So weist HEINZ darauf hin, daß auch bei begrenzten Anforderungen und Handlungsspielräumen Bewältigungsstrategien entwickelt werden können, die der Identitätsverteidigung dienen.[208] Einer zunehmenden Hilflosigkeit kann z.B. grundsätzlich entgegengewirkt werden, wenn sie nicht dem eigenen Selbstbild entspricht. Entsprechend weist auch FRESE darauf hin, daß eine Person, die bereits von vornherein eine gute soziale Durchsetzungskraft besitzt, eher Druck und Probleme am Arbeitsplatz ausgleichen kann und insofern für sich selbst leichter akzeptable Lösungen für belastende Situationen findet als Personen mit eher unsicherem sozialen Verhalten.[209]

Für die interkulturelle Handlungskompetenz von Erwachsenen heißt dies, daß sie um so leichter herausgebildet bzw. um so schwerer beeinträchtigt werden kann, je stärker ein Individuum auf bereits früh ausgebildete selbst- und sozial-

---

[204] Vgl. KRAMPEN 1982, S. 1

[205] Vgl. MIELKE 1982, S. 131

[206] Vgl. hierzu KOHN; SCHOOLER 1973, S. 116

[207] Vgl. STEINKAMP 1981, S. 75

[208] Vgl. HEINZ 1991, S. 399

[209] Vgl. FRESE 1979, S. 48

kompetente Persönlichkeitsstrukturen zurückgreifen kann.[210] Grundlegende Aspekte insbesondere der Selbstkompetenz, wie etwa ein stabiles Selbstwertgefühl, sind nur schwer im Erwachsenenalter aufbaubar. Vielmehr ergeben sich hier eher verstärkende oder abmildernde Einflüsse bereits latent vorhandener Kompetenzen oder Schwächen. Ähnliches gilt für grundsätzliche Einstellungen und Überzeugungen im Sinne von Deutungsmustern, die sich im Laufe des biographischen Prozesses aufgebaut und verfestigt haben. In der Regel ist ein gewisses Ausmaß an Unzufriedenheit mit der Angemessenheit der Deutungsmuster notwendig, um Veränderungen zu initiieren. Dies kann z.B. durch Krisensituationen oder durch Veränderungen in der Lebenssituation hervorgerufen werden, in denen alte Deutungsmuster nicht mehr greifen und Verhaltensunsicherheit und Wertediffusion die Bereitschaft zur Veränderung und sogar eine Re-Interpretation vergangener biographischer Erlebnisse erlauben.[211]

Es stellt sich nun die Frage, was dies für das Training interkultureller Handlungskompetenz bedeutet. Zum einen läßt sich feststellen, daß die Flexibilität im Umdenken und Wahrnehmen von der jeweiligen Lebenserfahrung und damit von der Festigkeit der Identität und Deutungsmuster eines Erwachsenen abhängig ist und mit zunehmendem Alter schwieriger wird.[212] Dies ist insbesondere relevant, wenn es darum geht, Vorurteile und stereotype Weltbilder abzubauen, die sich ja durch besondere Hartnäckigkeit kennzeichnen.[213] Leichter als neue Weltanschauungen und normative Orientierungen können Erwachsene hingegen kognitives Wissen erwerben.[214] Damit ist zumindest Wissen über kulturelle Phänomene im allgemeinen als auch bezüglich einer ganz speziellen Kultur leichter vermittelbar als Elemente der Sozial- und Selbstkompetenz.

Soll jedoch nicht nur Kulturwissen vermittelt, sondern sollen auch intellektuelle Flexibilität, spezielle Umgangsformen und 'kulturkompetentes Verhalten' trainiert werden, also Kenntnisse und Fähigkeiten, die stark dem normativen und affektiven Bereich zuzuordnen sind, dann ist die Berücksichtigung der Sozialisationserfahrungen und der speziellen Deutungsmuster der Teilnehmer in den jeweiligen Trainingseinheiten eine Grundvoraussetzung. Insbesondere das Aufgreifen von Deutungsmustern ist relevant, um auf der Grundlage ihrer Reflexion zu einer Differenzierung und Weiterentwicklung fragwürdiger und im inter-

---

[210] Vgl. hierzu auch GRIESE 1979a, S. 97

[211] Vgl. GRIESE 1979b, S. 226, SKOWRONEK 1970, S. 84 sowie HOERNING 1979, S. 208

[212] Vgl. VOIGT 1986, S. 146

[213] Vgl. hierzu die Ausführungen in Abschnitt 2.3.3

[214] Vgl. ARNOLD 1985, S. 60

kulturellen Kontext nicht mehr greifender Orientierungen zu gelangen. Gleichzeitig müssen alternative und tragfähigere Deutungsmuster dort angeboten
werden, wo die ursprünglichen Deutungsmuster die interkulturelle Interaktion
des einzelnen erschweren. Die Berücksichtigung der Deutungsmuster und im
weiteren Sinne auch der Sozialisationserfahrungen von Erwachsenen in Weiterbildungsveranstaltungen wird in der einschlägigen Literatur in der Regel unter
dem Begriff des Lebensweltbezuges und der Teilnehmerorientierung abge-
handelt. Sie stellen eine didaktische Maxime von Weiterbildungsveranstaltungen
dar, und Seminare zur Förderung interkultureller Handlungsfähigkeit müssen
auch hieran gemessen werden.[215]

Dennoch bleibt offen, inwieweit man von einer Flexibilität der Deutungsmuster
auch in Weiterbildungsveranstaltungen ausgehen kann. Denn hier ist eine grundsätzlich vorhandene geistige Flexibilität sowie moralische Urteilsfähigkeit auf
hohem Niveau bereits Voraussetzung für eine offene Haltung gegenüber den
Inhalten der Trainingsveranstaltungen. Chancen bieten sich darüber hinaus vor
allem dann, wenn diejenigen Gesichtspunkte in Trainingsveranstaltungen erarbeitet werden können, die dem einzelnen bezüglich seiner Lebens- und Arbeitssituation im interkulturellen Kontext hilfreich sind und wenn diese Bedeutung
für den einzelnen auch als solche erkennbar ist. Die persönliche Relevanz einer
Aufgabe bzw. einer Lernsituation wird also zum wesentlichen Einflußfaktor für
die erfolgreiche Bewältigung derselben.[216]

Für den Erwerb interkultureller Handlungskompetenz von Joint Venture-Mitarbeitern lassen sich hieraus folgende Schlußfolgerungen ziehen:

1. Voraussetzung für die Entwicklung interkultureller Handlungskompetenz sind
   bereits vorhandene, grundlegende Fähigkeiten im Bereich Selbst-, Sach- und
   Sozialkompetenz, welche die spätere Aneignung interkultureller Fähigkeiten
   überhaupt erst ermöglichen. Hierzu zählt eine prinzipiell stabile Ich-Identität,
   die Neues und Fremdes nicht zwangsläufig als Identitätsbedrohung auffassen
   muß. Ebenfalls sind kognitive Strukturen notwendig, die eine gewisse intellektuelle Flexibilität gewährleisten und so Ambiguitäten leichter erträglich
   machen, also auch Umdenken in Weiterbildungsveranstaltungen wie auch
   später in Joint Venture-Situationen erlauben. Schließlich müssen Elemente
   von Sozialkompetenz insofern bereits vorhanden sein, als sie eine prinzipielle
   Offenheit und ein Interesse gegenüber den Seminarinhalten und vor allem ge-

---

[215] Vgl. hierzu z.B. MÜLLER 1986, S. 229 f.

[216] Vgl. SKOWRONEK 1979, S. 298

genüber anderen Kulturen sowie anderen Denk- und Sichtweisen ermöglichen. Eine entsprechende Personalauswahl vorab ist somit unumgänglich.

2. Spezielle Kenntnisse und Fähigkeiten können und sollten jedoch in entsprechenden Vorbereitungsseminaren vermittelt werden. Hierzu zählt insbesondere die Vermittlung von 'Kulturwissen' und die Anregung zur Reflexion auch über eigenkulturelle Prägungen. Dabei sollte versucht werden, stereotypem Denken entgegenzuwirken und geistige Flexibilität sowie moralische Urteilsfähigkeit auf hohem Niveau zu üben und auf interkulturelle Situationen hin anzuwenden. Gerade die Übung moralischer Handlungskompetenz ist wichtig, um z.B. von gruppentypischem Verhalten in Joint Ventures unabhängig zu sein und statt dessen die Orientierung an übergeordneten Normen und Wertvorstellungen zu ermöglichen. Darüber hinaus sollte versucht werden, weiteres sozialkompetentes Verhalten wie etwa Empathie- und Dialogfähigkeit zu üben. Hierzu könnten z.B. Rollenspiele und Fallstudien eingesetzt werden. Allerdings hängt der Erfolg solcher Vorbereitungskurse wesentlich davon ab, ob die oben beschriebene Teilnehmerorientierung gewährleistet ist und ob die Teilnehmer selbst offen für veränderte Sicht- und Verhaltensweisen sind. Zusammenfassend kann gesagt werden, daß Trainingsveranstaltungen der Konkretisierung latent vorhandener Handlungskompetenz hinsichtlich interkultureller Situationen einschließlich ergänzender Übung dienen.

3. Weiter oben wurde darauf hingewiesen, daß eine Veränderung von Norm- und Wertvorstellungen sowie von vorhandenen Deutungsmustern häufig vor allem durch Krisen initiiert wird. Für Joint Venture-Mitarbeiter treten solche Krisen typischerweise zu Beginn ihrer Tätigkeit im Ausland auf. Sie können einerseits durch einen möglichen Kulturschock ausgelöst werden, andererseits durch das Erleben der Schwierigkeit von Kooperation im Joint Venture. Zwar kann versucht werden, diese Krisen durch entsprechende Vorbereitungsmaßnahmen im Vorfeld abzumildern und insofern prophylaktisch tätig zu werden. Andererseits bieten gerade diese Krisen die Chance, nicht mehr tragfähige Orientierungen und Deutungsmuster zu überwinden und interkulturelle Handlungskompetenz praktisch zu erwerben. Dies bedeutet jedoch, daß auch während der Joint Venture-Tätigkeit begleitende Coaching- und Trainingsprozesse notwendig sind, um die Erfahrungen und erlebten Krisen konstruktiv nutzen zu können. Geschieht dies nicht, besteht die Gefahr, daß die Nicht-Bewältigung von Krisen zu Frustrationen, Handlungsunfähigkeit oder sogar Aufgabe der Joint Venture-Tätigkeit führt.

4. Es wurde ebenfalls weiter oben darauf hingewiesen, daß Arbeitskonstellationen, die durch rigide Strukturen und geringe Möglichkeiten von Selbstkontrolle gekennzeichnet sind, negative Auswirkungen auf die Eigeninitiative, die

geistige Flexibilität und die Aktivität der Mitarbeiter hervorrufen können. Insofern ist für die Unterstützung interkultureller Handlungskompetenz von Relevanz, daß auch die Strukturen in den jeweiligen Partnerunternehmen autonomes und eigenverantwortliches Handeln fördern. Dies gilt vor allem für die Zeit des Joint Venture-Engagements. Die Mitarbeiter im Joint Venture haben oft einen tieferen Einblick in die jeweilige Situation und Problemlage im Joint Venture und sind deshalb darauf angewiesen, daß auch von seiten der Mutterunternehmen ihren Urteilen und ihren Verhaltensweisen vertraut und insofern ihre interkulturelle Handlungskompetenz entsprechend unterstützt wird. Darüber hinaus läßt sich vermuten, daß Unternehmen, die grundsätzlich eher autoritäre Strukturen besitzen, größere Schwierigkeiten haben werden, im Vorfeld autonome und eigenverantwortliche Mitarbeiter in ihren eigenen Reihen zu finden, die für die Joint Venture-Tätigkeit geeignet sind. Es kann die Schlußfolgerung gezogen werden, daß Unternehmenskulturen für Kooperationen in Form von Joint Ventures grundsätzlich und für die Entwicklung interkultureller Handlungskompetenz ihrer Mitarbeiter im besonderen mehr oder weniger geeignet sein können.

Die aufgeführten Punkte stellen Orientierungsmerkmale zur Förderung und Unterstützung interkultureller Handlungskompetenz dar. In Kapitel 4 geht es dementsprechend darum, geeignete Auswahlverfahren, Trainingsmethoden und unterstützende Begleitmaßnahmen darzustellen bzw. zu entwickeln.

4 FÖRDERUNG INTERKULTURELLER HANDLUNGSKOMPETENZ

Maßnahmen zur Förderung interkultureller Handlungskompetenz müssen aufgrund der Bedeutung vorangegangener Sozialisationserfahrungen schon bei der Auswahl von Mitarbeitern beginnen. Entsprechend kommt der Personalselektion in diesem Kapitel eine große Bedeutung zu (Abschnitt 4.1), wenngleich sie nur indirekt eine Förderung interkultureller Handlungskompetenz im eigentlichen Sinne darstellt. In direkter Weise wird interkulturelle Handlungskompetenz durch Trainingsmaßnahmen sowie durch strukturelle und unternehmenskulturelle Rahmenbedingungen gefördert, worauf im zweiten Teil des Kapitels (Abschnitt 4.2) eingegangen wird.

4.1 Personalselektion als vorausgehende Maßnahme

4.1.1 Selektionsstrategien und -kriterien

Bei der Auswahl von Mitarbeitern für Joint Ventures stellt sich zunächst die grundsätzliche Frage, ob eine interne Personalauswahl in den jeweiligen Mutterunternehmen erfolgen soll, oder ob für das Joint Venture neue Mitarbeiter eingestellt werden. Die diesbezügliche Vorgehensweise ist von einer Reihe von Faktoren abhängig. Die Anforderungen der zu besetzenden Stelle sind ebenso zu bedenken wie grundsätzliche unternehmenskulturelle Faktoren.

Die Anforderungen der zu besetzenden Stelle sind von den Zielsetzungen des Joint Ventures abhängig.[1] Zunächst geht es darum, Mitarbeiter in das Joint Venture zu entsenden, deren fachspezifische Kompetenz die operative Umsetzung von Zielstellungen ermöglicht.[2] Darüber hinaus soll unter Umständen durch die Besetzung bestimmter Schlüsselstellen ein Wissenstransfer vom Joint Venture in das jeweilige Mutterunternehmen ermöglicht oder auch Kontrolle im Joint Venture ausgeübt werden.[3] All diese Fälle erfordern eine interne Stellenbesetzung, denn es ist eine enge Verbindung zwischen Joint Venture-Mitarbeitern und Mutterunternehmen notwendig.

---

[1] Vgl. zur Zielsetzung von Joint Ventures Abschnitt 1.2

[2] Dies wäre z.B. bei einem Joint Venture vom Typ Markt-Technologie denkbar, bei dem Mitarbeiter eines Partners spezielle Produktionskenntnisse in das Joint Venture transferieren sollen. Vgl. hierzu BLEICHER; HERMANN 1991, S. 14 sowie die Ausführungen in Abschnitt 1.1.2

[3] Vgl. hierzu GERINGER; FRAYNE 1990, S. 106 ff.

Eine interne Besetzung von Stellen ist jedoch nicht immer sinnvoll oder hilfreich. Eine Besetzung mit lokal ansässigen Mitarbeitern, wie sie gegebenenfalls nur bei externer Rekrutierung vollzogen werden kann, ermöglicht die stärkere Berücksichtigung lokaler Gegebenheiten bei der Umsetzung der Joint Venture-Zielsetzungen.[4] Darüber hinaus gestaltet sich oft die Entsendung von Mitarbeitern aus den Mutterunternehmen schwierig, weil nicht nur qualifizierte Mitarbeiter gefunden werden müssen, die im Stammhaus entbehrlich sind, sondern solche, die auch noch Interesse an einer Auslandstätigkeit besitzen.[5]

Unternehmenskulturelle Faktoren sind für die Personalselektion insofern relevant, weil sie für spezielle Strategien der Personalrekrutierung und der Besetzung von Auslandspositionen bedeutsam sein können. In der Literatur wird hier vor allem auf das EPG-Modell von PERLMUTTER verwiesen, das zwischen Ethnozentrismus, Polyzentrismus und Geozentrismus unterscheidet.[6] Ethnozentrisch ausgerichtete Unternehmenskulturen führen dabei zu einer starken Heimatlandorientierung. Damit verbunden ist der Versuch, möglichst viele Stellen mit Mitgliedern des Stammhauses bzw. zumindest mit Mitarbeitern gleicher Nationalität zu besetzen.[7] Unternehmen mit polyzentrischen Kulturen gehen dagegen eher lockere Unternehmensverbunde ein. Dabei wird die jeweilige Kultur in einem Land als so wichtig angesehen, daß die Mutterunternehmen das Geschehen und die Kultur der Tochterunternehmen so wenig wie möglich zu beeinflussen suchen. Konsequenz ist ein weitgehender Verzicht auf die Entsendung von Mitarbeitern aus dem Stammhaus.[8] Schließlich ist eine geozentrische Kultur durch eine globale Orientierung gekennzeichnet, bei der gleichermaßen weltweite Ziele wie auch lokale Anforderungen Beachtung finden. Für die Rekrutierung von Mitarbeitern bedeutet dies, daß die Staatsangehörigkeit und kulturelle Herkunft bei der Besetzung von Stellen kaum eine Rolle spielt, sondern vor allem die Qualifikation eines Kandidaten von ausschlaggebender Bedeutung ist.[9]

---

[4] Vgl. z.B. LANE; BEAMISH 1990, S. 98 sowie REISACH 1996, S. 354

[5] Vgl. REISACH 1996, S. 354

[6] Autoren, die diese Unterscheidung verwenden, sind z.B. PERLITZ 1995, S. 467 ff. sowie BERGEMANN; SOURISSEAUX 1996, S. 150 ff. Bezüglich der Ausführungen im Original vgl. PERLMUTTER 1969

[7] Vgl. BERGEMANN; SOURISSEAUX 1996, S. 150

[8] Vgl. PERLITZ 1995, S. 469

[9] Vgl. BERGEMANN; SOURISSEAUX 1996, S. 151

Unternehmen sind bei der Wahl von Mitarbeitern stärker für Joint Ventures als für hundertprozentige ausländische Tochtergesellschaften eingeschränkt, da sie die Ziele und Erwartungen ihrer Joint Venture-Partner auch hinsichtlich der Personalselektion mitberücksichtigen müssen. Sie können deshalb nicht unbedingt voll und ganz ihrer präferierten Auswahlstrategie folgen. Darüber hinaus sind insbesondere ethnozentrische und polyzentrische Vorgehensweisen mit einer Reihe von Nachteilen verbunden. Bei ethnozentrischen Rekrutierungsstrategien besteht nämlich die Gefahr, daß einerseits die Interessen des Partners außer Acht gelassen werden und daß andererseits auch denjenigen Zielsetzungen, für deren Umsetzung das Wissen lokaler Mitarbeiter erforderlich ist, nicht Rechnung getragen wird. Umgekehrt können die Interessen des Mutterunternehmens zu stark verloren gehen, wird einer polyzentrischen Besetzungsstrategie gefolgt. Außerdem ließen sich so kaum Lernziele verwirklichen. Für Joint Ventures ist insofern eher eine geozentrische Orientierung sinnvoll, da hierdurch die Vielfalt von Interessen und Zielsetzungen besser berücksichtigt werden kann und dies auch eher dem Charakter von Kooperationen entspricht.

In der hier vorliegenden Arbeit geht es dennoch vor allem um Mitarbeiter von Joint Ventures, die aus den Mutterunternehmen entsendet wurden. Dies deshalb, weil bei ihnen interkulturelle Handlungskompetenz von besonders großer Relevanz ist. Stärker als externe, d.h. neu eingestellte Mitarbeiter sind sie nämlich von Loyalitätskonflikten betroffen. Darüber hinaus ist bei ihnen die Gefahr größer, daß sie an den negativen Begleiterscheinungen von sozialen Kategorisierungsprozessen in Joint Ventures beteiligt sind, die zu Ausgrenzung und Diskriminierung von anderen, nicht der eigenen Gruppe zugehörigen Joint Venture-Mitarbeitern führen können.[10] Gleichwohl gilt grundsätzlich die Forderung nach interkultureller Handlungskompetenz auch für alle anderen Joint Venture-Mitarbeiter, die ja ebenfalls in der Lage sein müssen, mit Mitgliedern von verschiedenen Kulturen und Parteien zu kooperieren. Interkulturelle Handlungskompetenz ist damit eine universelle Handlungskompetenz, die unabhängig von nationaler oder kultureller Zugehörigkeit vorhanden sein muß und die insofern zum Auswahlkriterium sowohl bei der internen als auch bei der externen Personalselektion wird.

Auch bei der Bestimmung von Selektionskriterien bieten die Anforderungen an Joint Venture-Mitarbeiter Orientierung. Selektionskriterien beinhalten nämlich das, was eine Organisation unter erfolgreicher Arbeitsleistung versteht.[11] Sie sind insofern evaluative Standards, anhand derer die Güte und Effizienz der in-

---

[10] Vgl. hierzu die Ausführungen zur sozialen Kategorisierung in Abschnitt 2.3.3

[11] Vgl. DELLER 1996, S. 300

dividuellen Arbeitsleistung abgeschätzt werden soll.[12] Für Mitarbeiter in internationalen Joint Ventures bedeutet dies zunächst, daß sie den fachlichen Anforderungen gerecht werden müssen. Fachkompetenz, so wurde in den vorangegangenen Kapiteln argumentiert, ist aber auf interkulturelle Handlungskompetenz angewiesen, wenn die schwierige Kooperationssituation in internationalen Joint Ventures so gemeistert werden soll, daß die sachlichen Ziele nicht behindert werden. Insofern läßt sich neben den fachlichen Kompetenzen die konstruktive und kooperative Interaktion mit Mitgliedern der anderen Partei und Kultur als Eignungskriterium für Joint Venture-Mitarbeiter nennen. Sie zeigt sich in der Bewältigung von Kulturschock und Akkulturationsproblemen, in der Vermeidung oder Lösung von Mißverständnissen und Kommunikationsproblemen und in der Fähigkeit, gemeinsam mit den Mitgliedern der anderen Partei Wert- und Normvorstellungen zu entwickeln.

Für die konkrete Auswahl von Mitarbeitern müssen nun aus diesen Kriterien diejenigen Merkmale, d.h. Prädiktoren abgeleitet werden, die das Erreichen der gewünschten Kriterienleistung gut vorhersagen.[13] Prädiktoren stellen insofern die eigentlichen Elemente von eignungsdiagnostischen Verfahren dar. Ihre Ausprägungen werden im Rahmen von Auswahlverfahren abgeprüft. Aus den Ergebnissen wird dann der wahrscheinliche Erfolg in bezug auf das Erreichen der jeweiligen Ziele bestimmt. Die hier relevanten Prädiktoren stellen diejenigen Elemente dar, die auch bei der Herausbildung von interkultureller Handlungskompetenz wirksam sind. Im vorangegangenen Abschnitt wurden sie als Verhaltensdispositionen beschrieben, die sich vor allem während der frühen Sozialisationsphasen herausbilden. Hierzu gehört z.B. eine stabile Ich-Identität, die Fähigkeit zur Ambiguitätstoleranz sowie zur Rollenübernahme und Rollendistanz.

Betrachtet man nun diejenigen Prädiktoren, die in der Unternehmenspraxis für Auswahlverfahren genutzt werden, so zeigt sich, daß das Hauptaugenmerk fast ausschließlich auf fachliche Kompetenzen gerichtet wird, wie etwa auf technische Fähigkeiten, Kenntnis der Produkte und ein grundsätzliches Verständnis für die eigene Organisation.[14] Damit kommt jedoch die interkulturelle Handlungskompetenz im eigentlichen Sinne zu kurz, weil unterstellt wird, daß fachliches Wissen zur Bewältigung interkultureller Probleme ausreicht. Neben fachlichen Aspekten werden allenfalls noch solche Attribute berücksichtigt, die im eigenen Land positiv besetzt sind. Für Deutschland sind dies beispielsweise

---

[12] Vgl. BERGEMANN; SOURISSEAUX 1996, S. 144

[13] Vgl. DELLER 1996, S. 300

[14] Vgl. z.B. PERLITZ 1995, S. 474 f. sowie STAHL 1995b, S. 85

180

Dynamik und Tatendrang.[15] Auch hier ist zu kritisieren, daß solche Merkmale nicht unbedingt mit interkultureller Handlungskompetenz einhergehen. Vielmehr können insbesondere zu starke Aufstiegsambitionen eher hinderlich bei der Anpassung an eine andere Kultur sein.[16] Schließlich wird in der unternehmerischen Praxis bei der Auswahl für eine Auslandsentsendung teilweise noch geprüft, ob ein Mitarbeiter gut mit den Rahmenbedingungen des neuen Landes zurecht kommen wird, wie z.b. mit dem Klima, der Ernährung, der Infrastruktur etc.[17] Diese Aspekte sind zwar wichtig, für sich genommen aber zu einseitig, da sie nicht die Interaktion mit den Mitgliedern der anderen Kultur und die Anpassung an die neue Arbeitssituation berücksichtigen.[18]

Partiell ist die Verwendung von Prädiktoren und Kriterien, welche die Erfassung interkultureller Handlungskompetenz nur unzureichend erlauben, auch auf die Forschungssituation zurückzuführen. Sie war bislang - so die Auffassung von STAHL - kaum in der Lage, wissenschaftlich gesicherte Prädiktoren interkultureller Handlungskompetenz zu ermitteln bzw. Auswahlverfahren bereit zu stellen, die den Anforderungen der Unternehmen an Validität, Praktikabilität und Ökonomie genügen.[19] Auch für die hier vorliegende Arbeit kann eine empirische Absicherung der im weiteren vorzustellenden Prädiktoren nicht geleistet werden. Dennoch sind aufgrund der Ausführungen im vorangegangenen Kapitel Plausibilitätsüberlegungen möglich, die die Bestimmung von Prädiktoren für erfolgreiche interkulturelle Interaktionen in Joint Ventures erlauben.

Diese Prädiktoren müssen die Aspekte von Sach-, Sozial- und Selbstkompetenz aufgreifen. Dabei ist aber zu berücksichtigen, daß nicht unbedingt alle Elemente, die in Kapitel 3 beschrieben wurden, bereits in der Phase der Personalselektion vorhanden sein müssen. Vielmehr sollten nur diejenigen als relevant für die Vorhersage eines möglichen Erfolges erachtet werden, die in einer späteren Trainingsphase nicht oder nur schwer vermittelt werden können. So ist z.B. Wissen über die Wirkungsweise von Kultur im allgemeinen und über spezielle Kulturen im besonderen in der Regel relativ leicht in Weiterbildungsmaßnahmen zu vermitteln. Für den Auswahlprozeß ist es deshalb wenig bedeutsam, ob ein solches Wissen bereits vorhanden ist oder nicht. Anders verhält es sich jedoch z.B. mit sprachlichen Kompetenzen. Fremdsprachenkenntnisse bedürfen in der

---

[15] Vgl. BERGEMANN; SOURISSEAUX 1996, S. 160

[16] Vgl. STAHL 1995a, S. 32 sowie S. 40

[17] Vgl. BERGEMANN; SOURISSEAUX 1996, S. 157

[18] Zu einem erweiterten Anpassungsverständnis, das auch Interaktionsanpassungen und Anpassungen an die Arbeitssituation als relevant erachtet, vgl. BLACK 1990, S. 161

[19] Vgl. STAHL 1995a, S. 34

Regel einer längeren Übung, und bereits vorhandene Kenntnisse sind insofern von Vorteil. Darüber hinaus wurde darauf hingewiesen, daß auch muttersprachliche Kompetenzen wie z.b. die Breite des Vokabulars und die Fähigkeit zu Alternativformulierungen wichtig sind, um Kommunikationsbrücken herzustellen. Differenzierte sprachliche Kompetenzen, die vor allem dem elaborierten Code entsprechen,[20] werden bereits in der Kindheit und Schulzeit ausgebildet und sollten deshalb als später schwer trainierbare Elemente im Selektionsprozeß von Mitarbeitern berücksichtigt werden.

In bezug auf die Sozialkompetenz muß davon ausgegangen werden, daß ihre Elemente mit Hilfe späterer Trainingsmaßnahmen nur zum Teil herausgebildet werden können. Entsprechend sollte die grundsätzliche Offenheit, Neugierde und Hochachtung gegenüber anderen Kulturen abgeprüft werden. Diese Faktoren gehen in der Regel auch mit Toleranz gegenüber Andersartigkeit einher. STAHL spricht in diesem Kontext von Respekt und Wertschätzung gegenüber anderen Kulturen und einem nicht wertenden Attributionsstil als wesentliche Prädiktoren interkultureller Handlungskompetenz.[21] ENGELMEYER weist in Anlehnung an DÖBERT/NUNNER-WINKLER auf die Notwendigkeit der Erfassung von Konformitätsneigung hin, welche die Akzeptanz von Andersartigkeit in bezug auf andere, aber auch in bezug auf die eigene Person erschwert.[22] Weitere Aspekte stellen die Fähigkeit zu Empathie und zu differenzierter und sensibler Wahrnehmung dar.[23] Schließlich kann als Prädiktor von Sozialkompetenz auch Dialog- und Konfliktfähigkeit genutzt werden, d.h. die Bereitschaft zur Kommunikation und zum Diskurs mit anderen Personen. Dies spiegelt sich auch in der generellen Bereitschaft und Fähigkeit wieder, auf den Verlauf von Interaktionsprozessen Einfluß zu nehmen.[24]

In bezug auf die Selbstkompetenz wurde in Abschnitt 3.1.2 auf die Fähigkeit zur Identitätsdarstellung, Ambiguitätstoleranz, Rollenübernahme und Rollendistanz verwiesen. Diese sind also ebenfalls als Prädiktoren zu verwenden. Im Hinblick auf die Fähigkeit zur Rollenübernahme ist ergänzend zu berücksichtigen, daß sie sich auch in Kontrollüberzeugungen äußert. Die Erfassung von Kontrollüberzeugungen gibt nämlich Aufschluß darüber, ob eine Rollenübernahme im interkulturellen Kontext deshalb gefährdet sein kann, weil grundsätzlich die eigene Ein-

---

[20] Vgl. Abschnitt 3.1.1

[21] Vgl. STAHL 1995a, S. 39

[22] Vgl. ENGELMEYER 1994, S.434

[23] STAHL beschreibt dies mit dem Prädiktor Einfühlungsvermögen. Vgl. STAHL 1995a, S. 39

[24] Vgl. STAHL 1995a, S. 39 sowie BERGEMANN; SOURISSEAUX 1996, S. 161

flußnahme auf Handlungsergebnisse als gering eingeschätzt wird.[25] Ferner dient eine Erfassung des grundlegenden Selbstvertrauens einer Person der Einschätzung von Selbstkompetenz und stellt insofern einen Prädiktor für erfolgreiches Handeln in interkulturellen Situationen dar.

Neben den dargestellten Elementen gibt es jedoch noch einige andere Aspekte, die zwar nicht das Vorhandensein von Handlungskompetenz grundsätzlich betreffen, die jedoch den Erfolg von Joint Venture-Einsätzen im Ausland erheblich beeinflussen. Es handelt sich zum einen um die intrinsische Motivation eines Kandidaten, eine Position im Ausland zu übernehmen. Sie zeigt sich insbesondere an den Wünschen einer Person, zu reisen und andere Kulturen kennenzulernen.[26]

Darüber hinaus spielt eine Rolle, ob die Familie die Auslandstätigkeit unterstützt. Insbesondere geht es darum, ob dem jeweiligen begleitenden Ehe- oder Lebenspartner ebenfalls die Akkulturation in dem neuen Land gelingt. Dabei sind die Partner oft einer hohen Belastung ausgesetzt, da der Umzug ins Ausland in der Regel mit der Aufgabe der eigenen Berufstätigkeit einhergeht und insofern stärker als bei dem eigentlich entsendeten Mitarbeiter eine soziale Isolierung entstehen kann. Zudem müssen die privaten organisatorischen Aufgaben meist durch den Partner bewältigt werden, wie der Aufbau eines Haushaltes, die Sicherstellung der medizinischen Versorgung der Familie und gegebenenfalls die schulische Ausbildung der Kinder. Insofern hat der Ehepartner eine starke Anpassungsleistung zu vollbringen. Das Ge- oder Mißlingen dieser Anpassung hat einen großen Einfluß auf den Erfolg des Auslandseinsatzes insgesamt.[27] Als Prädiktoren für einen erfolgreichen Auslandseinsatz wären insofern auch die Bereitschaft der Familie zum Umzug und die interkulturelle Handlungskompetenz des Partners zu nennen. Allerdings trifft ihre Erfassung auf juristische und ethische Probleme, da sie die Privatsphäre der Familie tangiert. Aber auch in bezug auf die Prädiktoren, die den eigentlichen Mitarbeiter betreffen, müssen juristische, ethische und auch methodologische Probleme berücksichtigt werden. Möglichkeiten und Grenzen eignungsdiagnostischer Verfahren zur Erfassung interkultureller Handlungskompetenz werden deshalb im folgenden zu betrachten sein.

---

[25] Zum Aspekt der Kontrollüberzeugungen als Prädiktor interkultureller Handlungskompetenz vgl. ENGELMEYER 1994, S. 434

[26] Vgl. SCHREYÖGG; OECHSLER, WÄCHTER 1995, S. 116

[27] Vgl. hierzu STAHL 1995a, S. 41

4.1.2 Eignungsdiagnostische Verfahren zur Auswahl von Joint Venture-Mitarbeitern

Zur Auswahl von Joint Venture-Mitarbeitern stehen prinzipiell eine Reihe eignungsdiagnostischer Methoden zur Verfügung, nämlich Interviews, biographische Fragebögen, psychologische Tests sowie Assessment Center. Die verschiedenen Methoden besitzen allerdings unterschiedliche Stärken und Schwächen, so daß keines der Verfahren als uneingeschränkt geeignet aufgefaßt werden kann. Grundsätzliche Probleme, die alle Verfahren gleichermaßen betreffen, hängen vor allen mit den Gütekriterien Validität (d.h. mit der tatsächlichen Messung dessen, was gemessen werden sollte),[28] Reliabilität (Genauigkeit und Zuverlässigkeit einer Messung),[29] Objektivität (Unabhängigkeit der Ergebnisse von den die Messung durchführenden Personen)[30] und Ökonomie (Relation des betriebenen Aufwandes zum Nutzen)[31] zusammen.

Interviews

Interviews stellen dasjeinige eignungsdiagnostische Verfahren dar, das am häufigsten in der Praxis zur Auswahl von Mitarbeitern eingesetzt wird.[32] Es muß jedoch darauf hingewiesen werden, daß Interviews in bezug auf ihre Güte, insbesondere in bezug auf ihre Validität im Vergleich zu anderen Methoden, schlecht abschneiden. Vor allem aufgrund der Kürze der Beobachtung und der geringen Objektivität, die entsteht, wenn nur ein Bewerter das Interview durchführt, muß seine Aussagekraft in Frage gestellt werden.[33]

Gleichwohl stellen Interviews in der Regel einen unverzichtbaren Bestandteil von Auswahlverfahren dar. Dies schon deshalb, weil im Gespräch mit der betreffenden Person auch Informationen über die zu besetzende Stelle und das jeweilige Land vermittelt sowie Vereinbarungen bezüglich der Entsendungsbedingungen getroffen werden können.[34] Darüber hinaus bieten Interviews, die

---

[28] Vgl. FRIEDRICHS 1990, S. 100

[29] Vgl. FRIEDRICHS 1990, S. 102. Vgl. hierzu auch FISSENI; FENNEKELS 1995, S. 168

[30] Vgl. FISSENI; FENNEKELS 1995, S. 168

[31] Vgl. SCHANZ 1993, S. 303 f. Besonders relevant ist dies bei der Verwendung von Assessment Centern, die erhebliche Kosten verursachen. Auf die Frage der Nützlichkeit und ökonomischen Abwägung zwischen verschiedenen Verfahren wird weiter unten noch eingegangen.

[32] Vgl. STAHL 1995a, S. 33

[33] Vgl. DELLER 1996, S. 303

[34] Vgl. STAHL 1995a, S. 54

eher in Form von Informationsgesprächen abgehalten werden, auch die Chance, den jeweiligen Ehepartner in das Gespräch einzubeziehen, um so ein möglichst realistisches Bild über den Auslandseinsatz und seine Implikationen für die Familie zu vermitteln.[35]

Neben der Vermittlung von Informationen wird mit Hilfe von Interviews auch versucht, eine Reihe von Informationen über den Kandidaten selbst zu erhalten. Gegenstände des Interviews sind dementsprechend der Werdegang des Kandidaten, Erfolge in vorangegangenen Positionen, Einstellungen, Meinungen und Eigenschaften einer Person sowie gegebenenfalls auch Variablen wie Stil, Ausstrahlung und Auftreten.[36] In bezug auf die Prädiktoren für den Erfolg von Joint Venture-Mitarbeitern sind biographische Daten insofern von Relevanz, als sie Informationen über die fachliche Qualifikation vermitteln. Ferner erhalten die Interviewer gegebenenfalls Hinweise auf eine grundsätzliche Mobilitätsbereitschaft eines Kandidaten, z.B. durch frühere Umzüge oder sogar Auslandsaufenthalte. Schließlich können in einem Gespräch erste Eindrücke über den Kommunikationsstil und die Sozialkompetenz gewonnen werden. Allerdings muß noch einmal auf den geringen Validitäts- und Objektivitätsgrad von Interviews hingewiesen werden.

Multimodale Interviews

Ausgehend von den methodischen Problemen, die mit Interviews verbunden sind und den ökonomischen Problemen aufwendigerer Verfahren wie dem Assessment Center, entwickelte SCHULER das Konzept eines **multimodalen Einstellungsinterviews**, das von STAHL für den interkulturellen Bereich weiterentwickelt wurde.[37] Multimodale Interviews sind in Anlehnung an Assessment Center durch einen Methodenmix gekennzeichnet. Wichtig ist dabei zum einen die anforderungsbezogene Gestaltung des Interviews, d.h. daß eine genaue Analyse der psychologischen und fachlichen Anforderungen der Tätigkeiten vorab erfolgt und hierauf die Konstruktion der Fragen ausgerichtet ist. Darüber hinaus beinhalten multimodale Interviews auch situative Elemente, d.h. Fragen, die eine mentale Tätigkeitssimulation darstellen. Mit multimodalen Interviews soll ferner die Objektivität insofern erhöht werden, als bei der Beurteilung der Kandidaten eine weitgehende Standardisierung z.B. durch die Verwendung von Skalen er-

---

[35] Da ein Interview der Ehepartner ein Eindringen in die Privatsphäre darstellen würde und insofern auf juristische Probleme stößt, ist das Einbeziehen des Partners in der Regel nur durch Informationsgespräche auf freiwilliger Basis möglich. Vgl. zur Einbeziehung der Familie in das Interview auch STAHL 1995a, S. 50

[36] Vgl. BERGEMANN; SOURISSEAUX 1996, S. 145

[37] Vgl. SCHULER 1992 sowie STAHL 1995b

folgt. Standardisierte Fragen können jedoch je nach Situation und Bedarf durch Einzelfragen ergänzt werden. Schließlich wird die Trennung von Informationssammlung und Entscheidung betont, um nicht aufgrund unvollständiger Informationen zu Voraburteilen zu gelangen.[38]

Ausgangspunkt für die Entwicklung eines speziell interkulturellen multimodalen Interviews an der Universität Bayreuth war die konkrete Anfrage eines deutschen Unternehmens, das für die Auswahl von Mitarbeitern für sein deutsch-japanisches Joint Venture ein geeignetes eignungsdiagnostisches Verfahren benötigte. Dieses sollte neben einer guten prognostischen Validität auch den begrenzten zeitlichen und finanziellen Mitteln des Auswahlprozesses genügen, leicht anwendbar sein und bei den Kandidaten auf eine möglichst große Akzeptanz stoßen.[39] Die Ausrichtung auf Joint Ventures macht das multimodale Interview auch für diese Arbeit besonders interessant. Es wird deswegen recht ausführlich dargestellt.

Kernelemente des interkulturellen multimodalen Interviews sind die Selbstvorstellungen der Kandidaten, wobei Fragen zum bisherigen beruflichen Werdegang, zu beruflichen Zielsetzungen und zum persönlichen Hintergrund zu beantworten sind, biographische Fragen zur Erfassung der Hintergründe für berufliche Erfolge[40] und schließlich situative Fragen, durch die das Verhalten einer Person in einer vorab geschilderten hypothetischen Situation erfaßt werden soll.[41] Diese situativen Fragen können auch zu Rollenspielen während der Interviewsituation erweitert werden.

Die Selbstvorstellung sollte über folgende Aspekte Auskunft geben:[42]

1. 'Was qualifiziert den Mitarbeiter nach eigener Einschätzung für den Einsatz in einem speziellen Land?' Diese Frage gibt Aufschluß über fachliche Qualifikationen und über das Selbstbild eines Kandidaten.

2. 'Sind die Erwartungen des Mitarbeiters realistisch oder stark überzogen?' Auch diese Frage deutet auf das Selbstbild eines Kandidaten hin und gibt Aufschluß über seine Selbstreflexionsfähigkeit.

---

[38] Vgl. SCHULER 1989, S. 262 ff.

[39] Vgl. STAHL 1995b, S. 85

[40] Derartige Fragen können sich also durchaus auch auf frühe Sozialisationsphasen beziehen, um z.B. Informationen über das Selbstkonzept eines Kandidaten zu erhalten.

[41] Vgl. STAHL 1995b, S. 85

[42] Die Liste der Fragen erfolgt in Anlehnung an STAHL 1995b, S. 87

186

3. Die Frage danach, ob der Mitarbeiter den Auslandseinsatz ausschließlich als Karrierechance betrachtet, zielt darauf ab, ob neben Karriereinteressen auch Interesse und Neugierde an anderen Kulturen, also intrinsische Motivation für einen Auslandsaufenthalt besteht.

4. 'Verbergen sich hinter dem Entsendungswunsch berufliche oder private Probleme?' Durch diese Frage soll geklärt werden, ob ein tatsächliches Interesse an einer Auslandstätigkeit besteht, oder ob lediglich Fluchtmöglichkeiten gesucht werden. Ist letzteres der Fall, ist dies ein Hinweis auf eine persönliche Krise und die momentane Instabilität einer Person, die sich negativ auf den Akkulturationsprozeß auswirken kann.

5. Die Berufstätigkeit des Lebenspartners und ihr Stellenwert für diesen entspricht dem Prädiktor der Unterstützung durch die Familie.

6. 'Wurden Konsequenzen für die weitere berufliche Laufbahn bedacht?' Dieser Punkt zielt auf die realistischen Erwartungen eines Kandidaten ab und betrifft somit indirekt auch die intrinsische Motivation für einen Auslandseinsatz.

Die Items der biographischen Fragen sollten sich auf folgende Aspekte beziehen:[43]

1. Die bisherige Mobilität innerhalb und außerhalb Deutschlands weist auf die grundsätzliche Bereitschaft zur örtlichen Veränderung hin.

2. Internationale Erfahrungen in Form von Studienaufenthalten, Praktika, Auslandseinsätzen oder Mitarbeit in multinationalen Arbeitsgruppen betreffen vor allem den Prädiktor der Offenheit gegenüber anderen Kulturen.

3. Fremdsprachenkenntnisse und die Art und Weise, wie sie erworben wurden, zielen einerseits auf die sachlich-sprachlichen Kompetenzen ab, andererseits geben sie Aufschluß über mögliche internationale Erfahrungen.

4. Erfahrungen mit Team- bzw. Projektarbeit weisen auf grundsätzliche Sozialkompetenz hin. Sie geben Hinweise darauf, ob eine Person im Team arbeiten und mit ambivalenten Situationen umgehen kann, die sich häufig durch Team- und Projektarbeit ergeben.

5. Gegebenenfalls kann auch Wissen über das betreffende Land und Erfahrungen mit Mitgliedern einer speziellen Kultur abgefragt werden, womit vor al-

---

[43] Vgl. hierzu ebenfalls STAHL 1995b, S. 87

lem Respekt, Offenheit und grundsätzliche Einstellungen gegenüber dem Land erfaßt werden sollen.

In der Phase der situativen Fragen werden zunächst hypothetische Situationen knapp geschildert. Es wird dann nach dem Verhalten des Kandidaten gefragt. Die Beurteilung erfolgt anschließend in standardisierter Form anhand von Skalen mit jeweils positiven und negativen Verhaltensbeispielen für die betreffende Situation. Die situativen Fragen sind durch Einbeziehung von Rollenspielen modifizierbar.[44] Grundlage für die Entwicklung situativer Fragen ist in der Regel die 'critical incident'-Methode. Sie ist dadurch gekennzeichnet, daß aufgrund von Interviews mit Personen, die Erfahrungen mit einem jeweiligen Land oder einer speziellen Aufgabe besitzen, charakteristische Situationen oder Probleme gesammelt werden, die dann die Basis für die Entwicklung situativer Fragen bilden.[45] Abbildung 11 und 12 zeigen zwei Beispiele für Interviews, die ebenfalls von STAHL übernommen wurden. Dabei stellt das erste Beispiel eine Interviewsituation mit Rollenspiel dar, das zweite enthält lediglich eine situative Frage mit hypothetischen Antwortmöglichkeiten.

Vergleicht man die Beispiele mit den Prädiktoren, die im vorangegangenen Abschnitt thematisiert wurden, so lassen sich eine Reihe von Elementen wiederfinden. Beide Beispiele betreffen in starkem Ausmaß die Frustrationstoleranz von Kandidaten. Gleichzeitig können sie verdeutlichen, ob der Kandidat in der Lage ist, Konflikte konstruktiv zu lösen, in dem z.B. Kompromisse oder Alternativangebote dem (hypothetischen) Vorgesetzten unterbreitet werden. Durch die Einbeziehung in ein Rollenspiel wie im ersten Beispiel können sich ferner auch Hinweise auf die Fähigkeit zur Rollenübernahme einer Person ergeben. Zwar geht es im Rollenspiel lediglich um konstruierte Situationen, dennoch zeigt sich, ob eine grundsätzliche Bereitschaft zur Übernahme neuer und fremder Rollen und damit ein Mindestmaß an Selbstsicherheit bei der Übernahme derselben besteht. Damit sind Ansatzpunkte zur Erkennung der Stabilität der Ich-Identität einer Person gegeben. Das zweite Beispiel weist im Gegensatz zum ersten stärker auf ein grundsätzliches Einfühlungsvermögen und eine differenzierte Sichtweise von Situationen hin. So zeigen die Antworten eines Kandidaten, ob grundsätzlich Offenheit und Toleranz existiert, oder ob ein Kandidat eher zu schnellen Urteilen und wertenden Attributionsstilen neigt.

---

[44] Vgl. STAHL 1995b, S. 87

[45] Vgl. hierzu z.B. BAUMANN-LORCH; MILLERMANN; LOTZ 1994, S. 578

Interviewer bzw. Rollenspielpartner: Sie sind seit zwei Jahren in Japan und haben mit Ihrer Familie geplant, im Sommer erstmals wieder für vier Wochen nach Deutschland zu reisen. Da Ihnen im Entsendungsvertrag derselbe Urlaubsanspruch zugesichert wurde wie in Deutschland, sehen Sie darin kein Problem. Sie haben bereits Ihre Verwandten und einige alte Freunde informiert, damit diese sich auf Ihren Besuch einstellen können. Als Sie drei Monate vor der geplanten Abreise Ihren Urlaub einreichen wollen, eröffnet Ihnen Ihr japanischer Vorgesetzter jedoch: Es tut mir leid, aber ich kann hier höchstens 10 Tage auf Sie verzichten ...

- Zeigt kein Verständnis für Urlaubsbeschränkung;	+ Erkundigt sich nach dem Grund;
- Insistiert auf vier Wochen Urlaub;	+ Kehrt vor der Familie nach Japan zurück;
- Beklagt sich über mangelnde Freizeit in Japan;	+ Bietet akzeptablen Kompromiß an;
- Verweist auf den vereinbarten Urlaubsanspruch;	+ Verschiebt Urlaub auf einen anderen Termin usw.

	sehr gering	sehr hoch
Ambiguitäts-/Frustrationstoleranz		
	1 - 2 - 3 - 4 - 5	
Beruflicher Einsatz	sehr gering	sehr hoch
	1 - 2 - 3 - 4 - 5	
Unterstützung der Familie	sehr gering	sehr hoch
	1 - 2 - 3 - 4 - 5	
Verhaltensflexibilität/Verstärkersubstitution	sehr gering	sehr hoch
	1 - 2 - 3 - 4 - 5	

Abb. 11: Beispiel für eine situative Frage mit Rollenspiel[46]

Neben den aufgeführten Beispielen lassen sich eine Vielzahl von weiteren Situationen konstruieren, die auch andere Prädiktoren betreffen können. So verwendet z.B. die DEUTSCHE GESELLSCHAFT FÜR TECHNISCHE ZUSAMMENARBEIT (GTZ) GMBH ebenfalls rollenspielähnliche Interviews, bei denen noch sehr viel stärker Elemente von Selbstsicherheit, Gelassenheit und Sprachkompetenz abgefragt werden.[47]

---

[46] Übernommen von STAHL 1995b, S. 88

[47] Vgl. BRUNN; HAUSER 1997, S. 512 ff.

Interviewer: Sie wurden von Ihrer Firma nach Japan entsandt, um ein Projekt in einem Joint Venture im High-Tech-Bereich zu leiten. Nachdem die erste Phase des Projektes abgeschlossen ist, haben sich vier Führungskräfte der japanischen Firma angesagt, um sich über den Fortgang des Projekts zu informieren. Obwohl Sie sich besonders sorgfältig vorbereitet haben, haben Sie bei der Präsentation den Eindruck, daß Ihnen die Japaner nicht mit voller Aufmerksamkeit zuhören. Mitten in Ihrer Präsentation bemerken Sie, daß einer der japanischen Manager eingenickt ist. Wie reagieren Sie?

- Konfrontiert den Japaner vor anderen Zuhörern;	+ Ignoriert, daß der Japaner eingenickt ist;
- Bricht die Präsentation ab;	+ Bezieht die Zuhörer aktiv mit ein;
- Droht mit schriftlicher Beschwerde;	+ Schlägt kurze Erholungspause vor;
- Macht sarkastische Bemerkungen;	+ Reagiert mit stillem Galgenhumor; usw.

Ambiguitäts-/Frustrationstoleranz	sehr gering sehr hoch	
	1 - 2 - 3 - 4 - 5	
Polyzentrismus/Toleranz	sehr gering sehr hoch	
	1 - 2 - 3 - 4 - 5	
Einfühlungsvermögen	sehr gering sehr hoch	
	1 - 2 - 3 - 4 - 5	

Abb. 12: Beispiel für eine situative Frage mit hypothetischer Antwortmöglichkeit[48]

Die Vorteile solcher Interviews bestehen darin, daß sie flexibel und anforderungsadäquat gestaltet werden können und bei Verwendung von Rollenspielen den Kandidaten dazu auffordern, tatsächliches Verhalten zu demonstrieren. Darüber hinaus bieten sie insbesondere bei Joint Ventures die Chance, auch Vertreter des jeweiligen Partnerunternehmens am Auswahlverfahren zu beteiligen. Hierdurch wird nicht nur bei dem jeweiligen Partner die Akzeptanz bezüglich der ausgewählten Mitarbeiter erhöht, sondern auch bereits im Interview eine interkulturelle Situation hergestellt, die der Kandidat zu bewältigen hat.

In bezug auf die Validität multimodaler Interviews weist STAHL darauf hin, daß sich in seinen Untersuchungen eine sehr hohe Übereinstimmung der Interviewergebnisse mit den späteren Eignungsbeurteilungen von seiten der japanischen Joint Venture-Partner ergab. Insofern ist dieses Verfahren den herkömmlichen

---

[48] Übernommen von STAHL 1995b, S. 89

Interviews überlegen. Darüber hinaus ist es recht kostengünstig und einfach für Unternehmen anzuwenden. Insgesamt hängt die Güte des Verfahrens jedoch von der Sorgfalt der Durchführung und der Wahl der 'critical incidents' ab.

Psychologische Tests

Psychologische Tests stellen Verfahren zur Erfassung von Fähigkeiten oder Persönlichkeitsfaktoren einer Person dar. Zu den Fähigkeitstests gehören z.B. Intelligenztests.[49] Persönlichkeitstests sind beispielsweise Tests zur Erfassung von Attributionsstilen oder ethnozentrischen Orientierungen einer Person.[50] In Anbetracht der Ausführungen in Kapitel 3 ließe sich zunächst vermuten, daß insbesondere Persönlichkeitstests sehr geeignete Verfahren zur Überprüfungen derjenigen Persönlichkeitsmerkmale darstellen, die sich in der frühen Sozialisation herausbilden und die förderlich oder hinderlich für die Entwicklung interkultureller Handlungskompetenz sind. Allerdings kranken derartige Tests zum einen an methodologischen Mängeln, zum anderen besitzen sie oft eine sehr geringe Akzeptanz bei den Kandidaten.[51] Bedenklich sind psychologische Tests auch aus arbeitsrechtlicher Perspektive dann, wenn sie das Persönlichkeitsrecht des Kandidaten betreffen. Bei ihrer Verwendung muß entsprechend ein eindeutiger Bezug zu der zu besetzenden Stelle vorliegen. Darüber hinaus bedürfen sie grundsätzlich der Zustimmung des Bewerbers.[52]

In bezug auf die methodologischen Probleme existieren unterschiedliche Meinungen über die Güte von psychologischen Tests. SCHULER weist z.B. darauf hin, daß häufig Wunschdenken, Erinnerungstäuschungen und bewußte Verfälschungen entsprechend den vermuteten Erwartungen die Ergebnisse beeinträchtigen.[53] Andere Autoren empfehlen jedoch die Verwendung von psychologischen Tests als ergänzende Verfahren, unter anderem auch, weil durch ihren

---

[49] Vgl. SCHANZ 1993, S. 304

[50] Attributionsstile können z.B. mit dem IPC-Fragebogen von KRAMPEN gemessen werden, vgl. KRAMPEN 1981, die Messung von ethnozentrischen Strukturen ist mit der F-Skala von ADORNO; FRENKEL-BRUNSWICK; LEVINSON; SANFORD 1950 möglich.

[51] Zum Problem mangelnder Akzeptanz vgl. BERGEMANN; SOURISSEAUX 1996, S. 147

[52] Vgl. SÖLLNER 1994, S. 245 f.

[53] Vgl. SCHULER 1986, S. 2. Auch andere Autoren lehnen psychologische Tests aufgrund mangelnder Nachweise über ihre Validität ab. Vgl. hierzu übersichtsartig STAHL 1995a, S. 60

Einsatz Beurteilungsfehler besser vermeiden ließen.[54] Tatsächlich kommt den Tests in der Praxis allerdings eine eher geringe Bedeutung zu.[55]

Für die Auswahl von Joint Venture-Mitarbeitern im internationalen Kontext läßt sich die Verwendung von psychologischen Tests eingeschränkt empfehlen. Sie sind dann geeignet und auch arbeitsrechtlich weniger problematisch, wenn sie nachgewiesenermaßen mit dem Auslandserfolg in Zusammenhang stehen und wenn die betroffenen Prädiktoren nicht auf andere Weise valide gemessen werden können.[56] Bestehen jedoch Alternativen, wie zumindest teilweise das multimodale Interview, ist deren Verwendung schon aufgrund der größeren Akzeptanz bei den Kandidaten sinnvoller. Als grundsätzlich geeignet nennt STAHL neben den weiter oben erwähnten Tests zur Messung von Attributionsstilen und Ethnozentrismus u.a. den Ambiguitätstoleranztest von BUDNER, die Empathie-Skala von NOWACK/JOHN und den Flexibiliätsfragebogen von BITTERWOLF.[57]

Biographische Fragebogen

Der biographische Fragebogen stellt ein Instrument dar, das sich an objektiven Daten der Biographie orientiert. Er ähnelt damit dem Teil biographischer Fragen des multimodalen Interviews. Auch in bezug auf die Inhalte biographischer Fragebögen und ihre Relevanz hinsichtlich der im vorangegangenen Abschnitt herausgearbeiteten Prädiktoren kann weitgehend auf die bereits behandelten Fragen im Rahmen des multimodalen Interviews verwiesen werden. Unterschiede ergeben sich allerdings insofern, als die Erfassung der biographischen Daten durch den biographischen Fragebogen in der Regel schriftlich und oft bereits vor den eigentlichen Auswahlgesprächen erfolgt.[58]

Auffallend ist, daß der biographische Fragebogen im Vergleich zu anderen eignungsdiagnostischen Verfahren einen recht hohen Validitätsgrad besitzt.[59] Dieser ergibt sich vor allem aus der weitgehenden Vermeidung ungeplanter Interaktionen im Interview und der geringen Verfälschung durch Sympathieeinflüsse insbesondere dann, wenn die Kandidaten bei der Auswahl noch nicht persönlich

---

[54] Vgl. BERGEMANN; SOURISSEAUX 1996, S. 147

[55] Vgl. WIRTH 1992, S. 169

[56] Vgl. STAHL 1995a, S. 61

[57] Vgl. STAHL 1995a, S. 60

[58] Vgl. SCHANZ 1993, S. S. 309

[59] Vgl. STEHLE 1986, S. 17

bekannt sind. Auch die Trennung von Datenerhebung und Auswertung sowie die statistische Urteilsbildung erhöhen die Validität.[60]

Die Verwendung des biographischen Fragebogens für die Auswahl von Joint Venture-Mitarbeitern läßt sich deshalb empfehlen, weil es sich um ein relativ ökonomisches Auswahlinstrument handelt. Allerdings sollte die Auswahl nicht auf dieses Instrument beschränkt bleiben. Vielmehr dient der biographische Fragebogen zur Vorabauswahl derjenigen Kandidaten, die in die engere Auswahl kommen. Gegebenenfalls kann bei einer anschließenden Verwendung des multimodalen Interviews der biographische Teil auf solche Aspekte beschränkt bleiben, die lediglich der Ergänzung oder Erläuterung dienen.

Interkulturelle Assessment Center

Assessment Center werden seit den 70er Jahren zunehmend zur Personalselektion im nationalen Kontext eingesetzt. Ihre Verwendung auch als interkulturelles eignungsdiagnostisches Verfahren erfolgt verstärkt seit den 90er Jahren.[61] Assessment Center stellen ein systematisches und flexibles Verfahren zur kontrollierten Festlegung von Verhaltensleistungen und Defiziten dar.[62] Dabei verwenden sie das Prinzip der Simulation von Arbeitssituationen auf der Grundlage vorangegangener Anforderungsanalysen sowie das Prinzip der Methodenvielfalt.[63] Darüber hinaus erfolgt die Eignungsdiagnose in der Regel für mehrere Kandidaten gemeinsam und auch durch mehrere Assessoren.[64]

Der hohe Gütegrad von Assessment Centern ist einerseits darauf zurückzuführen, daß aufgrund der Beurteilung durch mehrere Assessoren ein größerer Objektivitätsgrad erzielt werden kann. Darüber hinaus spielt vor allem eine Rolle, daß in Assessment Centern das tatsächliche Verhalten eines Kandidaten beurteilt wird, ohne daß die jeweilige Situation als Störgröße die Ergebnisse beeinflußt. Vielmehr geht die Situation als standardisierte Variable in das Design des Assessment Center-Konzepts ein.[65]

---

[60] Vgl. STAHL 1995a, S. 53

[61] Vg. hierzu DOMSCH; JOCHUM 1989, S. 1 sowie DELLER 1996, S. 307

[62] Vgl. FRIEDRICH 1997, S. 302

[63] Vgl. OBERMANN 1992, S. 12 f.

[64] Partiell werden jedoch auch Einzel-Assessment-Center verwendet, bei denen z.B. Übungen am PC oder Fallstudien durchgeführt werden müssen. Vgl. OBERMANN 1992, S. 292

[65] Vgl. BERGEMANN; SOURISSEAUX 1996, S. 164. Insbesondere in bezug auf die Validität sind Assessment Center anderen Verfahren überlegen. Insgesamt zur Validität von Assessment Centern vgl. SCHULER 1989

Die verschiedenen Methoden, die in Assessment Centern eingesetzt werden, beinhalten in der Regel sowohl objektive Tests in Form von standardisierten Einzelübungen (z.B. Konzentrationstests) als auch situative Tests zur Abschätzung des individuellen Verhaltens in unterschiedlichen Situationen (z.b. Gruppendiskussionen, Postkorbübungen etc.). Darüber hinaus werden partiell auch soziometrische Rangreihenverfahren zur Erfassung von Sympathiewerten verwendet.[66]

Für den interkulturellen Bereich stehen vor allem sozial-kommunikative Übungen im Vordergrund.[67] Ähnlich wie beim multimodalen Interview sollten auch hier 'critical incidents' die Grundlage für die Testkonstruktion bilden. Dabei sind eine Reihe von Übungen vorstellbar. So könnten insbesondere unter Einbeziehung von Assessoren aus den jeweiligen Partnerunternehmen im Assessment Center selbst interkulturelle Situationen hergestellt werden. Beispielsweise könnte es Aufgabe eines Kandidaten sein, im Konflikt zwischen zwei Mitarbeitern unterschiedlicher kultureller und unternehmensbezogener Herkunft zu vermitteln.[68] Betroffen wären hier vor allem Prädiktoren der sozialen Kompetenz wie etwa Einfühlungsvermögen, kulturelle Sensibilität, wertende Attributionsmuster und Dialogfähigkeit.

Eine weitere Übung zur Erfassung wertender Attributionsstile und Ambiguitätstoleranz wäre die Verwendung von Filmsequenzen ohne Ton. In Anlehnung an STAHL beschreibt DELLER diese Übung wie folgt:

"Die Filmausschnitte zeigen jeweils nicht eindeutig zu interpretierende Situationen, beispielsweise einen gestikulierenden Araber, der mit einem Europäer oder Amerikaner spricht. Nach der Vorführung der Filmsequenzen werden die Kandidaten um eine schriftliche Beschreibung dessen gebeten, was sie in den Filmausschnitten gesehen haben. Hierzu haben sie zehn Minuten Zeit. Die Auswertung der gegebenen Antworten erfolgt danach, ob das Geschehen in dem betreffenden Filmausschnitt lediglich beschrieben wurde (Beispielantwort: 'In dem Ausschnitt ist ein älterer Orientale zu sehen, der mit seinen Armen herumfuchtelt') oder ob bereits Wertungen in die Antwort einfließen (Beispielantwort: 'Ich habe

---

[66] Vgl. HEITMEYER; THOM 1988, S. 10

[67] Vgl. STAHL 1995a, S. 62

[68] Den Einsatz eines internationalen Assessment Center-Teams, sogar unter Einbeziehung von Dolmetschern, empfiehlt vor allem REISACH 1996, S. 357

einen Kameltreiber gesehen, der furchtbar wütend auf einen Touristen war.').‟[69]

REISACH weist darauf hin, daß bei der Firma SIEMENS im Rahmen von Assessment Centern auch sogenannte 'self assessment-Bögen' zum Einsatz kommen. In Form von Selbsteinschätzungen sollen sie dem Bewerber helfen, sich über die möglichen Risiken und Konfliktpotentiale des Auslandseinsatzes bewußt zu werden und zu überprüfen, ob Position und Land für ihn die richtige Wahl sind.[70] Derartige 'self assessment'-Bögen haben eine ähnliche Funktion wie das Informationsgespräch, das bereits in bezug auf Interviews vorgestellt wurde. Wichtig sind sie deshalb, weil damit der Kandidat angeregt wird, ein realistischeres Bild über zukünftige Anforderungen zu entwickeln und so späteren Erwartungsenttäuschungen vorgebeugt wird.[71]

Trotz ihrer Vielseitigkeit und dem hohen Gütegrad sind Assessment Center nicht in allen Fällen geeignet. Insbesondere wegen der Kostenintensität und dem hohen zeitlichen Aufwand sind Assessment Center für viele Firmen kaum durchführbar. Darüber hinaus bergen Assessment Center für negativ beurteilte Kandidaten, insbesondere wenn sie aus dem eigenen Haus stammen, ein hohes Frustrationspotential.[72] Dieser Gefahr muß durch entsprechende Feedback-Gespräche entgegengewirkt werden.[73]

Abschließend ist darauf hinzuweisen, daß sich die verschiedenen eignungsdiagnostischen Verfahren in ihrer Verwendung nicht gegenseitig ausschließen. Vielmehr können sie frei miteinander kombiniert werden, wie dies im Assessment Center und im multimodalen Interview bereits in der Konzeption angelegt ist. Darüber hinaus bieten sich aber nicht alle Konzepte in allen Situationen gleichermaßen an. So bestimmen die Unternehmensgröße, die Anzahl der zu besetzenden Joint Venture-Stellen und die Merkmale der Stelle, ob die Verwendung aufwendiger Verfahren überhaupt gerechtfertigt ist.[74] Allerdings handelt es sich bei Einsätzen in internationalen Joint Ventures in der Regel um längerfristige Auslandsaufenthalte. Darüber hinaus sind insbesondere bei zentralen Po-

---

[69] DELLER 1996, S. 308. Weitere Übungen, die speziell für interkulturelle Assessment Center entwickelt wurden, finden sich bei STAHL 1995a, S. 62 f.

[70] Vgl. REISACH 1996, S. 357

[71] Zur Bedeutung realistischer Informationen für die Erwartungsbildung von Mitarbeitern bezüglich eines neuen Arbeitsplatzes vgl. SCHANZ 1993, S. 333 f.

[72] Vgl. HEITMEYER; THOM 1988, S. 37

[73] Zur Vorgehensweise bei Rückmeldungen vgl. z.B. FISSENI; FENNEKELS 1995, S. 153 ff.

[74] Vgl. STAHL 1995a, S. 51

sitionen, die eine enge Kooperation mit der jeweils anderen Joint Venture-Partei erfordern, grundlegende interkulturelle Kompetenzen so erfolgsrelevant und gleichzeitig mit so hohen Anforderungen verbunden, daß aufwendigeren eignungsdiagnostischen Verfahren eine recht hohe Bedeutung zukommt.

Mit der Auswahl geeigneter Kandidaten ist die Vorbereitung auf einen Joint Venture-Einsatz nicht abgeschlossen. Es sollte nun überlegt werden, durch welche Maßnahmen das Potential von Mitarbeitern im Sinne von interkultureller Handlungskompetenz zusätzlich aktiviert, verbessert und unterstützt werden kann. Hierauf bezieht sich der nächste Abschnitt.

4.2 Maßnahmen zur Unterstützung interkultureller Handlungskompetenz

Maßnahmen zur Unterstützung interkultureller Handlungskompetenz beziehen sich zunächst auf das Training im eigentlichen Sinne, das auf den speziellen Joint Venture-Einsatz vorbereitet. Dabei sollten die Elemente Selbst-, Sach- und Sozialkompetenz über das bereits vorhandene Potential hinaus verbessert und erweitert werden, auch unter Rückbezug auf diejenige Kultur, die den zukünftigen Joint Venture-Partnern entspricht. Trainingsmaßnahmen werden in Abschnitt 4.2.1 dargestellt. Darüber hinaus unterliegt die interkulturelle Handlungskompetenz aber auch Einflüssen durch strukturelle Gegebenheiten der Partnerunternehmen und des Joint Ventures, welche die Umsetzung derselben erleichtern oder erschweren können. Ferner spielt eine Rolle, ob die unternehmenskulturellen Merkmale der Partnerunternehmen Sozialisationsbedingungen bereitstellen, bei denen die Fähigkeit zur Kooperation und die interkulturelle Handlungskompetenz von Mitarbeitern bereits im vorhinein unterstützt und gefördert wird. Diese Aspekte sind Gegenstand der Ausführungen in Abschnitt 4.2.2.

4.2.1 Trainingsmaßnahmen zur Verbesserung interkultureller Handlungs kompetenz

Interkulturelle Handlungskompetenz, so wurde in Kapitel 3 herausgearbeitet, beinhaltet neben kulturbezogenen Kenntnissen und Kompetenzen auch Fachkenntnisse, die helfen, in Joint Ventures eine Vertrauensbasis aufzubauen.[75] In der Regel ist jedoch davon auszugehen, daß fachliche Kompetenzen bereits bei der Selektion der zukünftigen Mitarbeiter berücksichtigt wurden. Ergänzende Informationen und fachliche Weiterbildung sind zwar wichtig, stellen aber auf-

---

[75] Vgl. Abschnitt 3.1.2

196

grund des geringen Konfliktpotentials, das mit ihnen im Vergleich zu kulturbezogenen Trainings einhergeht, einen eher unproblematischen Teil von Vorbereitungsmaßnahmen dar. Im folgenden wird deswegen dieser Aspekt in der Darstellung ausgeklammert und nur noch auf das Training interkultureller Handlungskompetenz im engeren Sinne eingegangen.

In der einschlägigen Literatur werden eine ganze Reihe von Trainingsmaßnahmen vorgestellt. GUDYKUNST/HAMMER differenzieren in diesem Zusammenhang danach, ob es sich um didaktische oder erfahrungsorientierte Verfahren sowie um kulturspezifische oder kulturunspezifische Trainings handelt.[76] Dabei wird als didaktisch dasjenige Vorgehen bezeichnet, bei welchem der Trainer referierend Wissen vermittelt. Der Einfachheit halber wird diese Begriffsverwendung im folgenden beibehalten, obwohl sie nicht dem erziehungswissenschaftlichen Sprachgebrauch entspricht. Dort ist Didaktik als Theorie des Lehrens und Lernens bzw. des Unterrichts ein weiterer Begriff.[77] Durch die Beibehaltung des engeren Begriffes von GUDYKUNST/HAMMER kann im folgenden der in der Literatur üblichen Differenzierung in didaktisch/erfahrungsorientiert und kulturspezifisch/kulturunspezfisch gefolgt und die Auflistung verschiedener Trainingsmaßnahmen vorgenommen werden:[78]

1. Landeskundliche Informationsvermittlung stellt eine didaktisch-kulturspezifische Maßnahme dar.

2. Bei 'culture-awareness'-Programmen geht es darum, sich über die Bedeutung von Kultur allgemein sowie in bezug auf die eigene kulturelle Prägung bewußt zu werden. Sie können als kulturunspezifische Maßnahmen sowohl didaktisch, z.B. in Form von Vorträgen über die Wirkungsweise von Kultur, als auch erfahrungsorientiert, z.B. mit Hilfe von Rollenspielen, durchgeführt werden.

3. Ein Attributionstraining beinhaltet die Förderung des Verständnisses für die Hintergründe des Verhaltens anderer Personen. Bekannteste didaktische und kulturspezifische Maßnahme ist der 'culture assimilator', der weiter unten näher erläutert wird.[79]

---

[76] Vgl. GUDYKUNST/HAMMER 1983, S. 126

[77] Zur Begriffsbestimmung von Didaktik vgl. z.B. BOROWSKI; HIELSCHER; SCHWAB 1976, S. 9 ff.

[78] Auflistungen mit den folgenden Trainingsmöglichkeiten bieten z.B. THOMAS; HAGEMANN 1996, S. 183, CUSHNER; BRISLIN 1996, S. 21 f. sowie LITTERS 1995, S. 163 f.

[79] Vereinzelt werden auch kulturunspezifische 'culture assimilator'-Verfahren verwendet. Vgl. CUSHNER; BRISLIN 1996, S. 35 f.

4. Schließlich geht es in interaktiven, kulturspezifischen Maßnahmen darum, das tatsächliche Verhalten in einer speziellen interkulturellen Situation, d.h. erfahrungsorientiert zu üben.

Bevor die einzelnen Maßnahmen genauer dargestellt werden, muß noch einmal auf die Besonderheiten des Lernens von Erwachsenen hingewiesen werden. So ist es insbesondere aufgrund der relativ festen Deutungsmuster von Erwachsenen wichtig, auf Teilnehmerorientierung zu achten.[80] Teilnehmerorientierung bedeutet dabei zunächst, das Vorwissen, die Lebenserfahrung und die Lernfähigkeit der Teilnehmer zu berücksichtigen. Eine solche Orientierung zeigt sich im Lebensweltbezug von Weiterbildungsveranstaltungen. Dies bedeutet, daß die subjektiv erlebte Wirklichkeit der Teilnehmer berücksichtigt werden muß, die im weiteren zum Gegenstand gemeinsamen Nachdenkens und Überdenkens gemacht wird.[81] Diese Orientierung an der Lebenswelt von Teilnehmern erlaubt es, ihre bisherigen Problembewältigungsstrategien sowie ihre aktiven wie auch ruhenden Kompetenzen aufzugreifen, um durch deren jeweilige Weiterentwicklung oder Aktivierung zu einer besseren Handlungsfähigkeit zu gelangen.[82] Umfassende Teilnehmerorientierung betrifft dabei Selbst-, Sach- und Sozialkompetenz und fördert damit die Umsetzung der Lernziele in bezug auf interkulturelle Handlungskompetenz: Bildung bzw. Training in diesem Sinne soll

"die Sichtweise der eigenen Person berücksichtigen (Arbeit am Selbstbild), soll soziale Beziehungen neu gestalten lassen, und sie soll helfen, die alltäglichen Aufgaben und lebensweltlichen Problemlagen [hier die alltäglichen Probleme von interkulturellen Joint Venture-Situationen, Anmerkung der Verfasserin] durch veränderte Fähigkeiten angemessen lösen zu helfen. Ein lebensweltlich orientiertes Bildungskonzept soll den einzelnen befähigen, seine (stereotypen?) Sichtweisen des um ihn geschehenden Alltäglichen (in Familie, Betrieb, Verein, Schule usw.) zu erkennen, seine Interpretationen des Alltäglichen an neuem Wissen zu überprüfen sowie neue Ideen für die Gestaltung des Alltäglichen zu gewinnen."[83]

---

[80]   Vgl. Abschnitt 3.2.2

[81]   Vgl. KALTSCHMID 1986, S. 218 sowie MÜLLER 1986, S. 235

[82]   Nicht alles grundsätzlich vorhandene Wissen und alle Kompetenzen sind immer und jederzeit abrufbar. Vielmehr müssen sie partiell erst wieder aktiviert werden, um genutzt werden zu können. Vgl. hierzu MOOSMÜLLER 1997, S. 291

[83]   MÜLLER 1986, S. 234, Hervorhebung im Original

Versucht man nun, die in der Literatur angebotenen Trainingsmaßnahmen unter dem Gesichtspunkt von Teilnehmerorientierung und Lebensweltbezug zu bewerten, so zeigt sich einerseits, daß die ausschließliche Verwendung einzelner Maßnahmen kaum zu einer Förderung interkultureller Handlungskompetenz führen kann, da durch sie nicht der Gesamtkomplex von Selbst-, Sach- und Sozialkompetenz in den Blick genommen wird. Andererseits ist die Reihenfolge und Art der Kombination der Maßnahmen wichtig, um Teilnehmerorientierung und damit einen größtmöglichen Trainingserfolg zu erzielen. Dies wird im folgenden näher erläutert.

Zu Beginn von Trainingsveranstaltungen zeigt sich Teilnehmerorientierung daran, daß das Vorwissen und die bisherigen Erfahrungen der Teilnehmer im interkulturellen Kontext aufgegriffen bzw. vom Trainer in Erfahrung gebracht werden. In der Regel werden die meisten Kandidaten in irgendeiner Form bereits Erfahrungen besitzen, sei es aus dem privaten oder dem beruflichen Kontext. Das Aufgreifen dieser Erfahrungen dient zunächst dazu, mit Hilfe der eigenen Erlebnisse Lernoffenheit und ein Bewußtsein für kulturbedingte Probleme zu schaffen.[84] Darüber hinaus können Schilderungen über interkulturelle Kontakte dem Trainer Hinweise auf vorhandene Kompetenzen oder auch auf existierende Schwächen, wie etwa Vorurteile, geben, die es im weiteren aufzugreifen gilt.

Sind keine oder nur sehr wenige interkulturelle Erfahrungen vorhanden, muß mit Hilfe didaktischer Maßnahmen die Themenrelevanz verdeutlicht und Lernoffenheit gefördert werden. In der Literatur werden hierfür zum einen Rollenspiele vorgeschlagen, bei denen eine Gruppe von Teilnehmern eine künstliche und vorab durch Regeln festgelegte Kultur simuliert, in der sich eine andere Gruppe von Teilnehmern ohne Kenntnis der vorgegebenen Verhaltensregeln zurechtfinden muß.[85] Durch diese Kultursimulation wird versucht, den Teilnehmern einen Eindruck von den Problemen des Agierens in interkulturellen Situationen zu vermitteln.

Die geschilderten Maßnahmen während der Initiierungsphase werden auch als 'culture awareness'-Training bezeichnet,[86] da es um das Bewußtwerden von Kulturproblemen geht. Gegen Ende dieser Phase sollte dann zur Thematisierung des Gesamtphänomens Kultur übergeleitet werden. Die Vorerfahrungen der

---

[84] Vgl. BITTNER 1996, S. 327 ff.

[85] Vgl. z.B. die 'Zawambia'-Übung, dargestellt bei GOODMAN 1994, S. 51 sowie insgesamt hierzu auch ARNDT; SLATE 1997, S. 346 ff.

[86] Vgl. THOMAS; HAGEMANN 1996, S. 185

Teilnehmer oder auch die Ergebnisse der Rollenspiele gilt es zu systematisieren, um so einen tieferen Einblick in die Wirkungsweise von Kultur zu geben. In Anlehnung an die Ausführungen von HELFRICH zur inter- und intraindividuellen Variation kultureller Ausprägungen[87] gehört zu dieser Phase des Trainings auch, Kultur in all seinen Facetten darzustellen, d.h. auch Unterschiede innerhalb nationaler Kulturen und zwischen Individuen einer Kultur zu verdeutlichen. Hierdurch soll von Anfang an stereotypem Denken entgegengewirkt werden.[88]

Ein weiterer wichtiger Gegenstand der Einführung in Kulturphänomene ist die Thematisierung von Problemen wie Kulturschock und Akkulturation, wenn möglich in Anlehnung an die persönlichen Erfahrungen der Teilnehmer. Hierdurch wird versucht, ein realistisches Bild über den Auslandsaufenthalt zu vermitteln und übertriebene Euphorie im vorhinein abzuschwächen.[89] Schließlich wird in der Initiierungsphase nicht nur Offenheit für das Thema gefördert, sondern auch zur Selbstreflexion angeregt, weil diese das Ich-Bewußtsein stärkt und auf diesem Weg die Sicherheit in interkulturellen Situationen fördert.[90]

Nach den allgemeinen Einführungen muß die spezielle Kultur des Gastlandes und des Partnerunternehmens aufgegriffen werden. Hierfür werden eine Reihe von Methoden vorgeschlagen. Die einfachste Methode ist die Informationsvermittlung über die geographische, klimatische, politische, wirtschaftliche und auch kulturelle Lage eines Landes. Daneben sind für Auslandsmitarbeiter praktische Hinweise wichtig, z.B. über die medizinische Versorgung, Schulen für Kinder und Wohnmöglichkeiten. Solche Informationen können in schriftlicher Form, durch Filme oder durch mündliche Vorträge dargeboten werden.[91] Häufig stellen diese Informationen die einzige Vorbereitungsmaßnahme dar.[92] Allerdings sind sie zur Entwicklung interkultureller Handlungskompetenz völlig ungenügend. Sie dienen lediglich der lebenspraktischen Unterstützung.

---

[87] Vgl. Abschnitt 2.1.2

[88] Vgl. hierzu auch PTAK; COOPER; BRISLIN 1995, S. 433

[89] Vgl. BERGEMANN; SOURISSEAUX 1996, S. 163

[90] Vgl. BLIESENER 1997, S. 223

[91] Vgl. THOMAS; HAGEMANN 1996, S. 184. MEAD weist in diesem Kontext darauf hin, daß sich der Informationsteil von Trainingsveranstaltungen besonders eignet, auch die Ehe- bzw. Lebenspartner in das Training zu integrieren. Vgl. MEAD 1994, S. 412. Grundsätzlich ist jedoch auch deren Teilnahme an den allgemeinen Aspekten des Trainings sinnvoll, wenngleich dies aus Kostengründen sicherlich nicht immer realisierbar ist. Nicht teilnehmen sollten Angehörige dagegen an Maßnahmen, die der Teamentwicklung gemeinsam mit Mitgliedern der anderen Partei dienen.

[92] Vgl. SCHERM 1997, S. 308

200

Zur Entwicklung interkultureller Handlungskompetenz wird besonders häufig die 'culture assimilator'-Methode empfohlen. Ursprünglich entwickelt wurde sie in den 60er Jahren in den USA.[93] In Deutschland wurde sie insbesondere von THOMAS aufgegriffen und für die Auslandsvorbereitung deutscher Seminarteilnehmer modifiziert.[94] Der 'culture assimilator' wird auch als Attributionstraining bezeichnet, da es darum geht, realistische Urteile über die Gründe des Verhaltens von Personen anderer kultureller Zugehörigkeit zu fällen. Grundannahme hierbei ist, daß viele Mißverständnisse aus der unterschiedlichen Wahrnehmung und der unterschiedlichen Attribution bezüglich bestimmter Verhaltenssituationen herrühren.[95] Mit Hilfe des 'culture assimilators' sollen nun kulturtypische Attributionsmuster erklärt werden, die die Teilnehmer im weiteren zu 'isomorphen Attributionen' befähigen. Dies bedeutet, daß zukünftig das Verhalten fremdkultureller Interaktionspartner vor dem Hintergrund ihrer jeweiligen kulturellen Orientierungen und nicht mehr aus eigenen Kulturprägungen heraus interpretiert und beurteilt wird.[96] Die Methode des 'culture assimilators' bedient sich dabei kritischer Interaktionssituationen, d.h. 'critical incidents'. Diese werden so gewählt, daß sie möglichst realitätsnah und typisch für Interaktionsereignisse in fremden Kulturen sind. Darüber hinaus bietet es sich an, solche Situationen zu wählen, die für den Lernenden konfliktgeladen sind und bei der die Wahrscheinlichkeit zur Fehlinterpretation besteht. Schließlich sollten es Situationen sein, die für die Aufgabenbewältigung im Gastland relevant sind.[97] Bei der Interpretation der Situation kann zwischen verschiedenen Antworten gewählt werden. Allerdings ist immer nur eine Antwort richtig bzw. beinhaltet die kulturadäquate Attribution. Richtige und falsche Antworten werden anschließend erläutert.[98]

Die 'culture assimilator'-Methode bietet die Chance, einen tieferen Einblick in spezielle Kulturen zu bekommen und sich von eigenkulturell geprägten Attributionsstilen zu lösen. Allerdings gehen mit dieser Methode auch Risiken einher. So ist mit ihr die Gefahr der Entwicklung recht stereotyper Einschätzungen verbunden. Es werden weder individuelle Abweichungen in den Blick genommen,

---

[93] Vgl. hierzu die erste Veröffentlichung zum 'culture assimilator' von FIEDLER; MITCHELL; TRIANDIS 1971

[94] Vgl. THOMAS; HAGEMANN 1996, S. 188

[95] Vgl. CUSHNER; BRISLIN 1996, S. 22

[96] Vgl. TRIANDIS 1975, S. 42.

[97] Vgl. THOMAS 1988, S. 152

[98] Diese Übung wird schriftlich oder als Computerprogramm verwendet, partiell auch zum Selbststudium. Vgl. THOMAS; HAGEMANN 1996, S. 188. Im Anhang ist ein Beispiel für eine 'culture assimilator'-Übung wiedergegeben.

noch wird bedacht, daß sich auch der fremdkulturelle Interaktionspartner in der interkulturellen Situation bemühen kann, von seinen kulturgeprägten Verhaltensweisen abzurücken und sich statt dessen auf die Verhaltensweisen seines Gegenübers einzustellen.[99] Insofern kann der Rekurs auf den 'scheinbaren Rettungsanker' irgendwelcher Stereotypen bezüglich nationaler Besonderheiten zu situationsunangemessenen Reaktionen führen.[100] Darüber hinaus weisen HEUVEL/MEERTENS darauf hin, daß durch den 'culture assimilator' zwar kognitives Wissen erworben wird, damit jedoch nicht unbedingt eine Verhaltensänderung oder eine größere Sympathie für die fremde Kultur einhergeht. Insofern werden Konflikte zwischen den Parteien nicht zwangsläufig ausgeräumt.[101]

Dies läßt sich auch mit den Ausführungen in Abschnitt 2.3.3 verbinden, wo darauf hingewiesen wurde, daß versucht werden kann, die Abmilderung gruppenspezifischer Konflikte in Joint Ventures durch eine De-Kategorisierung, d.h. durch eine Abschwächung der Wahrnehmung von Unterschieden zu erreichen. Dieser Intention würde die 'culture assimilator'-Methode entgegenwirken, da sie eben gerade Unterschiede betont.

Damit existiert didaktisch ein Dilemma zwischen der Notwendigkeit zur Verdeutlichung anderer Kulturen einerseits und dem Schutz vor stereotypen Sichtweisen und vor der Verstärkung wahrgenommener Unterschiede andererseits. Gelöst werden kann es nur durch einen Methodenmix. Bei der Verwendung des 'culture assimilators' ist zum einen auf die Neigung zu stereotypem Denken und zu Vorurteilen bei den Teilnehmern zu achten. Existieren solche Tendenzen, ist bei der Verwendung dieser Methode Vorsicht geboten. Insbesondere muß dann die Problematik von Stereotypisierung und Vorurteilen thematisiert werden. Dabei ist es wichtig, daß Teilnehmer nicht einfach mit ihren eigenen Vorurteilen konfrontiert werden, denn hierdurch wird in der Regel eher Abwehr und Widerstand erzeugt. Vielmehr müssen Konstitutionsbedingungen für Vorurteile und Stereotype selbst in den Reflexionsprozeß einbezogen werden.[102] Ergänzend müssen Ähnlichkeiten zwischen den Kulturen aufgedeckt werden, um so Abgrenzung und Bedrohung durch das kulturell Fremde abzumildern.[103] Aber auch bei Teilnehmern, die nicht zu Vorurteilen und stereotypem Denken neigen, empfiehlt es sich, den 'culture assimilator' durch weitere Übungen zu ergänzen, um

---

[99] Vgl. hierzu WATZLAWICK 1982, S. 18 sowie die Ausführungen in Abschnitt 2.3.1

[100] Vgl. FREIMUTH; THIEL 1997, S. 212

[101] Vgl. HEUVEL; MEERTENS 1989, S. 227

[102] Vgl. OSTERMANN; NICKLAS 1976, S. 39

[103] Vgl. hierzu insgesamt HEUVEL; MEERTENS 1989, S. 234 f.

seine Nachteile auszugleichen. Dies insbesondere vor dem Hintergrund, daß in Joint Venture-Situationen von vornherein Gruppenunterschiede betont werden und die Gefahr gruppenbezogener Diskriminierung größer ist als in anderen interkulturellen Situationen.[104]

Besondere Bedeutung im Rahmen weiterer Übungen kommt dem Rollenspiel zu. Durch Rollenspiele werden Teilnehmer mit fremden Lebensumständen spielerisch konfrontiert. Diese Methode gewährt Einsicht in alternative Einstellungen und Perspektiven und hilft so, den eigenen Standpunkt zu relativieren. Darüber hinaus können in Rollenspielsituationen Sensibilität und Empathiefähigkeit geübt werden.[105] Das Spielerische der Situation erleichtert das Lernen insofern, als die im Spiel nachgestellten Situationen in der Regel angstfreier erlebt werden und keine Sanktionen für das eigene Verhalten zu erwarten sind. Es wird dann auch leichter, widersprüchliche Situationen auszuhalten und insofern Ambiguitätstoleranz zu üben.[106]

In diesem Zusammenhang kann z.B. die 'contrast culture'-Methode Verwendung finden. Die Seminarteilnehmer müssen mit einem Trainer oder einer anderen Person aus der betreffenden Kultur in einer spezifischen, vorgegebenen und mit entsprechenden Rollendefininitionen versehenen Situation interagieren. Wichtig ist dabei einerseits, daß die gewählte Situation typisch für die jeweilige Kultur ist, damit eine anschließende Kulturanalyse ermöglicht wird. Andererseits kann im Gegensatz zum 'culture assimilator' nun auch eine Interaktionsanalyse stattfinden, bei der die wechselseitigen Reaktionen der Interaktionsteilnehmer und ihre Abweichungen von kulturellen Normen betrachtet werden. Schließlich lassen sich aus der doppelten Analyse Regeln für das Verhalten in fremden Kulturen ableiten.[107]

Neben 'contrast culture'-Übungen ist auch das Training von Kommunikations- und Dialogfähigkeit wichtig. Auch hier bieten sich Simulationen wegen ihres stärkeren Übungseffektes an. Dabei geht es vor allem darum, Regeln des sozialen und kommunikativen Umganges miteinander zu erlernen, durch die Art von Formulierungen Konfliktsituationen zu entschärfen sowie Mißverständnisse zu antizipieren und ihnen kommunikativ entgegenzusteuern.[108] Derartige Kommunikationsstrukturen drücken sich u.a. in der Verwendung spezieller

---

[104] Vgl. die Ausführungen in Abschnitt 2.3.3

[105] Vgl. GRIESE 1979b, S. 228

[106] Vgl. REISCH 1991, S. 82 ff.

[107] Vgl. hierzu REISCH 1991, S. 91

[108] Vgl. hierzu NIEKE 1994, S. 146 ff.

Formulierungen aus. Beispielhaft weist BLIESENER auf die folgende Formulierung hin:

"Ich hoffe, daß ich Ihnen nicht zu nahe trete. Bei uns sagt man das so; ich weiß nicht, wie man es bei Ihnen sagt ..."[109]

Kommunikationstrainings, die die 'natürliche Sozialkompetenz' betonen, können auch in einen Sprachunterricht integriert werden. Dieser müßte dann einerseits die Vermittlung von Fremdsprachenkenntnissen beinhalten, andererseits aber auch die Übung differenzierterer Sprachverwendung der eigenen Sprache, um fremdsprachlichen Interaktionspartnern die Verständigung zu erleichtern. Regeln für die Gesprächsführung mit fremdsprachlichen Teilnehmern wären dabei:[110]

1. bezüglich verbalem Verhalten klar und einfach zu sprechen, kurze Sätze zu verwenden und wichtige Aussagen zu wiederholen;

2. bezüglich nonverbalem Verhalten visuelle Hilfsmittel und Körpersprache einzusetzen, schriftliche Zusammenfassungen zu geben, zu schweigen, wenn andere sprechen und sich um Formulierungen bemühen;

3. beachten, daß bei Gesprächen Mißverständnisse auftreten können und prüfen, ob der Interaktionsteilnehmer verstanden hat;

4. bei der Struktur des Gesprächs die Inhalte in kleine Einheiten zu zerlegen, um Überkomplexität zu vermeiden.

Um die Interaktion mit Mitgliedern derjenigen Kultur zu üben, aus der die zukünftigen Interaktionspartner im Joint Venture stammen, empfiehlt es sich vor allem, interkulturelle Trainings abzuhalten. Am günstigsten wäre das gemeinsame Training mit den zukünftigen Interaktionspartnern selbst, zumindest jedoch mit einem entsprechenden fremdkulturellen Trainer. In solchen bi-kulturellen Trainings und Rollenspielübungen kann sehr viel leichter die Bedeutung von speziellem Kulturwissen einerseits und individuellen und situativen Variationen andererseits verdeutlicht und real erfahren werden. So weisen BOEHM-TETTELBACH/WICHMANN darauf hin, daß die zunächst getrennten Schulungen der deutschen und französischen Mitarbeiter von EUROCOPTER das wechselseitige Mißtrauen eher noch verstärkt hatten. Aus diesem Grund wurden im weiteren bi-kul-

---

[109] BLIESENER 1997, S. 226 f.

[110] Vgl. KOPPER 1994, S. 273 sowie insgesamt auch BLIESENER 1997, S. 224 und LITTERS 1995, S. 164

turelle Trainings angeboten, um Verstärkungen sozialer Kategorisierungen zu vermeiden und wechselseitiges Vertrauen aufzubauen.[111]

In bi-kulturellen Trainings kann somit der Diskurs zwischen den zukünftigen Joint Venture-Partnern unter Anleitung eines oder mehrerer Trainer geübt werden. Auf diese Weise wird es möglich, bereits im vorhinein gemeinsame interkulturelle Deutungsmuster zu entwickeln.[112] An die Stelle einer kollektiven Stereotypisierung der Mitglieder der anderen Gruppe können so außerdem neue Urteilskategorien die alten gruppentypischen Kategorien überlagern und vielfältigere Einschätzungen vorgenommen werden. Dadurch wird die Individualisierung der Mitglieder der Fremdgruppe in der Wahrnehmung und Beurteilung gefördert.[113]

Häufig ist es jedoch aus organisatorischen Gründen schwierig, vorab gemeinsame Trainings abzuhalten. Zudem muß bedacht werden, daß die Umsetzung und Anwendung der erworbenen Kompetenzen außerhalb von Trainingsveranstaltungen oft schwierig ist.[114] Dies gilt insbesondere für solche Trainingsinhalte, die einer längeren Übung bedürfen, etwa deshalb, weil sie das Aufgeben tief verankerter Überzeugungen oder Verhaltensmuster voraussetzen. Insofern ist für das Verfestigen neu erworbener interkultureller Handlungskompetenz auch begleitende Beratung und ein Training während des Joint Venture-Einsatzes sinnvoll. Schließlich entstehen akute Konflikte zwischen den Joint Venture-Parteien während des Kooperationsprozesses, weshalb auch hier gegebenenfalls beratendes Intervenieren bzw. Organisationsentwicklungsmaßnahmen angebracht sind.[115]

Maßnahmen während des Joint Venture-Einsatzes beinhalten Teamentwicklungsaktivitäten, die für alle Joint Venture-Parteien gemeinsam durchgeführt werden. Hier sollten unter Anleitung von Moderatoren Konflikte besprochen und Lösungsstrategien gefunden werden. Dabei ist es wichtig, daß die Trainer bzw. Moderatoren solcher Veranstaltungen nicht eindeutig bzw. nicht ausschließlich einer Partei angehören. Um gleichermaßen Akzeptanz bei allen Teilnehmern zu erwirken, bieten sich deshalb Tandem-Seminare an, bei denen zwei Trainer unterschiedlicher kultureller oder unternehmensbezogener Herkunft ko-

---

[111] Vgl. BOEHM-TETTELBACH; WICHMANN 1994, S. 356 ff. EUROCOPTER ist ein Gemeinschaftsunternehmen der DEUTSCHEN AEROSPACE AG und der französischen AEROPATIALE.

[112] Vgl. so ähnlich LUCHTENBERG 1994, S. 63

[113] Vgl. WINTER 1994, S. 224

[114] Vgl. KAILER; STIEFEL 1984, S. 135

[115] Zum Erfolg begleitender Trainings vgl. LANDIS; BRISLIN 1983

operieren. Darüber hinaus sind in der Regel Konfliktlöseveranstaltungen erfolgreicher, die in relativ isolierter Umgebung, d.h. außerhalb normaler Arbeitssituationen stattfinden, um hinderlichen Leistungsdruck weitgehend zu vermeiden.[116]

Um auch Probleme sozialer Kategorisierung abzuschwächen, weist THOMAS darauf hin, daß einerseits der ökonomische und soziale Status der Mitglieder verschiedener Parteien möglichst ähnlich sein sollte, damit nicht Neid und Abwehr hervorgerufen werden. Andererseits müßten gemeinsame Ziele betont werden, um Konkurrenzgefühle abzumildern.[117] Vor allem die Entwicklung gemeinsamer Ziele kann Gegenstand des bi-kulturellen Gruppentrainings sein. Darüber hinaus können miteinander Fairneß- und Gerechtigkeitsnormen entwickelt werden, die die zukünftige Kooperation erleichtern sollen.[118]

Entstehen nach der Formulierung gemeinsamer Normen und Ziele auch weiterhin Konflikte, müßten ergänzende Teamentwicklungsmaßnahmen ergriffen werden. Eine solche Möglichkeit wäre z.B. der Einsatz des sogenannten Symlog-Verfahrens.[119] Dieses Verfahren stellt eine Organisationsentwicklungsmaßnahme dar, die intra- und interpersonell wahrgenommene Gruppenstrukturen der betroffenen Teammitglieder abbildet.[120] Die Verdeutlichung dieser Gruppenstrukturen kann dann in Teamentwicklungssitzungen genutzt werden, um Konflikte zu besprechen und Lösungen zu finden.

Das Symlog-Konzept beruht hauptsächlich auf der von BALES entwickelten Methode der Interaktionsprozeßanalyse, bei der das Verhalten von Gruppenmitgliedern bezüglich der Lösung von gemeinsamen Problemen und Aufgaben und die Sicherung des Zusammenhaltes in der Gruppe beurteilt werden. Diese Beurteilung im Rahmen von Symlog erfolgt einerseits durch Interaktionssignierung, d.h. durch Fremdbeobachtung der Kommunikationsinhalte und -richtungen und deren Kodierung in Symlog-Kategorien. Andererseits schätzen sich die Gruppenmitglieder auf der Basis eines standardisierten Rating-Verfahrens wechselseitig ein.[121] Zum Zwecke der Organisationsentwicklung ist allerdings lediglich die wechselseitige Beurteilung von Relevanz. Die Einschätzung erfolgt da-

---

[116] Vgl. KELMAN; COHEN 1979, S. 289

[117] Vgl. THOMAS 1994, S. 229

[118] Vgl. WINTER 1994, S. 242

[119] Symlog steht für 'System for the Multiple Level Observation of Groups. Vgl. FASSHEBER; NIEMEYER; KORDOWSKI 1990, S. 8

[120] Vgl. FASSHEBER; NIEMEYER; KORDOWSKI 1990, S. 5

[121] Vgl. FASSHEBER; NIEMEYER; KORDOWSKI 1990, S. 5

bei mittels eines Adjektiv-Rating-Bogens, der Eigenschaftskomplexe zur Beschreibung des sozialen Verhaltens der Gruppenmitglieder beinhaltet. In der vom GÖTTINGER INSTITUT FÜR WIRTSCHAFTS- UND SOZIALPSYCHOLOGIE modifizierten Form des Symlog-Konzeptes wird das Verhalten der Gruppenmitglieder durch drei bipolare Dimensionen beschrieben, nämlich durch Macht bzw. Einfluß (einflußnehmend, auf Einfluß verzichtend), Akzeptanz bzw. Sympathie (positiv oder negativ) und Zielorientierung (Förderung oder Hemmung von Gruppenzielen), auf die sich der Adjektiv-Rating-Bogen bezieht.[122]

Grundüberlegung des Symlog-Konzeptes ist, daß einzelnen Gruppenmitglieder einerseits eine direkte Beurteilung der eigenen Person (Autostereotyp oder Selbstbild) sowie anderer Personen durch sich selbst (Heterostereotyp oder senderspezifisches Fremdbild) vornehmen. Andererseits existiert auch eine Meta-Perspektive, d.h. eine Vermutung darüber, wie andere Personen einen selbst sehen (vermuteter Heterostereotyp oder vermutetes Fremdbild).[123] Diese perspektivischen Kognitionen bilden das Grundmuster für Handlungspläne im sozialen Kontext.[124] Dabei sind die perspektivischen Kognitionen niemals abstrakt, sondern konkretisieren sich an ihrem inhaltlichen Bezug, d.h. an thematischen Bereichen, an Objekt- oder Gegenstandsbezügen oder an Norm- und Wertorientierungen.[125] Solche Bezüge wären z.B. die Orientierung einzelner Joint Venture-Mitarbeiter an den interkulturell erarbeiteten gemeinsamen Fairneß- und Gerechtigkeitsnormen bzw. die Umsetzung der vereinbarten Joint Venture-Ziele. Die jeweiligen positiven oder negativen Beurteilungen des Selbst-, Fremd- und vermuteten Fremdbildes stellen diejenigen Konfliktpotentiale in gruppendynamischen Situationen dar, die neben den bereits dargestellten Kulturkonflikten und -mißverständnissen Kooperationen behindern können.

Wird nun der Adjektiv-Rating-Bogen des Symlog-Konzeptes zur Darstellung der wechselseitigen Einschätzungen verwendet, dann ist im interkulturellen Joint Venture-Kontext zu beachten, daß sich die abgefragte Normorientierung nicht auf eigenkulturelle Normen beziehen darf, sondern explizit auf diejenigen,

---

[122] Vgl. FASSHEBER; NIEMEYER; KORDOWSKI 1990, S. 10

[123] Vgl. FASSHEBER; NIEMEYER; KORDOWSKI 1990, S. 22. Auch Meta-Meta-Perspektiven sind im Prinzip möglich, für den hier zu beschreibenden Kontext aber weniger relevant.

[124] Vgl. FASSHEBER; NIEMEYER; KORDOWSKI 1990, S. 23

[125] Vgl. FASSHEBER; NIEMEYER; KORDOWSKI 1990, S. 22

die in vorangegangenen Teamentwicklungssitzungen als interkulturell gültig festgelegt und gemeinsam erarbeitet wurden.[126]

Vor der eigentlichen Beurteilung der Selbst-, Fremd- und vermuteten Fremdbilder anhand des Adjektiv-Bogens muß eine Einführung in das Symlog-Konzept gegeben werden. Es ist vor allem notwendig, daß alle betroffenen Personen die zentralen Begriffe Selbstbild, Fremdbild und vermutetes Fremdbild verstanden haben.[127] Die eigentliche Einschätzung erfolgt dann jeweils individuell während einer Gruppensitzung durch den Adjektiv-Rating-Bogen und zwar sowohl bezüglich des Selbstbildes, als auch bezüglich der vermuteten und senderspezifischen Fremdbilder für alle anderen Personen der entsprechenden Gruppe.[128]

Die Rückmeldung der Daten erfolgt in verschiedenen Schritten und in einer langsamen Annäherung an die persönlichen Einschätzungen. Dieses behutsame Feedback ist wichtig, da durch die direkte Konfrontation einer Person mit den Einschätzungen anderer Personen über sich selbst eine große Betroffenheit ausgelöst werden kann. Der erste Rückmeldeschritt betrifft entsprechend ausschließlich anonyme Daten, die die Selbstbilder sowie die Mittelwerte der senderspezifischen und empfangenen Fremdbilder beinhalten.[129] Damit wird ein erster Eindruck über das Gruppenimage vermittelt, das anschließend diskutiert werden kann.

Hieran schließt sich eine dyadische Rückmeldung zwischen jedem einzelnen Mitglied und dem Organisationsentwicklungsberater an. Inhalt sind diejenigen Daten, welche die entsprechende Person selbst in ihrem Adjektiv-Rating-Bogen angegeben hat. Die Rückmeldung bezüglich dieser Daten dient einerseits dazu, die persönliche Sichtweise jedes Gruppenmitgliedes kennenzulernen. Andererseits wird so Gelegenheit gegeben, die Einschätzungen zu korrigieren.[130] Diese Korrekturmöglichkeit ist wichtig, um die Urteile über Personen nicht als Datum zu betrachten,[131] sondern sie als revidierbar und veränderten Gruppensituationen anpassbar zu begreifen.

---

[126] Damit wird auch deutlich, daß das Symlog-Verfahren keinesfalls als alleinige oder sehr frühe Maßnahme in interkulturellen Joint Ventures eingesetzt werden kann. Vielmehr ist die Entwicklung gemeinsamer Normen vorab unbedingt notwendig.

[127] Vgl. FASSHEBER; TERJUNG 1986, S. 10

[128] Vgl. FASSHEBER; TERJUNG 1986, S. 13

[129] Vgl. FASSHEBER; TERJUNG 1986, S. 15

[130] Vgl. FASSHEBER; TERJUNG 1986, S. 17

[131] Vgl. FASSHEBER; TERJUNG 1986, S. 18

Erst nach dieser zweiten individuellen Rückmeldung kann eine Gesamtrückmeldung über alle Symlog-Informationen, inklusive möglicher Korrekturen, gegeben werden. Sie erfolgt schriftlich an das einzelne Teammitglied und enthält neben der ausführlichen Beschreibung der Daten auch Interpretationsansätze durch den Organisationsentwicklungsberater.[132] Da insbesondere der Teil des teamdiagnostischen Gutachtens, der die empfangenen Fremdbilder beinhaltet, große Betroffenheit auslösen kann, ist gegebenenfalls eine ergänzende persönliche Beratung notwendig.[133]

Als letzter Rückmeldeschritt erfolgt die Gruppendiskussion der Ergebnisse. FASSHEBER/TERJUNG weisen darauf hin, daß sich die eher späte gruppendynamische Diskussion nach der individuellen Rückmeldung anbietet, wenn die Beziehungen der Mitglieder besonders konfliktbeladen sind oder einzelne Mitarbeiter große persönliche Probleme haben. Der Organisationsentwicklungsberater kann hier vorab coachend bzw. unterstützend tätig werden.[134] Dies ist in interkulturellen Joint Venture-Kontexten sicherlich wichtig, da neben der Überwindung von Gruppenproblemen auch die eigene Akkulturation bewältigt werden muß und persönliche Krisen entstehen können. Durch die interkulturelle Situation kann bei einzelnen Mitarbeitern das Gefühl kultureller Entfremdung und Einsamkeit aufkommen,[135] das im negativen Fall durch empfangene Fremdbilder verstärkt werden kann. Gerade hier wäre eine individuelle Beratung wichtig.

Nach der Diskussion der Ergebnisse in der Gruppe und nach der Erarbeitung gemeinsamer Lösungsstrategien[136] erfolgt eine zweite Bearbeitung des Adjektiv-Rating-Bogens und eine erneute Rückmeldung sowohl im Team als auch dyadisch. Es wird nun jedoch auf eine anonyme Darstellung verzichtet.[137] Diese erneute Bearbeitung dient der Verdeutlichung der Veränderung bzw. Verbesserung der Teamsituation.

Durch das Symlog-Verfahren können gruppendynamische Konflikte verdeutlicht werden, um sie einer konstruktiven Bearbeitung zugänglich zu machen. Entsprechend ist es wichtig, daß es nicht bei der reinen Darstellung der verschiedenen Einschätzungen bleibt, sondern daß sie zum Anlaß genommen wer-

---

[132] Vgl. FASSHEBER; TERJUNG 1986, S. 19

[133] Vgl. FASSHEBER; TERJUNG 1986, S. 21

[134] Vgl. FASSHEBER; TERJUNG 1986, S. 22

[135] Vgl. Abschnitt 2.3

[136] Dieser Prozeß kann sich über mehrere Tage bzw. Wochen erstrecken

[137] Vgl. FASSHEBER; TERJUNG 1986, S. 23

den, um Ursachen und Lösungen der Konflikte zu bearbeiten. Es wird dann gegebenenfalls möglich, eine größere Annäherung unter den Teammitgliedern zu erreichen und wechselseitiges Mißtrauen abzubauen. Unter Umständen kann ein positiv empfangenes Feedback über die eigene Person auch zu einer Stärkung des Selbstwertgefühls und damit auch zu einer stärkeren Öffnung gegenüber anderen Personen führen, was der Teamentwicklung zuträglich wäre.[138]

Bei der Verwendung des Symlog-Verfahrens im Kontext internationaler Joint Ventures muß jedoch bedacht werden, daß es ursprünglich nicht für den interkulturellen Einsatz entwickelt wurde. So weist TERJUNG darauf hin, daß psychologische Konstrukte kulturell invariant sind und insofern zu fragen ist, ob die im Symlog-Konzept verwendeten Verhaltensindikatoren für alle Mitglieder eines interkulturellen Teams gleichermaßen gelten.[139] Es wäre z.B. zu vermuten, daß die kulturell bedingte Ausprägung von Machtdistanz, also das Ausmaß der Akzeptanz von Autorität und Macht,[140] bei den verschiedenen Mitarbeitern zu einer unterschiedlichen Einschätzung dessen führt, was an Einflußnahme einzelner Personen als adäquat und akzeptabel eingeschätzt und gezeigt wird.

Darüber hinaus besteht das Problem, daß gegebenenfalls Mitglieder einer Kultur stärker als ihre kulturell anders geprägten Kollegen ihren persönlichen Einfluß auf das Gruppengeschehen als gering einschätzen und die senderspezifischen Fremdbilder dagegen aufwerten.[141] Diese kulturbedingten Unterschiede können z.B. durch unterschiedliche Ausprägungen bezüglich der HOFSTEDISCHEN Dimension Individualismus/Kollektivismus zustande kommen, bei der eine kollektivistischere Orientierung eines Teammitgliedes eher zu einer Abwertung der Bedeutung der eigenen Person und einer Aufwertung der Bedeutung der Gruppe führt. Für den Einsatz im interkulturellen Bereich müssen solche Möglichkeiten bei der Rückmeldung der Daten in Erwägung gezogen und gegebenenfalls sich ergebende Abweichungen in der Gruppe thematisiert werden. Positiv betrachtet wird damit gleichzeitig eine erneute Bearbeitung kultureller Unterschiede und ein besseres wechselseitiges Kennenlernen möglich. Insofern bietet das Symlog-Konzept trotz der Problematik kulturinvarianter psychologischer Konstrukte die Chance, kulturbedingte Konflikte bzw. Mißverständnisse aufzudecken und sie so der Bearbeitung zugänglich zu machen. Es ist jedoch darauf zu achten, daß der verwendete Adjektiv-Rating-Bogen in einer für alle Teilnehmer gleich verständlichen Sprache abgefaßt bzw. für alle eindeutig verständlich ist.

---

[138] Vgl. hierzu auch den geschilderten Fall bei FASSHEBER; TERJUNG 1986, S. 27

[139] Vgl. TERJUNG 1990, S. 84

[140] Vgl. hierzu die Ausführungen zu HOFSTEDES Kulturdimensionen in Abschnitt 2.1.2

[141] Vgl. TERJUNG 1990, S. 84

Es kann neben Teamentwicklungsmaßnahmen aber auch für den einzelnen von Bedeutung sein, bezüglich seines persönlichen Verhaltens in interkulturellen Situationen ein Feedback zu erhalten oder verstärkt individuell beraten zu werden. Hier wären Ansprechpartner im Joint Venture sinnvoll, die für kulturbezogene oder lebenspraktische Nachfragen zur Verfügung stehen, in Krisensituationen beraten können oder auch im täglichen Umgang mit fremdkulturellen Interaktionspartnern helfend zur Seite stehen. Solche Trainer würden damit die Funktion interkultureller Coaches ausüben.[142]

Abschließend können die dargestellten Maßnahmen wie folgt in einen Zusammenhang gebracht werden: Der Einstieg in interkulturelle Trainings erfolgt durch das Aufgreifen eigener Erfahrungen und durch die Bewußtwerdung von Kultur. In induktiver Weise kann die persönliche Erfahrung der Teilnehmer genutzt werden, um auch auf abstrakter Ebene Kulturphänomene zu begreifen. Die induktive Vorgehensweise eignet sich besonders bei lernunerfahreneren Teilnehmern und solchen mit eher starren Deutungsmustern, weil durch das eigene Erleben eine größere Lernbereitschaft entsteht.[143] Das erworbene Wissen kann dann auf die relevante Kultur hin konkretisiert werden. Auch hier muß sich abstraktes Wissen mit praktischem Erleben paaren. Schließlich bedarf die erworbene bzw. verbesserte interkulturelle Handlungskompetenz weiterer Übung, sowohl im Seminar als auch in der realen Anwendungssituation.

4.2.2 Unterstützung interkultureller Handlungskompetenz durch strukturrelle und unternehmenskulturelle Gestaltungsmaßnahmen

Strukturelle Begleitmaßnahmen beeinflussen die situativen Umstände, unter denen Joint Venture-Mitarbeiter agieren. Sie sind insofern für den Erfolg von Joint Ventures von großer Bedeutung. In diesem Abschnitt werden jedoch nicht alle strukturellen Erfolgsfaktoren von Joint Ventures betrachtet, sondern nur die, die entsprechend der Zielstellung dieser Arbeit in direkter Weise die interkulturelle Handlungskompetenz von Joint Venture-Mitarbeitern fördern oder beeinträchtigen.[144]

---

[142] Hierbei handelt es sich um Einzelcoaching, d.h. um eine persönliche Beratung und Begleitung in professionellen und persönlichen Belangen. Vgl. RÜCKLE 1992, S. 47. Zum interkulturellen Coaching vgl. LOOSS 1991, S. 56

[143] Vgl. REISCH 1991, S. 95

[144] Für eine umfassendere Betrachtung von Rahmenbedingungen vgl. z.B. BLEICHER; HERMANN 1991, S. 41 ff.

Anknüpfend an die Bedeutung des interkulturellen Coachings ist zunächst darauf hinzuweisen, daß es für Joint Venture-Mitarbeiter hilfreich ist, auch in den Mutterunternehmen Ansprechpartner zu haben, die insbesondere für fachliche Fragen und zur Unterstützung sachlicher Abstimmungsprozesse kontaktiert werden können. Solche Kontaktpersonen dienen vor allem der Reduzierung von Unsicherheit bezüglich Zielstellung und Vorgehensweise im Joint Venture und erhöhen so die interkulturelle Handlungskompetenz.

In Abschnitt 1.3.3 wurde darauf hingewiesen, daß oft in den Partnerunternehmen die Anforderungen, denen sich Joint Venture-Mitarbeiter ausgesetzt sehen, nicht richtig eingeschätzt werden und deshalb einerseits nicht genug fachliche Unterstützung gewährleistet wird und andererseits zu schnell Mißtrauen entsteht, wenn sich das Vertrauensverhältnis zwischen den Parteien im Joint Venture selbst verbessert.[145] Verantwortliche Kontaktpersonen hätten hier die Aufgabe, als Vermittler zu fungieren, um die tatsächlichen Anforderungen und Probleme der Joint Venture-Mitarbeiter auch im Mutterunternehmen transparent zu machen.

Kontaktpersonen können auch als Mentoren der Joint Venture-Mitarbeiter fungieren. Sie wirken so der Gefahr entgegen, daß diese im Stammhaus in Vergessenheit geraten.[146] Als Fürsprecher können Mentoren hinderliches Mißtrauen seitens des eigenen Unternehmens abbauen. Ferner kann durch sie gegebenenfalls die Rückkehr und die weitere Karriere im Mutterunternehmen erleichtert werden. Dies bietet den Joint Venture-Mitarbeitern zusätzliche Sicherheit, ihre Aufgaben im Joint Venture wahrnehmen zu können, ohne befürchten zu müssen, damit den Anschluß an das Mutterunternehmen zu verlieren. Gleichzeitig wird so ihre Identität bezüglich der eigenen Unternehmenszugehörigkeit stabilisiert.

Um den Dialog zwischen Kontaktperson und Joint Venture-Mitarbeiter zu unterstützen, ist ein regelmäßiges Treffen auch im Joint Venture sinnvoll, damit sich die Kontaktperson ein realistisches Bild über die Anforderungen, Probleme und Bedürfnisse des Joint Venture-Mitarbeiters machen kann. Darüber hinaus ist für eine Einflußnahme der Kontaktperson im Mutterunternehmen wichtig, daß sie mit entsprechenden Kompetenzen ausgestattet ist und eine möglichst hohe Position einnimmt. In der Praxis übernimmt deshalb häufig der bisherige Vorgesetzte diese Mentorenfunktion.[147]

---

[145] Vgl. Abschnitt 1.3.2 sowie die dort zitierten HÄUSLER; HOHN; LÜTZ 1992, S. 51 u. S. 59

[146] Vgl. WICKEL-KIRSCH 1999, S. 41

[147] Vgl. hierzu insgesamt SCHRÖDER 1995, S. 148

Ebenso wie die Joint Venture-Mitarbeiter selbst haben solche Kontaktpersonen im gewissen Sinne Grenzrollen inne, d.h. sie vermitteln zwischen Positionen und Überzeugungen verschiedener Parteien.[148] Im Unterschied zu Joint Venture-Mitarbeitern sind sie aber fest im jeweiligen Mutterunternehmen verankert und insofern weniger durch Loyalitätskonflikte und Mißtrauen belastet.

Strukturelle Maßnahmen zur Unterstützung interkultureller Handlungskompetenz betreffen auch die Zielstellung und Konfiguration des Joint Ventures. Je konfliktträchtiger die Zielstellungen der Partnerfirmen sind und je stärker das Joint Venture später die Partnerunternehmen zu Konkurrenten machen kann, desto schwieriger ist die Rolle von Joint Venture-Mitarbeitern und desto eher wird es zu Prozessen sozialer Kategorisierung kommen. Um so wichtiger ist es in solchen Situationen, daß die Partnerunternehmen eindeutige Ziele vorgeben und dadurch Handlungssicherheit gewähren. Hierzu gehört auch, daß mögliche Risiken und Vorsichtsmaßnahmen vorab diskutiert werden.[149] Darüber hinaus zeigt sich erneut die Bedeutung begleitender Teamentwicklung, die dazu dient, daß trotz aller Risiken die Kooperation nicht durch soziale Gruppenkonflikte gefährdet wird. Hierauf wurde im vergangenen Abschnitt bereits eingegangen.

In bezug auf die Konfiguration eines Joint Ventures wurde im ersten Kapitel dieser Arbeit bereits auf mögliche Führungsmodelle, wie etwa das Funktionsteilungs- oder Autonomiemodell, hingewiesen. Dabei wurde betont, daß keine eindeutigen Aussagen über die Vorteilhaftigkeit bestimmter Modelle gemacht werden können, weil die Wahl eines Modells von der Zielstellung des Joint Ventures abhängig sein sollte. Gleichwohl gehen erhöhte Anforderungen an die Handlungskompetenz von Mitarbeitern mit solchen Modellen einher, bei denen die Parteien sehr viel enger kooperieren müssen, wie etwa beim Vollkonsensmodell. Im Gegensatz hierzu ist wegen der Eindeutigkeit der Aufgabenbereiche bei Funktionsteilungsmodellen oder Managing-Partner-Modellen das Agieren leichter und weniger konfliktbeladen.[150] Bei der Konfiguration von Joint Ventures muß also zwischen Zielstellung einerseits und Umsetzungsproblematik andererseits abgewogen werden.

In diesem Kontext wird in der Literatur vor allem das Autonomie-Problem von Joint Venture-Mitarbeitern diskutiert. Dabei geht es darum, daß die Mitarbeiter im Joint Venture in der Regel einen sehr viel besseren Einblick in die Probleme der Kooperation und in Handlungsnotwendigkeiten besitzen als die Angehörigen

---

[148] Zu Kennzeichen von Grenzrollen vgl. HOLMES; LAMM 1979, S. 306

[149] Vgl. hierzu z.B. JUSTUS 1999, S. 220 ff.

[150] Vgl. hierzu die Ausführungen in Abschnitt 1.3.2

der Mutterunternehmen. Die Konfiguration eines Joint Ventures kann der Nutzung dieser speziellen Kenntnisse jedoch Grenzen setzen. So weist KOOT darauf hin, daß häufig das Potential von Joint Ventures durch die geringe Handlungsfreiheit der Joint Venture-Manager nicht voll ausgeschöpft wird.[151] In bezug auf die interkulturelle Handlungskompetenz bedeutet dies, daß z.B. die Einschätzung von kulturellen Konflikten und die autonome Entscheidung der Joint Venture-Mitarbeiter darüber, wie mit solchen Problemen umgegangen wird, bei starker Kontrolle durch die Partnerunternehmen gehemmt werden kann. Insofern ist für die Entwicklung von interkultureller Handlungskompetenz sicherlich ein größeres Autonomiepotential förderlich. Umgekehrt muß dies aber nicht unbedingt bedeuten, daß auch eine fachlich-sachliche Autonomie in allen Belangen notwendig ist. Vielmehr geht es vor allem um Handlungsfreiheit in bezug auf die Gestaltung sozialer Beziehungen. Eine Wechselwirkung zwischen fachlich-sachlichen Anforderungen und sozialen Beziehungen ist aber vor allem aufgrund von zeitlichen Restriktionen gegeben. So führen schnelle Erfolgserwartungen seitens der Partnerunternehmen z.B. dazu, daß den sozialen Aspekten der Kooperation zu wenig Zeit eingeräumt wird. Dies wirkt sich um so negativer aus, je stärker der Aufbau sozialer Beziehungen in der Kultur des jeweiligen Partners als relevant angesehen wird.[152]

Freiheit in bezug auf die Gestaltung sozialer Beziehungen in Joint Ventures und das Vertrauen der Partnerunternehmen auf die Loyalität ihrer Mitarbeiter hängt zu großen Teilen von unternehmenskulturellen Rahmenbedingungen ab. So zeigen die Ausführungen von KETS DE VRIES/MILLER in bezug auf paranoide Unternehmenskulturen,[153] daß sich hier aufgrund der übertrieben wachsamen und mißtrauischen Verhaltensweisen von Führungskräften wohl kaum Autonomie auf seiten der Joint Venture-Mitarbeiter entwickeln kann. Statt dessen wird ihre Loyalität leichter in Zweifel gezogen werden.

Geht man davon aus, daß auch die berufliche Sozialisation die Entwicklung interkultureller Handlungskompetenz beeinflußt und daß insbesondere rigide Strukturen ihre Herausbildung behindern,[154] so läßt sich vermuten, daß Unternehmen, die durch stark hierarchische und autoritäre Führungsstrukturen gekennzeichnet sind, größere Probleme haben werden, interkulturell handlungs-

---

[151] Vgl. KOOT 1988, S. 359 sowie insgesamt hierzu KILLING 1983, S. 75

[152] Auf Unterschiede in der Einschätzung der Bedeutung von sozialen Beziehungen in interkulturellen Verhandlungssituationen weist z.B. ADLER hin. Vgl. ADLER 1991, S. 196 f.

[153] Vgl. Abschnitt 2.2.2

[154] Vgl. insbesondere die Ausführungen zu gelernter Hilflosigkeit und zu Kontrollüberzeugungen in Abschnitt 3.2.2

kompetente Mitarbeiter zu finden. Gleichzeitig werden die Führungskräfte solcher Mutterunternehmen kaum die Autonomie ihrer Joint Venture-Mitarbeiter gewähren und insofern deren Handlungskompetenz eher beeinträchtigen.

Unternehmenskulturen besitzen auch die Möglichkeit, negative Auswirkungen von Prozessen sozialer Kategorisierung zu verringern. So ist es für den Abbau sozialer Kategorien besonders wichtig, daß Integrationsleitfiguren vorhanden sind, die helfen, ein positives soziales Klima zu schaffen, welches die Gemeinsamkeit von Zielstellungen und die Ähnlichkeit der Gruppen betont. Solche Integratoren fördern die Herausbildung von Kreuzkategorien, d.h von Überschneidungskategorien zwischen den beiden Gruppen,[155] und verbessern das Prestige internationaler Teams. Leitfiguren bzw. Vorbilder sind in der Regel die Führungskräfte der Partnerorganisationen.[156] Die Unternehmenskulturen der Partnerorganisationen müssen diesbezüglich kulturelle Vielfalt wertschätzen und ein Klima der Offenheit schaffen. Ist dies nicht der Fall, kann auch nicht davon ausgegangen werden, daß die entsprechenden Führungskräfte glaubhafte Vorbildfunktionen einnehmen können. Dies bedeutet aber auch, daß die Unternehmenskulturen der Partnerorganisationen nicht zu starr sein dürfen, da sie sonst der notwendigen kulturellen Offenheit und Flexibiltät im Wege stehen und eine Neu-Orientierung der Joint Venture-Mitglieder verhindern.[157]

Es ist auch noch einmal auf die Bedeutung ethnozentrischer, polyzentrischer und geozentrischer Orientierungen von Unternehmen hinzuweisen. Es muß davon ausgegangen werden, daß ethnozentrische Strukturen der Öffnung gegenüber den fremdkulturellen Kooperationspartnern eher im Wege stehen. Mit ihnen geht nämlich in der Regel die Ablehnung fremder Methoden einher sowie die Überzeugung, durch zentralistische, am Mutterunternehmen orientierte Vorgehensweisen am effektivsten zum Ziel zu gelangen. Darüber hinaus besteht die Tendenz zu einseitigen Kommunikationsweisen in Form von Anweisungen und Befehlen vom Mutterunternehmen an die ausländischen Tochtergesellschaften bzw. an das Joint Venture.[158] Dies beinhaltet die Gefahr, daß den Problemen der Joint Venture-Mitarbeiter wie auch ihren positiven Anregungen und Erfahrungen zu wenig Beachtung geschenkt wird.

---

[155] Vgl. hierzu die Ausführungen in Abschnitt 2.3.3

[156] Vgl. THOMAS 1994, S. 229 sowie WINTER 1994, S. 242

[157] Die Ambivalenz starker Unternehmenskulturen wurde bereits in Abschnitt 2.2.1 thematisiert.

[158] Vgl. PERLMUTTER 1969, S. 11

Bei polyzentrischen Orientierungen entsteht durch die weitgehende Förderung bzw. Erwartung der Autonomie des Joint Ventures das Problem, daß ebenfalls keine wirkliche wechselseitige Öffnung zwischen den Joint Venture-Partnern entsteht. Vielmehr existiert in polyzentrischen Unternehmenskulturen die Neigung zur Dominanz der Kultur des jeweiligen Gastlandes.[159] Für diejenigen Joint Venture-Mitarbeiter, die sich im Ausland befinden, bedeutet dies zunächst eine Erschwernis ihrer Akkulturation sowie für beide Parteien gemeinsam eine Behinderung des Aufbaus neuer und kulturübergreifender Orientierungsmuster.

Demgegenüber lassen geozentrische Orientierungen wegen ihrer Öffnung und Wertschätzung von kultureller Vielfalt eher erwarten, daß sie der interkulturellen Handlungskompetenz von Joint Venture-Mitarbeitern zuträglich sind. In der Regel geht dies auch mit gleichberechtigteren Kommunikationsformen zwischen Mutter- und Tochtergesellschaften einher. Gleichzeitig können durch integrative interkulturelle Teams, die der Idee des Geozentrismus entsprechen, eher synergetische Effekte für das Joint Venture erzielt werden.[160]

Es zeigt sich, daß interkulturelle Handlungskompetenz durch die Kombination gezielter Personalauswahlstrategien, verstärkendem Training und begleitenden strukturellen und unternehmenskulturellen Maßnahmen gefördert werden kann. Dabei bestehen zwischen diesen drei Faktoren Wechselwirkungen. Bei interkulturell aufgeschlossenen und kooperationsoffenen, geozentrischen Unternehmenskulturen werden eher interkulturell kompetente Mitarbeiter in den eigenen Reihen zu finden sein und auch das ergänzende Training wird vermutlich auf fruchtbareren Boden fallen. Umgekehrt kann davon ausgegangen werden, daß mit der Auswahl neuer, interkulturell handlungskompetenter Mitarbeiter sowie mit dem Training von alten Mitarbeitern auch Unternehmenskulturen zunehmend so beeinflußt und verändert werden, daß interkulturelle Handlungskompetenz in all ihren Facetten und auch die mit ihr einhergehende Autonomie von Mitarbeitern positiv unterstützt wird. Auf die aktive Gestaltung der Unternehmenskultur durch Personalselektion, insbesondere mit Hilfe des Hirn-Dominanz-Instrumentes, weist z.B. SCHANZ hin.[161]

Das Profil einer Unternehmenskultur ergibt sich nach SCHANZ in Anlehnung an SPINOLA/PESCHANEL vorstellungsmäßig dadurch, daß die individuellen Hirn-

---

[159] Vgl. PERLMUTTER 1969. S. 12 f.

[160] Vgl. zu synergetischen Effekten von Unternehmenskulturen KRYSTEK 1992, S. 545

[161] Vgl. SCHANZ 1994, S. 305 ff. sowie SCHANZ 1998, S. 124 ff. Grundsätzlich ist aber auch eine ungeplante Veränderung denkbar, die mit einer zunehmenden interkulturellen Orientierung von neuen und alten Mitarbeitern einhergehen kann.

Dominanzprofile der Unternehmensmitglieder als übereinander gelegt gedacht werden.[162] Die Unternehmenskultur kann nun zumindest längerfristig dadurch beeinflußt werden, daß neue Mitarbeiter durch ihre individuellen Hirn-Dominanzprofile bzw. durch die damit verbundenen Denk- und Verhaltenspräferenzen die Unternehmenskultur in die gewünschte Richtung verändern. Soll also eine kultur- und kooperationsoffene Unternehmenskultur gefördert werden, müßten Mitarbeiter eingestellt werden, deren Denk- und Verhaltenspräferenzen vor allem im kommunikativen und empathischen Bereich liegen. Bevor hierauf eingegangen wird, sei kurz das Hirn-Dominanz-Instrument vorgestellt.

Zur Feststellung von Denk- und Verhaltenspräferenzen durch das Hirn-Dominanz-Instrument, das ursprünglich von HERRMANN entwickelt wurde, wird von einer Quadrilität des Gehirns ausgegangen, wenngleich es sich hierbei nicht um eine physiologische Tatsache, sondern eher um ein methaphorisches Modell handelt.[163] Die einzelnen Quadranten ergeben sich aus der Unterteilung in die linke und rechte Hirnhemisphäre sowie aus den Einflüssen des cerebralen und limbischen Teil des Gehirns. Unterschiede zeigen sich z.B. in der Bevorzugung analytischer, mathematischer Fähigkeiten (links-cerebral), artistischer, konzeptioneller Fähigkeiten (links-limbisch), emotionaler, empathischer Fähigkeiten (rechts-limbisch) oder erfinderischer und konzeptioneller Fähigkeiten (rechtscerebral).[164]

Mit Hilfe des Hirn-Dominanz-Instrumentes können nun die jeweiligen individuellen Profile mittels Selbsteinschätzung erstellt werden. Dabei beziehen sich die einzelnen Fragen des von HERRMANN entwickelten Fragebogens vor allem auf arbeitsbezogene Elemente (wie etwa die Karrierewahl), auf Freizeitaktivitäten sowie auf die Einschätzung der eigenen Persönlichkeit.[165] Die Auswertung des Fragebogens zeigt das Ausmaß der Präferenzen bezüglich derjenigen Denk- und Verhaltensweisen, die für den jeweiligen Quadranten typisch sind.[166] Dabei können sich recht unterschiedliche Profile ergeben, da nicht nur reine, einfachdominante, d.h. nur an einem Quadranten orientierte Präferenzen möglich sind, sondern auch zwei-, drei- oder vierfach-dominante Profile.[167] Für den westlichen

---

[162] Vgl. SCHANZ 1998, S. 125

[163] Vgl. SCHANZ 1998, S. 93

[164] Vgl. SCHANZ 1998, S. 93

[165] Vgl. SCHANZ 1998, S. 102

[166] Anzumerken ist, daß die Auswertung bzw. die Nutzungslizenz aufgrund der kommerziellen Nutzung des Hirn-Dominanz-Fragebogens in Deutschland bzw. im deutschsprachigen Sprachraum ROLAND SPINOLA bzw. dem HERRMANN INSTITUT DEUTSCHLAND obliegt.

[167] Vgl. SCHANZ 1998, S. 97 ff.

Kulturkreis sind vor allem zweifach-dominante Profile aufzufinden. Diese können einerseits eindeutig der gleichen Hirnhemisphäre (cerebral und limbisch jeweils rechts oder links) zugeordnet sein. Hierdurch ergeben sich in der Regel recht ausgeglichene Persönlichkeiten mit sich wechselseitig verstärkenden Präferenzen, die aber partiell auch einseitig sein können. Andererseits ist es möglich, daß die Präferenzen einander direkt gegenüber liegen, d.h. entweder links-cerebral und rechts-cerebral oder links-limbisch und rechts-limbisch miteinander einhergehen. Bei solchen Ausprägungen ist eine Fähigkeit zum Umschalten und Verstehen verschiedener Verhaltensweisen gegeben. Allerdings kann auch Zerrissenheit zwischen den Präferenzen Folge solcher Hirn-Dominanz-Profile sein.[168] Schließlich existiert noch die Möglichkeit diagonaler Gegensätze, wie z.B. die Präferenzkombination links-cerebral und rechts-limbisch. Hier ist die Gefahr von Zerrissenheit und Entscheidungsunfähigkeit insbesondere in Druck-Situationen noch größer als bei dem vorab dargestellten Typ.[169]

Kurz sei auch noch auf die drei- und vierfach-dominanten Profile hingewiesen. Bei dreifach-dominanten Präferenzen besteht eine recht große Flexibilität in bezug auf Denk- und Verhaltensweisen, wobei das Problem von Zerrissenheit durch die Existenz einer dritten, eine der beiden anderen unterstützenden Präferenz, abgemildert wird.[170] Die selten anzutreffenden Menschen mit vierfach-dominanten Gehirnprofilen besitzen die größte Möglichkeit zum Umschalten zwischen allen Quadranten, müssen aber auch mehr Energien für das Lösen innerer Konflikte und für die Integration unterschiedlicher Werte aufbringen.[171]

Zur Förderung kultur- und kooperationsoffener Unternehmenskulturen sind solche Bewerber zu präferieren, deren Präferenzen vor allem rechtshirntypisch geprägt sind, d.h. die empathisch, mitteilsam und konzeptionell bzw. erfinderisch denken und handeln können. Durch empathische Eigenschaften (rechts-limbisch) wird eine stärkere Öffnung gegenüber anderen Kulturen und eine Sensibilität für fremde Denk- und Verhaltensweisen oder Werteorientierungen gefördert. Gleichzeitig können durch kommunikative Fähigkeiten auch die eigenen kulturgeprägten Denk- und Verhaltensweisen besser mitgeteilt und erläutert werden. Erfinderisch-konzeptionelle Fähigkeiten, die dem rechts-cerebralen Bereich zuzuordnen sind, lassen erwarten, daß in Kooperationssituationen leichter neue und gemeinsame Arbeitswege und Problemlösungen gefunden und im

---

[168] Vgl. SCHANZ 1998, S. 99

[169] Vgl. SCHANZ 1998, S. 100

[170] Vgl. SCHANZ 1998, S. 101

[171] Vgl. HERRMANN 1991 nach SCHANZ 1998, S. 101

interkulturellen Kontext auch neue Orientierungsmuster zur besseren wechselseitigen Verständigung entwickelt werden können.

Dies bedeutet aber nicht, daß ausschließlich zweifach-, rechts-dominant geprägte Individuen für interkulturelle Kooperationen geeignet sind. Ergänzende lo-
gisch-analytische, technische oder auch planend-organisatorische Fähigkeiten
(linkshirntypische Präferenzen) sind zur Umsetzung von Kooperationszielen in
sachlich-fachlicher Hinsicht ebenfalls wichtig. Besteht jedoch bei einer Unternehmenskultur bereits eine Dominanz in diesem Bereich, wäre zur Förderung
von Kooperations- und Kulturoffenheit der rechtshirntypische Bereich stärker
bei Selektionsentscheidungen in bezug auf neue Mitarbeiter zu berücksichtigen,
um zu einem ausgewogeneren Verhältnis zu kommen.

SCHLUßBETRACHTUNG

Die vorliegende Arbeit hatte das Ziel, Prozesse interkultureller Interaktionen, speziell solche in Joint Ventures, zu analysieren und hieraus abzuleiten, welche Kompetenzen einzelner Joint Venture-Mitarbeiter diese Interaktionen verbessern und damit den Erfolg von Joint Ventures sichern helfen können.

Aus betriebswirtschaftlicher Sicht besteht der wissenschaftliche Beitrag dieser Arbeit darin, nicht bei den bislang üblichen Beschreibungen kultureller Unterschiede stehen zu bleiben. So wurde gezeigt, daß in interkulturellen Situationen und speziell in Joint Ventures durch kulturelle Unterschiede Mißverständnisse, Konflikte, Orientierungslosigkeit, Verunsicherungen und sogar Identitätskrisen entstehen können, die die Handlungsfähigkeit von Joint Venture-Mitarbeitern einschränkt. Um letztere zu sichern oder zurückzugewinnen ist interkulturelle Handlungskompetenz notwendig. Sie ermöglicht es, auf der Basis von interkulturellem Wissen und Problembewußtsein, von Empathie, Rollendistanz und Ambiguitätstoleranz sich wechselseitig besser zu verstehen und einen kooperativen Prozeß der Entwicklung gemeinsamer Orientierungsmuster zu entwickeln, ohne dabei die eigene kulturelle Identität zu gefährden.

Zur Erläuterung des Faktorengefüges interkultureller Handlungskompetenz wurden in Kapitel 1 und 2 die Ausgangskonstellation und die bestehenden Probleme in internationalen Joint Ventures dargestellt. Im ersten Kapitel wurden diesbezüglich zunächst der Begriff Joint Venture, Typen derselben sowie Möglichkeiten formaler Gestaltung erklärt. Im weiteren wurden Ziele von Joint Ventures erörtert. Hierbei wurden allgemeine strategische Überlegungen, der transaktionskostentheoretische Ansatz sowie das Modell der Ressourcenabhängigkeit berücksichtigt. Aus der Darstellung der Ziele von Joint Ventures konnte abgeleitet werden, daß Konflikte zwischen den Parteien durch unvereinbare strategische Ziele, aber auch durch die Gefahr opportunistischen Verhaltens einerseits und Machtkämpfe andererseits entstehen. Darüber hinaus verschärfen kulturbedingte Konflikte diese Probleme. Entsprechend ergibt sich das besondere Gefährdungspotential von Joint Ventures aus dem Zusammenwirken ökonomischer Interessendiversität und kultureller Unterschiede.

Im zweiten Kapitel wurden die kulturbedingten Probleme näher erläutert. Dabei stand zunächst die Klärung des Kulturbegriffes im Vordergrund. Wichtig war die Erkenntnis, daß Kulturen immer aus Teilkulturen, d.h. aus individuell unterschiedlichen Lebenswelten bestehen, welche spezifische Rollenzuschreibungen und Deutungsmuster für ihre Mitglieder bereithalten, die Wahrnehmung strukturieren und Orientierung für das Handeln bieten. Beispiele für Unterschiede in den Deutungsmustern wurden durch die Darstellung der Ergebnisse der kulturvergleichenden Forschung, insbesondere durch die Darstellung der Studie von HOFSTEDE und der von TRIANDIS gegeben. Aber auch unternehmenskulturelle Unterschiede wurden dargestellt, denn auch sie führen zu jeweils anderen Deutungsmustern und Verhaltensweisen von Mitgliedern verschiedener Organisationen.

Der Problemgehalt, der mit kulturellen Unterschieden einhergeht, wird in interkulturellen Begegnungssituationen akut. Um dies zu verdeutlichen, wurde in Abschnitt 2.3 auf die Erkenntnisse der Kulturpsychologie zurückgegriffen. So zeigen die Forschungsergebnisse zur Thematik Kulturschock und Akkulturation, daß in interkulturellen Begegnungssituationen Angst, Unsicherheit, Hilflosigkeit und sogar Feindseligkeit gegenüber der anderen Kultur entstehen können und die eigene Identität als bedroht erlebt wird. Gelungene Akkulturation zeigt sich dagegen darin, daß sowohl ein positiver Kontakt mit Mitgliedern der fremden Kultur aufgebaut werden kann als auch die eigene kulturelle Identität gewahrt bleibt. Möglich wird dies durch interkulturelles Oszillieren. Es erlaubt Verständigung dadurch, daß die adaptiven Achsen, welche die individuellen Orientierungs- und Deutungsmuster symbolisieren, durch Prozesse der Akkomodation und Assimilation verschoben werden, um so neue Interpretations- und Verhaltensspielräume zu gewinnen.

In Joint Ventures ist der Akkulturationsprozeß der Mitarbeiter jedoch durch die spezifischen Gruppenkonstellationen, die sich aus der eindeutigen Mitgliedschaft zu verschiedenen Unternehmen und Kulturen ergeben, stark beeinträchtigt. Unter Rückgriff auf die Theorie der sozialen Identität konnte gezeigt werden, daß in Joint Ventures solche Denk- und Verhaltensweisen, welche die Angehörigen einer anderen Gruppe durch soziale Stereotype charakterisieren, den Abbau der kulturellen Schranken erschweren. Außerdem führt die typischerweise ambivalente Situation zwischen Kooperation und Konkurrenz zwangsläufig zu einer Verstärkung des Wettbewerbs zwischen den Gruppen. Folgen hieraus sind Tendenzen, die Mitglieder der anderen Partei sozial zu etikettieren, an Vorurteilen festzuhalten und Unterschiede eher zu betonen als sie abzumildern. Schließlich werden häufig unabhängig von der eigentlichen Sachlage Mitglieder der eigenen Gruppe favorisiert bzw. Mitglieder der Fremdgruppe diskriminiert.

Aus den in Kapitel 1 und 2 dargestellten Problemen wurden im dritten Kapitel die Faktoren der interkulturellen Handlungskompetenz abgeleitet. Interkulturelle Handlungskompetenz ist dabei durch ihre dispositive Struktur charakterisiert, die auf die Selbstorganisationsfähigkeit eines Individuums und auf seine Fähigkeit, sich auf neue Anforderungen einzustellen und sich die jeweils erforderlichen Qualifikationen neu anzueignen, verweist. Interkulturelle Handlungskompetenz präsentiert sich durch das Zusammenwirken von Selbst-, Sach- und Sozialkompetenz. Nur durch alle drei Elemente gemeinsam wird es einem Individuum möglich, sich auf andere einzulassen, gemeinsam mit dem Interaktionspartner neue kulturübergreifende Deutungsmuster zu entwickeln und sachlich handlungsfähig zu bleiben, ohne in eine Identitätskrise zu geraten. In Joint Ventures hilft interkulturelle Handlungskompetenz, mit Andersartigkeit umzugehen, realistische Fremdheitserwartungen aufzubauen und Flexibilität im Denken und Handeln zu erreichen. Darüber hinaus erlaubt sie Offenheit, Toleranz und Neugierde gegenüber den fremdkulturellen Interaktionspartnern und mildert Loyalitäts- und Zugehörigkeitskonflikte ab.

Unter Rückgriff auf die Sozialisationstheorie und insbesondere auf die Phasenmodelle zur Entwicklung von Identität, kognitiven Strukturen und moralischer Urteilsfähigkeit konnte jedoch gezeigt werden, daß weite Bereiche der interkulturellen Handlungskompetenz bzw. die Grunddisposition derselben nicht erst in interkulturellen Begegnungen oder zur Vorbereitung auf diese, sondern bereits in der Kindheit und im Jugendalter herausgebildet werden, und zwar unabhängig von interkulturellen Begegnungen. Sie sind abhängig von denjenigen Sozialisationserfahrungen in der Familie, der Schule, in den 'peer groups' und während der Beraufsausbildung, welche die Einstellungsmuster gegenüber dem Umgang mit Fremdem und Andersartigem schlechthin regulieren.

Dennoch kann nicht von einem mit der Jugendphase abgeschlossenen Sozialisationsprozeß ausgegangen werden. Auch im Erwachsenenalter und insbesondere durch die Sozialisation am Arbeitsplatz kann interkulturelle Handlungskompetenz weiterentwickelt, gefördert oder gehemmt werden. Eine grundlegende Entwicklung interkultureller Handlungskompetenz ist jedoch nicht mehr möglich.

Für die Förderung interkultureller Handlungskompetenz von Joint Venture-Mitarbeitern, so wurde im vierten Kapitel argumentiert, heißt dies, daß zunächst der Personalselektion eine herausragende Bedeutung zukommt. Um hierbei neben der relativ einfach zu erfassenden Sachkompetenz auch die Selbst- und Sozialkompetenz zu berücksichtigen, muß auf differenzierte Selektionsmethoden zurückgegriffen werden. Als besonders geeignet erweisen sich dabei das multimodale Interview sowie das Assessment Center.

Gleichwohl ist auch ein ergänzendes Training interkultureller Handlungskompetenz wichtig. Es müssen hierbei jedoch die vorangegangenen Sozialisationserfahrungen und Deutungsmuster von Erwachsenen aufgegriffen werden. Dies deshalb, weil ansonsten weder die vorhandenen Potentiale genutzt und aktiviert werden, noch etwaige Probleme produktiv bearbeitet werden können. Auch wird mit einer Orientierung an den Deutungsmustern der Teilnehmer den spezifischen Lernformen Erwachsener Rechnung getragen. Diese sind nämlich dadurch gekennzeichnet, daß vorhandene Deutungsmuster und Verhaltensweisen nur dann verändert werden können, wenn deren Unzulänglichkeit in interkulturellen Situationen bewußt erfahren wird. Trainingsmaßnahmen müssen deshalb die didaktischen Leitmaxime der Teilnehmer- und Erfahrungsorientierung sowie des praktischen Übens und der Handlungssimulation berücksichtigen.

Neben dem Training können auch die strukturellen und kulturellen Merkmale der Mutterunternehmen und des Joint Ventures positiv auf die interkulturelle Handlungskompetenz einwirken. Diesbezüglich wurden die Bedeutung von Kontaktpersonen im Mutterunternehmen, die Autonomie des Joint Ventures sowie unternehmenskulturelle Ausprägungen und Fragen des Führungsstils diskutiert.

Die vorliegende Arbeit hatte den Anspruch, nicht ausschließlich Unterschiede zwischen den verschiedenen Joint Venture-Mitarbeitern zu betonen, sondern zu zeigen, wie durch interkulturelle Handlungskompetenz Differenzen überwunden und interkulturelle Interaktionen konstruktiv gestaltet werden können. Hieran schließt sich die Frage an, ob interkulturelle Handlungskompetenz als universelle Fähigkeit zu verstehen ist, die für alle Menschen gleichermaßen, d.h. unabhängig von ihrer kulturellen Prägung von Bedeutung ist. Hiervon muß ausgegangen werden, denn interkulturelle Kooperation und der Aufbau gemeinsamer Orientierungs- und Deutungsmuster kann nicht durch einen einseitigen Prozeß gelingen. Vielmehr müssen alle Beteiligten gleichermaßen hierzu fähig und bereit sein und unabhängig von ihrer kulturellen Prägung entsprechende Selbst-, Sach- und Sozialkompetenzen besitzen. Die Entwicklung interkultureller Handlungskompetenz kann jedoch sehr unterschiedlich verlaufen, bedingt durch die verschiedenen kulturellen Einflüsse auf die jeweiligen Sozialisationserfahrungen. Die Ausführungen in dieser Arbeit über die Herausbildung interkultureller Handlungskompetenz können deshalb allenfalls für den westlichen Kulturkreis gelten, innerhalb dessen von einer gewissen kulturellen Ähnlichkeit auszugehen ist.

Ähnliches gilt auch für die in Abschnitt 4.2.1 beschriebenen Trainingsmaßnahmen. Die hier empfohlene didaktische Vorgehensweise kann sich nur auf die in Deutschland, allenfalls noch auf die in ähnlichen Kulturen durchgeführten Wieiterbildungsmaßnahmen beziehen. Dies deshalb, weil solche didaktischen Konzeptionen nur für Kulturen gelten können, bei denen die Herausbildung und Weiterentwicklung interkultureller Handlungskompetenz in vergleichbarer Weise abläuft und die jeweiligen Schul- und Erziehungssysteme eine gewisse Bereitschaft z.B. für Rollenspiele mit sich bringen. Dagegen kann keine Aussage darüber gemacht werden, ob derartige Trainingsmaßnahmen auch in anderen Kulturen, z.B. in asiatischen Ländern, geeignet wären.

Als Gesamtfazit bleibt festzuhalten: Die interkulturelle Handlungskompetenz ist ein entscheidender Erfolgsfaktor für das Gelingen von Kooperationsprozessen in

Joint Ventures. Sie ermöglicht es dem einzelnen Mitarbeiter, über seine Eigengruppe und über seine kulturell geprägten Wahrnehmungs- und Verhaltensweisen hinaus mit den Mitgliedern der anderen Partei in Kontakt zu treten, die Verständigung zu verbessern und wechselseitige Vorurteile abzubauen. Nur so kann die ambivalente Situation zwischen Kooperation und Konkurrenz in Joint Ventures ertragen und konstruktiv gestaltet werden.

Über die Anwendung in Joint Ventures hinaus ermöglicht interkulturelle Handlungskompetenz auch insgesamt, besser mit Konflikten, Mißverständnissen und Ambivalenzen umzugehen. Sie kann deshalb als allgemeine Fähigkeit betrachtet werden, die das Zusammenleben und das gemeinsame Arbeiten von Menschen unterschiedlicher kultureller, sozialer, ethnischer und nationaler Zugehörigkeit unterstützt. Außerdem wird der interkulturellen Handlungskompetenz durch die noch weiter ansteigende Internationalisierung wirtschaftlicher Aktivitäten und der wachsenden Multikulturalität von Gesellschaften eine immer größere Bedeutung zukommen, weshalb sie in der schulischen und beruflichen Ausbildung sowie in der Weiterbildung von Erwachsenen zukünftig stärker zu berücksichtigen und zu fördern sein wird.

ANHANG

Beispiel für eine 'culture assimilator'-Übung

Die Folgende Übung bezieht sich auf die Vorbereitung für einen Auslandsein-satz in China und ist wörtlich von THOMAS übernommen.

---

1. Kritische Interaktionssituation

Herr F., Ingenieur in einem bayrischen Elektrounternehmen, sieht sich bei Verhandlungen in China vor eine ausgesprochen schwierige Situation gestellt. Die technische Leiterin eines chinesischen Instituts will wertvolle technische Informationen von ihm, die er auf keinen Fall preisgeben darf. Es geht um die Zusammensetzung eines Bauteils sowie um dessen Fertigungsprozeß. Darüber entspinnt sich zwischen Herrn F. und der Frau eine heftige Diskussion, in der Herr F. wiederholt Entscheidungen treffen muß, bei denen er sich nicht sicher ist, was er nun sagen darf.

Seine Argumentation zielt darauf ab, daß es sich hier um firmeneigenes Know-how handelt, über das er keine Auskunft geben kann. Die Frau hingegen fordert immer wieder, daß man den Wert einer Sache kennen müsse, bevor man sie kaufe. Herr F. wünscht eine Unterbrechung der Verhandlung mit dem Hinweis, daß er die Information auf keinen Fall weitergeben werde.

Nach der Verhandlungspause ist die technische Leiterin nicht mehr unter der Delegation. Aber anstatt Erleichterung zu verspüren, ist Herr F. verunsichert, weil er nicht weiß, was das zu bedeuten hat.

Können Sie Herrn F. erklären, warum die Frau nicht mehr dabei ist?

(2) Alternative Attribuierungen:

(A) Das Ganze ist eine fein ausgeklügelte Taktik, um zu testen, ob Herr F. die Informationen nicht doch noch weitergibt.

(B) Die Leiterin hat bei den Verhandlungen die gewünschte Offenheit vermißt und sich des-halb zurückgezogen.

(C) Die Chinesen haben beschlossen nachzugeben, und bringen daher andere Leute, die mit diesem Thema noch nicht aktiv befaßt waren, in die Verhandlung.

(D) Die Chinesin wurde wegen ihres Mißerfolges von höherer Stelle abberufen.

Bitte treffen Sie nun Ihre Wahl zwischen den Alternativen A-D.

(3) Erklärungen zu den Alternativen A-D

Erklärung zu Alternative A:

"Nein, das ist nicht richtig.

Ganz klar gebraucht jede Seite bei Verhandlungen gewisse Kniffe und Tricks. Das ist in einem bestimmten Rahmen auch legitim, um seine Interessen durchzusetzen. Natürlich können Chinesen sehr eigennützig sein. Sie suchen oft mit Zähigkeit ihren eigenen Vorteil. Aber man darf nicht davon ausgehen, daß sie ihre Partner, mit denen sie ins Geschäft kommen wollen, bewußt hereinlegen oder hinters Licht führen. Das verbietet der Wunsch nach Freundschaft und Harmonie. Sie werden sich wohl noch mal mit der Situation auseinandersetzen müssen."

Erklärung zu Alternative B:

"Mit dieser Erklärung gehen Sie von unrealistischen Annahmen aus. Finden Sie es richtig, bei Verhandlungen in jedem Stadium um jeden Preis offen zu sein? Es ist ein legitimes Mittel der Interessenwahrung, gewisse Dinge auch einmal zu verschweigen, wenn es notwendig erscheint. Das ist eine durchaus übliche Geschäftspraxis, mit der auch die Chinesen vertraut sind. Sie sind gewiß nicht so naiv und unrealistisch zu vermuten, daß bei ihnen Ausnahmen gemacht würden. Sie versuchen es halt mal. Wenn sie nichts erfahren, geht die Welt auch nicht unter.

Versuchen Sie, eine bessere Erklärung zu finden. Achten Sie nicht nur auf die Reaktion der Chinesin, sondern betrachten Sie den gesamten Prozeß, der zu der Reaktion geführt hat."

Erklärung zu Alternative C:

"Sie haben den Sachverhalt richtig erkannt.

Die Chinesen haben eingesehen, daß die einzige Möglichkeit, den Konflikt zu lösen, darin besteht, nachzugeben. Herr F. hat ihnen den ersten Schritt zu einer gesichtswahrenden Lösung erleichtert, indem er eine Verhandlungspause vorschlug. Der nächste Schritt bestand konsequent darin, die Frau aus der Delegation zu nehmen.

Hätte nämlich sie nachgegeben, wäre das nach dem vorhergehenden Fehlschlag ein Gesichtsverlust gewesen, sowohl für sie als auch für die gesamte Delegation. Das Gesicht kann hier gewahrt werden, wenn ein anderes Gruppenmitglied einlenkt."

Erklärung zu Alternative D:

"Es ist sehr unwahrscheinlich, daß diese Erklärung zutrifft. Die Chinesen sind zwar einem starken hierarchischen Denken unterworfen. Diese Hierarchie dient jedoch nicht nur der Kontrolle des einzelnen, sondern auch seinem Schutz, z.B. vor Gesichtsverlust.

Wenn ein Vorgesetzter die Chinesin wegen eines Fehlers oder Mißerfolges abberuft, bereitet er ihr damit einen erheblichen Gesichtsverlust. Fehler werden eher intern bereinigt, aber niemals auf diese Weise vor einem Ausländer.

Lesen Sie diese Situation nochmals durch und überlegen Sie eine andere Möglichkeit."

Quelle: THOMAS 1988, S.160 ff.

LITERATURVERZEICHNIS

ABRAVANEL, R.; ERNST, D. (1994): Allianz versus Akquisition: Strategische Optionen für europäische Landesmeister, in: Bleeke, J.; Ernst, D. (Hrsg.): Rivalen als Partner. Strategische Allianzen und Akquisitionen im globalen Markt, Frankfurt/Main, New York 1994, S. 269-291

ADLER, N. (1983): A Typology of Management Studies Involving Culture, in: Journal of International Business Studies, Herbst 1983, S. 29-47

ADLER, N. (1991): International Dimensions of Organizational Behavior, 2. Aufl., Boston 1991

ADORNO, T.W.; FRENKEL-BRUNSWICK, E.; LEVINSON, D.; SANFORD, R. (1950): The Authoritarian Personality, New York 1950

AEBLI, H. (1983): Zur Einführung, in: Piaget, J.: Das moralische Urteil beim Kinde, 2. Aufl., Stuttgart 1983, S. 13-22

AINSWORTH, M.; BLEHAR, M.; WATERS, E.; WALL, S. (1978): Patterns of Attachment: A Psychological Study of the Strange Situation, Hillsdale, New Jersey 1978

ALBRECHT, C. (1997): Überlegungen zum Konzept der Interkulturalität, in: Bizeul, Y.; Bliesener, U.; Prawda, M. (Hrsg.): Vom Umgang mit dem Fremden. Hintergrund - Definitionen - Vorschläge, Weinheim, Basel 1997, S. 116-122

ALLAIRE, Y.; FIRISOTU, M. (1984): Theories of Organizational Culture, in: Organization Studies, 5. Jg., 1984, Nr. 3, S. 193-225

ALLPORT, G.W. (1971): Die Natur des Vorurteils, Köln 1971

ANDERSON, E.; WEITZ, B. (1989): Determinants of Continuity in Conventional Industrial Channel Dyads, in: Marketing Science, 8. Jg., 1989, Nr. 4, S. 310-323

ANDERSON, L.E. (1994): A New Look at an Old Construct: Cross-Cultural Adaptation, in: International Journal of Intercultural Relations, 18. Jg., 1994, Nr. 3, S. 293-328

ANSOFF, H. I. (1965): Corporate Strategy. Business Policy for Growth and Expansion, New York u.a. 1965

ANSOFF, H.I. (1981): Strategic Management, 3, Aufl., London, Basingstoke 1981

ARNDT, T.; SLATE, E. (1997): Interkulturelle Qualifizierung der Siemens-Mitarbeiter, in: Clermont, A.; Schmeisser, W. (Hrsg.): Internationales Personalmanagement, München 1997, S. 337-348

ARNOLD, R. (1985): Deutungsmuster und pädagogisches Handeln in der Erwachsenenbildung, Bad Heilbrunn 1985

ARNOLD, R. (1988): Erwachsenenbildung. Eine Einführung in Grundlagen, Probleme und Perspektiven, Baltmannsweiler 1988

ARNOLD, R. (1997): Von der Weiterbildung zur Kompetenzentwicklung. Neue Denkmodelle und Gestaltungsansätze in einem sich verändernden Handlungsfeld, in: Arbeitsgemeinschaft Qualifikations-Entwicklungs-Management Berlin (Hrsg.): Kompetenzentwicklung '97. Berufliche Weiterbildung in der Transformation - Fakten und Visionen, Münster u.a. 1997, S. 253-307

ARNOLD, R. (1998): Kompetenzentwicklung. Anmerkungen zur Proklamation einer konzeptionellen Wende in der Berufs- und Erwachsenenpädagogik, in: Zeitschrift für Berufs- und Wirtschaftspädagogik, 94. Bd., 1998, Nr. 4, S. 496-504

ARNOLD, R.; KALTSCHMID, J. (1986): Erwachsenensozialisation und Erwachsenenbildung - Einleitung und Überblick, in: Arnold, R.; Kaltschmid, J. (Hrsg.): Erwachsenensozialisation und Erwachsenenbildung. Aspekte einer sozialisationstheoretischen Begründung von Erwachsenenbildung, Frankfurt am Main 1986, S. 5-24

BACKHAUS, K.; PILTZ, K. (1990): Strategische Allianzen - eine neue Form kooperativen Wettbewerbs, in: Backhaus, K.; Piltz, K. (Hrsg.): Strategische Allianzen, Schmalenbachs Zeitschrift für betriebswirtschaftliche Forschung, Sonderheft Nr. 27, Düsseldorf, Frankfurt/M. 1990, S. 1-10

BACKHAUS, K.; PLINKE, W. (1990): Strategische Allianzen als Antwort auf veränderte Wettbewerbsstrukturen, in: Backhaus, K.; Piltz, K. (Hrsg.): Strategische Allianzen, Schmalenbachs Zeitschrift für betriebswirtschaftliche Forschung, Sonderheft Nr. 27, Düsseldorf, Frankfurt/M. 1990, S. 21 - 33

BADARACCO, J. (1991): Strategische Allianzen. Wie Unternehmen durch Know-how-Austausch Wettbewerbsvorteile erzielen, Wien 1991

BAIRD, I.S.; LYLES, M.A.; WHARTON, R. (1990): Attitudinal Differences Between American and Chinese Managers Regarding Joint Venture Management, in: Management International Review, 30. Jg., Special Issue 1990, S. 53-68

BALIBAR, E.; WALLERSTEIN, I. (1990): Rasse, Klasse, Nation. Ambivalente Identitäten, Hamburg, Berlin 1990

BARNES, L.B. (1981): Managing the Paradox of Organizational Trust, in: Harvard Business Review, 59. Jg., März/April 1981, S. 107-116

BARTHOLY, H. (1992): Barrieren in der interkulturellen Kommunikation, in: Reimann, H. (Hrsg.): Transkulturelle Kommunikation und Weltgesellschaft. Zur Theorie und Pragmatik globaler Interaktion, Opladen 1992, S. 174-191

BAUMANN-LORCH, E.; MILLERMANN, E.G.; LOTZ, J. (1994): Internationales Potential-Assessment. Ein Diagnostikum für das obere Management, in: Personal, 46. Jg., 1994, Nr. 12, S. 577-581

BEA, F.; HAAS, J. (1995): Strategisches Management, Stuttgart, Jena 1995

BECKER, H.S. (1979): Persönlichkeitsveränderungen im Erwachsenenalter, in: Griese, H.M. (Hrsg.): Sozialisation im Erwachsenenalter. Ein Reader zur Einführung in ihre theoretischen und empirischen Grundlagen, Weinheim, Basel 1979, S. 51-62

BENISCH, W. (1973): Kooperationsfibel, 4. Aufl., Bergisch Gladbach 1973

BERGEMANN, N.; SOURISSEAUX, A.L.J. (1996): Internationale Personalauswahl, in: Bergemann, N.; Sourisseaux, A.L.J. (Hrsg.): Interkulturelles Management, 2. Aufl., Heidelberg 1996, S. 141-171

BERNIEN, M. (1997): Anforderungen an eine qualitative und quantitative Darstellung der beruflichen Kompetenzentwicklung, in: Arbeitsgemeinschaft Qualifikations-Entwicklungs-Management Berlin (Hrsg.): Kompetenzentwicklung '97. Berufliche Weiterbildung in der Transformation - Fakten und Visionen, Münster u.a. 1997, S. 17-83

BERRY, J.W. (1980): Acculturation as Varieties of Adaptation, in: Padilla, A. M. (Hrsg.): Acculturation - Theory, Models and Some New Findings, Boulder, Colorado 1980, S. 9-25

BERRY, J.W. (1990): Psychology of Acculturation. Understanding Individuals Moving Between Cultures, in: Brislin, R.W. (Hrsg.): Applied Cross-Cultural Psychology, Newbury Park u.a. 1990, S. 232-253

BERRY, J.W.; KIM, U. (1988): Acculturation and Mental Health, in: Dasen, P.R.; Berry, J.W.; Sartorius, N. (Hrsg.): Health and Cross Cultural Psychology. Toward Applications, Newbury Park u.a. 1988, S. 207-236

BETTENHAUSEN, K.; MURNIGHAN, K. (1985): The Emergence of Norms in Competitve Decision-making Groups, in: Administrative Science Quarterly, 30. Jg., 1985, Nr. 3, S. 350-372

BIERBRAUER, G. (1996): Sozialpsychologie, Stuttgart, Berlin, Köln 1996

BIERICH, M. (1990): Strategische Allianzen in der Elektroindustrie, in: Backhaus, K.; Piltz, K. (Hrsg.): Strategische Allianzen, Schmalenbachs Zeitschrift für betriebswirtschaftliche Forschung, Sonderheft Nr. 27, Düsseldorf, Frankfurt/M. 1990, S. 77-84

BITTNER, A. (1996): Psychologische Aspekte der Vorbereitung und des Trainings von Fach- und Führungskräften auf einen Auslandseinsatz, in: Thomas, A. (Hrsg.): Psychologie interkulturellen Handelns, Göttingen u.a. 1996, S. 317-339

BLACK, J.S. (1988): Work Role Transitions: A Study of American Expatriate Managers in Japan, in: Journal of International Business Studies, 19. Jg., 1988, S. 277-294

BLACK, J.S. (1990): The Relationship of Personal Characteristics with the Adjustment of Japanese Expatriate Managers, in: Management International Review, 30. Jg., 1990, S. 119-134

BLEEKE, J; ERNST, D. (1994): Mit internationalen Allianzen auf der Siegerstraße, in: Bleeke, J.; Ernst, D. (Hrsg.): Rivalen als Partner. Strategische Allianzen und Akquisitionen im globalen Markt. Frankfurt/Main, New York 1994, S. 34-53

BLEICHER, K (1984): Auf dem Wege zu einer Kulturpolitik der Unternehmung, in: Zeitschrift für Führung und Organisation, 53. Jg., 1984, Nr. 8, S. 494-500

BLEICHER, K. (1989): Zum Management zwischenbetrieblicher Kooperation: Vom Joint Venture zur strategischen Allianz, in: Bühner, R. (Hrsg.): Führungsorganisation und Technologiemanagement, Berlin 1989, S. 77-89

BLEICHER, K.; HERMANN, R. (1991): Joint-Venture-Management. Erweiterung des eigenen strategischen Aktionsradius, Stuttgart, Zürich 1991

BLIESENER, U. (1997): Interkulturelles Lernen: eine pädagogische Notwendigkeit und Chance, in: Bizeul, Y.; Bliesener, U.; Prawda, M. (Hrsg.): Vom Umgang mit dem Fremden. Hintergrund - Definitionen - Vorschläge, Weinheim, Basel 1997, S. 202-232

BOCHNER, S. (1982): The Social Psychology of Cross-Cultural Relations, in: Bochner, S. (Hrsg.): Cultures in Contact. Studies in Cross-Cultural Interaction, Oxford u.a. 1982, S. 5-44

BOEHM-TETTELBACH, P.; WICHMANN, D. (1994): Interkulturelle Kompetenz: Internationale Personal- und Organisationsentwicklung in der Deutschen Aerospace AG am Beispiel Eurocopter Deutschland, in: Hoffmann, L.M.; Regnet, E. (Hrsg): Innovative Weiterbildungskonzepte. Trends, Inhalte und Methoden der Personalentwicklung in Unternehmen, Göttingen 1994, S. 349-365

BOEHME, J. (1986): Innovationsförderung durch Kooperation. Zwischenbetriebliche Zusammenarbeit als Instrument des Innovationsmanagements in kleinen und mittleren Unternehmen bei Einführung der Mikroelektronik in Produkte und Verfahren, Berlin 1986

BOESCH, E. E. (1996): Das Fremde und das Eigene, in: Thomas, A. (Hrsg.): Psychologie interkulturellen Handelns, Göttingen u.a. 1996, S. 87-105

BOROWSKI, G.; HIELSCHER, H.; SCHWAB, M. (1976): Einführung in die allgemeine Didaktik, 2. Aufl., Heidelberg 1976

BOURDIEU, P. (1996): Die feinen Unterschiede. Kritik der gesellschaftlichen Urteilskraft, 8. Aufl., Frankfurt am Main 1996

BOWLBY, J. (1980): Das Glück und die Trauer. Herstellung und Lösung affektiver Bindungen, Stuttgart 1980

BREISIG, T. (1990): Unternehmenskultur. Vom kometenhaften Aufstieg eines Schlagwortes ... oder: Was hoch steigt, fällt bekanntlich tief!, in: Zeitschrift Führung und Organisation, 59. Jg., 1990, Nr. 2, S. 93-100

BREUER, J.P.; BARMEYER, C.I. (1998): Von der interkulturellen Kompetenz zur Kooperationskompetenz. Beratung und Mediation im deutsch-französischen Management, in: Barmeyer, C.I.; Bolten, J. (Hrsg.): Interkulturelle Personalorganisation, Sternenfels 1998, S. 179-202

BRIM, O.G. (1979): Erwachsenensozialisation, in: Griese, H.M. (Hrsg.): Sozialisation im Erwachsenenalter. Ein Reader zur Einführung in ihre theoretischen und empirischen Grundlagen, Weinheim, Basel 1979, S. 63-73

BRIM, O.G.; WHEELER, S. (1966) Erwachsenensozialisation, Stuttgart 1966

BRONDER, C. (1993): Kooperationsmanagement. Unternehmensdynamik durch Strategische Allianzen, Frankfurt, New York 1993

BROWN, R. (1996): Tajfel's Contribution to the Reduction of Intergroup Conflict, in: Robinson, P. (Hrsg.): Social Groups and Identities: Developing the Legacy of Henri Tajfel, Oxford u.a. 1996, S. 169-189

BRÜCH, A. (1998): Individualismus-Kollektivismus als Einflußfaktor in interkulturellen Kooperationen, in: Spieß, E. (Hrsg.): Formen der Kooperation. Bedingungen und Perspektiven, Göttingen 1998, S. 177-192

BRUNN, R. V.; HAUSER, E. (1997): Mitarbeiter ohne Grenzen - Elemente des Personalmanagements in der Entwicklungszusammenarbeit, in: Clermont, A.; Schmeisser, W. (Hrsg.): Internationales Personalmanagement, München 1997, S. 503-526

BUCKLEY, P.; CASSON, M. (1988): A Theory of Cooperation in International Business, in: Contractor, F. J.; Lorange, P. (Hrsg.): Cooperative Strategies in International Business. Joint Ventures and Technology Partnerships Between Firms, Lexington, Massachusetts; Toronto 1988, S. 31-53

BÜCHS, M. (1991): Zwischen Markt und Hierarchie. Kooperationen als alternative Koordinationsform, in: Zeitschrift für Betriebswirtschaftslehre. Ergänzungsheft Nr. 1, 1991, S. 1-38

Bukhari, I.; Wuche, S. (1991): Konfliktfelder beim Management von deutschjapanischen Joint Ventures in Japan, in: Diskussionsbeiträge des betriebswirtschaftlichen Instituts, Universität Erlangen-Nürnberg. Heft 64, Nürnberg 1991

BUNK, G.P. (1994): Kompetenzvermittlung in der beruflichen Aus- und Weiterbildung in Deutschland, in: Europäische Zeitschrift Berufsbildung, 1994, Nr. 1, S. 9-15

CHILD, J. (1981): Culture, Contingency and Capitalism in the Cross-National Study of Organizations, in: Cummings, L.; Slaw, B. (Hrsg.): Research in Organizational Behavior, 3. Jg., 1981, S. 303-356

CHOMSKY, N. (1969): Aspekte der Syntax-Theorie, Frankfurt 1969

CLARKE, C. (1988): Allied Forces, in: Management Today, November 1988, S. 128-131

COASE, R. (1937): The Nature of the Firm, in: Economica, November, 4. Jg., 1937, S. 386-405

COLBERG-SCHRADER, H.; DERSCHAU, D.v. (1991): Sozialisationsfeld Kindergarten, in: Hurrelmann, K.; Ulich, D. (Hrsg.): Neues Handbuch der Sozialisationsforschung, 4. Aufl., Weinheim, Basel 1991, S. 335-353

CONTRACTOR, F.; LORANGE, P. (1988): Why Should Firms Cooperate? The Strategy and Economic Basis for Cooperative Ventures, in: Contractor, F. J.; Lorange, P.: Cooperative Strategies in International Business. Joint Ventures and Technology Partnerships Between Firms, Lexington, Massachusetts; Toronto 1988, S. 3-30

COX, T. (1993): Cultural Diversity in Organizations, San Francisco 1993

CUPACH, W.R.; IMAHORI, T.T. (1993): Identity Management Theory. Communication Competence in Intercultural Episodes and Relationships, in: Wisemen, R.L.; Koester, J. (Hrsg.): Intercultural Communication Competence, 17. Bd., Newbury Park 1993, S. 113-131

CUSHNER, K.; BRISLIN, R.W. (1996): Intercultural Interactions. A Practical Guide, 2. Aufl., Thousand Oakes u.a. 1996

DAU, R. (1975): Der Beitrag des Kindergartens zur frühkindlichen Sozialisation - Ein Bericht über die Ergebnisse empirischer Untersuchungen, in: Neidhardt, F. (Hrsg.): Frühkindliche Sozialisation. Theorien und Analysen, Stuttgart 1975, S. 373-395

DEAL, T. E.; KENNEDY, A. A. (1982): Corporate Cultures. The Rites and Rituals of Corporate Life, Reading, Massachusetts 1982

DELLER, J. (1996): Interkulturelle Eignungsdiagnostik, in: Thomas, A. (Hrsg.): Psychologie interkulturellen Handelns, Göttingen u.a. 1996, S. 283-316

DEMORGON,J.; MOLZ, M. (1996): Bedingungen und Auswirkungen der Analyse von Kultur(en) und interkulturellen Interaktionen, in: Thomas, A. (Hrsg.): Psychologie interkulturellen Handelns, Göttingen u.a. 1996, S. 43-86

DEUTSCHER BILDUNGSRAT (1977): Strukturplan für das Bildungswesen. Empfehlungen der Bildungskommission, Stuttgart 1977

DEUTSCHMANN, C. (1989): Der "Clan" als Unternehmensmodell der Zukunft?, in: Leviathan, Zeitschrift für Sozialwissenschaft, 17. Jg., 1989, Nr. 1, S. 85-107

DILL, P.; HÜGLER, G. (1987): Unternehmenskultur und Führung betriebswirtschaftlicher Organisationen - Ansatzpunkte für ein kulturbewußtes Management, in Heinen, E. (Hrsg.); Unternehmenskultur. Perspektiven für Wissenschaft und Praxis, München, Wien 1987, S. 141-209

DÖBERT, R.; HABERMAS, J.; NUNNER-WINKLER, G. (1977): Zur Einführung, in: Döbert, R.; Habermas, J.; Nunner-Winkler, G. (Hrsg.): Entwicklung des Ichs, Köln 1977, S. 9-30

DÖBERT, R.; NUNNER-WINKLER, G. (1975): Adoleszenzkrise und Identitätsbildung. Psychische und soziale Aspekte des Jugendalters in modernen Gesellschaften, Frankfurt am Main 1975

DÖRING, H. (1998): Kritische Analyse der Leistungsfähigkeit des Transaktionskostenansatzes, Göttingen 1998

DOMSCH, M.; JOCHUM, I. (1989): Zur Geschichte des Assessment Centers - Ursprünge und Werdegänge, in: Lattmann, C. (Hrsg.): Das Assessment Center-Verfahren der Eignungsbeurteilung. Sein Aufbau, seine Anwendung und sein Werdegang, Heidelberg 1989, S. 1-18

DONALDSON, L. (1990): The Ethereal Hand: Organizational Economics and Management Theory, in: Academy of Management Review, 15. Jg., 1990, Nr. 3, S. 369-381

DORMAYER, H.-J.; KETTERN, T. (1987): Kulturkonzepte in der allgemeinen Kulturforschung - Grundlage konzeptioneller Überlegungen zur Unternehmenskultur, in: Heinen, E. (Hrsg.): Unternehmenskultur. Perspektiven für Wissenschaft und Praxis, München, Wien 1987, S. 49-66

DOZ, Y. (1988): Technology Partnerships Between Larger and Smaller Firms: Some Critical Issues, in: Contractor, F.; Lorange, P. (Hrsg.): Cooperative Strategies in International Business. Joint Ventures and Technology Partnerships Between Firms, Lexington, Massachusetts; Toronto 1988, S. 317-338

DOZ, Y. (1992): Empirische Relevanz von Strategischen Allianzen in Europa, in: Bronder, C.; Pritzl, R. (Hrsg.): Wegweiser für Strategische Allianzen. Meilen- und Stolpersteine bei Kooperationen, Frankfurt am Main 1992, S. 47-62

DREXEL, I. (1997): Die bilans de compétences - ein neues Instrument der Arbeits- und Bildungspolitik in Frankreich, in: Arbeitsgemeinschaft Qualifikations-Entwicklungs-Management Berlin (Hrsg.): Kompetenzentwicklung '97. Berufliche Weiterbildung in der Transformation - Fakten und Visionen, Münster u.a. 1997, S. 197-249

DUBS, R. (1995): Entwicklung von Schlüsselqualifiaktionen in der Berufsschule, in: Arnold, R.; Lipsmeier, A. (Hrsg.): Handbuch der Berufsbildung, Opladen 1995, S. 171-182

DÜLFER, E. (1992): Kultur und Organisationsstruktur, in: Frese, E. (Hrsg.): Handwörterbuch der Organisation, 3. Aufl., Stuttgart 1992, Sp. 1201-1214

DÜLFER, E. (1999): Internationales Management in unterschiedlichen Kulturbereichen, zweisprachige Version der 5. Aufl., München 1999

EDER, G. (1996): "Soziale Handlungskompetenz" als Bedingung und Wirkung interkultureller Begegnungen, in: Thomas, A. (Hrsg.): Psychologie interkulturellen Handelns, Göttingen u.a. 1996, S. 411-422

EHRLICH, H.J. (1979). Das Vorurteil. Eine sozialpsychologische Bestandsaufnahme der Lehrmeinungen amerikanischer Vorurteilsforschung, München, Basel 1979

EISELE, J. (1995): Erfolgsfaktoren des Joint Venture-Managements, Wiesbaden 1995

ELBING, P. (1994): Konfliktquellen im Management japanischer Niederlassungen in Deutschland. Occasional Paper Nr. 94, Ostasiatisches Seminar, Freie Universität Berlin, Berlin 1994

ENGEL, U.; OSTERRATH, E. (1979): Sozialisatorische Interaktion und Erwachsenensozialisation, in: Griese, H.M. (Hrsg.): Sozialisation im Erwachsenenalter. Ein Reader zur Einführung in ihre theoretischen und empirischen Grundlagen, Weinheim, Basel 1979, S. 179-197

ENGELHARDT, W.; SEIBERT, K. (1981): Internationale Joint Ventures, in: Schmalenbachs Zeitschrift für betriebswirtschaftliche Forschung, 33. Jg., 1981, S. 428-435

ENGELMEYER, E. (1994): Identitätsorientierte interkulturelle Personalführung aus gesellschaftstheoretischer Perspektive, in: Schoppe, S.G. (Hrsg): Kompendium der internationalen Betriebswirtschaftslehre, 3. Aufl., München, Wien 1994, S. 395-438

ERETZ, M.; EARLY, P. C. (1993): Culture, Self-Identity and Work, New York, Oxford 1993

ERIKSON, E.H. (1965): Kindheit und Gesellschaft, 2. Aufl., Stuttgart 1965

ERIKSON, E.H. (1966): Identität und Lebenszyklus, Frankfurt am Main 1966

ERNST, G. (1990): Intrapersonelle Konflikte beim Arbeitsverhalten, in: Graf Hoyos, C.; Kroeber-Riel, W.; Rosenstiel, L. v.; Strümpel, B. (Hrsg.): Wirtschaftspsychologie in Grundbegriffen. Gesamtwirtschaft - Markt - Organisation - Arbeit, 2. Aufl., München 1990, S. 392-398

FASSHEBER, P.; NIEMEYER, H.-G.; KORDOWSKI, C. (1990): Methoden und Befunde der Interaktionsforschung mit dem Symlog-Konzept am Institut für Wirtschafts- und Sozialpsychologie Göttingen, Teilprojekt: Kleingruppenforschung, 18. Bericht aus dem Institut für Wirtschafts- und Sozialpsychologie der Georg-August-Universität Göttingen, Oktober 1990

FASSHEBER, P.; TERJUNG, B. (1986): Symlog-Teamdiagnostik als Organisationsentwicklung, Teilprojekt: Organisationsentwicklung, Bericht aus dem Institut für Wirtschafts- und Sozialpsychologie der Georg-August-Universität Göttingen, Januar 1986

FAULSTICH, P. (1996): Qualifikationsbgegriffe und Personalentwicklung, in: Zeitschrift für Berufs- und Wirtschaftspädaogik, 92. Bd., 1996, Nr. 4, S. 367-379

FEDOR, K.J.; WERTHER, W.B. Jr. (1996): The Fourth Dimension: Creating Culturally Responsive International Alliances, in: Organizational Dynamics, Herbst 1996, S. 39-53

FERGUSON, C.K.; KELLEY, H.H. (1964): Significant Factors in Overevaluations of Own Group's Product, in: Journal of Abnormal and Social Psychology, 69. Jg., 1964, S. 223-228

FERRARO, G. (1994): The cultural Dimensions of International Business, Englewood Cliffs, New Jersey 1994

FEUERSTEIN, T. (1979): Kompetenzentwicklung und berufliche Sozialisation, in: Griese, H.M. (Hrsg.): Sozialisation im Erwachsenenalter. Ein Reader zur Einführung in ihre theoretischen und empirischen Grundlagen, Weinheim, Basel 1979, S. 165-178

FIEDLER, F.E.; MITCHELL, T.; TRIANDIS, H.C. (1971): The Culture Assimilator: an Approach to Cross-Cultural Training, in: Journal of Applied Psychology, 55. Jg., 1971, S. 95-102

FILLIOL, O. (1994): Das internationale Joint Venture als Markterschließungsform in Japan, Konstanz 1994

FISSENI, H.-J.; FENNEKELS, G.P. (1995): Das Assessment-Center. Eine Einführung für Praktiker, Göttingen 1995

FONTAINE, G. (1996): Social Support and the Challenges of International Assignments: Implications for Training, in: Landis, D.; Bhagat, R.S. (Hrsg.): Handbook of Intercultural Training, 2. Aufl., Thousand Oaks, London, New Delhi 1996, S. 264-281

FREIMUTH, J.; THIEL, M. (1997): Babel und kein Ende? - Multikulturelle Kompetenz als Leitbild von internationaler Personal- und Organisationsentwicklung, in: Freimuth, J.; Haritz, J.; Kiefer, B.-U. (Hrsg.): Auf dem Weg zum Wissensmanagement. Personalentwicklung in lernenden Organisationen, Göttingen 1997, S. 205-233

FRESE, E. (1988): Grundlagen der Organisation. Die Organisationsstruktur der Unternehmung, 4. Aufl., Wiesbaden 1988

FRESE, M. (1979): Industrielle Psychopathologie, in: Groskurth, P. (Hrsg.): Arbeit und Persönlichkeit: Berufliche Sozialisation in der arbeitsteiligen Gesellschaft. Ergebnisse der Arbeitswissenschaft für Bildung, psychosoziale und gewerkschaftliche Praxis, Reinbek bei Hamburg 1979, S. 47-72

FRIEDRICH, C. (1997): Auswahl und Vorbereitung eines internationalen Personalmanagementeinsatzes, in: Clermont, A.; Schmeisser, W. (Hrsg.): Internationales Personalmanagement, München 1997, S. 295-308

FRIEDRICHS, J. (1990): Methoden empirischer Sozialforschung, 14. Aufl., Opladen 1990

FRITZSCHE, K.P. (1997): Streßgesellschaften und Xenophobie, in: Bizeul, Y.; Bliesener, U.; Prawda, M. (Hrsg.): Vom Umgang mit dem Fremden. Hintergrund - Definitionen - Vorschläge, Weinheim, Basel 1997, S. 60-79

FURNHAM, A.; BOCHNER, S. (1982): Social Difficulty in a Foreign Culture: an Empirical Analysis of Culture Shock, in: Bochner, S. (Hrsg.): Cultures in Contact. Studies in Cross-Cultural Interaction, Oxford u.a. 1982, S. 161-198

FURNHAM, A.; BOCHNER, S. (1986): Culture Shock: Psychological Reactions to Unfamiliar Environments, New York 1986

GAHL, A. (1991): Die Konzeption strategischer Allianzen, Berlin 1991

GARDENSWARTZ, L.; ROWE, A. (1993): Managing Diversity: A Complete Desk Reference and Planning Guide, New York 1993

GERINGER, J.M.; FRAYNE, C.A. (1990): Human Resource Management and International Joint Venture Control. A Parent Company Perspective, in: Management International Review, 30. Jg., 1990, Special Issue, S. 103-120

GERINGER, J.M.; HEBERT, L. (1991): Measuring Performance of International Joint Ventures, in: Journal of International Business Studies, 22. Jg., 1991, Nr. 2, S. 249-263

GERLACH, A. (1992): Alliance Capitalism. The Social Organization of Japanese Business, Berkeley, Los Angeles, Oxford 1992

GETSCHMANN, D. (1992): "Unternehmenskultur" - Bemerkungen zum Handelswert eines Begriffes, in: Zeitschrift Führung und Organisation, 61. Jg., 1992, Nr. 5, S. 299-303

GEULEN, D. (1991): Die historische Entwicklung sozialisationstheoretischer Ansätze, in: Hurrelmann, K.; Ulich, D. (Hrsg.): Neues Handbuch der Sozialisationsforschung, 4. Aufl., Weinheim, Basel 1991, S. 21-54

GIZYCKI, H.v. (1970): Zur Psychologie des Vorurteils, in: Strzelewicz, W. (Hrsg.): Das Vorurteil als Bildungsbarriere, Göttingen 1979, S. 40-61

GLOGER-TIPPELT, G. (1986): Beiträge einer Entwicklungspsychologie der Lebensspanne zur Erwachsenenbildung, in: Arnold, R.; Kaltschmid, J. (Hrsg.): Erwachsenensozialisation und Erwachsenenbildung. Aspekte einer sozialisationstheoretischen Begründung von Erwachsenenbildung, Frankfurt am Main 1986, S. 73-95

GOFFMAN, E. (1961): Encounters. Two Studies in The Sociology of Interaction, Indianapolis, Indiana 1961

GOMES-CASSERES, B. (1987): Joint Venture Instability: Is it a Problem?, in: Columbia Journal of World Business, 22. Jg., 1987, Nr. 2, S. 97-102

GOODMAN, N.R. (1994): Cross-Cultural Training for the Global Executive, in: Brislin, R.W.; Yoshida, T. (Hrsg.): Improving Intercultural Interactions. Modules for Cross-Cultural Training Programs, Thousand Oaks u.a. 1994, S. 34-54

GOTO, S.G. (1997): Majority and Minority Perspectives on Cross-Cultural Interactions, in: Skromme Granrose, C.; Oskamp, S. (Hrsg.): Cross-Cultural Work Groups, Thousand Oaks, London, New Delhi 1997, S. 90-112

GRAHAM, L.J. (1993): The Japanese Negotiation Style: Characteristics of a Distinct Approach, in: Negotiation Journal, April 1993, S. 123-140

GRAHAM, L.J.; SANO, Y. (1989): Smart Bargaining. Doing Business with the Japanese, Los Angeles 1989

GRANOVETTER, M. (1985): Economic Action and Social Structure: The Problem of Embeddedness, in: American Journal of Sociology, 91. Jg., 1985, Nr. 3, S. 481-510

GRAUMANN, C.F. (1983): On Multiple Identities, in: International Soical Science Journal, 35. Jg., 1983, Nr. 2, S. 304-321

GRAY, B.; YAN, Y. (1992): A Negotiations Model of Joint Venture Formation, Structure and Performance: Implications for Global Management, in: Advances in International Comparative Management, 7. Jg., 1992, S. 41-75

GRIESE, H.M. (1979a): Einige Aspekte zu einer Theorie der Erwachsenensozialisation, in: Griese, H.M. (Hrsg.): Sozialisation im Erwachsenenalter. Ein Reader zur Einführung in ihre theoretischen und empirischen Grundlagen, Weinheim, Basel 1979, S. 94-103

GRIESE, H.M. (1979b): Identitäts- und Verhaltensänderungen bei Erwachsenen, in: Griese, H.M. (Hrsg.): Sozialisation im Erwachsenenalter. Ein Reader zur Einführung in ihre theoretischen und empirischen Grundlagen, Weinheim, Basel 1979, S. 213-229

GUDYKUNST, W.B. (1986): Ethnicity, Types of Relationship, and Intraethnic and Interethnic Uncertainty Reduction, in: Kim, Y.Y. (Hrsg.): Interethnic Communication. Current Research, Newbury Park u.a. 1986, S. 201-224

GUDYKUNST, W.B. (1991): Bridging Differences, Newbury Park u.a. 1991

GUDYKUNST, W.B. (1993): Toward a Theory of Effective Interpersonal and Intergroup Communication. An Anxiety/Uncertainty Management (AUM) Perspective, in: Wiseman, R.L.; Koester, J. (Hrsg.): Intercultural Communication Competence, Newbury Park u.a. 1993, S. 33-71

GUDYKUNST, W.B.; HAMMER, M.R. (1983): Basic Training Design: Approaches to Intercultural Training, in: Landis, D.; Brislin, R.W. (Hrsg.): Handbook of Intercultural Training, 1. Bd.: Issues in Theory and Design, New York 1983, S. 118-154

GULATI, R. (1995): Does Familiarity Breed Trust? The Implications of Repeated Ties for Contractual Choices in Alliances, in: Academy of Management Journal, 38. Jg., 1995, Nr. 1, S. 85-112

GULLAHORN, J.T.; GULLAHORN, J.E. (1963): An Extension of the U-Curve Hypothesis, in: Journal of Social Issues, 19. Jg., 1963, Nr. 3, S. 33-47

GUMPERZ, J. (1982): Discourse Strategies, Cambridge 1982

GUSSMANN, B.; BREIT, C. (1987): Ansatzpunkte für eine Theorie der Unternehmenskultur, in: Heinen, E. (Hrsg.): Unternehmenskultur. Perspektiven für Wissenschaft und Praxis, München, Wien 1987, S. 107-142

HABERMAS, J. (1975): Zur Entwicklung der Interaktionskompetenz. Unveröffentlichtes Manuskript, Frankfurt am Main 1975

HÄTSCHER, A.M. (1992): Unternehmensentwicklung durch strategische Partnerschaften, München 1992

HÄUSLER, J.; HOHN, H.-W.; LÜTZ, S. (1992): Contingencies of Innovative Networks: A Case Study of Successful Interfirm R & D Collaboration, in: Research Policy, 23. Jg., 1994, Nr. 1, S. 47-66

HAGEDOORN, J. (1993): Understanding the Rationale of Strategic Technology Partnering: Interorganizational Modes of Cooperation and Sectoral Differences, in: Strategic Management Journal, 14. Jg., 1993, S. 371-385

HAIRE, M.; GHISELLI, E.E.; PORTER, L.W. (1969): Cultural Patterns in the Role of the Manager, in: Webber, R.A. (Hrsg.): Culture and Management. Text and Readings in Comparative Management, Nobleton 1969, S. 325-341

HALL, E.T. (1960): The Silent Language in Overseas Business, in: Harvard Business Review, 38. Jg., 1960, Nr. 3, S. 87-96

HALL, E.T.; HALL, M. (1990): Understanding Cultural Differences, Yarmouth, Maine 1990

HAMEL, G. (1991): Competition for Competence and Interpartner Learning within International Strategic Alliances, in: Strategic Management Journal, 12. Jg., 1991, S. 83-103

HAMEL, G.; PRAHALAD, C. (1985): Do You Really Have a Global Strategy?, in: Harvard Business Review, 63. Jg., 1985, Nr. 7/8, S. 139-148

HARBISON, F.; MYERS, C.A. (1959): Management in the Industrial World. An International Analysis, New York, Toronto, London 1959

HARNEY, K. (1995): Erwachsene in der Berufsbildung, in: Arnold, R.; Lipsmeier, A. (Hrsg.): Handbuch der Berufsbildung, Opladen 1995, S. 75-84

HARRIGAN, K. (1986): Managing for Joint Venture Success, New York u.a. 1986

HEGERT, M.; MORRIS, D. (1988): Trends in International Collaborative Agreements, in: Contractor, F.J.; Lorange, P. (Hrsg.): Cooperative Strategies in International Business. Joint Ventures and Technology Partnerships Between Firms, Lexington, Massachusetts; Toronto 1988, S. 99-109

HEIDE, J. (1994): Interorganizational Governance in Marketing Channels, in: Journal of Marketing. 58. Jg., 1994, S. 71-85

HEIDE, J.; JOHN, G. (1992): Do Norms Matter in Marketing Relationships?, in: Journal of Marketing, 56. Jg., 1992, S. 32-44

HEINEN, E. (1987): Unternehmenskultur als Gegenstand der Betriebswirtschaftslehre, in: Heinen, E. (Hrsg.): Unternehmenskultur. Perspektiven für Wissenschaft und Praxis, München, Wien 1987, S. 1-48

HEINEN, E.; DILL, P. (1990): Unternehemenskultur aus betriebswirtschaftlicher Sicht, in: Simon, H. (Hrsg.): Herausforderung Unternehmenskultur, Stuttgart 1990, S. 12-24

HEINZ, W.R. (1991): Berufliche und betriebliche Sozialisation, in: Hurrelmann, K.; Ulich, D. (Hrsg.): Neues Handbuch der Sozialisationsforschung, 4. Aufl., Weinheim, Basel 1991, S. 397-415

Heitmeyer, K.; Thom, N. (1988): Assessment-Center. Gestaltungs- und Anwendungsmöglichkeiten, 3. Aufl., Köln 1988

HELFRICH, H. (1996): Kulturstandard und individuelle Varianten, in: Thomas, A. (Hrsg.): Psychologie interkulturellen Handelns, Göttingen u.a. 1996, S. 199-207

HENNART, J.-F. (1988): A Transaction Costs Theory of Equity Joint Ventures, in: Strategic Management Journal, 9. Jg., 1988, S. 361-374

HENNART, J.-F. (1991): The Transaction Costs Theory of Joint Ventures: An Empirical Study of Japanese Subsidiaries in the United States, in: Management Science, 37. Jg., 1991, S. 483-497

HENTZE, J. (1987) Kulturvergleichende Managementforschung. Ausgewählte Ansätze, in: Die Unternehmung, 41. Jg., 1987, Nr. 3, S. 170-185

HERKNER, W. (1991): Lehrbuch Sozialpsychologie, 5. Aufl., Bern u.a. 1991

HEURSEN, G. (1983): Sprache und Sozialisation für den Beruf. Bedingungsanalysen und Skizzen zu einer Theorie des Deutschunterrichts an berufsbildenden Schulen, Frankfurt am Main 1983

HEUVEL, H. VAN DEN; MEERTENS, R.W. (1989): The Culture Assimilator: Is it Possible to Improve Interethnic Relations by Emphasizing Ethnic Differences?, in: Oudenhoven, J.P.v.; Willemsen, T.M. (Hrsg.): Ethnic Minorities. Social Psychological Perspectives, Amsterdam 1989, S. 221-236

HEWSTONE, M. (1989): Intergroup Attribution: Some Implications for the Study of Ethnic Prejudice, in: Oudenhoven, J.P.v.; Willemsen, T.M. (Hrsg.): Ethnic Minorities. Social psychological Perspectives, Amsterdam 1989, S. 25-42

HILL, C. W. (1990): Cooperative Opportunism and the Invisible Hand: Implications for Transaction Cost Theory, in: Academy of Management Review, 15. Jg., 1990, Nr. 3, S. 500-513

HLAVACEK, J.; DOVEY, J.; BIONDO, J. (O.J.): Erfolge mit Joint Ventures, in: Harvardmanager, Band 1: Strategie und Planung, Hamburg o.J., S. 146-155

HOERNING, E.M. (1979): Statuspassagen und Lebensverlauf, in: Griese, H.M. (Hrsg.): Sozialisation im Erwachsenenalter. Ein Reader zur Einführung in ihre theoretischen und empirischen Grundlagen, Weinheim, Basel 1979, S. 198-212

HOFF, E.-H.; LEMPERT, W., LAPPE, L. (1991): Persönlichkeitsentwicklung in Facharbeiterbiographien, Bern u.a. 1991

HOFSTEDE, G. (1984): Culture's Consequences. International Differences in Work-Related Values, Newbury Park, London, New Delhi 1984

HOFSTEDE, G. (1991): Interkulturelle Zusammenarbeit. Kulturen - Organisationen - Management, Wiesbaden 1991

HOFSTEDE,G. (1993): Cultural Constraints in Management Theories, in: Academy of Management Executive, 7. Jg., 1993, Nr. 1, S. 81-94

HOFSTEDE, G. (1999): The Universal and the Specific in 21st-Century Global Management, in: Organizational Dynamics, Sommer 1999, Nr. 1, S. 34-43

HOFSTEDE, G.; BOND, M.H. (1988): The Confucius Connection: From Cultural Roots to Economic Growth, in: Organizational Dynamics, Frühjahr 1988, S. 5-21

HOGG, M.A. (1996): Intragroup Processes, Group Structure and Social Identity, in: Robinson, P. (Hrsg.): Social Groups and Identities: Developing the Legacy of Henri Tajfel, Oxford u.a. 1996, S. 65-93

HOLMES, J.G.; LAMM, H. (1979): Boundary Roles and the Reduction of Conflict, in: Austin, W.G.; Worchel, S. (Hrsg.): The Social Psychology of Intergroup Relations, Monterey, California 1979, S. 305-317

HOLZMÜLLER, H.H. (1995): Konzeptionelle und methodische Probleme in der interkulturellen Management- und Marketingforschung, Stuttgart 1995

HORLEBEIN, M. (1998): Didaktik der Moralerziehung - eine Fundierung durch pädagogische Anthropologie und praktische Philosophie, Markt Schwaben 1998

HORWITZ, M.; RABBIE, J.M. (1982): Individuality and Membership in the Intergroup System, in: Tajfel, H. (Hrsg.): Social Identity and Intergroup Relations, Cambridge u.a. 1982, S. 241-274

HORWITZ, M.; RABBIE, J.M. (1989): Stereotypes of Groups, Group Members, and Individuals in Categories: A Differential Analysis, in: Bar-Tal, D.; Graumann, C.F.; Kruglanski, A.W.; Stroebe, W. (Hrsg.): Stereotyping and Prejudice. Changing Conceptions, New York u.a. 1989, S. 105-129

HUBER, G.L.; MANDL, H. (1991): Kognitive Sozialisation, in: Hurrelmann, K.; Ulich, D. (Hrsg.): Neues Handbuch der Sozialisationsforschung, 4. Aufl., Weinheim, Basel 1991, S. 511-530

IRLE, M. (1975): Lehrbuch der Sozialpsychologie, Göttingen, Toronto, Zürich 1975

JAHNKE, J. (1975): Interpersonale Wahrnehmung, Stuttgart u.a. 1975

JAHODA, G. (1996): Ansichten über die Psychologie und die "Kultur", in: Thomas, A. (Hrsg.): Psychologie interkulturellen Handelns, Göttingen u.a. 1996, S. 33-42

JANNEY, R.W.; ARNDT, H. (1994): Interpersonal Dimensions of Intercultural Communication, in: Pürschel, H. (Hrsg.): Intercultural Communication. Proceedings of the 17th International L.A.U.D. Symposium Duisburg, 23-27 March 1992, Frankfurt am Main u.a. 1994, S. 33-44

JOHNSON, J.L.; CULLEN, J.B.; SAKANO, T. (1996): Opportunistic Tendencies in IJVs with the Japanese: The Effects of Culture, Shared Decision Making, and

Relationship Age, in: International Executive, 38. Jg., Januar/Februar 1996, Nr. 1, S. 79-94

JONES, K.K.; SHILL, W. (1994): Grundregeln erfolgreicher Kooperation mit japanischen Unternehmen, in: Bleeke, J.; Ernst, D. (Hrsg.): Rivalen als Partner. Strategische Allianzen und Akquisitionen im globalen Markt. Frankfurt/Main, New York 1994, S. 143-177

JUSTUS, A. (1999): Wissenstransfer in Strategischen Allianzen. Eine verhaltenstheoretische Analyse, Frankfurt am Main u.a. 1999

KAAS, P.; FISCHER, M. (1993): Der Transaktionskostenansatz, in: DasWirtschaftsstudium, 22. Jg., 1993, Nr. 8/9, S. 686-693

KAILER, N.; STIEFEL, R. (1984): Grundbegriffe der management-andragogischen Fremdsprache, München 1984

KALTSCHMID, J. (1986): Sozialisationstheorie, Sozialwissenschaften und Didaktik der Erwachsenenbildung - Eine Problemskizze, in: Arnold, R.; Kaltschmid, J. (Hrsg.): Erwachsenensozialisation und Erwachsenenbildung. Aspekte einer sozialisationstheoretischen Begründung von Erwachsenenbildung, Frankfurt am Main u.a. 1986, S. 199-228

KASPER, H. (1987): Organisationskultur - Grundzüge der Kulturperspektive von Organisationen, in: das Wirtschaftsstudium, 16. Jg., 1987, Nr. 8/9, S. 441-447

KATZ, R.; ALLEN, T. (1982): Investigating the Not Invented Here (NIH) Syndrome: A Look at the Performance, Tenure, and Communication Patterns of 50 R&D Project Groups, in: R & D Management, 12. Jg., 1982, Nr. 1, S. 7-19

KAUFMANN, F. (1993): Internationalisierung durch Kooperation. Strategien für mittelständische Unternehmen, Wiesbaden 1993

KELLER, E. v. (1982) Management in fremden Kulturen. Ziele, Ergebnisse und methodische Probleme der kulturvergleichenden Managementforschung, Bern, Stuttgart 1982

KELLER, M.; WEINERT, F., ZEBERGS, D. (1975): Kognitive Sozialisation, Probleme einer allgemeinen Theorie der kognitiven Sozialisation, in: Neidhardt, F. (Hrsg.): Frühkindliche Sozialisation, Stuttgart 1975, S. 7-75

KELMAN, H.C.; COHEN, S.P. (1979): Reduction of International Conflict: An Interactional Approach, in: Austin, W.G., Worchel, S. (Hrsg.): The Social Psychology of Intergroup Relations, Monterey, California 1979, S. 288-303

KERR, C.; DUNLOP, J.T.; HARBISON, F.; MYERS, C.A. (1969): The Road to Similarity, in: Webber, R.A. (Hrsg.): Culture and Management. Text and Readings in Comparative Management, Nobleton 1969, S. 529-534

KETS DE VRIES, M.F.R. (1996): Leben und Sterben im Business, Düsseldorf 1996

KETS DE VRIES, M.F.R.; MILLER, D. (1986): Personality, Culture, and Organization, in: Academy of Management Review, 11. Jg., 1986, Nr. 2, S. 266-279

KETS DE VRIES, M.F.R.; MILLER, D. (1987): The Neurotic Organization. Diagnosing and Changing Counterproductive Styles of Management, 3. Aufl., San Francisco, London 1987

KILLING, J. P. (1982): How to Make a Global Joint Venture Work, in: Harvard Business Review, 60. Jg., 1982, Nr. 3, S. 120-127

KILLING, J. P. (1983): Strategies for Joint Venture Success, London 1983

KILLING, J. P. (1988): Understanding Alliances: The Role of Task and Organizational Complexity, in: Contractor, F. J.; Lorange, P.: Cooperative Strategies in International Business. Joint Ventures and Technology Partnerships Between Firms, Lexington, Massachusetts; Toronto 1988, S. 55-67

KLUCKHOHN, C.; KELLY, W. H. (1972): Das Konzept der Kultur, in: König, R.; Schmalfuß, A. (Hrsg.): Kulturanthropologie, Düsseldorf, Wien 1972, S. 68-90

KLUCKHOHN, F.; STRODTBECK, F.L. (1961): Variations in Value Orientations, Westport, Connecticut 1961

KMK (Sekretariat der Ständigen Konferenz der Kultusminister der Länder in der Bundesrepublik Deutschland) (1999): Handreichungen für die Erarbeitung von Rahmenlehrplänen der Kultusministerkonferenz für den berufsbezogenen Unterricht in der Berufsschule und ihre Abstimmung mit Ausbildungsordnungen des Bundes für anerkannte Ausbildungsberufe, Bonn 04/05.02.1999

KNAPP, K. (1996): Interpersonale und interkulturelle Kommunikation, in: Bergemann, N.; Sourisseaux, A.L.J. (Hrsg,.): Interkulturelles Management, 2. Aufl, Heidelberg 1996, S. 59-79

KÖNIG, R. (1972) Einleitung: Über einige Fragen der empirischen Kulturanthropologie, in: König, R.; Schmalfuß, A. (Hrsg.): Kulturanthropologie, Düsseldorf, Wien 1972, S. 7-48

KOGUT, B. (1988a): Joint Ventues: Theoretical and Empirical Perspectives, in: Strategic Management Journal, 9. Jg., 1988, S. 319-332

KOGUT, B., (1988b): A Study of the Life Cycle of Joint Ventures, in: Contractor, F. J.; Lorange, P.: Cooperative Strategies in International Business. Joint Ventures and Technology Partnerships Between Firms, Lexington, Massachusetts; Toronto 1988, S. 169-185,

KOGUT, B. (1989a): The Stability of Joint Ventures: Reciprocity and Competitive Rivalry, in: The Journal of Industrial Economics, 38. Jg., Dezember 1989, S. 183-198

KOGUT, B. (1989b): Why Joint Ventures Die So Quickly, in: Chief Executive, Mai/Juni 1989, S. 70-73

KOHLBERG, L. (1995): Die Psychologie der Moralentwicklung, Frankfurt am Main 1995

KOHLI, M. (1991): Lebenslauftheoretische Ansätze in der Sozialisationsforschung, in: Hurrelmann, K.; Ulich, D. (Hrsg.): Neues Handbuch der Sozialisationsforschung, 4. Aufl., Weinheim, Basel 1991, S. 303-317

KOHN, M.; SCHOOLER, C. (1973): Occupational Experience and Psychological Functioning: An Assessment of Reciprocal Effects, in: American Sociological Review, 38. Jg., 1973

KOOT, W. (1988): Underlying Dilemmas in the Management of International Joint Ventures, in: Contractor, F. J.; Lorange, P.: Cooperative Strategies in International Business. Joint Ventures and Technology Partnerships Between Firms, Lexington, Massachusetts; Toronto 1988, S. 347-367

KOPPER, E. (1994): Zusammenarbeit in multikulturellen Arbeits- und Projektgruppen, in: Thomas, A. (Hrsg.): Psychologie und multikulturelle Gesellschaft. Problemlagen und Problemlösungen, Göttingen, Stuttgart 1994, S. 272-275

KRAMPEN, G. (1981): IPC-Fragebogen zu Kontrollüberzeugungen, Göttingen 1981

KRAMPEN, G. (1982): Differentialpsychologie der Kontrollüberzeugungen, Göttingen 1982

KRAPPMANN, L. (1972): Soziologische Dimensionen der Identität. Strukturelle Bedingungen für die Teilnahme an Interaktionsprozessen, 2. Aufl., Stuttgart 1972

KRAPPMANN, L. (1991): Sozialisation in der Gruppe der Gleichaltrigen, in: Hurrelmann, K.; Ulich, D. (Hrsg.): Neues Handbuch der Sozialisationsforschung, 4. Aufl., Weinheim, Basel 1991, S. 355-375

KREPPNER, K. (1991): Sozialisation in der Familie, in: Hurrelmann, K.; Ulich, D. (Hrsg.): Neues Handbuch der Sozialisationsforschung, 4. Aufl., Weinheim, Basel 1991, S. 321-334

KREWER, B. (1996): Kulturstandards als Mittel der Selbst- und Fremdreflexion in interkulturellen Begegnungen, in: Thomas, A. (Hrsg.): Psychologie interkulturellen Handelns, Göttingen u.a. 1996, S. 147-164

KREWER, B.; ECKENSBERGER, L.H. (1991): Selbstentwicklung und kulturelle Identität, in: Hurrelmann, K.; Ulich, D. (Hrsg.): Neues Handbuch der Sozialisationsforschung, 4. Aufl., Weinheim, Basel 1991, S. 573-594

KROEBER, A.L.; KLUCKHOHN, C. (1952): Culture. A critical Review of Concepts and Definitions, New York 1952

KRYSTEK, U. (1992): Unternehmenskultur und Akquisition, in: Zeitschrift für Betriebswirtschaft, 62. Jg., 1992, Nr. 5, S. 539-565

KRYSTEK, U.; ZUR, E. (1990): Kultur versus Strategie, eine überlebensnotwendige Verbindung: Verträglichkeit von Kultur und Strategie, in: Gablers Magazin, 4. Jg., 1990, Nr. 10, S. 17-21

KÜHLMANN, T.M. (1995): Die Auslandsentsendung von Fach- und Führungskräften: Eine Einführung in die Schwerpunkte und Ergebnisse der Forschung, in: Kühlmann, T.M. (Hrsg.): Mitarbeiterentsendung ins Ausland. Auswahl, Vorbereitung, Betreuung und Wiedereingliederung, Göttingen 1995, S. 1-30

KUMAR, B.N. (1975): Joint Ventures, in: Wirtschaftswissenschaftliches Studium, 4. Jg., 1975, Nr. 6, S. 257-263

KUMAR, B.N. (1988): Interkulturelle Managementforschung. Ein Überblick über Ansätze und Probleme, in: Wirtschaftswissenschaftliches Studium, 17. Jg., 1988, Nr. 8, S. 389-394

LAGA, G. (1979): Erwachsenensozialisation und Zweiter Bildungsweg, in: Griese, H.M. (Hrsg.): Sozialisation im Erwachsenenalter. Ein Reader zur Einführung in ihre theoretischen und empirischen Grundlagen, Weinheim, Basel 1979, S. 244-251

LANDIS, D.; BRISLIN, R.W. (1983): Handbook of Intercultural Training, 3. Bd.: Area Studies in Intercutural Training, New York 1983

LANE, H.W.; BEAMISH, P.W. (1990): Cross-Cultural Cooperative Behavior in Joint Ventures in LDCs, in: Management International Review, 30. Jg., 1990, Special Issue, S. 87-102

LARSON, A. (1992): Network Dyads in Entrepreneurial Settings: A Study of the Governance of Exchange Relations, in: Administrative Science Quarterly, 37. Jg., März 1992, S. 76-104

LAUR-ERNST, U. (1990): Schlüsselqualifikationen - innovative Ansätze in den neugeordneten Berufen und ihre Konsequenzen für Lernen, in: Reetz, L.; Reitmann, T. (Hrsg.): Schlüsselqualifikationen: Fachwissen in der Krise? Dokumentation eines Symposions in Hamburg, Hamburg 1990, S. 36-55

LEI, D.; SLOCUM, J.W. JR. (1998): Global Strategic Alliances: Payoffs and Pitfalls, in: Organizational Dynamics, Special Report 1998: The People Side of Successful Global Alliances, 1998, S. 7-25

LEMPERT, W. (1995): Berufliche Sozialisation und berufliches Lernen, in: Arnold, R.; Lipsmeier, A. (Hrsg.): Handbuch der Berufsbildung, Opladen 1995, S. 343-349

LEMPERT, W. (1998): Berufliche Sozialisation oder was Berufe aus Menschen machen: Eine Einführung, Baltmannsweiler 1998

LEMPERT, W.; HOFF, E.-H.; LAPPE, L. (1979): Konzeptionen zur Analyse der Sozialisation durch Arbeit. Theoretische Vorstudien für eine empirische Untersuchung, Berlin 1979

LEONTIEV, A.N. (1977): Tätigkeit, Bewußtsein, Persönlichkeit, Stuttgart 1977

LEVITT, T. (1983): The Globalization of Markets, in: Harvard Business Review, 61. Jg., 1983, Nr. 3, S. 92-102

LEWIS, J. D. (1991): Strategische Allianzen, Frankfurt/Main, New York 1991

LEYSEN, A. (1990): Strategische Allianzen in der fotographischen Industrie, in: Backhaus, K.; Piltz, K. (Hrsg.): Strategische Allianzen, Schmalenbachs Zeitschrift für betriebswirtschaftliche Forschung, Sonderheft Nr. 27, Düsseldorf, Frankfurt/M. 1990, S. 91-100

LILLI, W. (1975): Soziale Akzentuierung, Stuttgart u.a. 1975

LITTERS, U. (1995): Interkulturelle Kommunikation aus fremdsprachendidaktischer Perspektive. Konzeption eines zielgruppenspezifischen Kommunikationstrainings für deutsche und französische Manager, Tübingen 1995

LOOSE, A.; SYDOW, J. (1994): Vertrauen und Ökonomie in Netzwerkbeziehungen - Strukturationstheoretische Betrachtungen, in: Sydow, J.; Windeler, A. (Hrsg.): Management interorganisationaler Beziehungen. Vertrauen, Kontrolle und Informationstechnik, Opladen 1994, S. 160-193

LOOSS, W. (1991): Coaching für Manager. Problembewältigung unter vier Augen, Landsberg/Lech 1991

LORANGE, P.; ROOS, J. (1993): Strategic Alliances. Formation, Implementation, and Evolution, Cambridge, Massachusetts; Oxford 1993

LUCHTENBERG, S. (1994): Überlegungen zur interkulturellen kommunikativen Kompetenz, in: Luchtenberg, S.; Nieke, W. (Hrsg.): Interkulturelle Pädagogik und Europäische Dimension: Herausforderungen für Bildungssystem und Erziehungswissenschaft, Münster, New York 1994, S. 49-66

LUCHTENBERG, S. (1998): Interkulturelle Kommunikative Kompetenz als Schlüsselqualifikation für Wirtschaft und Beruf, in: Zeitschrift für Berufs- und Wirtschaftspädagogik, 94. Band, 1998, Nr. 1, S. 37-49

LUTZ, V. (1993): Horizontale strategische Allianzen. Ansatzpunkte zu ihrer Internationalisierung, Hamburg 1993

MACHARZINA, K. (1993): Unternehmensführung. Das internationale Managementwissen. Konzepte - Methoden - Praxis, Wiesbaden 1993

MACHARZINA, K. (1995): Interkulturelle Perspektive einer management- und führungsorientierten Betriebswirtschaftslehre, in: Wunderer, R. (Hrsg.): Betriebswirtschaftslehre als Management- und Führungslehre, 3. Aufl., Stuttgart 1995, S. 266-283

MALETZKE, G. (1996): Interkulturelle Kommunikation. Zur Interaktion zwischen Menschen verschiedener Kulturen, Opladen 1996

MATJAN, G. (1998): Auseinandersetzung mit der Vielfalt politischer Kultur und Lebensstile in pluralistischen Gesellschaften, Frankfurt am Main, New York 1998

MAUNZ, T.; ZIPPELIUS, R. (1998): Deutsches Staatsrecht. Ein Studienbuch, 30. Aufl., München 1998

MEAD, G.H. (1995): Geist, Identität und Gesellschaft aus der Sicht des Sozialbehaviorismus, 10. Aufl., Frankfurt am Main 1995

MEAD, R. (1994): International Management. Cross-Cultural Dimensions, Cambridge, Massachusetts 1994

MEFFERT, H.; HAFNER, K.; POGGENPOHL, M. (1990): Unternehmenskultur und Unternehmensführung - Ergebnisse einer empirischen Untersuchung, in: Simon, H. (Hrsg.): Herausforderung Unternehmenskultur, Stuttgart 1990, S. 47-63

MENZEL, P.A. (1993): Fremdverstehen und Angst. Fremdenangst als kulturelle und psychische Disposition und die daraus entstehenden interkulturellen Kommunikationsprobleme, Bonn 1993

MERKENS, H.; SCHMIDT, F. (1988): Enkulturation der Unternehmenskultur, München 1988

MERTENS, D. (1974): Schlüsselqualifikationen. Thesen zur Schulung für eine moderne Gesellschaft, in: Mitteilungen der Arbeitsmarkt- und Berufsforschung, 7. Jg., 1974, S. 36-43

MIELKE, R. (1982): Locus of Control - Ein Überblick über den Forschungsgegenstand, in: Mielke, R. (Hrsg.): Interne/externe Kontrollüberzeugung. Theoretische und empirische Arbeiten zum Locus of Controll-Konstrukt, Bern, Stuttgart, Wien 1982, S. 15-42

MINDLIN, S.; ALDRICH, H. (1975): Interorganizational Dependence: A Review of the Concept and a Reexamination of the Findings of the Aston Group, in: Administrative Science Quarterly, 20. Jg., 1975, S. 382-392

MINTZBERG, H.; JORGENSEN, J.; DOUGHERTY, D.; WESTLY, F. (1996): Some Surprising Things About Collaboration - Knowing How People Connect Makes it Work Better, in: Organizational Dynamics, 26. Jg., 1996, Nr. 1, S. 60-71

MOOSMÜLLER, A. (1996): Interkulturelle Kompetenz und interkulturelle Kenntnisse. Überlegungen zu Ziel und Inhalt im auslandsvorbereitenden Training, in: Roth, K. (Hrsg.): Mit der Differenz leben: Europäische Ethnologie und Interkulturelle Kommunikation, Münster, München, New York 1996, S. 271-290

MOOSMÜLLER, A. (1997): Kommunikationsprobleme in amerikanisch-japanisch-deutschen Teams: Kulturelle Synergie durch interkulturelles Training, in: Zeitschrift für Personalforschung, 11. Jg., 1997, Nr. 3, S. 282-297

MOSS KANTER, R. (1995): Unternehmenspartnerschaften: Langsam zueinander finden, in: Harvard Business Manager, 17. Jg. 1995, Nr. 2, S. 33-43

MÜLLER, K.R. (1986): Teilnehmerorientierung und Lebensweltbezug im soziali-sationstheoretischen und bildungspraktischen Zusammenhang, in: Arnold, R.; Kaltschmid, J. (Hrsg.): Erwachsenensozialisation und Erwachsenenbildung. Aspekte einer sozialisationstheoretischen Begründung von Erwachse-nenbildung, Frankfurt am Main u.a. 1986, S. 229-256

MÜLLER-STEWENS, G. (1995): Unternehmenskooperation und Führung (Fusion, Allianz, Joint Venture), in: Kieser, A.; Reber, G.; Wunderer, R. (Hrsg.): Handwörterbuch der Führung, 2. Aufl., Stuttgart 1995, S. 2063-2074

MÜLLER-STEWENS, G.; HILLIG, A. (1992): Motive zur Bildung Strategischer Al-lianzen: Die aktivsten Branchen im Vergleich, in: Bronder, C., Pritzl, R. (Hrsg.): Wegweiser für Strategische Allianzen. Meilen- und Stolpersteine bei Kooperationen, Wiesbaden 1992, S. 64-101

MUMMENDEY, A. (1985): Verhalten zwischen sozialen Gruppen: Die Theorie der sozialen Identität, in: Frey; D.; Irle, M. (Hrsg.): Theorien der Sozialpsy-chologie, 2. Bd.: Gruppen- und Lerntheorien, Bern 1985, S. 185-216

MUUSS, R.E. (1977): Jean Piagets Theorie der kognitiven Entwicklung in der Adoleszenz, in: Döbert, R.; Habermas, J.; Nunner-Winkler, G. (Hrsg.): Ent-wicklung des Ichs, Köln 1977, S. 90-108

NADLER, L.B.; KEESHAN NADLER, M.; BROOME, B.J. (1985): Culture and the Management of Conflict Situations, in: Gudykunst, W.B.; Stewart, L.P.; Ting Toomey, S. (Hrsg.): Communication, Culture, and Organizational Processes, Newbury Park u.a. 1985, S. 87-113

NAZARKIEWICZ, K. (1996): "Sind jetzt noch Fragen zum Inder?" - Interkulturel-les Lernen und Personalentwicklung bei Stewardessen der Deutschen Luft-hansa, in: Beutner, A.; Petersen, S.J. (Hrsg.): Neue Lernkultur in Organisa-tionen: Planung und Organisationsberatung mit Frauen, Frankfurt am Main 1996, S. 60-91

NEDDEN, C. ZUR (1994): Internationalisierung und Organisation. Konzepte für die international tätige Unternehmung mit Differenzierungsstrategie, Wies-baden 1994

NEUBERGER, O.; KOMPA, A. (1987): Wir, die Firma. Der Kult um die Unter-nehmenskultur, Weinheim, Basel 1987

NICKLAS, H. (1991): Kulturkonflikt und interkulturelles Lernen, in: Thomas, A. (Hrsg.): Kulturstandards in der interkulturellen Begegnung, Saarbrücken 1991, S. 125-140

NIEKE, W. (1994): Interkulturelle Bildung als unerläßlicher Bestandteil von Allgemeinbildung, in: Luchtenberg, S.; Nieke, W. (Hrsg.): Interkulturelle Pädagogik und Europäische Dimension: Herausforderungen für Bildungssystem und Erziehungswissenschaft, Münster, New York 1994, S. 39-47

NIEKE, W. (1995): Interkulturelle Erziehung und Bildung. Wertorientierungen im Alltag, Opladen 1995

OAKES, P. (1996): The Categorization Process: Cognition and the Group in the Social Psychology of Stereotyping, in: Robinson, P. (Hrsg.): Social Groups and Identities: Developing the Legacy of Henri Tajfel, Oxford u.a. 1996, S. 95-119

OBERG, K. (1960): Cultural Shock: Adjustment to New Cultural Environments, in: Practical Anthropology, 7. Jg., 1960, Nr. 4, S. 177-182

OBERMANN, C. (1992): Assessment Center: Entwicklung, Durchführung, Trends, Wiesbaden 1992

OESTERLE, M.-J. (1993): Joint Ventures in Rußland. Bedingungen - Probleme - Erfolgsfaktoren, Wiesbaden 1992

OEVERMANN, U. (1971): Schichtenspezifische Formen des Sprachverhaltens und ihr Einfluß auf die kognitiven Prozesse, in: Roth, H: (Hrsg.): Begabung und Lernen. Ergebnisse und Folgerungen neuer Forschungen, 7. Aufl., Stuttgart 1971, S. 297-356

OGILVIE, E. (1992): Die Kulturperspektive von Unternehmungen, Frankfurt am Main u.a. 1992

OHMAE, K. (1985): Macht der Triade. Die neue Form weltweiten Wettbewerbs, Wiesbaden 1985

O.V. (1999): CFM-International-Homepage: http:\\cfm56.com

O.V. (1989): Duden Herkunftswörterbuch, Etymologie der deutschen Sprache, 7. Aufl., Mannheim, Wien, Zürich 1989

O.V. (1990): Duden Fremdwörterbuch, 5. Aufl., Mannheim u.a. 1990

O.V. (1997): Einleitung, in: Bizeul, Y.; Bliesener, U., Prawda, M. (Hrsg.): Vom Umgang mit dem Fremden. Hintergrund - Definitionen - Vorschläge, Weinheim, Basel 1997, S. 9-1991 in Hurrelmann/Ulich

O.V. (1993): Gabler Wirtschaftslexikon, 13. Aufl., Wiesbaden 1993

O.V. (1996): Hauptsache, er spricht Englisch ..., in: Manager Seminare, 1996, Nr. 25 IV, S. 38-44

O.V. (1999): Nummi-Internet-Homepage: http:\\www.nummi.com

OHMAE, K. (1985): Macht der Triade. Neue Form weltweiten Wettbewerbs, Wiesbaden 1985

OKSAAR, E. (1993): Problematik im interkulturellen Verstehen, in: Müller, B.-D. (Hrsg.): Interkulturelle Wirtschaftskommunikation, 2. Aufl., München 1993

OSBURG, M. (1994): Z-P Stichwort Transaktionskostentheorie, in: Zeitschrift für Planung, 1994, Nr. 5, S. 289-296

OSGOOD, C. (1951): Culture: Its Empirical and Non-Empirical Character, in: Southwestern Journal of Anthropology, 7. Jg., 1951, S. 202-214

OSTERLOH, M. (1994): Reflektionen zu einem Grundlagenproblem des interkulturellen Managements, in: Schiemenz, B.; Wurl, H.J. (Hrsg.): Internationales Management. Beiträge zur Zusammenarbeit, Wiesbaden 1994, S. 95-116

OSTERMANN, A.; NICKLAS, H. (1976): Vorurteile und Feindbilder, München u.a. 1976

OUCHI, W. G. (1980): Markets, Bureaucracies, and Clans, in: Administrative Science Quarterly, 25. Jg., März 1980, S. 129-141

OUCHI, W. G. (1981): Theory Z: How American Business Can Meet the Japanese Challenge, Reading, Massachusetts 1981

OUCHI; W.G.; JAEGER, A.M. (1976): Type Z Organization: Stability in the Midst of Mobility, in: The Academy of Management Review, 1976, Nr. 3, S. 305-314

OUDENHOVEN, J.P. v. (1989): Improving Interethnic Relationships: How Effective is Cooperation? in: Oudenhoven, J.P.v.; Willemsen, T.M. (Hrsg.): Ethnic Minorities: Social Psychological Perspectives, Amsterdam 1989, S. 201-220

PAIGE, R.M. (1990): International Students: Cross-Cultural Psychological Perspectives, in: Brislin, R.W. (Hrsg.): Applied Cross-Cultural Psycholgy, Newbury Park u.a. 1990, S. 161-185

PARKHE, A. (1991): Interfirm Diversity, Organizational Learning, and Longevity in Global Strategic Alliances, in: Journal of International Business Studies, 1991, Nr. 4, S. 579-601

PARKHE, A. (1993): Strategic Alliance Structuring: A Game Theoretic and Transaction Cost Examination of Interfirm Cooperation, in: Academy of Management Journal, 36. Jg., 1993, Nr. 4, S. 794-829

PARSONS, T.; SHILS, E.A. (1951): Toward a General Theory of Action, Cambridge, Massachusetts 1951

PASCALE, R.T.; ATHOS, A.G. (1981): The Art of Japanese Mangement, New York 1981

PERLITZ, M. (1995): Internationales Management, 2. Aufl., Stuttgart, Jena 1995

PERLMUTTER, H. (1969): The Tortuous Evolution of the Multinational Corporation. A Drama in Three Acts ..., in: Columbia Journal of World Business, Januar/Februar 1969, S. 9-18

PERLMUTTER, H.; HEENAN, D. (1986): Thinking Ahead. Cooperate to Compete Globally, in: Harvard Business Review, März/April 1986, S. 136-152

PETERS, T.J.; WATERMAN, R.H. (1982): Auf der Suche nach Spitzenleistungen. Was man von den bestgeführten US-Unternehmen lernen kann, Landsberg am Lech 1982

PETERSON, R.B.; SHIMADA, J.Y. (1978): Sources of Management Problems in Japanese-American Joint Ventures, in: Academy of Management Review, Oktober 1978, Nr. 3, S. 796-804

PFEFFER, J. (1987): A Resource Dependence Perspective on Intercorporate Relations, in: MIZRUCHI, M.; SCHWARTZ, M. (Hrsg.): Intercorporate Relations, New York u.a. 1987, S. 25-55

PFEFFER, J.; NOWAK, P. (1976): Joint Venture and Interorganizational Interdependence, in: Adminstrative Science Quarterly, 21. Jg., 1976, Nr. 3, S. 398-418

PIAGET, J. (1980): Psychologie der Intelligenz, 7. Aufl., Stuttgart 1980

PIAGET, J. (1983): Das moralische Urteil beim Kinde, 2. Aufl., Stuttgart 1983

PICOT, A.; DITL, H. (1990): Transaktionskostentheorie, in: Wirtschaftswissenschaftliches Studium, 19. Jg., 1990, Nr. 4, S. 178-184

PODD, M.H. (1977): Identitätsformationen und moralisches Bewußtsein: Zur Beziehung zwischen zwei entwicklungstheoretischen Konstrukten, in: Döbert, R.; Habermas, J.; Nunner-Winkler, G. (Hrsg.): Entwicklung des Ichs, Köln 1977, S. 212-224

PORTER, M. (1989): Der Wettbewerb auf globalen Märkten: Ein Rahmenkonzept, in: PORTER, M. (Hrsg.): Globaler Wettbewerb. Strategien der neuen Internationalisierung, Wiesbaden 1989, S. 17-68

PORTER, M. (1996): Wettbewerbsvorteile. Spitzenleistungen erreichen und behaupten, Frankfurt 1996

PRAHALAD, C.K; HAMEL, G. (1990): The Core Competence of the Corporation, in: Harvard Business Review, Mai/Juni 1990, S. 79-91

PROVAN, K. (1993): Embeddedness, Interdependence, and Opportunism in Organizational Supplier-Buyer Networks, in: Journal of Management, 19. Jg., 1993, Nr. 4, S. 841-856

PTAK, C.L.; COOPER, J.; BRISLIN, R. (1995): Cross Cultural Training Programs: Advice and Insights from Experienced Trainers, in: Intercultural Relations, 19. Jg., 1995, Nr. 3, S. 425-453

RALSTON, D.A.; TERPSTRA, R.H.; CUNNIFF, M.K.; GUSTAFSON, D.J. (1995): Do Expatriates Change Their Behavior to Fit a Foreign Culture? A Study of American Expatriates' Strategies of Upward Influence, in: Management International Review, Special Issue 1995, Nr. 1, S. 109-122

RATH, H. (1990): Neue Formen der internationalen Unternehmenskooperation. Eine empirische Untersuchung unter besonderer Berücksichtigung ausgesuchter Industriezweige des Ruhrgebiets, Hamburg 1990

REEMTSMA-THEIS, M. (1998): Moralisches Urteilen und Handeln: Eine wirtschaftspädagogische Studie, Markt Schwaben 1998

REETZ, L. (1990): Zur Bedeutung der Schlüsselqualifikationen in der Berufsausbildung, in: Reetz, L.; Reitmann, T. (Hrsg.): Schlüsselqualifikationen: Fachwissen in der Krise? Dokumentation eines Symposions in Hamburg, Hamburg 1990, S. 16-35

REICH, R.B.; MANKIN, E.D. (1986): Joint Ventures with Japan Give Away our Future, in: Harvard Business Review, 64. Jg., März/April 1986, Heft 2, S. 78-86

REINEKE, R.-D. (1990): Zusammenwachsen unterschiedlicher Unternehmenskulturen, in: Backhaus, K. (Hrsg.): Deutsch-deutsche Gemeinschaftsunternehmen, Arbeitspapier 13 des betriebswirtschaftlichen Instituts für Anlagen und Systemtechnologie der Universität Münster, Münster 1990, S. 7-24

REISACH, U. (1996): Personalauswahl für den Auslandseinsatz, in: Personal, 48. Jg., 1996, Nr. 7, S. 354-358

REISCH, B. (1991): Kulturstandards lernen und vermitteln, in: Thomas, A. (Hrsg.): Kulturstandards in der internationalen Begegnung, Saarbrücken 1991, S. 71-101

REISCH, B. (1993): Auslandsaufenthalt und Entfremdung: Was von persönlichen Beziehungen bleibt, in: Gabler's Magazin, 1993, Nr. 4, S. 40-41

RESCH, F. (1996): Entwicklungspsychopathologie des Kindes- und Jugendalters. Ein Lehrbuch, Weinheim 1996

REUTHER, U.; LEUSCHNER, H. (1997): Kompetenzentwicklung für den wirtschaftlichen Wandel - Strukturveränderungen der betrieblichen Weiterbildung, in: Arbeitsgemeinschaft Qualifikations-Entwicklungs-Management Berlin (Hrsg.): Kompetenzentwicklung '97. Berufliche Weiterbildung in der Transformation - Fakten und Visionen, Münster u.a. 1997, S. 365-394

RICHTER, F.-J. (1996): Strategische Allianzen zwischen deutschen und japanischen Firmen - Kooperation oder Konfrontation?, in: Zeitschrift für Planung, 7. Bd., Heidelberg 1996, S. 91-104

RING, P.; VAN DE VEN, A. (1994): Developmental Processes of Cooperative Interorganizational Relationships, in: Academy of Management Review, 1994, Nr. 19, S. 90-118

ROBINSON, B. (1994): Human Resource Experiences in the Asia-Pacific Region, in: Personalführung, 1994, Nr. 12, S. 1092-1097

ROKEACH, M.; MEZEI, L. (1966): Race and Shared Belief as Factors in Social Choice, in: Science 1966, S. 167-172

RONEN, S. (1986): Comparative and Multinational Management, New York u.a. 1986

ROOT, F. R. (1988): Some Taxanomies of International Cooperative Arrangements, in: Contractor, F. J.; Lorange, P.: Cooperative Strategies in International Business. Joint Ventures and Technology Partnerships Between Firms, Lexington, Massachusetts; Toronto 1988, S. 69-80

ROSENSTIEL, L.v.; MOLT, W.; RÜTTINGER, B. (1988): Organisationspsychologie, Stuttgart 1988

ROTH, H. (1976): Pädagogische Anthropologie, II. Bd.: Entwicklung und Erziehung. Grundlagen einer Entwicklungspädagogik, 2. Aufl., Hannover u.a. 1976

RÜCKLE, H. (1992): Coaching, Düsseldorf u.a. 1992

RUPPRECHT-DÄULLARY, M. (1994): Zwischenbetriebliche Kooperation. Möglichkeiten und Grenzen durch neue Informations- und Kommunikationstechnologien, Wiesbaden 1994

SACKMANN, S. A. (1992) : Culture and Subcultures: An Analysis of Organizational Knowledge, in: Administrative Science Quarterly, 37. Jg., 1992, Nr. 1, S. 140-161

SCHAAN, J.-L.; BEAMISH, P.W. (1988): Joint Venture General Manager in LDCs, in: Contractor, F. J.; Lorange, P. (Hrsg.): Cooperative Strategies in International Business. Joint Ventures and Technology Partnerships Between Firms, Lexington Massachusetts; Toronto 1988, S. 279-299

SCHANZ, G. (1977): Grundlagen der verhaltensorientierten Betriebswirtschaftslehre, Tübingen 1977

SCHANZ, G. (1988a): Erkennen und Gestalten. Betriebswirtschaftslehre in kritisch-rationaler Absicht, Stuttgart 1988

SCHANZ, G. (1988b): Methodologie für Betriebswirte, 2. Aufl., Stuttgart 1988

SCHANZ, G. (1993): Personalwirtschaftslehre. Lebendige Arbeit in verhaltenswissenschaftlicher Perspektive, 2. Aufl., München 1993

SCHANZ, G. (1994): Organisationsgestaltung. Management von Arbeitsteilung und Koordination, 2. Aufl., München 1994

SCHANZ, G. (1998): Der Manager und sein Gehirn. Neurowissenschaftliche Erkenntnisse im Dienst der Unternehmensführung, Frankfurt am Main u.a. 1998

SCHEIN, E. H. (1987a): Organizational Socialization and the Profession of Management, in: Schein, E. H. (Hrsg.): The Art of Managing Human Resources, New York, Oxford 1987, S. 83-100

SCHEIN, E. H. (1987b): Does Japanese Management Style Have a Message for American Managers?, in: Schein, E. H. (Hrsg.): The Art of Managing Human Resources, New York, Oxford 1987, S. 209-228

SCHEIN, E. H. (1987c): Coming to a New Awareness of Organizational Culture, in: Schein, E. H. (Hrsg.): The Art of Managing Human Resources, New York, Oxford 1987, S. 261-277

SHENKAR, O.; ZEIRA, Y. (1987): Human Resources Management in International Joint Ventures: Directions for Research, in: Academy of Management Review, 1987, Nr. 12, S. 546-557

SHERIF, M; SHERIF, C.W. (1979): Research on Intergroup Relations, in: Austin, W.G.; Worchel, S. (Hrsg.): The Social Psychology of Intergroup Relations, Monterey, California 1979, S. 7-18

SCHERM, E. (1997): Aufgaben des Personalmanagements im Rahmen der Internationalisierung der Unternehmenstätigkeit, in: Zeitschrift für Personalforschung, 11. Jg., 1997, Nr. 3, S. 298-316

SCHLÖDER, B. (1994): Vorurteile, Stereotype und die Verständigung zwischen Gruppen, in: THOMAS, A. (Hrsg.): Psychologie und multikulturelle Gesellschaft. Problemanalysen und Problemlösungen, Göttingen, Stuttgart 1994, S. 109-114

SCHMID, S. (1996): Multikulturalität in der internationalen Unternehmung. Konzepte - Reflexionen - Implikationen, Wiesbaden 1996

SCHMIDT, R. (1992): Organisationstheorie, transaktionskostenorientierte, in: Frese, E. (Hrsg.): Handwörterbuch der Organisation, Stuttgart 1992, S. 1854-1865

SCHREYÖGG, G. (1984): Unternehmensstrategie: Grundfragen einer Theorie strategischer Unternehmensführung, Berlin, New York 1984

SCHREYÖGG, G. (1989): Zu den problematischen Konsequenzen starker Unternehmenskulturen, in: Zeitschrift für betriebswirtschaftliche Forschung, 41. Jg., 1989, Nr. 2, S. 94-113

SCHREYÖGG, G. (1990): Unternehmenskultur in multinationalen Unternehmen, in: Betriebswirtschaftliche Forschung und Praxis, 42. Jg., 1990, Nr. 5, S. 379-390

SCHREYÖGG, G.; OECHSLER, W.A.; WÄCHTER, H. (1995): Managing in a European Context. Human Resources-Corporate Culture - Industrial Relations, Wiesbaden 1995

SCHRÖDER, A. (1995): Die Betreuung von Mitarbeitern während des Auslandseinsatzes: Wissenschaftliche Grundlagen, in: Kühlmann, T.M. (Hrsg.): Mitarbeiterentsendung ins Ausland, Göttingen 1995, S. 143-160

SCHRÖDER, M. (1998): Herausforderungen des Interkulturellen Managements für den deutsch-französischen Kulturkanal ARTE, in: Barmeyer, C.I.; Bolten, J. (Hrsg.): Interkulturelle Personalorganisation, Sternenfels 1998, S. 49-58

SCHUCHARDT, C. (1994): Deutsch-chinesische Joint-Ventures: Erfolg und Partnerbeziehung, München 1994

SCHÜTTE, H.; LASSERRE, P. (1996): Management-Strategien für Asien-Pazifik, Stuttgart 1996

SCHÜTZ, A. (1974): Der sinnhafte Aufbau der sozialen Welt. Eine Einleitung in die verstehende Soziologie, Frankfurt am Main 1974

SCHÜTZ, A.; LUCKMANN, T. (1975): Strukturen der Lebenswelt, Neuwied, Darmstadt 1975

SCHULER, H. (1986): Der Einsatz biographischer Fragebogen zur Prognose des Berufserfolgs: Einleitende Überlegungen und Überblick, in: Schuler, H.; Stehle, W. (Hrsg): Biographische Fragebogen als Methode der Personalauswahl, Stuttgart 1986, S. 1-16

SCHULER, H. (1989): Interviews, in: Greif, S.; Holling, H.; Nicholson, N. (Hrsg.): Arbeits- und Organisationspsychologie. Internationales Handbuch in Schlüsselbegriffen, München 1989, S. 260-265

SCHULER, H. (1992): Das multimodale Einstellungsinterview, in: Diagnostica, 38. Jg., 1992, Nr. 4, S. 281-300

SCHULZ, K.; KROHN, C. (1994): Möglichkeiten eines erfolgreichen Engagements auf dem japanischen Markt unter besonderer Berücksichtigung von Joint Ventures, in: Institut für Betriesbswirtschaftliche Produktions- und Investitionsforschung der Georg-August-Universität Göttingen, Abteilung Industrielles Management. Arbeitsbericht 1, 1994

SECORD, P.S.; BACKMAN, C. (1964): Social Psychology, New York 1964

SEIBERT, K. (1981): Joint Ventures als strategisches Instrument im internationalen Marketing, Berlin 1981

SEILER, B. (1973): Die Theorie der kognitiven Strukturiertheit von Harvey, Schroder und Mitarbeitern - Präsentation und Diskussion, in: Seiler, B. (Hrsg.): Kognitive Strukturiertheit. Theorien, Analysen, Befunde, Stuttgart u.a. 1973, S. 27-62

SEILER, B. (1991): Entwicklung und Sozialisation: Eine strukturgenetische Sichtweise, in: Hurrelmann, K.; Ulich, D. (Hrsg.): Neues Handbuch der Sozialisationsforschung, 4. Aufl., Weinheim, Basel 1991, S. 99-119

SELIGMANN, M.E.P. (1975): Helplessness, San Francisco 1975

SEMBILL, D. (1992): Problemlösefähigkeit, Handlungskompetenz und Emotionale Befindlichkeit, Göttingen u.a. 1992

SERVATIUS, H.-G. (1990): Koordination internationaler strategischer Allianzen, in: Backhaus, K.; Piltz, K. (Hrsg.): Strategische Allianzen, Schmalenbachs Zeitschrift für betriebswirtschaftliche Forschung, Sonderheft Nr. 27, Düsseldorf, Frankfurt am Main 1990, S. 49-66

SHAPIRO, S. (1987): The Social Control of Impersonal Trust, in: American Journal of Sociology, 93. Jg., 1987, Nr. 3, S. 623-658

SHAVER, P.R.; COLLINS, N.; CLARK, C.L. (1996): Attachment Styles and Internal Working Models of Self and Relationship Partners, in: Fletcher, C.J.O.; Fitness, J. (Hrsg.): Knowledge Structures in Close Relationships: A Social Psychology Approach, Mahwah, New Jersey, 1996, S. 25-61

SHENKAR, O.; ZEIRA, Y. (1987): Human Resources Management in International Joint Ventures: Directions for Research, in: Academy of Management Research, 12. Jg., 1987, Nr. 3, S. 546-557

SIMMEL, G. (1999): Gesamtausgabe, II. Bd.: Soziologie. Untersuchungen über die Formen der Vergesellschaftung, 3. Aufl., Frankfurt am Main 1999

SIMON, H. (1978): Rationality as Process and as Product of Thought, in: American Economic Review, 68. Jg., 1978, Nr. 2, S. 1-16

SIMON, H. (1986): Rationality in Psychology and Economics, in: Journal of Business, 55. Jg., 1986, Nr. 4, S. S202-S224

SIMON, H. (1990): Unternehmenskultur - Modeerscheinung oder mehr?, in: Simon, H. (Hrsg.): Herauforderung Unternehmenskultur, Stuttgart 1990, S. 1-11

SKOWRONEK, H. (1970): Änderung von Einstellungen und Abbau von Vorurteilen, in: Strzelewicz, W. (Hrsg.): Das Vorurteil als Bildungsbarriere, Göttingen 1970, S. 62-96

SKOWRONEK, H. (1979): Lernpsychologische Forschung zum Erwachsenenalter, in: Siebert, H. (Hrsg.): Taschenbuch der Weiterbildungsforschung, Baltmannsweiler 1979, S. 286-307

SMALLEY, W. (1963): Culture Shock, Language Shock, and the Shock of Self-Discovery, in: Practical Anthropolgy, 10. Jg., 1963, S. 49-56

SMIRCICH, L. (1983): Concepts of Culture and Organizational Analysis, in: Administrative Science Quarterly, 28. Jg., September 1983, S. 308 ff.

SNOW, C.C.; DAVISON, S.C.; SNELL, S.A.; HAMBRICK, D.C. (1998): Use Transnational Teams to Globalize Your Company, in: Luthans, F. (Hrsg.): Organizational Dynamics. Special Report: The People Side of Succcessful Global Alliances, 1998, S. 90-107

SÖLLNER, A. (1994): Grundriß des Arbeitsrechts, 11. Aufl., München 1994

STAHL, G.K. (1995a): Die Auswahl von Mitarbeitern für den Auslandseinsatz: Wissenschaftliche Grundlagen, in: Kühlmann, T.M. (Hrsg.): Mitarbeiterentsendung ins Ausland, Göttingen 1995, S. 31-72

STAHL, G.K. (1995b): Ein strukturiertes Auswahlinterview für den Auslandeinsatz, in: Zeitschrift für Arbeits- und Organisationspsychologie, 39. Jg., 1995, Nr. 2, S. 84-90

STANGE, B. (1991): Die Theorie der sozialen Identität, Analyse eines Reformversuchs in der Sozialpsychologie, Hamburg 1991

STEHLE, W. (1986): Personalauswahl mittels biographischer Fragebogen, in: Schuler, H.; Stehle, W. (Hrsg.): Biographische Fragebogen als Methode der Personalauswahl, Stuttgart 1986, S. 17-57

STEINKAMP, G. (1981): Zum Sozialisationspotential beruflicher Arbeit, in: Nave-Herz, R. (Hrsg.): Erwachsenensozialisation. Ausgewählte Theorien und empirische Analysen, Weinheim, Basel 1981, S. 69-83

STEINKAMP, G. (1991): Sozialstruktur und Sozialisation, in: Hurrelmann, K.; Ulich, D. (Hrsg.): Neues Handbuch der Sozialisationsforschung, 4. Aufl., Weinheim, Basel 1991, S. 251-277

STEPHAN, W.G. (1985): Intergroup Relations, in: Lindzey, G.; Aronson, E. (Hrsg.): The Handbook of Social Psychology, 3. Bd.: Special Fields and Applications, 3. Aufl., New York 1985, S. 599-658

STÜDLEIN, Y. (1997): Management von Kulturunterschieden. Phasenkonzept für internationale strategische Allianzen, Wiesbaden 1997

SUGITANI, M. (1996): Kontextualismus als Verhaltensprinzip: "Kritisch" erlebte Interaktionssituationen in der japanisch-deutschen Begegnung, in: Thomas, A. (Hrsg.): Psychologie interkulturellen Handelns, Göttingen u.a. 1996, S. 227-245

SULLIVAN, J.; PETERSON, R.B. (1982): Factors Associated with Trust in Japanese-American Joint Ventures, in: Management International Review, 22. Jg., 1982, Nr. 2, S. 30-40

SYDOW, J. (1991): Strategische Netzwerke in Japan. Ein Leitbild für die Gestaltung interorganisationaler Beziehungen europäischer Unernehmungen?, in: Schmalenbachs Zeitschrift für betriebswirtschaftliche Forschung, 43. Jg., März 1991, S. 238-254

SYDOW, J. (1992): Strategische Netzwerke. Evolution und Organisation, Wiesbaden 1992

TAJFEL, H. (1982): Gruppenkonflikt und Vorurteil. Entstehung und Funktion sozialer Stereotypen, Bern, Stuttgart, Wien 1982

TAJFEL, H.; BILLIG, M.G., BUNDY, R.P. (1971): Social Categorization and Intergroup Behaviour, in: European Journal of Social Psychology, 1. Jg., 1971, S. 149-177

TEECE, D. (1996): Firm Organization, Industrial Structure, and Technological Innovation, in: Journal of Economic Behavior & Organization, 31. Jg., 1996, S. 193-224

TERJUNG, B. (1990): Symlog im Kulturvergleich, in: Fassheber, P.; Niemeyer, H.-G.; Kordowski, C.: Methoden und Befunde der Interaktionsforschung mit dem Symlog-Konzept am Institut für Wirtschafts- und Sozialpsychologie Göttingen, Teilprojekt: Kleingruppenforschung, 18. Bericht aus dem Institut für Wirtschafts- und Sozialpsychologie der Georg-August-Universität Göttingen, Oktober 1990, S. 84-85

THIBAUT, J.; KELLEY, H. (1986): The Social Psychology of Groups, 2. Aufl., New Brunswick, Oxford 1986

THOMAS, A. (1988): Untersuchungen zur Entwicklung eines interkulturellen Handlungstrainings in der Managerausbildung, in: Psychologische Beiträge, 30. Bd., 1988, S. 147-165

THOMAS, A. (1989): Sozialisationsprobleme im Akkulturationsprozeß, in: Trommsdorff, G. (Hrsg.): Sozialisation im Kulturvergleich, Stuttgart 1989, S. 97-121

THOMAS, A. (1990): Interkulturelles Handlungstraining als Personalentwicklungsmaßnahme, in: Zeitschreift für Arbeits- und Organisationspsychologie, 34. Jg., 1990, Nr. 3, S. 149-154

THOMAS, A. (1993): Fremdheitskonzepte in der Psychologie als Grundlage der Austauschforschung und der interkulturellen Managerausbildung, in: Wierlacher, A. (Hrsg.): Kulturthema Fremdheit. Leitbegriffe und Problemfelder Kulturwissenschaftlicher Fremdheitsforschung, München 1993, S. 257-281

THOMAS, A. (1994): Können interkulturelle Begegnungen Vorurteile verstärken?, in: Thomas, A. (Hrsg.): Psychologie und multikulturelle Gesellschaft. Problemanalysen und Problemlösungen, Göttingen, Stuttgart 1994, S. 227-238

THOMAS, A. (1996a): Einleitung, in: Thomas, A. (Hrsg.): Psychologie interkulturellen Handelns, Göttingen u.a. 1996, S. 15-32

THOMAS, A. (1996b): Analyse der Handlungswirksamkeit von Kulturstandards, in: Thomas, A. (Hrsg.): Psychologie interkulturellen Handelns, Göttingen u.a. 1996, S. 107-135

THOMAS, A.; HAGEMANN, K. (1996): Training interkultureller Kompetenz, in: Bergemann, N.; Sourisseaux, A.L.J. (Hrsg.): Interkulturelles Management, 2. Aufl., Heidelberg 1996, S. 173-199

THORELLI, H. (1984): Networks: Between Markets and Hierarchies, in: Strategic Management Journal, 7. Jg., 1984, S. 37-51

TILLMANN, K.-J. (1989): Sozialisationstheorien. Eine Einführung in den Zusammenhang von Gesellschaft, Institution und Subjektwerdung, Reinbek bei Hamburg 1989

TING TOOMEY, S. (1985): Toward a Theory of Conflict and Culture, in: Gudykunst, W.B.; Stewart, L.P.; Ting Toomey, S. (Hrsg.): Communication, Culture, and Organizational Processes, Newbury Park u.a. 1985, S. 71-86

TRIANDIS, H.C. (1975): Culture Training, Cognitive Complexity and Interpersonal Attitudes, in: Brislin, R.W.; Bochner, S.; Lonner, W.J. (Hrsg.): Cross-Cultural Perspectives on Learning, New York u.a. 1975, S. 39-77

TRIANDIS, H.C. (1983): Dimensions of Cultural Variations as Parameters of Organizational Theories, in: International Studies of Management and Organization, 12. Jg., 1983, Nr. 4, S. 139-169

TRIANDIS, H.C. (1990): Theoretical Concepts That Are Applicable to the Analysis of Ethnocentrism, in: Brislin, R.W. (Hrsg.): Applied Cross-Cultural Psychology, Newbury Park u.a. 1990, S. 34-55

TRIANDIS, H.C.; BONTEMPO, R.; VILLAREAL, M.; ASAI, M.; LUCCA, N. (1988): Individualism and Collectivism: Cross-Cultural Perspectives on Self-Ingroup Relationships, in: Journal of Personality and Social Psychology, 54. Jg., 1988, Nr. 2, S. 323-338

TRÖNDLE, D. (1987): Kooperationsmanagment. Steuerung interaktioneller Prozesse bei Unternehmenskooperationen, Bergisch Gladbach, Köln 1987

TROMMSDORFF, V.; WILPERT, B (1991): Deutsch-chinesische Joint Ventures. Wirtschaft - Recht - Kultur, Wiesbaden 1991

TROMPENAARS, F., HAMPDEN-TURNER, C. (1998): Riding the Waves of Culture. Understanding Cultural Diversity in Global Business, 2. Aufl., New York u.a. 1998

TURIEL, E. (1977): Entwicklungsprozesse des moralischen Bewußtseins des Kindes, in: Döbert, R.; Habermas, J.; Nunner-Winkler, G. (Hrsg.): Entwicklung des Ichs, Köln 1977, S. 115-149

TURNER, J.C. (1975): Social Comparison and Social Identity: Some Prospects for Intergroup Behaviour, in: European Journal of Social Psychology, 5. Jg., 1975, S. 5-34

TURNER, J.C. (1978): Social Categorization and Social Discrimination in the Minimal Group Paradigm, in: Tajfel, H. (Hrsg.): Differentiation between Social Groups, London 1978, S. 101-140

TURNER, J.C. (1982): Toward a Cognitive Redefinition of the Social Group, in: Tajfel, H. (Hrsg.): Social Identity and Intergroup Relations, Cambridge u.a. 1982, S. 15-39

TURNER, J.C. (1996): Henri Tajfel: An Introduction, in: Robinson, P. (Hrsg.): Social Groups and Identities: Developing the Legacy of Henri Tajfel, Oxford u.a. 1996, S. 1-23

TYEBJEE, T. (1988): Japan's Joint Ventures in the United States, in: Contractor, F. J.; Lorange, P.: Cooperative Strategies in International Business. Joint Ventures and Technology Partnerships Between Firms, Lexington, Massachusetts; Toronto 1988, S. 457-472

TYLOR, E.B. (1972): Die Kulturwissenschaft, in: König, R.; Schmalfuß, A. (Hrsg.): Kulturanthropologie, Düsseldorf, Wien 1972, S. 51-67

UDRIS, I. (1990): Gruppentraining zur Förderung sozialer Handlungskompetenz, in: Herzer, H.; Dybowski, G., Bauer, H.G. (Hrsg.): Methoden betrieblicher Weiterbildung. Ansätze zur Integration fachlicher und fachübergreifender beruflicher Bildung, Eschborn 1990, S. 131-146

ULICH, D. (1991): Zur Relevanz verhaltenstheoretischer Lern-Konzepte für die Sozialisationsforschung, in: Hurrelmann, K.; Ulich, D. (Hrsg.): Neues Handbuch der Sozialisationsforschung, 4. Aufl., Weinheim, Basel 1991, S. 57-75

VESTER, H.-G. (1996): Kollektive Identitäten und Mentalitäten. Von der Völkerpsychologie zur kulturvergleichenden Soziologie und interkulturellen Kommunikation, Frankfurt am Main 1996

VIVELO, F. R. (1981): Handbuch der Kulturanthropologie. Eine grundlegende Einführung, Stuttgart 1981

VOIGT, W. (1986): Berufliche Weiterbildung. Eine Einführung, München 1986

WARD, C. (1996): Acculturation, in: Landis, D.; Bhagat, R.S: (Hrsg.): Handbook of Intercultural Training, 2. Aufl., Thousand Oaks u.a. 1996, S. 124-147

WARTHUN, N. (1998): Interkulturelle Schulungsmaßnahmen: Was wünschen sich Mitarbeiter zur Vorbereitung auf internationale Berufskontakte, in: Barmeyer, C.I.; Bolten, J. (Hrsg.): Interkulturelle Personalorganisation, Sternenfels 1998, S. 123-137

WATZLAWICK, P. (1982): Wie wirklich ist die Wirklichkeit, Wahn - Täuschung - Verstehen, 9. Aufl., München 1982

WATZLAWICK, P.; BEAVIN, J.H.; JACKSON, D.D. (1985): Menschliche Kommunikation. Formen, Störungen, Paradoxien, 7. Aufl., Bern, Stuttgart, Wien 1985

WEBER, W.; FESTING, M.; DOWLING, P.J.; SCHULER, R.S. (1997): Internationales Personalmanagement, Wiesbaden 1997

WEDER, R. (1989): Joint Venture. Theoretische und empirische Analyse unter besonderer Berücksichtigung der chemischen Industrie in der Schweiz, Gürsch 1989

WEINBERG, J. (1996a): Kompetenzerwerb in der Erwachsenenbildung, in: Hessische Blätter für Volksbildung, 96. Jg., 1996, Nr. 3, S. 209-216

WEINBERG, J. (1996b): Kompetenzlernen, in: Quem-Bulletin, 1996, Nr. 1, S. 3-6

WEINER, B. (1972): Theories of Motivation. From Mechanism to Cognition, Markham, Chicago 1972

WEINER, B. (1974): Achievement Motivation as Conceptualized by an Attribution Theorist, in: Weiner, B. (Hrsg.): Achievement Motivation and Attribution Theory, Morristown, New Jersey 1974, S. 3-48

WICKEL-KIRSCH, S. (1999): Personalentwicklung unterstützt Internationalisierung, in: Personalwirtschaft, 26. Jg., 1999, Nr. 4, S. 40-44

WILLIAMSON, O. (1975): Markets and Hierarchies. Analysis and Antitrust Implications, New York 1975

WILLIAMSON, O. (1990): Die ökonomischen Institutionen des Kapitalismus, Tübingen 1990

WINTER, G. (1994): Was eigentlich ist eine kulturelle Überschneidungssituation?, in: Thomas, A. (Hrsg.): Psychologie und multikulturelle Gesellschaft. Problemanalysen und Problemlösungen, Göttingen, Stuttgart 1994, S. 221-227

WIRTH, E. (1992): Mitarbeiter im Auslandseinsatz: Planung und Gestaltung, Wiesbaden 1992

WODAK, R.; DE CHILLIA, R.; REISGL, M.; LIEBHART, K.; HOFSTÄTTER, K.; KARGL, M. (1998): Zur diskursiven Konstruktion nationaler Identität, Frankfurt 1998

WÖHE, G. (1996): Einführung in die Allgemeine Betriebswirtschaftslehre, 19. Aufl., München 1996

YAN, A.; GRAY, B (1994): Bargaining Power, Management Control, and Performance in United States - China Joint Ventures: A Comparative Case Study, in: Academy of Management Journal, 37. Jg., 1994, Nr. 6, S. 1478-1517

YUCHTMANN-YAAR, E. (1990): Verteilungskonflikte, in: Graf Hoyos, C.; Kroeber-Riel, W.; Rosenstiel, L.v.; Strümpel, B. (Hrsg.): Wirtschaftspsychologie in Grundbegriffen. Gesamtwirtschaft Markt - Organisation - Arbeit, 2. Aufl., München 1990, S. 542-551

ZEIRA, Y.; SHENKAR, O. (1990): Interactive and Specific Parent Characteristics: Implications for Management and Human Resources in International Joint Ventures, in: Management International Review, Special Issue, 30. Jg., 1990, S. 7-22

ZIELKE, A. (1992): Erfolgsfaktoren internationaler Joint Ventures. Eine empirische Untersuchung der Erfahrungen deutscher und amerikanischer Industrieunternehmungen in den USA, Frankfurt am Main u.a. 1992

Peter Lang · Europäischer Verlag der Wissenschaften

Alexander Fliaster

Humanbasierte Innovationsidentität als Managementherausforderung

Interdisziplinäres Erklärungsmodell des japanischen Wissensmanagements

Frankfurt/M., Berlin, Bern, Bruxelles, New York, Wien, 2000.
XXX, 487 S., zahlr. Tab. und Graf.
Europäische Hochschulschriften: Reihe 5, Volks- und Betriebswirtschaft. Bd. 2582
ISBN 3-631-35831-8 · br. DM 138.–*

Basierend unter anderem auf japanischen Originalquellen, setzt sich dieses Buch mit dem Management von Wissen und Innovation in japanischen Großunternehmen eingehend auseinander und versucht, daraus relevante Anregungen für deutsche Unternehmen zu erarbeiten. Dabei wurden mehrere im deutschen Wissensmanagement bisher kaum berücksichtigte Betrachtungsperspektiven von interkulturellen Ansätzen über die Sozialpsychologie und die Sprachwissenschaften bis hin zum strategischen Management und Personalmanagement zu einem ganzheitlichen interdisziplinären Konzept integriert. Dementsprechend orientiert sich das Buch an der Interessenlage nicht nur der Japanexperten, sondern vielmehr aller betrieblichen Entscheidungsträger im deutschen Personal- und Wissensmanagement.

Aus dem Inhalt: Welche Rolle können bei der Definition der Identität zwischenmenschliche Beziehungen spielen? · Wodurch unterscheiden sich kognitive und sozio-emotionale Fähigkeiten von Individualisten und Kontextualisten? · Was leisten ‚Company Men' in ökonomischen Organisationen? · Welchen Einfluß üben personalwirtschaftliche Routinen auf die Fähigkeit der Unternehmen zur Wissenshandhabung im einzelnen aus? · Mit welchen Mitteln lassen sich nachhaltige Vorteile im Innovationswettbewerb erzielen?

Frankfurt/M · Berlin · Bern · Bruxelles · New York · Oxford · Wien
Auslieferung: Verlag Peter Lang AG
Jupiterstr. 15, CH-3000 Bern 15
Telefax (004131) 9402131
*inklusive Mehrwertsteuer
Preisänderungen vorbehalten